조주록 강설 상

趙州錄 講說

조주록 강설

상

학산 대원 대종사

불광출판사

학산 대원 대종사

九九八十二   9×9는 82라
青天霹靂歷   푸른 하늘에 천둥 번개가 치고
大地起波濤   대지에는 파도가 흘러넘치도다

九九八十一   9×9는 81이여
李氏飮酒朴氏醉   이씨가 술을 마셨는데 박씨가 취하는구나

一二倒飜轉   1과 2를 모조리 뒤집어 엎어버리니
               텔레비전의 사람을 죽이고 살림은
               전기 스위치가 사람 손에 달려있네

還知麼?   알겠는가?

眼開日月黑   눈을 여니 일월이 캄캄하고,
合眼泥吐光   눈을 감으니 진흙이 광명을 토함이로다.
擧頭穿青天   머리를 드니 하늘 위를 뚫고 섬이요,
手用無限界   손으로는 무한한 세계를 씀이로다.

坐時登寶殿　　　　앉을 때에는 보배궁전에 오르고
臥此沒魔佛　　　　누우면 마구니와 부처도 다 없어짐이로다.
諸聖是牛頭獄卒　　모든 성인은 우두옥졸이요,
賢君是馬阿傍　　　현군은 말을 모는 아방이로다.

若不知 且道　　　만약 알지 못했을진댄 다시 이르리라.

師問南泉,「離四句, 絶百非, 請師道.」泉下座, 歸方丈.
師云,「這老漢尋常口吧吧地, 今日被我一問, 直得無言可對, 無理可伸.」
侍者云,「莫道和尙無言好.」
師打侍者, 一摑云,「這一摑合是王老師喫.」이라.
조주 스님이 남전 스님에게 묻되,
「사구(四句)를 여의고 백비(百非)를 끊어버리고서, 청컨대 스님께서
한번 일러주십시오.」
남전 스님이 말없이 방장으로 돌아가니, 조주 스님이 이르되,
「저 노화상이 평소에는 이러저러하게 말씀을 잘하시더니, 질문을 받
고는 한마디도 하지 못하는구나. 또한 이치로도 무어라 하는 것 없이

그냥 돌아가시네.」

그렇게 하니 옆에 있던 시자가 말했다.

「남전 스님께서 말씀이 없다고 하지 마십시오.」

조주 스님이 시자를 한 대 후려치며 말하되,

「이 방망이는 모두 저 남전 스님이 맞아야 할 것이니라.」

山僧이 著言컨대 趙州老漢이 果然果然이나 再犯不容이라 畢竟如
何?

산승이 한 마디 붙이되, 조주 늙은이가 옳기는 옳으나 다시 범한 즉
용서치 않으리라. 필경에는 어떠한가?

日午打三更 別是一家春이라. 喝.

낮 정오에 삼경 종을 치니 또 다른 한 집의 봄이로다. 악!

佛紀 二五六○年 丙申 孟夏
鶴山大元 謹書

귀의삼보(歸依三寶) 하옵니다.

일체중생이 대자비와 대지혜의 등불을 밝혀 영원한 행복과 자유를 누리게 하는 부처님의 진리가 이 땅에 전해진 지 1,700여 년이 흘렀습니다.

깨달음의 등불을 이어온 등등상속(燈燈相續)의 역사에서 여실히 보여주는 것은 선문(禪門)이 진여자성(眞如自性)의 본고향에 가장 빨리 이를 수 있는 길이라는 것입니다.

학산 대원 스님께서는 1986년 학림사 창건 후 1995년에 오등선원을 개원하여 눈 푸른 납자들이 불철주야 용맹정진하는 가풍을 이어가면서 2001년에 시민선원을 개원하여 선의 대중화·생활화에 심혈을 기울여 오셨습니다. 그동안 매주 철야 참선법회를 통해 반야심경, 대주선사어록, 선요, 금강경오가해 등 수많은 감로법문을 펼치셨습니다.

2016년 하안거에 들어가면서, 이 시대 공부인에게 간화선을 비롯한 불교 수행에 대한 바른 인식을 심어 주기 위해 조주록 강설을 시작하셨습니다.

장장 6년 동안 283회의 법회를 통해 조주록 525칙의 공안을 강설하였으며, 불교방송에서 이 법회가 방영됨으로써 제방에서 선(禪)에 대한 안목을 바로 정립하는 계기가 되었습니다.

무자(無字)를 비롯한 고준한 공안들로 이루어진 조주록은 선의 종장(宗匠)이 아니면 입을 댈 수 없으니, 간화선의 진수를 펼치는 이 법석의 인연은 실로 백천만겁난조우(百千萬劫難遭遇)라고 할 것입니다.

대원 스님께서는 조주록 강설 서두에서, 바로 보고 바로 알아차리면 번거롭게 옛 조사의 어록을 강설해야 할 일이 없지만, 실상을 바로 보고 바로 알지 못하는 중생들을 위해 수미산 같은 허물을 짊어지고 시작하노라 하셨습니다.

오늘날은 최첨단 과학시대라고 하지만, 인간성 타락과 코로나19 사태와 우크라이나 전쟁 발발 등을 목격하면서, 인류가 아직까지 근본적으로 해결하지 못한 중생고(衆生苦)를 절감하게 됩니다.

대원 스님께서는 이러한 인류가 직면한 문제는 과학이나 철학 등 학문이나 제도, 사상을 통해서 해결되는 것이 아니라, 오직 의식 개혁을 통하여 불심(佛心)이 발현될 때 근본적인 해결이 가능함을 늘 강조해 오셨습니다.

오늘날 세계화, 지식 정보화 시대의 도래로 외국에서 유입된 각종 수행법이 유행하고, 서적, 방송, 인터넷 매체를 통해 불법에 대한 온갖 이설이 난무하여 정견(正見)과 사견(邪見)을 분별하기 어려워지는 현실입니다. 이런 때에 바른길을 밝혀주는 선지식의 가르침이 없다면 어찌 될 것입니까?

다행히 이 시대 선지식인 대원 스님께서 조주록 강설 법문을 세상에 펼치심으로써 가가문전(家家門前)에 진리의 장안로(長安路)가 활짝 열리게 되었습니다.

알아듣기 어렵다는 이유로 선(禪)에 관심을 멀리하고 최상승의 길에서 퇴보해버리는 이들도 없지 않습니다. 중생의 의식을 통해 아는 것은 중생의 습성만을 키우는 것이고, 중생의 의식을 벗어난 것이 반야지혜(般若智慧)이므로, 일체 분별 알음알이를 내려놓고, 오직 일념 참구를 통한 깨달음이 종문의 법칙임을 잊어선 안 될 것입니다.

고준한 선의 세계는 당장 알아듣지 못하여도 일문천오(一聞千悟)의 씨앗이 되고, 향상일로의 지혜를 탁마하는 거울이 된다 하였습니다.

대원 스님의 조주록 강설은 이 시대에 향상일로(向上一路)이자 직절일로(直截一路)를 열어 보인 희유(希有)한 법문이니, 이 가르침을 내려주신 은혜는 법의 눈[法眼]이 아니고서야 어찌 다 헤아릴 수 있겠습니까?

아무쪼록 이 법문집 발간으로 최상승 간화선이 널리 선양되고, 참학인(參學人)들은 참의심이 돈발하여 확철대오(廓徹大悟)로써 사은삼유(四恩三有)에 보답하게 되기를 발원합니다.

학림사 오등선원
조주록법어집발간위원회

'조주고불(趙州古佛)', '천하조주(天下趙州)'라는 찬사로 명성이 높은 조주 종심(趙州從諗, 778~897) 선사는 당(唐)나라 산동성(山東省) 조주(曹州) 출신으로, 어려서 조주 호국원(護國院)에 출가하고, 남전 보원(南泉普願, 748~834)에게 사사(師事)하여 그의 법을 이어받았다. 그러고는 제방을 편력하면서 선지식을 참방하고 두루 도행을 익히다가 80세부터 하북성(河北省) 조주(趙州) 관음원(觀音院)에서 40년 동안을 청빈하게 지내며 종풍(宗風)을 크게 떨쳤다.

조주 선사는 임제 선사가 할(喝)을 쓰고, 덕산 선사가 봉(棒)을 쓴 것과 달리, 언구(言句)로서 죽이고 살림(殺活)을 자재하여 많은 이들을 깨달음으로 인도하였다. 그래서 조주선(趙州禪)을 일명 '구순피선(口脣皮禪)'이라고 한다.

조주 선사의 번뜩이면서 탁월한 선기(禪機)를 보여주는 '구자무불성(狗子無佛性)', '남전참묘(南泉斬猫)', '정전백수자(庭前栢樹子)', '끽다거(喫茶去)', '만법귀일 일귀하처(萬法歸一 一歸何處)' 등 수많은 고칙(古則)은 오늘날까지 간화선을 대표하는 공안(公案)으로 자리 잡고 있다.

조주 선사의 입적 연대는 『고존숙어록(古尊宿語錄)』 행장에서는 무자년(戊子年, 868년 또는 928년) 11월 10일이나 『전등록(傳燈錄)』의 기록에는 897년 11월 2일로 전해지고 있다.

본서는 조주 선사의 행장과 어록으로 전하는 『고존숙어록』 제13권, 제14권을 강설한 법어집이며, 제13권은 '조주진제선사어록 및 행장 권상(趙州眞

際禪師語錄幷行狀卷上)', 제14권은 '조주진제선사어록지여(趙州眞際禪師語錄之餘)'라고 제목하고 있다.

또한 조주 선사 어록에 대한 『선종송고연주(禪宗頌古聯珠)』, 『선문염송(禪門拈頌)』 및 『염송설화(拈頌說話)』의 내용을 싣고, 학산 대원 선사의 착어(著語)와 송(頌)을 더하여 본서를 편찬하였다.

『선종송고연주』는 중국 송나라 지주(池州) 보은광효선사(報恩光孝禪寺)의 승려인 법응(法應)이 편찬한 공안집이며, 『선문염송』은 고려의 진각 혜심(眞覺慧諶, 1178~1234)이 고칙과 송고(頌古), 염고(拈古) 등을 모아서 편찬한 공안집으로 일찍부터 선문의 기본 학습서로 채택되어왔다. 본서에서는 『선종송고연주』와 『선문염송』의 중복된 송은 하나만 기재하였다.

『염송설화』는 진각 혜심의 제자인 각운(覺雲, 생몰년 미상)이 편찬한 『선문염송』의 주석서로서 고려시대에 널리 유통된 선문의 필독서이다.

학산 대원(鶴山大元, 1942~) 선사는 경북 상주 출신으로 만 14세에 상주 남장사에 출가하여 40여 년간 제방 선지식을 참방하며 선 수행에 전념해 대각(大覺)을 얻고 고암 상언(古庵祥彦, 1899~1988) 선사로부터 전법을 받은 오늘날 한국의 대표적인 선사이다.

본서는 학산 대원 선사가 2016년 5월부터 2022년 5월까지 매주 토요일 저녁 학림사 설법전에서 강설한 『조주록』 법문을 엮은 것이다.

상권 -『고존숙어록』제13권

하권 – 『고존숙어록』제14권

조주록 강설 상

古尊宿語錄 卷十三
고존숙어록 권13

趙州眞際禪師語錄幷行狀卷上
조주진제선사어록병행장권상
(南嶽下四世嗣南泉願˚)

- 南嶽 懷讓(一世) – 馬祖 道一(二世) – 南泉 普願(三世) – 趙州 從諗(四世)

師卽南泉門人也니라 俗姓郝氏로 本曹州郝鄉人也며 諱從諗이니라 鎭
府有塔記云하되「師得七百甲子歟인저 値武王微沐에 避地岨崍하야 木食
草衣하며 僧儀不易니라」

스님은 남전[1] 스님의 문하인(門下人)이다. 속성은 학(郝)씨이며, 본시 조주
(曹州)[2] 학향(郝鄉) 사람으로 법명은 종심(從諗)이다. 진부(鎭府)[3]에 탑이 있으
며, 탑에 기록이 남겨져 있다.「스님께서는 7백 갑자[4]를 사셨다. 무종(武宗)의
회창폐불(會昌廢佛)이 있자, 저래산(岨崍山)으로 난을 피하여 나무 열매를 먹
고 풀 옷을 입으면서도 승려로서의 위의(威儀)를 바꾸지 않으셨다.」

師初隨本師行脚에 到南泉이니라 本師先人事了하고 師方乃人事니라
南泉在方丈內臥次에 見師來參하고 便問하되「近離什麼處아」
師云하되「瑞像院이니이다」
南泉云하되「還見瑞像麼오」
師云하되「瑞像卽不見이나 卽見臥如來이니이다」
南泉乃起問하되「你是有主沙彌아 無主沙彌아」
師對云하되「有主沙彌니이다」
泉云하되「那箇是你主아」
師云하되「孟春猶寒이니 伏惟和尙尊體起居萬福하소서」
泉乃喚維那云하되「此沙彌別處安排하라」

스님께서 처음 은사스님을 따라 행각하다가 남전(南泉)에 이르렀다. 은사

---

1   지주(池州)의 남천산(南泉山)에 있는 보원(普願, 748~835) 선사. '왕노사(王老師)'라고 일컬어지며,
     마조 도일(馬祖道一)의 법사(法嗣)이다.

2   현재 산동성(山東省) 원주부(袁州府)이다.

3   현재 하북성(河北省) 정정(正定)이며, 여기에 있는 탑을 '광조탑(光祖塔)'이라고 한다.

4   조주는 당(唐) 대종(代宗) 대력(大曆) 13년 무오(戊午, 778)에 태어나고 소종(昭宗) 건녕(乾寧) 4년
     정사(丁巳, 897)에 입적하여 120세를 살았는데, 그 날짜 수가 7백 갑자일에 해당한다.

스님이 먼저 인사를 마치고 나서 스님이 인사를 드렸다. 남전 스님은 그때 방
장실에 누워 있다가 스님이 오는 것을 보고는 바로 물었다.

「어디서 왔느냐?」

「서상원(瑞像院)입니다.」

「그럼 서상(瑞像, 상서로운 모습)은 보았느냐?」

「서상은 보지 못하였습니다만, 누워계시는 여래는 보았습니다.」

남전 스님은 이에 일어나서 물었다.

「너는 주인이 있는 사미냐? 주인 없는 사미냐?」

「주인이 있는 사미입니다.」

「누가 너의 주인이냐?」

「초봄이라 매우 춥사오니, 스님께서는 존체(尊體) 기거하심에 만복하옵소서.」

남전 스님은 이에 유나(維那)를 불러 말씀하셨다.

「이 사미에게 특별한 자리를 내어주도록 하라.」

禪宗頌古聯珠 – 有主

顏如如가 頌하되

解把一莖野草하면	한 줄기 들풀도 잘 쥘 수 있다면,
喚作丈六金身이로다	장육의 금불상이라 부르리라.
會得頭頭皆是道하면	모든 것이 다 도(道)라는 것을 안다면,
眼中童子面前人이로다	눈 속의 동자는 바로 눈앞의 사람이리라.

寶葉源이 頌하되

試問如何是主人하면	누가 주인인가 물어봤더니,
進前叉手敍寒溫이로다	앞으로 다가와 두 손을 모으고 날씨로 문안 인사 올렸네.

| 但知北極羣星拱하면 | 북극성에 많은 별들이 손을 모으고 둘러싼 것만 알고 |
| 不見黃河徹底渾이로다 | 황하 바닥이 아주 혼탁한 것은 보지 못함이로다. |

禪門拈頌 406則 -「有主」

知非子가 頌하되

時節因緣이	시절 인연이
逢機湊泊이로다	기회를 만나 모여듦이로다.
良玉離石하니	좋은 옥이 돌에서 떠나니
不煩磨琢이로다	번거롭게 갈고 쫄 필요가 없다.
有主沙彌여	주인 있는 사미라 하니
灑灑落落이요	쇄쇄락락[5]하고
見臥如來여	누워 계시는 여래를 보았다니
雙趺出槨이로다	두 발을 관에서 내밂이로다.[6]

悅齋居士가 頌하되

仲冬尊候萬福하고	한겨울이니 존체 기거함에 만복하시고
時寒途中善爲로다	날씨가 추우니 가는 길 조심히 가시라.
一踢踢飜大海하고	한 번 차서 대해(大海)를 뒤집어엎고
一拳拳倒須彌로다	한 주먹 쳐서 수미산을 거꾸러뜨린다.

---

5 물을 뿌려 씻은 듯이 욕기(欲氣)가 없는 모습을 말한다.

6 곽시쌍부(槨示雙趺). 부처님께서 열반에 드셨다는 소식을 듣고 달려온 가섭 존자에게 부처님께서는 관 속에서 두 발꿈치를 내미셨다. 석가모니가 가섭 존자에게 전한 삼처전심(三處傳心) 중 마지막이다.

[此錄에 兼擧芙蓉이 辭歸宗한대 宗曰「子在此多年이라 裝束了하고 却
來하라 爲汝說一上佛法하리라」蓉이 結束了하고 上堂하니 宗曰「近前
來하라」蓉이 近前한대 宗云「時寒하니 途中善爲하라」蓉이 聆此語하
고 頓忘前解하다]

[이는 부용(芙蓉)이 귀종(歸宗)에게 하직 인사를 한 내용을 겸해서 송한 것
이니, 귀종이「그대가 여기에 있은 지 오래됐으니, 짐을 다 꾸려 놓고는 잠
시 오라. 그대에게 최상승의 불법을 이야기해 주리라.」하여, 부용이 짐을
다 꾸리고 법당에 올라가니, 귀종이「가까이 오라.」하거늘 부용이 앞으로
가까이 가니, 귀종이「날씨가 차니 가는 길에 조심히 가라.」하매, 부용이 이
말이 끝나자마자 예전부터 가졌던 견해를 단박에 다 잊었다.]

拈頌說話 -「有主」

《有主者》는 有宰也니라
《孟春猶寒云云者》는 不動平常와 生而知之者也니라
知非·悅齋頌에《一踢踢飜云云者》는 其意不在此限이니라
《주인이 있다[有主]》는 것은 주재(主宰)하는 이를 둠이요.
《초봄이나 아직 춥습니다[孟春猶寒] 운운》함은 움직이지 않는 평상의 도리
와 태어나면서부터 아는 것을 이른 말이다.
열재(悅齋)의 송에서[7]《한 번 차서 대해(大海)를 뒤집어엎어라[一踢踢飜]》한
것은 그 뜻이 여기에만 국한된 것이 아니다.

---

7 원문에는 '知非悅齋頌'이라 되어있으나, 열재 거사가 지은 송이므로 '지비(知非)'는 연문(衍文, 필
   요 없는 군더더기 글귀)인 듯하다.

| 학산 대원 曰 |

上上人相互觸處契合
天上人間能在幾人
平常禮行通與呈
三頭六臂露背後

상상인은 서로 만나 부딪히는 곳마다 계합하니
천상과 인간에 능히 이와 같은 이가 몇이나 있는가?
평상의 예를 행하는 것으로 통하여 들어 바치니
머리는 셋이요, 팔은 여섯인데[三頭六臂] 배후를 잘 드러냄이로다.

산승에게 "어떤 것이 너의 주인인고?" 묻는다면, 산승은 앞으로 나가 삼배하고
차수한 연후에 차를 한 잔 올리리라[前進三拜叉手然後呈茶].

師受戒後에 聞受業師在曹州西住護國院하고 乃歸院省覲이니라 到後에
本師令郝氏云하되 「君家之子遊方已廻니라」 其家親屬忻懌不已하며 祇候
來日咸往觀焉이니라 師聞之하고 乃云하되 「俗塵愛網이 無有了期니라 已
辭出家어늘 不願再見이니라」 乃於是夜結束前邁니라 其後自攜瓶錫하야
遍歷諸方이니라 常自謂曰하되 「七歲童兒이라도 勝我者면 我卽問伊요 百
歲老翁이라도 不及我者면 我卽敎他니라」

스님께서는 수계(受戒)한 다음, 은사스님이 조주의 서쪽 호국원(護國院)에
머무신다는 소식을 듣고는 그곳으로 가서 문안 인사를 드리려 하였다. 도착
하자 본사 스님은 사람을 시켜서 학씨에게 알렸다.

「귀댁의 자제분이 행각길에서 이제 돌아왔습니다.」

학씨 집안 친족들은 몹시 기뻐하며 다음날을 기다렸다가 다 같이 보러 가
기로 하였다. 스님께서는 이를 듣고 말씀하셨다.

「속세 애정의 그물은 다할 날이 없다. 이미 이별하고 집을 떠났거늘 다시

만나고 싶지 않다.」

그러고는 그날 밤으로 짐을 챙겨 행각에 나섰다.

그 후 물병과 석장(錫杖)을 지니고 사방을 두루 다녔다. 그러면서 항상 스스로에게 말하였다.

「일곱 살 먹은 아이라도 나보다 나은 이에게는 물을 것이요, 백 살 먹은 노인이라도 나보다 못한 이는 가르치리라.」

年至八十에 方住趙州城東觀音院하니 去石橋十里니라 已來住持枯槁나 志效古人이니라 僧堂無前後架로 旋營齋食하며 繩床一脚折하야 以燒斷薪로 用繩繫之러니 每有別制新者에도 師不許也니라 住持四十年來에 未嘗齎一封書告其檀越이니라

스님께서는 나이 80이 되어서야 조주성(趙州城) 동쪽 관음원(觀音院)에 머무셨는데, 돌다리[石橋]에서 10리쯤 떨어진 곳이었다. 그때부터 주지살이를 하셨는데 몹시 가난했지만 그 뜻만은 옛사람을 본받았다. 승당은 전가(前架)[8]도 후가(後架)[9]도 없고, 재식(齋食)[10]할 곳도 임시로 마련하였으며, 의자[繩床][11] 다리 하나가 부러져서 타다 남은 부지깽이를 새끼로 묶어두었는데, 새로 만들려고 하는 사람이 있을 때마다 허락지 않으셨다. 40년 주지하는 동안 편지 한 통을 시주에게 보낸 일이 없으셨다.

因有南方僧來擧에 「問雪峰하되 『古澗寒泉時如何닛고』 雪峰云하되 『瞪目不見底니라』 學云하되 『飮者如何닛고』 峰云하되 『不從口入니라』」

8   승당 앞에 설치된 좌선하는 자리.

9   승당 뒤쪽에 설치된 세면장 등.

10   불가에서 정오가 되기 전에 하는 식사.

11   승상(繩床)이란 당나라 때 인도로부터 들어온 의자로 등을 기댈 수 있는 입식 의자이다.

師聞之하고 曰하되「不從口入이면 從鼻孔裏入이니라」

其僧卻問師하되「古澗寒泉時如何닛고」

師云하되「苦라」

學云하되「飲者如何닛고」

師云하되「死라」

雪峰聞師此語하고 贊云하되「古佛타 古佛타」하고 雪峰後因此不答話矣
니라

남쪽에서 한 스님이 와서 이야기를 하였다.

「제가 설봉(雪峰)[12] 스님에게 물었습니다.

『오래된 산골 물에 찬 샘이 솟을 때는 어떻습니까?』

설봉 스님이 말하였습니다.

『눈을 똑바로 뜨고 보아도 밑바닥이 보이지 않는다.』

『마시는 이는 어떻습니까?』

『입으로 들어가지 않는다.』」

스님께서 이 이야기를 듣고 말씀하셨다.

「입으로 들어가지 않으면 콧구멍으로 들어가겠군.」

그 스님이 조주 스님께 물었다.

「오래된 산골 물에 찬 샘이 솟을 때는 어떻습니까?」

「고(苦)다.」

「마시는 이는 어떻습니까?」

「사(死)다.」

설봉 스님은 조주 스님의 이 말을 듣고는 찬탄하였다.

「(조주는) 고불(古佛)이다. 고불이다.」

설봉 스님은 이로 인하여 이후에는 질문에 답하지 않았다.

---

12 복주(福州)의 설봉산(雪峯山)에 있었던 의존(義存, 822~908) 선사를 말한다. 덕산 선감(德山宣鑑)의
법사(法嗣)이며, 운문 문언(雲門文偃)의 스승이다.

| 학산 대원 曰 |

산승에게 "오래된 산골 물에 찬 샘이 솟을 때는 어떻습니까?" 묻는다면, "수(水)라(물이다)."

"마시는 이는 어떻습니까?" 묻는다면, "당하(當下)에 지갈(止渴)이라(즉시 목마름이 그친다)."

厥後因河北燕王領兵收鎭府하야 旣到界上한대 有觀氣象者奏曰하되 「趙州有聖人所居로 戰必不勝이니다」

燕趙二王이 因展筵會하고 俱息交鋒이니라

乃問하되 「趙之金地러니 上士何人고」

或曰하되 「有講『華嚴經』大師하니 節行孤邈하야 若歲大旱에 咸命往臺山祈禱한대 大師未廻에 甘澤如瀉니이다」

乃曰하되 「恐未盡善이니라」

或云하되 「此去一百二十里에 有趙州觀音院하니 有禪師年臘高邈하고 道眼明白이니이다」

僉曰하되 「此可應兆乎인저」

그 뒤로 하북(河北)의 연왕(燕王)[13]이 군사를 이끌고 진부(鎭府)를 점령하기 위하여 이미 경계까지 이르렀는데, 기상(氣象)을 보는 사람이 아뢰었다.

「조주는 성인이 계신 곳이니 싸우면 반드시 패할 것입니다.」

연왕과 조왕(趙王)은 연회를 베풀고 싸우기를 그만두기로 하였다. 그때 연왕이 물었다.

---

13 연왕(燕王) 이극용(李克用, 856~908)으로 후에 후당(後唐)의 태조(太祖)가 된다. 이 당시는 군벌들이 왕을 자처하면서 당 왕조로부터 독립적 성격을 띠고 있던 시기였다. 그렇기 때문에 하북(河北) 지방에서는 회창폐불의 영향도 적었다. 이런 차에 연왕이 조왕 왕용(王鎔, 879~921)을 공격하였는데, 당 소종의 경복(景福) 2년(893)의 일이다.

「조나라에 훌륭한 분은 누구십니까?」

어떤 사람이 말하였다.

『화엄경』을 강의하는 대사님이 계시는데, 절조와 품행이 빼어나게 높으십니다. 만약 그해에 큰 가뭄이 들면 모두에게 명하여 오대산(五臺山)에 가서 기도하곤 하는데, 대사께서 아직 돌아오기도 전에 단비가 쏟아져 내립니다.」

이에 연왕은 말하였다.

「훌륭한 것 같지는 않다.」

또 한 사람이 말하였다.

「여기서 120리쯤 떨어진 곳에 조주 관음원이 있습니다. 그곳에 선사 한 분이 계시는데, 나이와 승랍이 높고 도를 보는 안목이 밝은 분입니다.」

그러자 모두 말하였다.

「이분이 조주에 성인이 계시다는 징조에 딱 맞는 분일 것이다!」

二王稅駕觀焉하니 旣屆院內한대 師乃端坐不起러니 燕王問曰하되「人王尊耶닛고 法王尊耶닛고」

師云하되「若在人王이면 人王中尊하고 若在法王이면 法王中尊이니다」

燕王唯然矣니라 師良久中間問하되「阿那箇是鎭府大王이닛고」

趙王應하되「諾다 弟子니이다」(緣趙州屬鎭府로 以表知重之禮니라)

師云하되「老僧濫在山河로 不及趨面이니다」

두 왕이 수레를 내려서 보니 이미 절 안에 이르렀는데도 스님께서는 똑바로 앉은 채 자리에서 일어나지 않으셨다. 연왕이 물었다.

「인왕(人王)이 높습니까, 법왕(法王)이 높습니까?」

「만일 인왕이라면 인왕 가운데서 높고, 만일 법왕이라면 법왕 가운데서 높습니다.」

연왕은 「그러합니다.」라고 하였다.

스님께서 잠시 침묵하다 물으셨다.

「어느 분이 진부의 대왕이십니까?」

조왕이 대답하였다.

「예, 저입니다.」(조주는 진부에 속하였기 때문에 지중한 예의로써 표현한 것이다.)

스님께서 말씀하셨다.

「노승이 멋대로 조주 산야에 지내면서도 미처 찾아뵙지도 못했습니다.」

須臾에 左右請師爲大王說法하니
師云하되「大王左右多하거늘 爭教老僧說法고」乃約令左右退니라
師身畔時有沙彌文遠高聲云하되「啓大王하노이다 不是者箇左右니이다」
大王乃問하되「是什麼左右아」
對曰하되「大王尊諱多하야 和尙所以不敢說法이니다」
燕王乃云하되「請禪師去諱說法하소서」
師云하되「故知大王曩劫眷屬俱是冤家하소서 我佛世尊은 一稱名號라도 罪滅福生이어늘 大王先祖는 纔有人觸著名字면 便生嗔怒이니다」
師慈悲非倦하고 說法多時하니 二王稽首讚歎하며 珍敬無盡이니라

잠시 후 주위 사람이 대왕을 위하여 설법을 청하니, 스님께서 말씀하셨다.

「대왕의 주위에 사람이 많은데 어찌 노승더러 설법하라고 하십니까?」

이에 주위 사람에게 명하여 물러나게 하였다. 마침 스님 곁에 사미인 문원(文遠)이 있다가 큰 소리로 말하였다.

「대왕께 아룁니다. 그 주위 사람이 아닙니다.」

그러자 대왕이 바로 물었다.

「어떤 주위 사람 말인가?」

「대왕께는 존휘(尊諱)가 많아서 스님께서 설법하지 못하시는 것입니다.」

연왕이 바로 말하였다.

「선사께서는 피휘(避諱)[14]하지 마시고 설법해주십시오.」

스님께서 말씀하셨다.

「그렇다면 대왕께서는 과거세의 권속은 모두가 원수임을 아십시오. 우리

부처님 세존의 명호는 한 번만 불러도 죄가 소멸하고 복이 생기는데, 대왕의 조상들은 잠깐이라도 사람들이 (피휘하지 못하고) 이름을 저촉하면 곧장 성을 냅니다.」

스님께서는 자비롭게도 지치는 줄 모르고 많은 설법을 하셨다. 그때 두 대왕은 머리를 조아리고 찬탄하며 존경해 마지않았다.

來日將廻에 燕王下先鋒使聞師不起하고 凌晨入院하야 責師傲兀君侯니라 師聞之하고 乃出迎接한대

先鋒乃問曰하되「昨日엔 見二王來不起러니 今日見某甲來엔 因何起接잇고」

師云하되「待都衙[15]得似大王인댄 老僧亦不起接이니다」

先鋒聆師此語하고 再三拜而去니라

다음날 돌아가려고 하는데, 연왕 밑의 선봉장이 스님이 자리에서 일어나지 않았다는 말을 듣고, 새벽에 절 안으로 들어와서 스님이 임금에게 오만하게 대하였음을 힐책하려 하였다. 스님께서 이 말을 듣고 바로 나가서 영접하니, 선봉장이 물었다.

「어제는 두 분 왕께서 오시는 것을 보고도 일어나지 않으시더니, 오늘은 제가 오는 것을 보고는 어찌하여 일어나서 맞아주십니까?」

「그대가 대왕만 하다면 노승도 일어나 맞이하지는 않을 것이오.」

선봉장은 이 말을 듣고 스님께 거듭거듭 절을 하고 물러갔다.

尋後趙王發使取師供養하니 既届城門에 闔城威儀迎之入內니라 師纔下寶輦하니 王乃設拜하고 請師上殿에 正位而坐니라

師良久以手斫額云하되「堦下立者是何官長고」

---

14   왕의 이름과 같은 글자를 쓰지 않는 것.

15   오늘날의 근위사단(近衛師團)을 말한다.

左右云하되「是諸院尊宿幷大師·大德이니다」

師云하되「他各是一方化主러니 若在階下인댄 老僧亦起니이다」

王乃命上殿이니라

얼마 뒤 조왕은 사신을 보내 스님을 모시고 공양 올리기를 청하였다. 스님께서 성문에 다다르자 온 성안이 모두 예의를 갖추고 영접하고 안으로 모셨다. 스님께서 성안에 들어와 장엄한 수레[16]에서 내리자마자 왕은 절을 올리고 스님께 전각[殿]의 가운데 자리에 앉으시라고 청하였다. 스님께서는 잠시 침묵하시다가 이마에 손을 대고 내다보면서 말하였다.

「계단 아래 서 있는 이들은 무슨 관청의 책임자입니까?」

주위 사람들이 말하였다.

「여러 절의 존숙(尊宿)들과 대사(大師)·대덕(大德)들입니다.」

「저분들도 각기 한 지방을 맡아 가르침을 펴는 분들인데, 그분들이 계단 아래 있다면 노승도 서 있겠습니다.」

왕이 바로 그분들을 전각 위로 오르도록 명하였다.

是日齋筵將罷에 僧官排定從上至下하야 一人一問이니라 一人問佛法한대 師旣望見하고 乃問하되「作什麽오」

云하되「問佛法이니다」

師云하되「這裏已坐卻老僧이어늘 那裏問什麽法고『二尊不並化』니라」
(此乃語之詞也니라)

王乃令止니라

이날 재연(齋筵)[17]이 끝나려고 할 때, 승려든 관원이든 위로부터 아래까지 차례차례 한 사람이 질문 하나씩을 하도록 하였다.

---

16   원문은 '寶輦'. 예전에 위를 꾸미지 않은 임금이 타는 가마를 이르던 말이다.

17   재식(齋食)을 마련하여 삼보(三寶)에 공양하는 법회.

어떤 사람이 불법(佛法)에 대해 묻고 있었는데 스님께서 바라보고 있다가 물었다.

「무얼 하는 건가?」

「불법을 묻고 있습니다.」

「이미 여기에 내가 앉아 있거늘, 거기에서 무슨 법을 묻는다는 건가? 『두 부처님은 함께 교화하지 않는 법일세.』」 (이 구절은 경[18]에 나오는 말씀이다.) 왕은 여기서 그만두도록 하였다.

其時國后與王俱在하고 左右侍立한대

國后云하되 「請禪師爲大王摩頂受記니이다」

師以手摩大王頂云하되 「願大王與老僧齊年하소서」

是時迎師權在近院駐泊하고 獲時選地하야 建造禪宮하니 師聞之하고 令人謂王曰하되 「若動著一莖草인댄 老僧卻歸趙州니이다」

그때 왕비가 왕과 함께 있었고, 주위 사람들이 시중들고 있었다. 왕비가 말했다.

「선사께서는 대왕을 위하여 마정수기(摩頂授記)[19]를 내려주십시오.」

스님께서는 손으로 대왕의 이마를 어루만지면서 말씀하셨다.

「대왕께서는 노승만큼 장수하소서.」

이때 스님을 임시로 가까운 절에 계시도록 하고, 날짜와 장소를 택하여 선원을 세우기로 하였다. 스님께서 이 이야기를 듣고 사람을 시켜 대왕에게 알렸다.

「만일 풀 한 포기라도 움직인다면 노승은 조주로 돌아가겠습니다.」

18　『보살처태경(菩薩處胎經)』의 문수사리(文殊師利)의 게송 중 일부를 인용한 것으로 다음과 같다.

(中略) 本爲能人師, 今乃爲弟子. 佛道極曠大, 淸淨無增減. 或欲見佛身, 二尊不竝立.

(中略) 본래 사람의 스승이 되었었고 지금은 제자가 되었네. 불도는 지극히 광대하고 청정함은 증감이 없네. 혹 불신(佛身)을 보고자 하겠지만, 두 부처님은 함께 계시지 못한다네.

19　부처님께서 수기하시면서 제자의 이마를 만져주심.

其時寶行軍願捨菓園一所하니 直一萬五千貫에 號爲眞際禪院하고 亦云
寶家園也니라 師入院後에 海衆雲臻이니라 是時趙王禮奉하고 燕王從幽州
奏하니 到命服鎭府하야 具威儀迎接이니라 師堅讓不受하니 左右舁箱至師
面前云하되 「大王爲禪師佛法故러니 堅請師著此衣하소서」

師云하되 「老僧爲佛法故로 所以不著此衣니라」

左右云하되 「且看大王面하소서」

師云하되 「又干俗官什麼事오」

乃躬自取衣挂身上하며 禮賀再三하니 師惟知應諾而已니라

그때 두행군(寶行軍)[20]이란 사람이 과수원 한 곳을 희사하였다. 그곳은 일
만 오천 관의 값이 나가는 땅이었는데, 진제선원(眞際禪院)이라고 이름을 붙
였는데 두씨네 동산[寶家園]이라고 부르기도 하였다.

스님께서 그 절에 들어가시자 바다 같은 대중이 구름처럼 모여들었다. 이
때 조왕은 예의로 받들었고, 연왕이 유주(幽州)에서 조정에 아뢰니 진부에 예
복이 내려지게 되어 모두 위의를 갖추고 이를 영접하였다. 스님께서는 굳이
사양하며 받지 않으시니, 주위에서 사람들이 상자를 들고는 스님 앞에 와서
말하였다.

「대왕께서는 선사님의 불법을 위하시기 때문이니, 이 옷을 꼭 입어주십시오.」

「노승은 불법을 위하기 때문에 이 옷을 입지 않노라.」

주위에서 말하였다.

「그렇다 하더라도 대왕의 체면을 보아주십시오.」

「속세의 관리에게 무슨 상관이 있단 말이오?」

마침내 대왕이 몸소 옷을 들어 스님 몸 위에 걸쳐드리면서 거듭 절하며 축
하를 드리자, 스님께서는 그저 알았다고만 할 뿐이었다.

---

20 성(姓)이 두(寶)인 부대장(部隊長)을 이른다.

師住趙州二年한대 將謝世時에 謂弟子曰하되

「吾去世之後에 焚燒了하야든 不用淨淘舍利하라 宗師弟子不同浮俗하고 且身是幻할새니 舍利何生고 斯不可也니라」

令小師送拂子一枝與趙王하며 傳語云하되「此是老僧一生用不盡底니이다」

스님께서는 조주에 2년을 살았는데, 장차 세연(世緣)을 마치려 할 즈음 제자들에게 말씀하셨다.

「내가 세상을 뜨고 나면 화장하되 사리를 고를 것 없다. 종사의 제자는 세속과는 다르고, 더군다나 몸뚱이는 허깨비이니 사리가 어디서 생기겠느냐? 이런 일은 가당치 않다.」

스님께서는 제자를 시켜 불자(拂子)를 조왕에게 보내면서 말을 전하였다.

「이것은 노승이 일생 동안 쓰고도 다 쓰지 못한 것입니다.」

禪門拈頌 487則 -「拂子」

保寧勇 頌하되

一生受用應無盡하니	일생 동안 받아 써도 응당 다함이 없는 것인데
這箇都來有幾莖고	그것이 모두 몇 가닥이나 남았는가?
分付趙王千古在하니	조왕에게 부촉한 지 천 년이건만
任他南北競頭爭이로다	맡겨놓으니 남북에서 머리를 맞대고 다툼이로다.

又上堂에 擧此話云하되「趙州一生用不盡底가 終不錯分付人이로다 雖然不錯分付人이나 爭奈趙王이 提不起리오」乃拈拄杖云하되「此是保寧一生用不盡底니 不如未死巳前에 兩手로 平等分付與諸人이로다」擲下拄杖하고 拍手云하되「阿喇喇 三十年後에 莫敎失卻하라」

또 상당하여 이 이야기를 들어 말하였다.

「조주가 일생 동안 쓰고도 다 쓰지 못하던 것을 끝에 남에게 부촉한 것은 마침내 잘못됨이 아니다. 비록 남에게 잘못 부촉하진 않았으나 조왕이 들어올리지 못하니 어찌하리오?」

그러고는 주장자를 집어 올리고는 말하였다.

「이것은 내(보녕용)가 일생을 쓰고도 다 쓰지 못하던 것인데, 아직 죽기 전에 두 손으로 평등하게 여러분께 부촉해주는 것만 같지 못하도다.」

하고는 주장자를 던져버리고 손뼉을 치면서 말하였다.

「아라라(阿喇喇, 놀라는 모양), 30년 뒤에 잃어버리지 말도록 하라.」

蔣山泉이 代大王云하되 「和尙은 莫將常住物하야 作自己用하소서」

장산천(蔣山泉)이 대왕(조왕)을 대신하여 말하였다.

「화상은 상주물(常住物)[21]을 가지고 자기 마음대로 쓰지 마십시오.」

上方益이 代하되 「慙愧慙愧로다」

상방익(上方益)이 대신 말하였다.

「부끄럽도다. 부끄럽도다.」

拈頌說話 ―「拂子」

《拂子者》는 一條拂子니 非但趙州用不盡이어니와 三世諸佛歷代祖師도 受用不盡也니라

保寧에《幾莖者》는 非但一生이어니와 從上來相傳相受也니라

《分付云云者》는 世界壞時에도 此則不壞也니라

《任他云云者》는 誰是知恩報恩이니라

又上堂柱杖은 則指東劃西也니라

---

21   사종(四種) 승물(僧物)의 하나로서 절에 소속된 동산, 부동산을 통틀어 이르는 말.

《兩手至諸人者》는 彼則一手分付一人이나 此則不然也니라

《擲下者》는 見三十年後也니라

《阿喇喇者》는 止遏之辭니라 到此則趙州地似乎湊泊不得也로 又云《莫教失却》이러니 更是分明이니라

蔣山은 寡人亦沒分外러니 何用特地니라

上方은 趙州今日分付가 慚惶殺人也로 伊麼會趙州意오 不會趙州意오

《불자(拂子)》라 함은 한 자루의 불자이니, 조주가 쓰고도 다 쓰지 못했을 뿐만 아니라 삼세제불과 역대조사가 받아 쓰더라도 다 쓰지 못한다는 것이다. 보녕의 송에서《불자가 몇 가닥이나 남았는가?》라고 한 것은 다만 일생뿐 아니라 옛날부터 전해 서로 주고받은 것이기 때문이요,《조왕에게 부촉한 지 천 년이건만 운운》한 것은 세계가 무너질 때도 이것은 무너지지 않기 때문이며,《맡겨놓으니 남북에서 머리를 맞대고 다투는도다 운운》한 것은 누가 은혜를 알고 은혜에 보답하겠는가 함이다.

또 상당(上堂)하여 주장자를 집어 올린 것은 동쪽을 가리키고 서쪽을 그은 것이로다.《두 손으로 여러분께 부촉함》은 조주는 한 손으로 한 사람에게 전했는데, 보녕은 그렇지 않다는 뜻이요,《던져버렸다》는 30년 뒤를 보았기 때문이요,《아라라(阿喇喇)》는 다 그만두라는 말이다. 여기에 이르면 조주의 경지에 배를 대려고 하나 그럴 수 없을 것 같기에 또《잃어버리지 말라[莫教失却]》고 했으니 더욱 뜻을 분명히 한 것이다.

장산(蔣山)의 대어는 과인(寡人)도 분수 밖에 있지 않은데 어찌 당신만 특별하게 굴 필요가 있는가 하는 내용이다.

상방(上方)의 대어는 조주가 오늘 부촉한다는 것이 사람들을 부끄러워 죽을 지경으로 만든다는 내용이니, 이렇게 하면 조주의 뜻을 이해한 것인가, 이해하지 못한 것인가?

| 학산 대원 曰 |

天空喫無盡
無形本寂寥
湛水生蓮花
永用終無盡

끝없는 열린 하늘[天空]은 마시는 것이 다함 없고
모양이 없이 본래 적적하고 고요함이라.
맑은 물에 연꽃이 피어나고
영원히 쓰는 것이 끝내 다함 없음이라.

師於戊子歲十一月十日에 端坐而終한대 于時에 寶家園道俗車馬數萬
餘人이 哀聲振動이니라 於時盡送終之禮어늘 感歎之泣이 無異金棺匣彩於
俱屍矣로다 莫不高營鴈塔하고 特豎豐碑하야 謚號曰眞際禪師光祖之塔이
니라 後唐保大十一年孟夏月旬有三日에 有學者咨問東都東院惠通禪師하
야 趙州先人行化厥由作禮而退하고 乃授筆錄之니라

스님께서는 무자(戊子)[22]년 11월 10일에 단정히 앉은 채로 임종하셨다. 그
때 두씨네 동산에는 승속의 수레에 수많은 사람들의 애달픈 소리가 진동하
였다. 장례를 다 치른 후에도 비탄의 눈물은 구시나[俱屍][23]에서 부처님이 열

---

22 상기의 무자년은 후당(後唐)의 명종(明宗) 천성(天成) 3년(928)에 해당된다. 하지만 이대로 하면 조
주 스님이 150살이 되고 이전의 무자년(868)으로 하면 90살이 되어 통설과 다르다. 『전등록』에는
"唐乾寧四年十一月二日右脇而寂. 壽一百二十(당 건녕 4년 11월 2일 오른쪽 겨드랑이를 땅에 대고서
입적하니, 세수 120세였다)"라고 하여 건녕 4년(897)에 세수 120으로 입적하였다고 기록되어 있는데
이후 이것이 통설로 되어 있다. 본문의 무자년은 아무래도 무오년(戊午, 898)의 오기로 보이는데
그렇게 되면 『전등록』의 설과 1년의 차이가 난다.

23 쿠시나가라를 말한다. 산스크리트 'kuśinagara', 팔리어 'kusināra'의 음사. 고대 중인도에 있던 말
라국(malla國)의 도읍지로 붓다가 입멸한 곳이다. 동음어로 구시나(拘尸那, 俱尸那), 구시나게라(拘
尸那揭羅), 구시성, 구이나갈(俱夷那竭) 등이 있다.

반하셨을 때 황금관의 빛을 감추게 했던 눈물과 다름이 없었다.

높다란 안탑(雁塔)²⁴을 세우고 특별히 커다란 비석을 세웠는데, 시호는 진제선사광조지탑(眞際禪師光照之塔)이라고 하였다.

후당 보대(保大) 11년(953) 4월 13일에 어떤 학인이 동도(東都) 동원(東院)의 혜통(惠通) 선사에게 옛 스승인 조주 스님께서 교화하신 유적을 찾아 묻고는 절하고 물러나오자, 이에 붓을 주어 기록하도록 하였다.

---

24 고대 인도의 마가다국에 있었다고 하는 탑. 인드라사일라구아산(Indrasailaguhā, 帝釋窟山)의 동쪽 봉우리에 있었다고 하며, 옛날 보살이 정육(淨肉)을 먹는 중을 바로잡기 위해서 기러기로 화(化)하여 하늘에서 떨어진 흔적이라고 전한다. 또 중국 당나라 현장(玄奘)이 652년 시안[西安]에 세운 대자은사(大慈恩寺)의 탑을 통칭 '대안탑(大雁塔)'이라고 하며, 또한 시안 대천복사(大薦福寺)의 연와조(煉瓦造) 전탑(塼塔)을 '소안탑(小雁塔)'이라고 한다. 이것들은 모두 인도의 고사(故事)에 따라 그 양식을 흉내 내어 세운 것으로 보인다.

1則

師問南泉하되「如何是道니잇고?」

泉云하되「平常心이 是道니라」

師云하되「還可趣向不닛가?」

泉云하되「擬[25]卽乖니라」

師云하되「不擬면 爭知是道닛고?」

泉云하되「道不屬知不知니 知是妄覺이오 不知是無記라 若眞達不疑[26]
之道인댄 猶如太虛가 廓然蕩豁이어니 豈可强是非也아?」하니

師於言下에 頓悟玄旨하고 心如朗月 하다

스님께서 남전 스님께 물으셨다.

「무엇이 도입니까?」

「평상심이 도이다.」

「그래도 닦아나가는 것이 있지 않겠습니까?」

「헤아리면 바로 어긋나버린다.」

「헤아리지 않으면 어떻게 이 도를 알겠습니까?」

「도는 알고 모르는 데 속하지 않나니, 안다면 망각(妄覺)이요, 모른다면 무기(無記)라. 만약 의심할 것 없는 도를 진정으로 통달한다면 마치 허공과 같이 텅 비고 확연히 트여서 어찌 억지로 시비를 할 수 있겠느냐?」

---

25 활자본 『고존숙어록』에는 '撥(다스릴 발)'로 되어있으나 목판본에는 '擬(헤아릴 의)'로 되어있어 이를 참고로 하여 수정하였다.

26 여기서 '疑' 자는 대부분의 책들에서는 '疑(의심할 의)'로 되어있으나 『무문관(無門關)』에는 '擬(헤아릴 의)' 자로 되어있다. 문맥에는 '擬' 자로 보는 것이 맞으나 전통적인 해석에 따라 '疑'로 풀이하였다.

스님께서는 이 말이 끝나자마자 깊은 뜻을 몰록 깨닫고 마음이 달처럼 환해졌다.

| 학산 대원 曰 |

여여부동(如如不動)한 마음은 평상심이고 다른 마음은 평상심이 아니라고 생각하면, 양립(兩立)된 두 견해를 소지(所知)하므로 도리어 허물이 된다.

禪宗頌古聯珠 – 平常

雪峰悅이 頌하되[27]

平常心是道라 하니　　　　평상심이 도라 하니

擧步入荒草로다　　　　　발걸음을 옮겨 거친 풀로 들어감이로다.

翻嗟王老師가　　　　　　한스럽구나, 왕노사여.

到底不能曉로다　　　　　끝내 깨닫지를 못하는구나.

不能曉여　　　　　　　　깨닫지 못함이여

玉兔金烏任飛走로다　　　옥토끼와 금까마귀가 제멋대로 날아다닌다.

佛鑑懃이 頌하되

欲識平常道인댄　　　　　평상심이 도임을 알고자 한다면

天然任自然이로다　　　　천연대로 자연에 맡겨라.

行船宜擧棹하고　　　　　배가 가는 데 돛을 올리고

走馬卽加鞭이로다　　　　말을 달리는 데 채찍을 가하라.

27 『선문염송』에도 공통으로 실린 게송이며, 이하 본서에서는 『선종송고연주』와 『선문염송』에서 공통된 게송은 앞에 나오는 하나만 실었다.

若遇飢來飯하고　　　배가 고프면 밥을 먹고
還應困卽眠이로다　　피곤하거든 잠을 자라.
盡從緣所得이나　　　다 인연 따라 얻는 바이나
所得亦非緣이로다　　얻은바 또한 인연이 아니로다.
所得亦非緣이어늘　　얻은바 또한 인연이 아니거늘
當人自了然이로다　　그 사람은 스스로 분명하리라.
雨中看皓月이요　　　비 가운데 밝은 달을 보고
火裏汲淸泉이로다　　불 속에서 맑은 샘물을 긷는다.
直立頭垂地하고　　　바로 서면 머리가 땅에 드리우고
橫眠脚指天이로다　　가로로 누우면 다리가 하늘을 가리킨다.
應須與麽會라사　　　마땅히 이와 같이 알아야만
方契祖師禪이니라　　비로소 조사선(祖師禪)에 계합되리라.

鼓山珪가 頌하되
若謂平常心是道인댄　만약 평상심이 도라고 말한다면
枝蔓向上更生枝로다　가지가 뻗은 위에 다시 가지가 돋는 격이요
貼肉汗衫如脫了하면　살에 붙은 한삼(汗衫)을 벗는다 함은
喚來眼上與安眉로다　눈 위에다 눈썹을 붙여주는 격이로다.

徑山杲가 頌하되
勸君不用苦勞神하라　그대에게 권하노니 수고로이 마음 쓰지 말라.
喚作平常轉不親이니라　평상심이라 부르더라도 오히려 멀어지느니라.
冷淡全然沒滋味하나　차고 담담해서 아무런 맛이 없으나
一回擧著一回新이로다　한 번 들추어낼 때마다 한 번 새로워짐이로다.

【續收】

本覺一이 頌하되

趙州昔日見南泉하고	조주가 옛날에 남전을 만나서
言下投機自廓然이로다	언하에 계합하여 스스로 확연해짐이로다.
要會平常心是道인댄	평상심이 도라는 것을 알고자 한다면
平常不住道方玄이로라	평상에도 머물지 않아야 도가 비로소 현묘해지리라.

慈受深이 頌하되

白日遲遲兮花菲菲로다	낮이 길고 기니 꽃이 무성하고 아름답구나.
白雲流水兮兩相依로다	흰 구름과 흐르는 물은 서로 반연하는구나.
長安路上人跡稀러니	장안(長安) 가는 길 위엔 사람들 종적 드물더니
南泉也落第二機로다	남전도 두 번째 근기에 떨어졌구나.

月堂昌이 頌하되

礙得銅盤이러니	바라[28]에 걸려든
不打老鼠하니	늙은 쥐를 잡지 아니하니
所以抽身入하면	때문에 몸을 빼가지고
還從屋裏來로다	도리어 집안[29]으로 따라 들어옴이로다.
扱教臺凳穩하고	가르치는 책상과 의자를 걷어치우고
聊且勸三盃로다	잠시 술 석 잔을 권하도다.
兄呼弟應殷勤處에	형이 부르고 동생이 응하는[30] 은근한 자리에

---

28 동반(銅盤)으로 법회에 쓰는 금속의 악기를 말한다. '동발자(銅鈸子)', '대동발(大銅鈸)'이라 하고, '발(鈸)'이라고도 한다. 금속으로 만든 평평한 접시 모양으로 두 개로 되었고, 각각 중앙에 끈을 달아 좌우 손에 한 개씩 들어 서로 비벼 쳐서 소리를 낸다. 본래는 요와 발 2종의 악기이던 것을 지금은 혼합해서 1종이 되었다. 우리나라에서는 '바라'라 부른다.

29 옥리(屋裏)는 보통 자신의 내면이나 자신의 심성(心性)을 뜻하며, 여기서는 쥐가 집으로 들어올지도 모른다는 말이기도 하다.

30 『무문관』제22칙 「가섭찰간」의 "迦葉因阿難問云, "世尊傳金襴袈裟外, 別傳何物?" 葉喚云, "阿

留得兒孫辨劫灰로다	남은 자손들은 겁회(劫灰)[31]를 논의함이로다.

圓悟勤이 頌하되

遇飯喫飯하고	밥을 만나면 밥을 먹고
遇茶喫茶로다	차를 만나면 차를 마신다.
千重百匝이나	백 겹, 천 겹이지만
四海一家로다	사해는 한 집이로다.
解却黏去却縛하면	붙은 것을 풀고 묶인 것을 버리면
言無言作無作이로다	말 없음을 말하고 지음 없음을 짓는도다.
廓然本體等虛空하니	확 트인 본체가 허공과 같으니
風從虎兮雲從龍이로다	바람은 범을 따르고, 구름은 용을 쫓는다.

龍門遠이 頌하되

萬里長空雨霽時에	만리(萬里) 뻗은 하늘에 비 개이니
一輪明月瑩清輝로다	둥근 달이 밝고 환하게 비치노라.
浮雲掩斷千人目하여	구름이 모든 이의 눈을 가렸기에
見得嫦娥面者稀로다	항아(姮娥)의 얼굴을 본 사람이 드물다.

| 학산 대원 曰 |

넘실거리는 파도, 시커먼 진흙물에 밝은 달이 나타났다.

難!" 難應諾. 葉云, "倒却門前刹竿著!"'이라는 구절에서 형(가섭)이 부르고 동생(아난)이 "네." 하고 대답하는 구절이 있다. 무문(無門)의 송(頌)에도 "問處何如答處親, 幾人於此眼生筋, 兄呼弟應揚家醜, 不屬陰陽別是春."라 하여 '兄呼弟應', 즉 형이 부르고 동생이 대답한다는 구절이 있다.

31 세계가 파멸될 때 일어나는 큰불의 재로 말겁(末劫)의 재난을 뜻한다.

大潙智가 頌하되

向道平常心是道가　　　평상심이 도라고 말한 것은

斬丁截鐵妙中妙로다　　　못을 끊고 쇠를 자르듯 묘함 가운데 묘함이로다.

若將玄路擬思量인댄　　　현묘한 길을 생각으로 헤아린다면

連累兒孫入荒草로다　　　얽혀있는 자손들이 거친 풀 속으로 들어가리라.

業識茫茫知不知하여　　　업식이 아득하여 알기도 모르기도 하여

終日紅塵無價寶로다　　　온종일 티끌세계에 있음을 무가보라 하네.

足菴鑑이 頌하되

玄途不涉透離微하면　　　현묘한 길에 걸리지 않고 묘한 경계를 투과하면

道合平常發上機로다　　　도가 평상에 계합하여 높은 기틀을 발하리라.

無影樹頭春色曉하고　　　그림자 없는 나뭇가지 위에 봄빛이 완연하고

金雞啼在不萌枝로다　　　금닭은 싹이 나지 않은 가지에서 우는도다.

雪菴瑾이 頌하되

悟得平常達本鄕인댄　　　평상을 깨달으면 본래 고향을 통달하는데

時人多怕落平常이로다　　　세상 사람들은 평상에 떨어질까 두려워하네.

靑春只有九十日인댄　　　푸른 봄날은 단지 90일에 불과하건만

爛醉都無一百場이로다　　　완전히 취하니 아무것도 남겨진 게 없도다.

無門開가 頌하되

春有百花秋有月하고　　　봄에는 꽃이 만발하고 가을엔 달이 밝고

夏有凉風冬有雪로다　　　여름엔 시원한 바람이 불고 겨울엔 눈이 내리네.

若無閑事掛心頭하면　　　만약 한가로움이 없는 일을 마음머리에 걸면

便是人間好時節이로다　　　문득 이것이 인간의 좋은 시절이로다.

禪門拈頌 407則 - 「平常」

則之가 頌하되

圍爐向火通身煖이요	화로를 끼고 불을 향하면 온몸이 따뜻하고
渡水敲氷徹骨寒이로다	얼음을 깨고 물을 건너니 뼈까지 시리구나.
天上有星皆拱北이요	하늘 위의 별은 모두가 북극성을 둘러 있고
家家門外通長安이로다	집집마다 대문 밖은 장안으로 통한다.

開先暹이 上常에 擧「趙州問南泉하되『如何是道닛고』云『平常心이 是道라』」하야 師云하되「不知那个是平常心고 如今和南하고 不審叉手竝足이 盡是非常이니 作麽生是平常고 不見가 德山先師道하되『平常心이 是道라 天眞은 莫可論이라』如月落萬浦하야 不是衆流吞이니라 旣然平常인댄 不可更强生頭角이니라 不勞久立하라」

개선섬이 상당하여 「조주가 남전에게 묻기를『어떤 것이 도입니까?』하니 남전이 이르되,『평상심이 도이니라.』하였다.」 한 것을 들고는 말하기를, 「어떤 것이 평상심인가를 모르는도다. 지금 합장을 하거나 인사를 하거나 두 손을 모으거나 두 발을 나란히 하는 것이 모두 다 평상이 아니니, 어떤 것이 평상인가? 보지 못했는가? 덕산선사(德山先師)가 말하기를『평상심이 도라 하나 천진(天眞)은 말할 수 없다.』하니, 달이 만 갈래 물가에 비쳤으나 모든 흐름이 삼키지 못하는 것과 같으니라. 이미 평상(平常)이라 한다면 다시 구태여 두각(頭角)을 내지 말라. 서서 법을 듣느라 수고들 했다.」 하였다.

法眞一이 「擧趙州問南泉하되『如何是道닛고』泉云하되『平常心이 是道라』하야 師云하되「衆中商量이 只作平實會하야 或云『返常合道라』하니 若如此인댄 摠滯在平常이라 要見古人인댄 亦未可니라」僧이 便問하되「只如師意如何닛고」師云하되「鋸解秤鎚니라」復問僧하되「會麽아」僧云하되「不會니라」師云하되「却問取南泉하라」

법진일이 「조주가 남전에게 묻기를 『어떤 것이 도입니까?』 하니 남전이 이르되, 『평상심이 도이니라.』 하였다.」 한 것을 들고는 말하기를, 「대중 가운데 헤아리기를, 단지 평상함이 진실됨이라 알거나, 혹은 말하길 『평상함을 돌이켜 도에 합한다.』 하나니, 만약 이와 같다면 모두가 평상심에 빠져 있음이라. 옛사람을 보려 한다면 아직 볼 수 없다.」 하였다.

한 스님이 바로 물었다.

「다만 선사의 뜻은 어떠하십니까?」

「저울추를 톱으로 켜는 것이니라.[32] 알겠는가?」

「모르겠습니다.」

「그럼 남전에게 가서 물어보거라.」

開元琦가 上堂云하되 「此之一法은 展去則遍周沙界하고 收來則纖毫不存이로다 若僧若俗이 悉皆具足하고 若大若小가 俱無邊表니라 豈不見가 昔日에 趙州問南泉하되 『如何是道닛고』 至州言下大悟하야 諸仁者여 且道하라 趙州가 當時에 悟底事는 作麼生고 還有道得者麼아 若無인댄 開元이 今日에 爲諸人道去하리라 趙州老人은 祇知踏步向前하고 不覺墮坑落塹이며 南泉和尙은 也是冷處着把火로다」 以拂子로 擊繩床下座하다

개원기가 상당하여 말하였다.

「이 한 법은 펼치면 항하사 같은 세계에 두루하고, 거두면 가는 터럭에도 있지 않도다. 승려나 속인이나 다 구족하였고, 크거나 작거나 모두 끝이 없도다. 어찌 보지 못했는가? 옛날에 조주가 남전에게 묻기를, 『어떤 것이 도입니까?』 조주가 말이 떨어지기 무섭게 크게 깨달았다.[33] 여러분이여, 말해보라. 조주가 당시에 깨달았다는 것이 무엇인가? 말할 사람이 있는가? 만약

---

32 대단히 어려운 일을 형용하는 말로서, 여기에서는 더듬을 도리가 없다는 뜻이다.

33 "조주가 ~ 깨달았다." 부분은 『조주록』 제1칙인 평상(平常) 공안 처음부터 끝까지를 말한다.

없다면 내가 오늘 여러분을 위해 말하리라. 조주 노인은 앞을 향해 걸을 줄만 알고, 구렁텅이에 떨어진 줄 몰랐으며, 남전 화상은 싸늘한 곳에서 불을 붙임이로다.」

그리고 불자로 선상을 내려치고 자리에서 내려왔다.

雲門杲가 普說云云하되「有學而知之者하며 有生而知之者니라 如僧問趙州하되 學人이『乍入叢林하니 乞師指示하소서』州云하되『你喫粥了也未아』僧云하되『喫粥了니다』州云하되『洗鉢盂去하라』僧이 於言下忽然大悟하고 當下休歇하야 便知生死去處니라 妙喜가 常說不易라 這僧이 有力量하니 趙州가 將一百二十斤擔子하야 一送送在他肩上이어늘 這僧이 荷得하고 一氣走一百二十里하야 更不廻頭하니 如將梵位하야 直授凡庸이라 心裏가 便怗怗地興得慈力하고 運得悲願하니 此是學而知之者라

운문고가 보설(普說)[34]에서 말하였다.

「배워서 아는 이도 있고, 나면서 아는 이도 있다. 예컨대 한 스님이 조주에게 묻되,

『저는 이제 막 총림에 들어왔사오니 스님께서 가르쳐주십시오.』

『죽은 먹었는가?』

『먹었습니다.』

『발우를 씻어라.』

그러자 그 스님이 말이 끝나기 무섭게 홀연히 크게 깨닫고 당장에 쉬어서 바로 생사의 가는 곳을 알았느니라. 내[妙喜]가 항상 쉽지 않다고 말했는데, 그 스님은 역량이 있어서 조주가 120근의 짐을 그의 어깨 위에 실어주었거늘, 짊어지고 단숨에 120리를 달려가서 다시는 돌아보지 않았으니, 마치 범

34　밑의 인용 부분은『대혜보각선사보설(大慧普覺禪師普說)』권제16에서 인용하였다.

왕(梵王)의 지위를 바로 범부에게 준 것 같도다. 마음속이 조용해지면서 인자한 힘을 일으키고 자비로운 원(願)이 움직이니, 이는 배워서 아는 것[學而知之]이니라.

那箇是生而知之者오 如趙州作沙彌時에 同本師行脚하야 到南泉이러니 値南泉臥次에 本師禮拜了하고 趙州方禮拜어늘 南泉이 問云하되『近離甚處오』州云『近離瑞像이니다』泉云하되『還見瑞像麼아』州云하되『瑞像則不見이어니와 面前에 只見臥如來니다』南泉이 遂起問하되『你是有主沙彌아 無主沙彌아』州云하되『是有主沙彌니다』泉云하되『那箇是你主오』하니 若是如今禪和家인댄 便近前彈指하며 打介圓相하며 喝一喝하며 拍一拍하고 拂袖便行하야 放出者般惡氣息하리라 你看하라 他趙州가 緩緩地近前道하되『孟春이 猶寒하니 伏惟和尙은 尊候萬福하소서』泉이 乃喚維那云하되『此沙彌를 別處安排하라』

어떤 것이 나면서 아는 것[生而知之]인가? 예컨대 조주가 사미 때 은사스님과 함께 행각을 떠나 남전에게 갔더니, 마침 남전이 누워있거늘, 은사스님이 절을 하고 조주가 비로소 절을 하니, 남전이 물었다.

『어디서 왔느냐?』

『서상원입니다.』

『그럼 서상은 보았느냐?』

『서상은 보지 못하였습니다만, 누워계시는 여래는 뵈었습니다.』

그러자 남전이 드디어 일어나 물었다.

『그대는 주인이 있는 사미인가, 주인이 없는 사미인가?』

『주인이 있는 사미입니다.』

『어떤 것이 그대의 주인인가?』

만약 지금 선객들 같으면 앞으로 가까이 가서 손가락을 튕기거나 동그라미를 그리거나 할을 한 번 외치거나 손뼉을 한 번 치거나 소매를 떨치고 가버리거나 하면서 고약한 냄새를 내놓았으리라. 그대들은 보라. 조주는 느릿느

릿 앞으로 가까이 가서 말하기를,『초봄이라 아직 춥습니다. 삼가 바라옵건대 화상께서는 존체 만복하옵소서.』하니, 남전은 이에 유나를 불러『이 사미에게 특별한 자리를 내어주도록 하라.』하였다.

次日에 却來問하되『如何是道닛고』南泉이 也行不棒하고 也不下喝하고 也不談玄하고 也不說妙하고 也不牽經하고 也不引論하고 也不擧古人公案하고 亦不說事하고 亦不說理하고 只實頭向他道하되『平常心이 是道라』하니 爲他趙州已理會得平常心了하고 便却問하되『還假趣向也無닛가』泉云하되『擬向則乖』로 至『强是非耶아』하야 趙州於言下에 千了百當이로다 南泉이 道하되『道不屬知하며 不屬不知라』하고 圭峰은『謂之靈知라』하고 荷澤은『謂之知之一字가 衆妙之門이라』하고 黃龍死心은 云하되『知之一字가 衆禍之門이라』하니 要見圭峰荷澤則易어니와 要見死心則難이니 到者裏하야 須是具超方眼이니라 說似人不得하며 傳與人不得이로다』

다음 날 다시 와서 묻기를,『어떤 것이 도입니까?』하니 남전이 방망이도 쓰지 않고, 할을 외치지도 않고, 현도(玄道)를 이야기하지도 않고, 묘리(妙理)를 말하지도 않고, 경전(經典)을 끌어오지도 않고, 논소(論疏)를 인용하지도 않고, 옛사람의 공안을 들지도 않고, 일화를 말하거나 이치를 말하지도 않으며, 다만 진실로 그를 향해 말하길,『평상심이 도이니라.』하였으니, 저 조주가 이미 평상심을 깨달았다고 여긴 것이다. 바로 묻기를,『그래도 닦아 나아가면 되겠습니까?』하니, 남전이『헤아리려고 하면 바로 어긋나버린다.』부터『억지로 시비를 할 수 있겠느냐?』까지[35]를 말하였으니, 조주는 말이

---

35 인용된 부분은 다음과 같다.
　　泉云하되「擬卽乖.」니라 / 師云하되「不擬면 爭知是道?」닛고 / 泉云하되「道不屬知不知니 知是妄覺이오 不知是無記라 若眞達不疑之道인댄 猶如太虛가 廓然蕩豁이어니 豈可强是非?」「헤아리면 바로 어긋나버린다.」/「헤아리지 않으면 어떻게 이 도를 알겠습니까?」/「도는 알고 모르고에 속하지 않나니, 안다면 망각(妄覺, 헛된 깨달음)이요 모른다면 무기(無記, 아무런 생각도 없

떨어지기 무섭게 천을 끝마치고 백을 감당하였다. 남전은 말하길, 『도는 알고 모르고에 속하지 않는다.』했고, 규봉(圭峰)은 이르길, 『신령스러운 지혜[靈知]』라 했으며, 하택(荷澤)은 『알 지(知) 자 한 글자가 모든 묘리(妙理)의 문이라.』했고, 황룡사심(黃龍死心)은 『알 지 자 한 글자가 모든 재앙의 문이라.』했으니, 규봉과 하택을 보려면 쉽거니와 황룡을 보려면 어렵다. 이 속에 이르러선 모름지기 시방을 초월한 안목을 갖춰야 한다. 남에게 이야기할 수도 없고, 남에게 전할 수도 없느니라.』

松源이 上堂擧此話云하되 「靑天白日에 悟介甚麽오 咄咄咄驪珠擊碎蒼龍窟이로다」
송원이 상당하여 이 이야기를 들어 말하였다.
「청천백일(靑天白日)에 깨달은 것이 무엇인고? 돌돌돌! 여의주(如意珠)로 창룡굴(蒼龍窟)을 때려 부수도다.」

遠錄公『九帶集』에 「平懷常實帶」云하되 「僧問南泉하되 『如何是道닛고』泉云하되 『平常心是道라』하니 其如達平常道也에 見山卽是山이오 見水卽是水라 信手拈來草로다 設使風來樹動하고 浪起船高하며 春生夏長하고 秋收冬藏이라도 有何差異리오 但得風調雨順하고 國泰民安하며 邊方이 寧靜하고 君臣道合이면 豈在麒麟이 出現하며 鳳凰이 來儀하야 方顯祥瑞哉아 但得理歸直道하면 事乃平實이라 無聖可求하며 無凡可捨라 內外平懷하야 泯然自盡이니 所以로 諸聖語言이 不遠世諦하고 隨順世間이라 會則途中受用이오 不會則世諦流布니라」
원록공[36]의 『구대집(九帶集)』가운데 「평회상실대(平懷常實帶)」에서 말하였다.

음)라. 만약 의심할 것 없는 도를 진정으로 통달한다면 마치 허공과 같고 텅 비어서 트인 것과 같을 것이니, 어찌 억지로 시비를 할 수 있겠느냐?』

36 부산 법원(浮山法遠) 선사이니, 승록(僧錄) 벼슬을 했기 때문이며, 그의 전기는 『인천안목(人天眼

「한 스님이 남전에게 묻기를,『어떤 것이 도입니까?』하니 남전이『평상심이 도이니라.』하였다. 평상의 도를 통달하면 산을 보면 곧 산이요, 물을 보면 곧 물이다. 마치 손이 닿는 대로 풀이 잡히는 것 같으리라. 설사 바람이 불면 나무가 흔들리고 물결이 일면 배가 솟고, 봄에 돋은 싹이 여름에 자라고, 가을에는 거두고, 겨울에는 갈무리할지라도 무슨 차이가 있으리오. 단지 바람이 고르고 비가 때맞으며, 나라가 태평하고 백성이 편안하며, 변방이 조용하고 임금과 신하의 도리가 맞는다면, 어찌 기린이 나타나거나 봉황이 날아와야만 비로소 상서로움이 나타난 것이겠는가? 이치를 얻어 곧은길로 들어서기만 하면 일은 이내 평상의 실다움이리라. 성인이라 구할 것도 없고 범부라서 버릴 것도 없도다. 안팎이 평등하면 자취가 없어져 저절로 다하리라. 그러므로 모든 성인의 말씀이 세속의 이치를 멀리하지 않고 세간을 거스르지 아니하는지라, 알면 도중(途中)에서라도 받아들여 쓰고, 알지 못하면 세속의 이치만 퍼지느니라.」

| 학산 대원 曰 |

지식은 양면성이 있다. 지식으로 새로운 것을 발명해서 이익을 주기도 하지만, 자기 이권과 편리 도모를 위해 이용하기도 한다. 욕망을 추구하기 위해 상대방과 끊임없는 투쟁이 이어진다.

한 시대의 지식이나 패러다임은 완벽한 것이 아니라서 시간이 지나가면 또 새로운 지식과 패러다임이 나온다. 지식은 육근육진(六根六塵)의 의식에서 나오는 것이다. 지식이란 자체를 가지고 있는 것이 조작이고, 육근육진의 의식으로 사는 것은 틈새가 있다. 이걸로는 영원한 안심입명처(安心立命處)를 맛보기 어렵다. 평상심이 도라는 것은 그런 것을 벗어난 세계이다.

目)』에 있다.

拈頌說話 - 「平常」

《平常心是道者》는 平無高下요 常無間斷也니라

馬祖云하되 「若欲直會其道인댄 平常心是道니라 何謂平常心是道아 無造作하고 無是非하며 無取捨하고 無斷常也니라」

又古人云하되 「蜂蠆狼貪이니라」하고 又 「春前有雨花開早하고 秋後無霜葉落遲로다」하니라 下如文이니라

《大悟者》는 三祖僧璨大士頌曰하되 「我初成正覺에 號曰沙羅王이로다 中間當十七하고 今作第三人이로다 韜光亦混迹하고 重入祖門中하니 諗氏其爲號하야 終居趙邑東이로다」 然則今云大悟는 爲人作則也니라

《평상심이 도이니라》에서 평(平)은 높고 낮음이 없음이요, 상(常)은 끊임이 없음이다.

마조(馬祖)가 말하기를, 「만일 도를 바로 알고자 한다면 평상심이 바로 도이다. 어찌하여 평상심을 도라 하는가? 조작(造作)도 없고 시비(是非)도 없고 취하거나 버림도 없으며 단상(斷常)[37]도 없기 때문이다.」라고 하였다.

또 옛사람은 말하기를 「벌[蜂]과 전갈 그리고 이리의 탐욕이다.」라고 했고, 또 「봄 이전에 비가 내리면 꽃이 일찍 피고, 가을 이후에 서리가 없으면 낙엽이 더디 진다.」 하였다. 그 뒤의 내용은 문장과 같다.

《크게 깨달았다[大悟]》함은 삼조 승찬(僧璨) 대사의 게송에서 「내가 처음 정각을 이루었을 때 사라왕(沙羅王)이라 불렸고, 중간에 열일곱 번 윤회하여 지금 세 번째 조사가 되었다. 빛을 감추고 흔적을 지워 다시 조사의 문중에 들어가 심씨(諗氏)라고 불리어 마침내 조읍(趙邑)의 동쪽에 살리라.」 하였으니, 그렇다면 지금 크게 깨달았다[大悟]고 표현한 것은 사람들이 모범으로 삼게 하기 위함이다.

---

37 단견(斷見)과 상견(常見)을 말한다. 단견은 한 번 멸하면 다시 태어나지 않는다고 생각하는 그릇된 견해이고, 상견은 상주 불변한다는 그릇된 견해이다.

【翠巖】

平常心是道라 하니	평상심이 도라 하니
擧步入荒草로다	발걸음을 옮겨 거친 풀로 들어감이로다.
翻嗟王老師가	한스럽구나, 왕노사여.
到底不能曉로다	끝내 깨닫지를 못하는구나.
不能曉여	깨닫지 못함이여
玉兔金烏任飛走로다	옥토끼와 금까마귀가 제멋대로 날아다닌다.

《擧步入荒草者》는 好箇安身立命處也니라
《발걸음을 옮겨 풀숲으로 들어가네》한 것은 좋은 안신입명처(安身立命處)
이기 때문이다.

【佛鑑】

欲識平常道인댄	평상심이 도임을 알고자 한다면
天然任自然이로다	천연대로 자연에 맡겨라.
行船宜擧棹하고	배가 가는 데 돛을 올리고
走馬卽加鞭이로다	말을 달리는 데 채찍을 가하라.
若遇飢來飯하고	배가 고프면 밥을 먹고
還應困卽眠이로다	피곤하거든 잠을 자라.
盡從緣所得이나	다 인연 따라 얻는 바이나
所得亦非緣이로다	얻은바 또한 인연이 아니로다.
所得亦非緣이어늘	얻은바 또한 인연이 아니거늘
當人自了然이로다	그 사람은 스스로 분명하리라.
雨中看皓月이요	비 가운데 밝은 달을 보고
火裏汲淸泉이로다	불 속에서 맑은 샘물을 긷는다.

直立頭垂地하고	바로 서면 머리가 땅에 드리우고
橫眠脚指天이로다	가로로 누우면 다리가 하늘을 가리킨다.
應須與麼會라사	마땅히 이와 같이 알아야만
方契祖師禪이니라	비로소 조사선에 계합되리라.

平常과 不思議가 一途而行也니라
평상과 부사의(不思議)가 같은 길로 간다는 뜻이다.

【開先】

開先暹이 上常에 擧「趙州問南泉하되『如何是道닛고』云『平常心이 是道라』」하야 師云하되「不知那个是平常心고 如今和南하고 不審叉手竝足이 盡是非常이니 作麼生是平常고 不見가 德山先師道하되『平常心이 是道라 天眞은 莫可論이라』如月落萬浦하야 不是衆流吞이니라 旣然平常인댄 不可更强生頭角이니라 不勞久立하라」
개선섬이 상당하여 「조주가 남전에게 묻기를『어떤 것이 도입니까?』하니 남전이 이르되,『평상심이 도이니라』하였다.」한 것을 들고는 말하기를, 「어떤 것이 평상심인가를 모르는도다. 지금 합장을 하거나 인사를 하거나 두 손을 모으거나 두 발을 나란히 하는 것이 모두 다 평상이 아니니, 어떤 것이 평상인가? 보지 못했는가? 덕산선사가 말하기를『평상심이 도라 하나 천진은 말할 수 없다』하니, 달이 만 갈래 물가에 비쳤으나 모든 흐름이 삼키지 못하는 것과 같으니라. 이미 평상이라 한다면 다시 구태여 두각을 내지 말라. 서서 법을 듣느라 수고들 했다.」하였다.

《不知那箇至非常者》는 平常卽非常也요《德山先師云云者》는 非常卽常也니라
《어떤 것이[不知那箇] ~ 평상이 아니다[非常]》는 평상이 곧 평상이 아니라는

뜻이요,《덕산선사(德山先師) 운운》한 것은 평상 아닌 것이 곧 평상이라는 것이다.

【法眞】

法眞一이「擧趙州問南泉하되『如何是道닛고』泉云하되『平常心이 是道라』하야 師云하되「衆中商量이 只作平實會하야 或云『返常合道라』하니 若如此인댄 摠滯在平常이라 要見古人인댄 亦未可니라」僧이 便問하되 「只如師意如何닛고」師云하되「鋸解秤鎚니라」復問僧하되「會麽아」僧 云하되「不會니라」師云하되「却問取南泉하라」

법진일이「조주가 남전에게 묻기를『어떤 것이 도입니까?』하니 남전이 이르되,『평상심이 도이니라』하였다.」한 것을 들고는 말하기를,「대중 가운데 헤아리기를, 단지 평상함이 진실됨이라 알거나, 혹은 말하길『평상함을 돌이켜 도에 합한다』하나니, 만약 이와 같다면 모두가 평상심에 빠져 있음이라. 옛사람을 보려 한다면 아직 볼 수 없다.」하였다.

한 스님이 바로 물었다.

「다만 선사의 뜻은 어떠하십니까?」

「저울추를 톱으로 켜는 것이니라. 알겠는가?」

「모르겠습니다.」

「그럼 남전에게 가서 물어보거라.」

若非平常無事會인댄 不會趙州南泉意也러니 只爲時人作如是解會니라 故下開元云하되「趙州는 墮坑落塹하고 南泉은 冷處著把火로다」하니라

만약 평상함이 일 없음이라고 안 것이 아니라면 조주와 남전의 뜻을 알지 못한다는 뜻이니, 다만 그 당시의 사람들이 이와 같이 헤아려 알았다는 것이다. 때문에 뒤의 개원(開元)도 말하기를,「조주는 구렁텅이에 떨어졌고, 남전은 싸늘한 곳에서 불을 붙임이로다.」하였다.

【雲門】

雲門杲가 普說云云하되「有學而知之者하며 有生而知之者니라 如僧問
趙州하되 學人이『乍入叢林하니 乞師指示하소서』州云하되『你喫粥了
也未아』僧云하되『喫粥了니다』州云하되『洗鉢盂去하라』僧이 於言下
忽然大悟하고 當下休歇하야 便知生死去處니라 妙喜가 常說不易라 這
僧이 有力量하니 趙州가 將一百二十斤擔子하야 一送送在他肩上이어
늘 這僧이 荷得하고 一氣走一百二十里하야 更不廻頭하니 如將梵位하
야 直授凡庸이라 心裏가 便恬恬地興得慈力하고 運得悲願하니 此是學
而知之者라

운문고가 보설에서 말하였다.

「배워서 아는 이도 있고, 나면서 아는 이도 있다. 예컨대 한 스님이 조주에
게 묻되,

『저는 이제 막 총림에 들어왔사오니 스님께서 가르쳐주십시오.』

『죽은 먹었는가?』

『먹었습니다.』

『발우를 씻어라.』

그러자 그 스님이 말이 끝나기 무섭게 홀연히 크게 깨닫고 당장에 쉬어서
바로 생사의 가는 곳을 알았느니라. 내가 항상 쉽지 않다고 말했는데, 그 스
님은 역량이 있어서 조주가 120근의 짐을 그의 어깨 위에 실어 주었거늘,
짊어지고 단숨에 120리를 달려가서 다시는 돌아보지 않았으니, 마치 범왕
의 지위를 바로 범부에게 준 것 같도다. 마음속이 조용해지면서 인자한 힘
을 일으키고 자비로운 원이 움직이니, 이는 배워서 아는 것이니라.

《一百二十斤至十里者》는 或云하되 華嚴一百五十城이라하고 或云하되
唐人計物之斤數이라하니 未知孰是니라

《120근 ~ 120리》를 어떤 이는 화엄의 150성(城)이라 하고, 어떤 이는 당나

라 사람들이 물건을 계산하는 근수(斤數)라 하니, 누가 맞는지 모르겠다.

【松源】

松源이 上堂擧此話云하되 「靑天白日에 悟介甚麽오 咄咄咄驪珠擊碎
蒼龍窟이로다」
송원이 상당하여 이 이야기를 들어 말하였다.
「청천백일에 깨달은 것이 무엇인고? 돌돌돌! 여의주로 창룡굴을 때려 부수
도다.」

《三咄者》는 所可依倚處를 皆咄之니라
《돌돌돌(咄咄咄)!》이라 한 것은 기댈 수 있는 자리를 다 꾸짖은 것이다.

| 학산 대원 曰 |

어떤 스님이 파릉(巴陵) 스님에게 물었다.
"어떤 것이 도입니까?"
"눈 밝은 사람이 샘에 떨어졌다[明眼人落井]."

박옹섬(朴翁銛)이 송하되,
明眼人落井
恩深怨亦深
海枯終見底
人死不知心
눈 밝은 사람이 샘에 떨어졌다 하니
은혜가 깊은 곳에는 원망 또한 깊구나.
바다가 마르면 마침내 바닥을 볼 수 있지만

사람이 죽으면 그 마음을 알지 못하는 도다.

어떤 스님이 사공 본정(司空本淨) 선사에게 물었다.
"어떤 것이 도입니까?"
"무심(無心)이 도이니라."
"도는 마음으로 인하여 있는데 어찌하여 무심이 도라고 말씀하십니까?"
"도는 본래 이름이 없으나, 마음으로 인하여 도라고 부르는 것이다. 마음이라는 이름이 만약 있다고 한다면 도는 허연한 것이 아니니, 마음이 다하여 이미 없는데 도가 어디에 의지하여 있겠는가?"
"선사께서는 이미 몸과 마음이 도라고 하지 않으셨습니까?"
"나는 몸과 마음이 본래 도라고 하였다."
"조금 전에는 무심이 도라고 하시더니, 지금은 몸과 마음이 본래 도라고 말씀하시니, 서로 어긋나는 말씀이 아닙니까?"
"무심이 도라는 것은 마음이 없어지면 도도 없는 것이니, 마음과 도는 같은 것[心道一如]이다. 그러므로 무심이 도라고 말한 것이다. 몸과 마음이 본래 도이고, 도 역시 본래 몸과 마음이니, 몸과 마음이 본래 없을진댄, 도 역시 근원이 다하여 없는데, 어찌 있다고 하겠는가?"

요즘은 뭐든지 빨리 이루고 성취하는 것을 추구하는 시대이다. 사업도 빨리 성과를 이루는 것을 원하는 시대다.
그래서 바로 보고 빨리 해결하는 간화선이 이 시대에 아주 적합한 것이다. 이보다 더 적합한 것이 없는데도 오히려 뒷전으로 생각한다.
닦아서 얻어지는 것이 아니고, "어떤 것이 부처입니까?" 물음에, "마른 똥막대기니라."라고 바로 가르쳐주는 것이다. 여기에서 오래 닦을 것 없이 바로 척 해결이 된다. 이보다 더 빠른 것은 없다.

어느 여름날 고암 큰스님께 여쭙길,

"여름 더위에 스님께서는 어떻게 지내십니까?"

"나는 이 뭣고 속에 있다보니 더운지 추운지 모르고 지나갔네."

"여름 더위에 피서는 안 가십니까?"

"삼계가 다 뜨거운데 어디로 피할 수 있겠는가? 내가 화두에 들어가면 일체 덥고 춥고 한 것을 잊어버린다네. 밖으로 피해 다니는 것은 중독자와 같은 거라네."

라고 하셨다.

다라니, 호흡법 등은 순간적인 해결이지 영원한 해결은 아니다. 바깥 경계에서 얻어지는 것은 전부 속는 것이다. 자기 내면세계에서도 오인을 해서 아는 것처럼 하고 있는 것도 큰 병이다.

그러면 조작이 붙지 않는 진정한 참 도가 무엇이냐?

천연적으로 된 본래 마음을 바로 보는 것이다. 그러지 않고 공부를 일부러 닦아 가서 하는 것은 전부 조작이다. 진언, 호흡법, 관법 등은 전부 경계에서 순간적으로, 조작으로 얻어지는 것이지 완벽한 것이 아니다. 그런 것에 팔려가서 딴짓을 하고 다니니 답답한 중생들이 아닌가!

모든 것에서 만들어서 지은 것은 없어지는 것이다. 마약과 같이 순간적으로 좋은 것이고, 운동을 해서 잠시 몸이 좋아지는 것처럼 영원히 좋은 것이 아니다. 일생을 하다보면 그것이 업이 되어 헤어나지 못한다. 그런 것은 인생을 해결하는 길이 아니고 아무것도 아니다.

'평상심이 도'라는 이 한마디는 조작도 아니고 유위법도 아니다.

관법은 완벽한 것이 아니다. 수백 가지의 관법이 임시적으로 환자의 병에 따라서 처방하는 것이니 거기에 집착하면 도리어 병이 된다. 거기에서 빼내기 위해 다른 관법을 가르치려고 보면 벌써 업이 되어 굳어져 있어서 빼내기가 어렵다. 그래서 부처님께서는 들어갔다가 빨리 뛰어나올 수 있는 '출입삼매(出入三昧)'를 가르치신 것이다. 다라니를 하는 것도 나중에 그게 업이 되어 매어 있어서 더 이상의 것은 안 나온다. 그래서 출입삼매가 필요하다.

무변허공과 같은 본래 마음자리를 알아야 하는데, 한 가문이 발전하려면 아버지보다 똑똑한 아들이 나와야 하는 것처럼, 중국의 역대조사들이 부처님의 뜻을 바로 알아서 조사선을 펼친 것이다.

독서, 염불 등에서 나오는 정(定)과 삼매는 공부하는 과정에서 순간적으로 나타나는 것이고 완전한 정과 삼매가 아니다. 영원하고 완전한 삼매는 평상시 나타나는 그것이다. 지극히 일념으로 하는 과정에서 나타나는 것은 순간적으로 나타나는 것이니 거기에 머무르면 안 된다. 원래 되어있는 걸 깨닫는 것이 영원하고 완전한 삼매이다.

이 산승에게 도를 묻는다면, '투출일자(透出一字)라. 한 글자를 뚫어 뛰어났다'라 하리라.

송하되,

石人踏破四鐵壁
火裏生蓮月中日
古今常如無間隔
人佛無異始爲道

돌사람이 사면의 철벽을 밟아 부수니
불 속에 연꽃이 나니 달 가운데 해라.
예와 지금이 항상 이와 같아서 간격이 없고
사람과 부처가 다름이 없음을 비로소 도라고 한다.

2則

南泉이 上堂에 師問하되「明頭合, 暗頭合?」하니 泉이 便歸方丈이어늘 師便下堂云하되「這老和尙이 被我一問하야 直得無言可對로다」

首座云하되「莫道和尙無語하라 自是上座不會로다」

師便打, 又云「這棒은 合是堂頭老漢喫이니라」

남전 스님이 상당하시자 조주 스님이 물었다.

「밝음에 합하십니까, 어둠에 합하십니까?」

남전 스님이 바로 방장실로 돌아가거늘, 스님이 곧 법당에서 내려와 말하길,

「저 늙은 화상이 내가 묻는데 아무런 대답이 없구나.」

수좌가 말했다.

「화상께서 아무런 대답이 없었다고 하지 마시오. 처음부터 스님이 몰랐던 것이오.」

스님께서는 냅다 후려갈기면서 말씀하셨다.

「이 몽둥이는 정작 당두(堂頭)[38] 늙은이(남전 스님)가 맛봐야 하는 것이다.」

禪宗頌古聯珠 -「明頭」

五祖戒가 云하되

---

38 ① 당상(堂上). 선사(禪寺)에서 한 절의 우두머리, 곧 주지. ② 선사에서 주지가 있는 방으로 곧 방장(方丈).

正賊은 走却하고	진짜 도적은 도망쳤는데
邏賊人이 喫棒이로다	순라꾼이 매를 맞음이로다.
又云하되	
南泉이 當斷[39]이어늘	남전이 마땅히 끊어야 했거늘
返招其亂이로다	도리어 그 난리를 부름이로다.

保寧勇이 頌하되

大事當陽已皎然이어늘	대사(大事, 깨달음)는 볕이 들어 이미 밝아졌거늘
十分[40]須是更周圓이로다	완전하려면 모름지기 더욱 두루하고 둥글어야 하리라.
堂中上座黑如漆이라	법당 안의 상좌는 검기가 칠흑(漆黑) 같으니
冷地爲誰喫暗拳고	썰렁한 곳에서 누구 때문에 몰래 매를 맞는고?

禪門拈頌 214則 - 「明頭」

雲居舜이 拈하되 「你諸人은 作麽生會오 諸人會處는 便道하되 首座가 落他趙州圈欖라하니 與麽會又爭得이리오 大愚는 道하되 『趙州가 大似傍若無人이로다』」

운거순이 염하였다.

「여러분은 어떻게 생각하는가? 여러분이 아는 것을 말하기를 수좌가 조주의 함정에 빠졌다고 하나, 그렇게 알아서야 어찌하겠는가? 대우(大愚, 본인)는 말하되 『조주는 마치 옆에 아무도 없는 듯 거리낌이 없다.』 하리라.」

---

39 『선문염송』에는 '當斷不斷'이라고 되어 있다.

40 『선문염송』에는 '本分'으로 되어 있다.

蔣山元이 上堂擧此話云하되「衆中이 商量惣道하되『南泉이 奇特이라』하되 龍華는『道正好喫棒이라』하리라 何故如此오 爲他有箇不合이로다」卓拄杖下座하다

장산원이 상당하여 이 이야기를 들고는 말하였다.

「대중들이 헤아려 모두 이르기를 『남전(南泉)은 기특(奇特)하다.』 하거니와 용화(龍華, 장산원)는 『방망이를 맞기에 딱 좋다.』 말하였다. 무슨 까닭으로 이와 같은가? 그에게는 (명두(明頭)나 암두(暗頭)에) 맞지 않는 것이 있기 때문이니라.」 하고는 주장자를 세웠다가 자리에서 내려왔다.

拈頌說話 - 「明頭」

《明頭合暗頭合者》는 前以離四句絶百非爲問한대 此以明頭合暗頭合爲問이니라 問頭不同이나 意亦不在兩處하고 亦不離兩處하야 只要驗他南泉也니라

《便歸方丈云云者》는 與前話同이니라 前打首座一掌하고 此便打者한대 各隨問頭나 打亦不同이니라

《밝음에 합하십니까? 어둠에 합하십니까?》는 앞의 공안[41]에서는 사구(四句)를 떠나고 백비(百非)를 끊는 것[42]을 물었는데, 여기에선 밝음에 합하는지 어둠에 합하는지를 물었다. 물은 것은 같지 않으나 뜻은 두 자리에 있지도 않고 두 자리를 여의지도 않으니, 다만 저 남전을 시험해보고자 했을 뿐이다.

---

41 『선문염송』 213칙인 사구(四句) 공안을 말하는 것으로, 『조주록』 제9칙에 해당하는 공안이다.

42 일체 논의와 언어 문자를 총칭하는 말. 사구(四句)는 상대적 분별로서, 유(有), 무(無), 역유역무(亦有亦無), 비유비무(非有非無)이다. 백비(百非)는 사물의 진상을 알게 하기 위해 부정[非]을 거듭하는 것으로 유무(有無)의 견해에 걸림이 없게 하기 위함이다. 진리는 모든 분별이 끊어진 상태이므로 '이사구절백비(離四句絶百非)'라고 한다. 즉 사구의 분별도 떠나고 백비의 부정도 끊어진 상태라는 뜻이다.

《바로 방장으로 돌아가니 운운》한 것은 앞 공안의 이야기와 같다. 앞에서도 수좌를 한 대 때렸고 여기서도 바로 때렸는데, 각각 물은 것에 따른 것이지만 때린 것은 또한 같지 않다.

【保寧】

大事當陽已皎然	대사는 볕이 들어 이미 밝아졌거늘
十分須是更周圓	완전하려면 모름지기 더욱 두루하고 둥글어야 하리라.
堂中上座黑如漆	법당 안의 상좌는 검기가 칠흑 같으니
冷地爲誰喫暗拳	썰렁한 곳에서 누구 때문에 몰래 매를 맞는고?

《初二句》는 趙州問意耶아 歸方丈處가 更周圓也니라
《처음 두 구절》은 조주가 물은 뜻인가? 방장실로 돌아간 자리가 더욱 두루하고 둥글어야 한다는 것이다.

【五祖】

正賊은 走却하고	진짜 도적은 도망쳤는데
邏賊人이 喫棒이로다	순라꾼이 매를 맞음이로다.
又云하되	
南泉이 當斷이어늘	남전이 마땅히 끊어야 했거늘
返招其亂이로다	도리어 그 난리를 부름이로다.

《正賊云云者》는 首座被打也니라
《南泉當斷云云者》는 打首座捧是作亂也니라
《진짜 도적은 운운》한 것은 수좌가 매를 맞았다는 뜻이다.

《남전이 끊었어야 했거늘 운운》한 것은 수좌를 때린 몽둥이가 난리를 일으켰다는 뜻이다.

【雲居】

雲居舜이 拈하되「你諸人은 作麼生會오 諸人會處는 便道하되 首座가 落他趙州圈樻라하니 與麼會又爭得이리오 大愚는 道하되『趙州가 大似傍若無人이로다』」
운거순이 염하였다.
「여러분은 어떻게 생각하는가? 여러분이 아는 것을 말하기를 수좌가 조주의 함정에 빠졌다고 하나, 그렇게 알아서야 어찌하겠는가? 대우는 말하되『조주는 마치 옆에 아무도 없는 듯 거리낌이 없다.』하리라.」

《傍若無人者》는 亦無立處며 亦無圈圓也니라 王猛押蝨하며 而談天下之事어늘 傍若無人이니라
《옆에 아무도 없는 듯 거리낌이 없다》한 것은 설 자리도 없고 함정도 없다는 뜻이다. 왕맹(王猛)[43]이 이[蝨]를 잡으면서 천하의 일을 이야기하는데, 옆에 아무도 없는 듯 거리낌이 없었다[傍若無人].

43 325~375. 자(字)는 경략(景略)이고 북해군(北海郡) 극현(劇縣) 출신이다. 오호십육국 시대 전진(前秦)의 승상(丞相)이자 대장군(大將軍)이며 저명한 정치가이자 군사가로서 명성을 떨쳤다. 전진이 세워진 지 얼마 안 되어 354년 동진(東晋)의 대장군 환온(桓溫)이 대군을 이끌고 공격하러 와 관중(關中)에 이르러 패상에 주둔했다. 이때 왕맹의 나이는 30세로 화음산에 은거하고 있었는데, 환온의 군대가 온 것을 알고 낡은 누더기 옷을 걸친 채 동진의 진영에 찾아가 환온을 만났다. 왕맹은 환온과 만나 천하의 형세에 대해 이야기하며, 한편으로 손으로 자신의 옷을 뒤집으며 이를 잡았다. 그의 모습에 동진의 장군들은 비웃었지만 그의 태도는 매우 침착하며 마치 옆에 아무도 없는 듯하였다[一面談當世之事, 押蝨而言, 旁若無人]. 환온은 동진에서 왕맹을 능가할 사람이 없다고 생각했다.

【蔣山】

蔣山元이 上堂擧此話云하되 「衆中이 商量惣道하되 『南泉이 奇特이라』
하되 龍華는 『道正好喫棒이라』 하리라 何故如此오 爲他有箇不合이로
다」 卓拄杖下座 하다
장산원이 상당하여 이 이야기를 들고는 말하였다.
「대중들이 헤아려 모두 이르기를 『남전은 기특하다.』 하거니와 용화는 『방
망이를 맞기에 딱 좋다.』 말하였다. 무슨 까닭으로 이와 같은가? 그에게는
(명두나 암두에) 맞지 않는 것이 있기 때문이니라.」 하고는 주장자를 세웠다
가 자리에서 내려왔다.

《南泉至不合者》는 似不合明頭暗頭也니라
《남전이 ~ 맞지 않는 것》은 밝음에도 어두움에도 합하지 않는 것 같다는 뜻
이다.

| 학산 대원 曰 |

盜敵放過歸方丈
返招其亂露當當
一雙孤雁掠地高飛
兩個鴛鴦池邊獨立
도적을 놓아 지나고 방장에 돌아갔음이니
도리어 그 난을 일으킨 사람이 당당하게 드러나는구나.
한 쌍의 외로운 기러기는 땅을 차고 하늘 높이 날거늘
두 마리의 원앙새는 저 못가에 홀로 서있네.

3則

師問南泉하되「知有底人이 向什麼處去오」

泉云「山前檀越家에 作一頭水牯牛去니라」

師云「謝和尙指示하노이다」

泉云「昨夜三更에 月到窓이니라」

조주 스님이 남전 스님에게 물었다.

「있음을 아는 사람[44]은 어디로 갑니까?」

「산 아래 시주[45] 집에 한 마리 물소가 되어가느니라.」

「가르쳐주셔서 감사합니다.」

「지난밤 삼경에 달이 창에 비쳤느니라.」

禪宗頌古聯珠 -「知有」

保寧勇이 頌하되

拽脫鼻頭何處是오　　　코뚜레를 벗어버리니 어느 곳으로 가겠는가?

---

[44]　일대사인연(一大事因緣), 본분사(本分事)가 있음을 아는 사람. 곧 생로병사의 문제를 해결한 사람.

[45]　단월(檀越). 사찰이나 승려에게 물건을 베푸는 불교 신자. 본래 '은혜를 주는 사람'이란 뜻으로, 산스크리트 'danapati'를 음역한 말이며, '시주(施主)'라 번역한다. 보시는 육바라밀의 하나로 자기가 소유한 것을 아낌없이 베푸는 행위이다. 이는 불교 초기부터 매우 중요시되어 승단을 유지하는 밑거름이 된 까닭에 단월에 대한 이야기가 여러 경전에 나온다. 단월은 사찰 혹은 승려에게 재물을 주고 사찰과 승려는 그 대가로 불법(佛法)을 주는데, 재물을 주는 것을 '재시(財施)', 불법을 들려주는 것을 '법시(法施)'라고 한다.

亂抛泥水恣縱橫이로다　흙탕물을 뿌려대며 제멋대로 종횡한다.
日斜倒坐騎驢去하고　해가 저물어 나귀를 거꾸로 앉아 타고 가다가
又見東山片月生이로다　다시 동쪽 산을 바라보니 조각달이 돋는구나.

寶峯祥이 頌하되
出窟金毛奪父機하야　굴에서 나온 금빛 사자가 아비의 기틀을 빼앗아
同聲哮吼衆狐疑로다　똑같은 소리로 포효하니 여우들이 의심하도다.
三更窓月如淸晝인댄　깊은 밤에 창에 비친 달이 한낮같이 밝은데
誰敢重來弄嶮巇리오　누가 감히 매우 험준한 곳에서 희롱하리오?

鼓山珪가 頌하되
眼中見慣是尋常이요　눈에 익숙하게 보이는 것은 흔한 일이요
又不驚人又久長이로다　또한 사람을 놀라게도 않고 또한 오래되기도
하였다.
留得寒窓夜來月하야　차가운 창에 밤이 되어 달이 머무니
三更依舊照茅堂이로다　삼경에 예전대로 초가집을 비추네.

徑山杲가 頌하되
度體裁衣하고　몸을 재어서 옷을 마름하고
量水打碓로다　물을 재어서 물레방아를 찧는다.
毫髮[46]不差라도　털끝만치도 틀림이 없더라도
且居門外니라　아직 문밖에 있느니라.

46　원문에는 '髪(髮의 이체자)' 자로 되어 있으나 '髮'로 고쳐 해석하였다.

慈受深이 頌하되

南泉搖頭하니   남전이 머리를 흔드니
趙州擺尾로다   조주가 꼬리를 침이로다.
子細看來하니   자세히 살펴보니
二俱失利로다   둘 다 밑졌도다.

照堂一이 頌하되

檀越家中作水牛하야   시주 집에 한 마리 물소가 되어
收來放去任優游로다   오는 대로 가는 대로 마음대로 노니는도다.
不曾犯著人苗稼어늘   일찍이 남의 곡식을 침범한 적 없거늘
何必南泉對趙州리오   하필이면 남전은 조주에게 대꾸하였나?

冶父川이 頌하되

戴角擎頭咲[47]一場하니   뿔을 이고 머리를 들고는 한바탕 웃더니
父子家和醜外揚이로다   부자(남전과 조주)가 화답하며 집안의
                           부끄러움을 밖으로 떠벌리네.
知有底人何處去오   있음을 아는 이는 어느 곳에 가는가?
春來依舊百花香로다   봄이 오니 예전대로 온갖 꽃이 향기롭도다.

木菴永이 頌하되

掣開金殿鏁하고   황금전각의 자물쇠를 따고
撞碎玉樓鐘이로다   옥루(玉樓)의 종을 부숴버린다.
貪程未歸客이   걸음을 재촉하는 돌아가지 못한 객이
徒自覓行蹤이로다   헛되이 스스로 지나온 자취를 찾음이로다.

---

47   '笑'의 옛 글자이다.

禪門拈頌 217則 - 「知有」

翠嵒悅이 拈하되
若不是南泉인댄　　　　만약 남전이 아니었더라면
洎乎打破蔡州오　　　　어찌 채주성(蔡州城)을 함락[48]시키는 데
　　　　　　　　　　　이르리오!

東林惣이 上堂擧此話云하되「古今稱揚盡謂하되『南泉父子秘密商量을
何可不可리오』然이나 且道하라 知有아 未知有아 若道知有인댄 毘盧가
墮在凡夫요 若不知有인댄 普賢이 失其境界니 畢竟底事하며 又作麼生
고」良久云하되「唯人이 自肯이라사 乃方親이니라 參이니라」
동림총이 상당하여 이 이야기를 들어 말하였다.
「고금에 찬양하며 다 말하기를,『남전의 부자(父子)가 비밀히 헤아린 것에
무엇이 옳고 옳지 않다 하리오.』한다. 그러나 말해보라. 있음을 아는가, 있
음을 알지 못하는가? 만약 있음을 안다면 비로자나가 범부에 떨어지고, 만
약 있음을 알지 못한다면 보현이 그 경계를 잃음이니, 끝내는 어찌할 것이
며[底事][49] 또 어찌 이해하려는가?」
그러고는 양구(良久)했다가 말하였다.
「오직 사람이 스스로 긍정함이라야 비로소 가까워짐이니라. 참구하라.」

48　당나라 개국 초기에는 변경에 한해서 군사권을 가진 절도사(節度使)를 두었지만, 안사(安史)의 난
　　　이후에는 내지(內地)에도 두었다. 중당(中唐) 이후 각지의 절도사가 서서히 힘을 비축해서 당나라
　　　황실에 대항하기 시작한다. 그중 당나라 헌종(憲宗) 때 회서절도사(淮西節度使) 오원제(吳元濟)가
　　　근거지인 하남성(河南省)의 채주(蔡州)를 의거해서 반란하였기에 헌종 원화(元和) 12년(817), 조명
　　　(朝命)을 받은 이소(李愬)가 오원제(783~817)를 생포하고 채주를 함락시켰다. 이후 오원제를 장안
　　　(長安)으로 보내 참했다.

49　'어찌하여, 무슨 이유로, 왜'. 당시(唐詩)에 흔히 나오는 말로 하사(何事)와 같은 말이다.

雲門杲가 上堂에 擧此話에 連擧雲峯悅拈하고 師云「雲峯老人이 失却一隻眼이로다 殊不知祗因後語하야 當下에 打破蔡州로다」

운문고가 상당하여 이 이야기를 듣고, 연이어 운봉열(雲峯悅)의 염을 들어 말하였다.

「운봉 노인이 외짝눈[一隻眼][50]을 잃었다. 뒤에 덧붙인 말로 인하여 바로 그 자리에서 채주성을 함락시킨 것을 알지 못하게 되었다.」

空叟和尙이 拈云하되「趙州는 有偸營劫寨之機하고 南泉은 具活捉生擒之手로다 雖然이나 勢均力等하여 未免開眼尿床이로다」

공수 화상이 염하였다.

「조주는 병영(兵營)에 침투하고 성채(城寨)를 빼앗는 기교가 있고, 남전은 산 채로 붙들고 산 채로 잡는 수단을 갖추었다. 비록 그러나 기세가 비슷하고 힘이 대등하여 (자다가) 눈을 뜨고도 (침상에) 오줌을 싸는 꼴을 면치 못함이로다.」

拈頌說話 -「知有」

《知有地人者》는 知有本分事地人也니라
《山下檀云云者》는 異類中行也니라
《謝師指示者》는 不是好心也니라
《昨日三云云者》는 異類全偏이라도 却須歸正也니라
《있음을 아는 사람》은 본분사(本分事)가 있음을 아는 사람이다.

---

50 육안(肉眼) 이외의 불법상(佛法上)의 눈으로, 바른 식견 또는 그것을 갖춘 사람을 뜻한다. 정문안(頂門眼), 정안(正眼), 활안(活眼), 명안(明眼) 등과 통한다.

《산 밑 시주 집 운운》한 것은 이류중행(異類中行)[51]이다.

《스님께서 가르쳐 주셔서 감사합니다》는 좋은 마음에서 한 것이 아니다.

《지난밤 삼경에 운운》한 것은 이류(異類)에 완전히 치우쳤더라도, 다시 바르게 돌아가야 함을 말한다.

【保寧】

拽脫鼻頭何處是오	코뚜레를 벗어버리니 어느 곳으로 가겠는가?
亂抛泥水恣縱橫이로다	흙탕물을 뿌려대며 제멋대로 종횡한다.
日斜倒坐騎驢去하고	해가 저물어 나귀를 거꾸로 앉아 타고 가다가
又見東山片月生이로다	다시 동쪽 산을 바라보니 조각달이 돋는구나.

《上二句》는 明異類中行也니라

《日斜云云者》는 須歸正位也니라

《倒坐》는 則還出來也니라

《又見云云者》는 偏位也니라

《위 두 구절》은 이류중행을 밝힌 것이다.

《해가 저물어 운운》한 것은 정위(正位)로 돌아가야 함이요

《거꾸로 앉음》은 도리어 나옴이다.

《다시 동쪽 산을 운운》한 것은 편위(偏位)이다.

---

51 두 가지 뜻이 있으며, 여기에서는 아래의 ②에 해당한다.

① 이류(異類)에 중행(中行)한다 하면, 이(異)는 별(別), 유(類)는 동(同)으로 평등과 차별, 중(中)은 중용(中庸), 이(異)에 즉(卽)하지도 않고, 유(類)에 등지지도 아니하는 것, 행은 왕래(往來), 자유의 활기(活機). 중행(中行)의 작략(作略)을 종문(宗門)에서 중적불범(中的不犯)이라 말하니, 이류중행은 회호완전(回互宛轉)하는 자유의 왕래를 말한다.

② 이류 중에 행한다 하면, 동류(同類)에 대한 이류(異類)로, 동류를 사람이라 하면 이류는 귀축(鬼畜)이니 여태(驢胎)·마복(馬腹)에 들어가 설법하는 것. 사장(師匠)이 자유로운 기략(機略)이 있어서 하화중생(下化衆生) 또는 위인도생(爲人度生)하기 위하여 여러 가지의 상(相)을 나타내는 것을 말한다.

【雲門】

度體裁衣하고	몸을 재어서 옷을 마름하고
量水打碓로다	물을 재어서 물레방아를 찧는다.
毫髮不差라도	털끝만치도 틀림이 없더라도
且居門外니라	아직 문밖에 있느니라.

《度體云云者》는 正中有偏하고 偏中有正也니라
《毫髮云云者》는 雖然毫髮不差라도 猶在門外也니라
《몸을 재어서 운운》한 것은 정(正) 가운데 편(偏)이 있고, 편(偏) 가운데 정(正)이 있음이다.
《털끝만치도 운운》한 것은 비록 털끝만치라도 틀림이 없더라도 아직도 문밖에 있음이다.

【竹庵】

異類中行은 偏位中事니라
이류중행은 편위 중의 일이다.

【翠巖】

若不是南泉인댄	만약 남전이 아니었더라면
洎乎打破蔡州오	어찌 채주성을 함락시키는 데 이르리오!

洎被趙州打破也한대 言南泉却須歸正之義니라
조주에게 타파(打破)당하기에 이르렀기에 남전이 도리어 정(正)으로 돌아가야 한다는 뜻을 말하였다.

【東林】

東林惣이 上堂擧此話云하되「古今稱揚盡謂하되『南泉父子秘密商量을 何可不可리오』然이나 且道하라 知有아 未知有아 若道知有인댄 毘盧가 墮在凡夫요 若不知有인댄 普賢이 失其境界니 畢竟底事하며 又作麼生고」良久云하되「唯人이 自肯이라사 乃方親이니라 參이니라」

동림총이 상당하여 이 이야기를 들어 말하였다.

「고금에 찬양하며 다 말하기를,『남전의 부자가 비밀히 헤아린 것에 무엇이 옳고 옳지 않다 하리오.』한다. 그러나 말해보라. 있음을 아는가, 있음을 알지 못하는가? 만약 있음을 안다면 비로자나가 범부에 떨어지고, 만약 있음을 알지 못한다면 보현이 그 경계를 잃음이니, 끝내는 어찌할 것이며 또 어찌 이해하려는가?」

그러고는 양구했다가 말하였다.

「오직 사람이 스스로 긍정함이라야 비로소 가까워짐이니라. 참구하라.」

《南泉父子秘密商量》에서 則二人分上에 說什麼異類中行이오

《知有者》는 知有異類中行也니라

《若道知有云云者》는 若道南泉知有異類인댄 毘盧墮在凡夫요 若不知有異類인댄 普賢亦失位也니라

《唯人云云者》는 直須自肯自悟니라 然則異類中行事는 非實有非都無也니라

《남전 부자가 비밀히 헤아린 것》에서 두 사람의 입장 위에 무슨 이류중행을 말하겠는가?

《있음을 안다》는 것은 이류중행이 있음을 앎이다.

《만약 있음을 안다면 운운》한 것은 만약 남전이 이류가 있음을 안다고 한다면 비로자나가 범부에 떨어지고, 만약 이류가 있음을 알지 못한다고 한다면 보현도 또한 지위를 잃음이다.

《오직 사람이 운운》한 것은 결국 스스로 긍정하고 스스로 깨달아야 함이다. 그렇다면 이류중행의 일이 실지로 있는 것도 아니고 전혀 없는 것도 아님이다.

【雲門】

雲門杲가 上堂擧此話에 連擧雲峯悅拈하고 師云「雲峯老人이 失却一隻眼이로다 殊不知祇因後語하야 當下에 打破蔡州로다」
운문고가 상당하여 이 이야기를 들고, 연이어 운봉열의 염을 들어 말하였다. 「운봉 노인이 외짝눈을 잃었다. 뒤에 덧붙인 말로 인하여 바로 그 자리에서 채주성을 함락시킨 것을 알지 못하게 되었다.」

翠巖謂只因後語不被打破蔡州하고 雲門謂只因後語被趙州勘破也니라
취암은 뒤에 덧붙인 말로 인하여 채주를 함락시키지 못했다고 말하였고, 운문은 뒤에 덧붙인 말로 인하여 조주에게 감파(勘破)당했다고 말하였다.

【空叟】

空叟和尙이 拈云하되「趙州는 有偸營劫寨之機하고 南泉은 具活捉生擒之手로다 雖然이나 勢均力等하여 未免開眼尿床이로다」
공수 화상이 염하였다.
「조주는 병영에 침투하고 성채를 빼앗는 기교가 있고, 남전은 산 채로 붙들고 산 채로 잡는 수단을 갖추었다. 비록 그러나 기세가 비슷하고 힘이 대등하여 (자다가) 눈을 뜨고도 (침상에) 오줌을 싸는 꼴을 면치 못함이로다.」

《趙州至之手者》는 讚嘆趙州南泉也니라
《雖然云云者》는 亦不放過니라
《조주의 기교 ~ 남전의 수단》은 조주와 남전을 찬탄함이요,

《비록 그러나 운운》한 것은 역시 대강 넘어감이 아니다.

| 학산 대원 曰 |

好事不如無事
父子空然演劇
無滋味幾虛費
明月超出萬常

좋은 일도 없는 일만 같지 못하니
아비와 아들(남전과 조주)이 공연히 연극을 하니
맛없는 것을 몇 번이나 허비했는고
밝은 달은 만상에서 뛰어나 있도다.

내가 그 당시 있었다면 "과연 과연이로다! 그대들이 몰현금(沒絃琴, 줄 없는 거문고)을 잘도 희롱하는구나." 했을 것이다.

4則

師在南泉하야 作爐頭러니 大衆이 普請擇菜어늘 師在堂內叫하되「救火救火하라!」 大衆이 一時에 到僧堂前이어늘 師乃關卻僧堂門이라 大衆이 無對어늘 泉이 乃抛鎖匙하야 從窓內入堂中하니 師便開門하다

스님께서 남전 스님 회하에서 노두(爐頭)[52]를 맡았다. 대중이 운력[普請][53]으로 나물을 캐고 있는데, 스님이 승당 안에서 소리 질렀다.

「불이야, 불이야!」

대중이 한꺼번에 승당 앞으로 모이자 스님이 승당 문을 잠가버렸다. 대중이 대응을 못하거늘, 남전 스님께서 열쇠를 창으로부터 승당 안에 던져넣자 스님은 바로 문을 열었다.

禪門拈頌 422則 -「救火」

崇勝珙이 頌하되

驗人機智峻如山인댄	사람의 기지를 시험함이 산과 같이 준엄한데
叫火開門豈等閑이리오	불이야 외치고 문을 엶이 어찌 예사로운 일인가.
不是憐兒不覺醜면	자식을 귀여워하여 추함을 알지 못하는 이가 아니면
鎖匙誰肯掉窓間이리오	열쇠를 뉘라서 창틈으로 던져주리오.

---

52   선당(禪堂) 내의 지로(地爐, 땅바닥에 만들어 놓은 화로)의 당번.

53   문자 그대로 '널리 청한다'는 의미로 모든 절의 사람들이 총출동, 상하 총협력하여 운력하는 일을 말한다.

拈頌說話 -「救火」

《救火者》는 三界火熾然焚燒也로 須救取也니라

《大衆走到堂前者》는 隨聲走殺이니라 名相關鑠하야 在前作障故也니라

《便閉却者》는 如經云하되「唯有一門이나 而復狹小」也니라

《遂將鑠匙云云者》는 名相關鑠하야 非智鑰인댄 難以啓之故也니라

《便開⁵⁴門者》는 宗鏡云하되「背心合境하면 頓起塵勞하고 背境合心하면 圓照法界니라 是以로 不卽心爲道者는 如千人排門이어늘 一人入不得이요 若了心頓入은 如一人拔關하야도 能通萬彙니라」하니 此義非也니라

《救火救火者》는 驗人手段이니 故頌云하되「驗人機智峻如山」이니라

《便閉却門者》는 隨言走殺인댄 透不得故也니라

《遂將鑠匙云云者》는 透關也니 故便開門也니라

《불이야》는 삼계에 불이 활활 타고 있으니 모름지기 불을 꺼야 함이다.

《대중이 승당 앞으로 몰려옴》은 소리를 따라 달려옴이다. 이름[名]과 모양[相]의 자물쇠가 채워져 앞에서 장애를 지었기 때문이다.

《바로 닫았다》는 『법화경』에 말한 「오직 한 문이 있으나 좁고 작다」와 같다.

《드디어 열쇠를 가지고 운운》한 것은 이름과 모양의 자물쇠가 채워져 지혜의 열쇠가 아니면 열기가 어렵기 때문이다.

《문을 열었다》는 『종경록』⁵⁵에서는 「마음을 등지고 경계에 합하면 몰록 진로(塵勞)를 일으키고, 경계를 등지고 마음에 합하면 법계를 원만히 비춘다.

---

54 『염송설화』 원문에는 '閉' 자로 되어 있으나 공안의 원문에 의거하여 '開'로 수정하였다.

55 『종경록』 권제12. "故知背心合境, 頓起塵勞, 背境合心, 圓照法界. 何者, 心是所依, 法是能依, 能依從所依起. 如水是所依, 波是能依, 離水無波, 離心無法. 又心是能生, 法是所生. 如木能生火, 木是能生, 火是所生, 離木無火, 離心無法. 故知不卽心爲道者, 如千人排門, 無一得入. 若了心頓入者, 猶一人拔關, 能通萬彙."

때문에 마음으로 도를 삼지 않는 것은 천 사람이 문을 밀어도 한 사람도 들어가지 못하는 것과 같고, 마음을 깨우쳐 몰록 들어가는 것은 한 사람이 빗장을 뽑아서 능히 온갖 무리가 다닐 수 있게 되는 것과 같다」고 하였는데, 이 뜻은 아니다.

《불이야, 불이야》는 사람들의 수단을 시험함이니, 때문에 게송에서 이르길, 「사람의 기지를 시험함이 산과 같이 준엄하다.」라고 하였다.

《문을 잠가버렸다는 운운》한 것은 말소리를 따라 달려오면 통하지 못하기 때문이다.

《드디어 열쇠를 가지고 운운》한 것은 관문을 통하였기 때문이니 바로 문을 열었다.

【崇勝】

驗人機智峻如山	사람의 기지를 시험함이 산과 같이 준엄한데
叫火開門豈等閑	불이야 외치고 문을 엶이 어찌 예사로운 일인가.
不是憐兒不覺醜	자식을 귀여워하여 추함을 알지 못하는 이 아니면
鑰匙誰肯掉窓間	열쇠를 뉘라서 창틈으로 던져 주리오.

《一句》는 無生死可出이어늘 而云「救火」는 是驗人機智也니라

《첫째 구절》은 삶도 죽음도 벗어날 것이 없거늘 「불이야.」 소리친 것은 사람의 기지를 시험함이란 뜻이다.

| 학산 대원 曰 |

趙州秤度大衆機
南泉與爲受戲弄
當初放下無應對

自關門者開門出
조주 스님이 대중의 기틀을 다루어봤거늘
남전 스님조차 도리어 희롱을 당하는구나.
당초에 다 놓아버리고 응대하지 아니했더라면
문을 잠근 사람이 스스로 열고 나왔을 텐데.

5則

師在南泉하야 井樓上打水次에 見南泉過하고 便抱柱하고 懸卻脚云하되
「相救相救하라!」
南泉이 上棚梯云,
「一二三四五니라」
師少時間에 卻去禮謝云하되
「適來謝和尙相救하노이다」

스님께서 남전 스님 회하에 있을 때 우물 누각에 올라가 물을 긷고 있는데, 남전 스님이 지나가는 것을 보고는 바로 기둥을 끌어안고 다리를 매단 채 소리를 질렀다.
「살려주시오, 살려주시오!」
남전 스님이 사다리를 오르면서 말씀하셨다.
「하나, 둘, 셋, 넷, 다섯.」
스님께서는 잠시 후 찾아뵙고 절을 올리고는 말하였다.
「좀 전에 화상께서 구해주셔서 감사드립니다.」

禪宗頌古聯珠 - 「相救」

汾陽昭가 頌하되
南泉趙州用最密인댄   남전이 조주에게 사용한 것은 최상의 비밀일진대
後人不了轉尋覓이로다   후인들이 알지도 못하고 도리어 찾고자 하네.
往返之言子細看하면   주고받은 말들을 자세히 살핀다면

二人把手並頭立이로다　두 사람이 손을 잡고 머리를 나란히 하고 서리라.

月堂昌이 頌하되
趙州自作自受하고　　조주는 스스로 저지르고 스스로 받았고
南泉外頭相救로다　　남전은 바깥에서 구해주었네.
直饒數目分明인댄　　설령 숫자를 분명하게 안다 하더라도
也是私路上走로다　　역시나 삿된 길[私路] 위로 가는 것이리라.

堂堂思가 頌하되
描不成塑不就하니　　그릴 수도 없고 빚을 수도 없나니
樓上懸身叫相救로다　누각에 몸 매달고 '살려줘요' 소리 지름이로다.
南泉敲處有來由하니　남전이 두드린 것은[56] 연유가 있는 것이니
一段風流如錦綉로다　이 공안의 풍류가 마치 비단과 같음이로다.[57]
阿呵呵!　　아하하![58]
一二三四五요　　하나, 둘, 셋, 넷, 다섯!
大蟲咬猛虎로다　　호랑이가 호랑이를 무는도다.

56　『조주록』원문에는「南泉, 上棚梯云, 一二三四五」라 되어 있고, 『선문염송』에는「泉, 上棚梯[一本 打井欄]云, 一二三四五」이라고 하여 어떤 책에는 남전이 사다리를 오르지 않고 다만 우물 난간을 친 것으로 되어 있다. 때문에 '敲處'를 '두드린 것은'이라고 해석한다.

57　이 게송은「소염시(小艶詩)」와 비슷하다.「소염시」는 다음과 같다.
一段風光畵不成하니　　일단의 고운 모습 그려내지 못하니
洞房深處暢予情이로다　규방 깊은 곳에서 나의 심정을 펴노라.
頻呼小玉元無事러니　　자주 소옥이를 부르지만 원래는 일이 있어서가 아니니
只要檀郎認得聲이로다　다만 낭군님께 목소리를 알리려 함이로다.

58　'阿'는 어조사, '呵呵'는 웃는 소리. 선가에서 스승과 제자가 문답 토론하다가 이치가 다하고 말이 끝날 때 스승이 입을 벌리고 웃을 적에 나는 소리. 이것은 말 밖의 남은 뜻을 알리는 것. 혹 조소하는 뜻이다.

佛性泰가 頌하되

等閒施設豈徒然이리오	대수롭지 않게 펼쳤으나 어찌 헛되리오.
平地波瀾欲浸天이로다	평지에 인 물결이 하늘을 적시려 하도다.
更向胡梯敲數下하니	다시 사다리로 가서는 두드리고 숫자로 말하였으니
免敎矢[59]脚墮黃泉이로다	실족하여 황천에 떨어짐을 면하게 해주었네.

禪門拈頌 423則 -「相救」

崇勝珙이 頌하되

趙州懸脚小知音이어늘	조주가 다리를 매단 소식 아는 이 적거늘
王老踏梯能相救라	왕노사가 사다리에 올라 능히 구할 수 있었네.
象王行處絶狐蹤이요	코끼리 다니는 곳에 여우 자취 끊기고
師子窟中無異獸로다	사자의 굴속에는 딴 짐승 없도다.

仰山偉가 上堂擧此話云하되「趙州伊麽作用이 莫是徒然麽아 諸人은 要見趙州南泉師資作用處麽아

앙산위가 상당하여 이 이야기를 들고는 이르되,
「조주의 이 같은 작용이 쓸데없는 일이 아니랴? 여러분은 조주와 남전, 스승과 제자의 작용처를 보고자 하는가?

兩手雙關柱하니	두 손으로 기둥에 쌍으로 빗장을 거니
施命恒沙數로다	생명을 구한 것이 항하의 모래와 같도다.
身在井中懸하야	몸이 우물 가운데 매달려있으니

---

59   원본에는 '矢(화살 시)'로 되어있으나 문맥에 맞게 '失(잃을 실)'로 해석한다.

聲聲叫相救로다　　　‘살려주시오’ 소리소리 지름이로다.

上梯一二三이여　　　사다리에 올라 하나, 둘, 셋 하니

明月婆娑路로다　　　밝은 달빛이 너울거리는 길이로다.

會則直下會오　　　　알면 당장에 알 것이요

不會明記取하라」　　보르면 분명히 새겨둬라.」하였다.

竹庵珪가 拈하되

萬地落花春寂寂하니　온 땅에 지는 꽃이니 봄이 적적하고

渾無鷰語與鶯啼로다　제비 지저귀고 꾀꼬리 우는 소리에 섞임이 없구나.

又上堂擧此話云하되「大衆아 此理如何오 你若會得이라사 方是脫洒衲
僧이어니와 你若不會인댄 盡是業職茫茫漢이로다 要會麼아 冤有頭債有
主여 濕紙裹大虫하고 大棒打老鼠로다」

또 상당하여 이 이야기를 들고는 이르되,

「대중들아, 이 이치가 어떠한고? 그대들이 알 수 있다면 바야흐로 탈쇄(脫洒,
말쑥하고 깨끗함)한 납승이거니와, 만일 알지 못할진댄 다 업식(業識)이 망망
한 놈들이로다. 알고자 하는가? 원한에는 상대가 있고 빚에는 빚쟁이가 있음
이요, 젖은 종이로 호랑이를 싸고 큰 몽둥이로 늙은 쥐를 치는구나.」하였다.

拈頌說話 -「相救」

《抱定柱懸一脚云云者》는 乃故墮落生死坑井也니라 如云하되「我若不
幸하야 墮不如意處면 諸佛菩薩이 却來相救也니라」

《上糊梯云云者》는 生死坑井이 卽是普賢花林園苑也니라

《又抱定柱云云者》는 解脫深坑이니 無爲無事로 淨潔之病이 最難治也
니라

《一二三四五者》는 世間計數也니라 然則「相救相救」者는 五四三二一로 當門書大吉이요 「一二三四五」者는 一二三四五로 虛空缺處補니라 到此方이면 具威儀러니 又此도 亦驗人機智也니라 則「一二三四五」者는 亦通對也니라

《기둥을 껴안고 한 다리를 걸치고 운운》한 것은 곧 고의로 생사의 구덩이에 빠진 것처럼 한 것이다. 「내가 만약 불행하게 불여의(不如意)한 곳에 떨어지면 모든 불보살이 와서 살려줄 것이다.」라고 말하는 것과 같다.

《사다리를 오르는 운운》한 것은 생사의 구덩이가 바로 보현(普賢)의 화림원(花林園)이라는 것이다.

《또 기둥을 끌어안고 운운》한 것은 해탈의 깊은 구덩이로 함도 없고 일도 없이 깨끗하려는 병이 가장 다스리기 어렵다는 것이다.

《하나, 둘, 셋, 넷, 다섯》은 세간의 수를 셈이다. 그러한즉 「살려주시오, 살려주시오」는 '다섯, 넷, 셋, 둘, 하나'이니 문에다 대길(大吉)이라고 쓴 것에 해당하고, 「하나, 둘, 셋, 넷, 다섯」은 '하나, 둘, 셋, 넷, 다섯'이니 허공의 구멍 난 곳을 메꿈이다. 이 처방에 이르면 위의(威儀)를 갖춰야 하나니 이것 또한 사람의 기지를 시험함이다. 즉 「하나, 둘, 셋, 넷, 다섯」은 두루 통하는 대답이다.

【崇勝】

趙州懸脚小知音이어늘	조주가 다리를 매단 소식 아는 이 적거늘
王老踏梯能相救라	왕노사가 사다리에 올라 능히 구할 수 있었네.
象王行處絶狐蹤이요	코끼리 다니는 곳에 여우 자취 끊기고
師子窟中無異獸로다	사자의 굴속에는 딴 짐승 없도다.

象王과 師子는 謂南泉趙州也니라
코끼리와 사자는 남전과 조주를 말한다.

【仰山】

仰山偉가 上堂擧此話云하되 趙州伊麼作用이 莫是徒然麼아 諸人은 要見趙州南泉師資作用處麼아

앙산위가 상당하여 이 이야기를 들고는 이르되,
「조주의 이 같은 작용이 쓸데없는 일이 아니랴? 여러분은 조주와 남전, 스승과 제자의 작용처를 보고자 하는가?

兩手雙關柱하니　　두 손으로 기둥에 쌍으로 빗장을 거니
施命恒沙數로다　　생명을 구한 것이 항하의 모래와 같도다.」
(下略)

《兩手雙關柱云云者》는 南泉父子가 現大機大用地時節이니라
《두 손으로 기둥에 쌍으로 빗장 걸음 운운》한 것은 남전 부자가 큰 기틀과 큰 쓰임을 나툰 시절이다.

【竹庵】

萬地落花春寂寂하니　온 땅에 지는 꽃이니 봄이 적적하고
渾無鷰語與鶯啼로다　제비 지저귀고 꾀꼬리 우는 소리에 섞임이 없구나.

又上堂擧此話云하되「大衆아 此理如何오 你若會得이라사 方是脫洒衲僧이어니와 你若不會인댄 盡是業職茫茫漢이로다 要會麼아 冤有頭債有主여 濕紙裹大虫하고 大棒打老鼠로다」

또 상당하여 이 이야기를 들고는 이르되,
「대중들아, 이 이치가 어떠한고? 그대들이 알 수 있다면 바야흐로 탈쇄한 납승이거니와, 만일 알지 못할진댄 다 업식이 망망한 놈들이로다. 알고자

하는가? 원한에는 상대가 있고 빚에는 빚쟁이가 있음이요, 젖은 종이로 호랑이를 싸고, 큰 몽둥이로 늙은 쥐를 치는구나.」하였다.

明大用直截也니라
큰 쓰임으로 곧장 끊음을 밝혔다.
《又上濕紙裹大蟲云云者》는 輕重大小不齊로 則無軌則也니라
《또 상당하여 젖은 종이로 호랑이를 싼다 운운》한 것은 가볍고 무겁고 크고 작고 가지런하지 않아 곧 항상(恒常)한 법칙이 없음이다.

| 학산 대원 曰 |

是知音者相契合
千里同風一家園
絶壁欄干進一步
石人乾坤活潑潑
지음자는 서로 계합이 잘 되니
천 리를 가도 한 바람이요, 한집의 동산이라.
절벽 난간에서 한 걸음 나아가니
돌사람이 하늘땅에서 활발발하게 살아가리라.

6則

南泉 東西兩堂이 爭貓兒하야 泉이 來堂內하고 提起貓兒云하되「道得
卽不斬이어니와 道不得하면 卽斬卻하리라」大衆下語나 皆不契泉意하니
當時로 卽斬卻貓兒了하다

至晩間에 師從外歸來하고 問訊次에 泉이 乃擧前話了云하되「你作麼生
救得貓兒오」師遂將一隻鞋하야 戴在頭上出去어늘

泉云하되「子若在런들 救得貓兒로다」

남전 스님 회상의 동당과 서당 양당이 고양이를 다투자 남전 스님께서 승
당 안으로 들어와 고양이를 치켜들면서 말씀하셨다.

「이른다면 베지 않겠거니와, 만약 이르지 못한다면 베리라.」

대중이 말을 하였으나 모두 남전 스님의 뜻에 계합하지 못하니, 즉시에 고
양이를 베어버렸다.

저녁이 되어 스님께서 밖에서 돌아와 인사드리러 가니 남전 스님께서는
앞의 이야기를 다 말해주고 물으셨다.

「그대라면 어떻게 고양이를 살리겠는고?」

스님께서 신발 한 짝을 머리 위에 이고 나가거늘, 남전 스님께서 말씀하
셨다.

「그대가 만약 있었더라면 고양이를 살릴 수 있었을 것이다.」

禪宗頌古聯珠 - 「斬猫」

汾陽昭가 頌하되

兩堂上座未開盲하야　　　양당의 상좌들이 아직 눈 못 뜬 소경이라

猫兒各有我須爭이로다　　고양이가 각각 자기들 것이라 다툼이로다.

一刀兩段南泉手에　　　　한칼에 두 동강 낸 남전의 솜씨에

草鞋留著後人行이로다　　짚신을 머리에 붙인 뒷사람의 행이로다.

雪竇顯이 頌하되[60]

兩堂俱是杜禪和라　　　　양당이 다 엉터리[杜撰][61] 선승들이라

撥動煙塵不奈何로다　　　연기와 먼지만 일으키고는 어찌할 줄 모르더라.

賴得南泉能擧令하야　　　다행히도 남전이 법령을 드러내서

一刀兩段任偏頗로다　　　한칼에 두 동강 내어 치우친 것을 감당해냈네.

又頌하되

公按[62]圓來問趙州하니　　조주에게 물은 것이 분명한 공안이 되었나니

長安城裏任閑遊라　　　　장안성 안을 마음대로 한가히 노닐었네.

草鞋頭戴無人會하니　　　짚신을 머리에 이었으나 아는 사람이 없어

歸到家山便卽休로다　　　자기 집에 돌아가서 곧 쉼이로다.

佛印元이 頌하되

手把狸奴定死生하니　　　손으로 고양이를 잡음에 생사가 걸렸나니

禪人空使口相爭이로다　　선승들은 헛되이 입으로 서로 다툼이로다.

趙州救得成何事오　　　　조주가 구해줘서 무슨 일을 이루었던가?

60　남전참묘 공안은 『조주록』, 『종용록』, 『무문관』 같은 공안집에서는 하나의 공안으로 되어있으나, 『벽암록』에서는 63칙(南泉斬猫)과 64칙(趙州戴鞋)으로 나뉘어져 있다. 이하의 두 개로 구성된 게송들의 대부분이 앞 게송은 '남전참묘(南泉斬猫)'를 이야기하고, 뒷 게송은 '조주대혜(趙州戴鞋)'를 이야기한다.

61　구양수(歐陽修)와 같은 시대의 사람인 두묵(杜黙)은 남의 시를 읊는 데는 뛰어났으나 직접 찬(撰)한 시는 격률(格律)에 맞지 않은 엉터리였다는 데서 유래한 말.

62　『선문염송』이나 『벽암록』에는 '案'으로 표기되어 있다.

恰似天明打五更이로다   흡사 날이 샐 무렵 오경⁶³ 종을 침과

같음이로다.

白雲端이 頌하되

提起兩堂應盡見하고   (고양이를) 치켜듦은 양당이 다 보게 함이고

拈刀要取活狸奴로다   칼을 집어 듦은 고양이를 살리려 함이로다.

可憐皮下皆無血하니   가엾도다! 가죽 밑에 피 한 방울도 없음이니

直得橫屍滿道途로다   당장 널브러진 시체가 도로에 가득 참이로다.

又頌하되

狸奴夜靜自舒張하야   고양이가 고요한 밤에 스스로 돌아다니다가

引手過頭露爪長이로다   앞발을 당겨 머리를 지나니 발톱이 길게

드러남이로다.

王老室中巡邏了하니   왕노사가 방 가운데 순라를 돌다가 알아채니

狼忙走出恐天光이로다   조급히 도망치며 하늘이 밝아올까

두려워함이로다.

保寧勇이 頌하되

雪刃含光射斗牛⁶⁴하니   빛을 머금은 새하얀 칼날로 북두칠성을 쏘니

不唯天地鬼神愁라   하늘과 땅뿐만 아니라 귀신도 근심함이라.

命根落在南泉手하니   목숨이 남전의 손에 달려있으니

直下看看兩段休로다   바로 보고 보라! 양단이 쉼이로다.

又頌하되

狸奴頭上角重生하야   고양이 머리 위에 뿔이 거듭 돋았네.

---

63   인시(寅時), 즉 지금의 새벽 3시부터 5시 사이를 말한다.

64   하늘에 있는 별자리 28팔수 중 두성(斗星)과 우성(牛星)을 말한다.

王老門前獨夜行이라	왕노사의 문 앞을 홀로 밤에 다님이로다.
天曉不知何處去라	날이 새니 어디로 갔는지 알지 못하네.
楚山無限謾崢嶸이로다	초산은 한없이 아득하고 가파르게 우뚝하도다.

照覺總이 頌하되

一刀兩段南泉令이여	한칼에 두 동강을 냄은 남전의 법령이요
當頭高著趙州關이라	머리에 높이 붙임은 조주의 관문이로다.
劈面若無宗正眼이런들	맞대할 때 만약 종문의 바른 눈이 없다면
又隨流水落人間하리라	다시 흐르는 물 따라 인간에 떨어지리라.

圓通僊이 頌하되

狼煙起處看兵機하니	봉화 연기[狼煙]⁶⁵ 나는 곳에 병사의 움직임을 보니
不是將軍孰辨伊오	장군이 아니라면 뉘라서 저를 구분하리오.
兩段一刀垓下令이요	양단한 한칼은 해하(垓下)⁶⁶의 법령(法令)이요
威風千古霸雄基로다	위풍은 천고에 패웅(霸雄)의 토대로다.

成枯木이 頌하되

當機不薦眼如癡하니	기틀을 당하여도 알아차리지 못하여 눈이 바보와 같음이니
豈辨鋒鋩未露時오	어찌 칼끝이 드러나지 않는 때를 구분하리오?

---

65 낭연(狼煙)이란 이리의 똥을 태워서 내는 연기를 말한다. 낭분(狼糞)을 태운 연기는 퍼지지 않고 바람이 불어도 위로 똑바로 올라가므로 예부터 봉화로 사용하였다. 봉화 불은 낮에는 연기로, 밤에는 불빛으로 멀리 신호를 알렸다.

66 중국 안휘성(安徽省) 영벽현(靈壁縣) 남동의 오래된 전쟁터. 기원전 202년, 한(漢)나라 고조(高祖) 유방(劉邦)의 군사가 초(楚)나라의 항우(項羽)를 이 땅에서 포위, 항우는 사면초가가 되어 양자강으로 도망가 자살하고 고조의 천하 통일이 실현되었다.

日暮草鞋頭戴去하니　날 저물 무렵 짚신을 머리에 이고 나가니
暗中拊掌笑嘻嘻로다　남 모르게 박수를 치고 히히 웃어보노라.

羅漢南이 頌하되
作者縱橫斬萬機하니　작자(作者)가 종횡으로 온갖 기틀[67] 베어버리니
趙州頭戴草鞋時로다　조주가 짚신을 머리에 인 때로다.
當臺寶鑑無私燭하니　거울대의 보배거울은 사사로운 비춤이 없나니
離匣金刀豈亂揮리오　칼집에서 금도를 꺼내더라도 어찌 함부로
　　　　　　　　　　 휘두르리오?

佛心才가 頌하되
伯牙之絃이라도　백아(伯牙)의 끊어진 거문고 줄이라도
鸞膠可續하고　난교(鸞膠)[68]라면 이을 수 있고
調古風淳으로　곡조는 예스럽고 기풍은 순박하여[69]
霜月可捫이로다　차가운 달[霜月][70]도 움켜쥘 수 있음이로다.

67　만기(萬機)란 본래 천자(天子)가 나라를 다스리면서 상관하는 만 가지나 될 정도의 온갖 잡다한 여러 일을 가리킨다.

68　봉황의 부리 등을 고아 만든 고약이다. 서해(西海) 중의 봉린주(鳳麟洲)에는 선가(仙家)가 많은데, 봉황의 부리와 기린의 뿔을 한 데 고아서 고약을 만들어 끊어진 활시위나 거문고 줄을 감쪽같이 이어 붙인다고 한다. 이 고약을 '난교' 또는 '속현교(續弦膠)'라고 하는데, 남자가 후처(後妻)를 얻는 일에 비유하여 쓴다. 『한무외전(漢武外傳)』에 한무제(漢武帝) 때에 서해에서 바친 난새[鸞]의 힘줄에서 뽑아낸 아교[膠]였는데, 무제(武帝)의 활줄이 끊어진 것을 그 갖풀로 이으니 줄의 두 끝이 서로 붙어 종일 쏘아도 끊어지지 않았다는 고사가 전한다.

69　영가 현각(永嘉玄覺)의 『증도가(證道歌)』의 한 구절과 비슷하다.
調古神清風自高여　곡조는 예스럽고 기운은 맑으며 기풍은 저절로 높음이여
貌悴骨剛人不顧로다　모습은 초췌하고 뼈는 앙상하여 사람들은 돌아보지 않음이로다.

70　상월(霜月)은 보통 '동짓달'을 말하고, 시어(詩語)로는 '서리 속에 뜬 달, 가을 달 또는 겨울철 추운 밤의 달'을 가리킨다.

| 南泉南泉이여 | 남전, 남전이여! |
| 龍象繼踵이로다 | 용상(龍象)[71]이 뒤를 이었도다. |

又頌하되

草鞋頭戴與誰論런가	짚신을 머리에 인 것을 뉘와 더불어 논할런가.
四海無風浪自平이로다	사해에 바람이 없으니 물결이 저절로 가라앉는다.
解道曲終人不見하니	도를 풀어주는 곡(曲)을 마쳤어도 사람들은 보지 못하니
江頭嬴得數峯靑이로다	강 위에 남겨진 몇 개의 산봉우리만 푸름이로다.

龍門遠이 頌하되

五色狸奴盡力爭이러니	오색(五色)의 고양이를 힘을 다해 다투더니
及乎按劒總生盲이로다	칼을 빼어 드니 모두가 나면서부터 소경[生盲][72]이로다.
分身兩處重相爲하니	몸을 두 곳으로 나누어 거듭 모양[相]을 만드니
直得悲風動地生이로다	바로 자비의 바람이 땅을 움직여 일어남이로다.

又頌하되

| 安國安家不在兵하니 | 나라가 평안하고 집안이 평안함은 병사에 있지 않나니 |
| 魯連一箭亦多情이로다 | 노중련(魯仲連)[73]의 한 화살이 또한 정이 많음이로다. |

---

71 생전에 덕이 높고 행적이 뚜렷한 스님을 용이나 코끼리의 위력에 비유하여 사후에 높여 이르는 말.

72 생맹(生盲)이란 선천적 시각 장애를 가진 이를 말하는데, 불교 용어로 '생맹천제(生盲闡提)'란 나면서부터 앞을 보지 못하는 사람은 빛을 보지 못하는 것처럼 불법을 비방한 과보로 영원히 성불할 수 없는 사람이 됨을 이야기한다.

73 제(齊)나라 사람으로 연군(燕軍)이 국경을 침입하여 위태롭게 되었을 때, 그가 화살에 화친서를 달아 쏘았더니, 연군 장수가 받아 보고 3일 동안 감격하여 울다가 죽어 나라가 평안해졌다는 고사가 있다.

三千劍客今何在오	3천 명의 검객(劍客)[74]은 지금 어디에 있는고?
獨許將軍建太平이로다	오직 장군만이 태평을 세움이로다.[75]

佛燈珣이 頌하되

要得狸奴覰面酬인댄	고양이를 가지고 목전에서 수작해보니
渾如鉗口鏁咽喉이로다	입에 재갈을 물고 목구멍에 자물쇠를 채운 것 같구나.
一刀兩段從公斷하니	한칼에 두 동강 냄은 공안을 따라 절단함이니
直得悲風動地愁이로다	바로 자비의 바람이 땅에 스치니 시름겹도다.

又頌하되

堂前飯店重新販하고	집 앞 반점(飯店)에서 거듭하여 새로운 것을 파는데
屋裏揚州勝外求이로다	집 안의 양주[76]러니 바깥에서 구함보다 뛰어남이로다.
頭戴草鞋高跨步하니	머리에 짚신을 높이 이고 걸음을 옮기니
晩春江景也風流로다	늦은 봄 강의 경치가 풍치가 있고 멋있더라.

疎山如가 頌하되

斬了猫兒問諗師하니	고양이를 벤 것을 종심 선사에게 물어보니

---

74 『장자』의 「설검」에 나오는 이야기에 기초한다. 칼을 좋아했던 조나라 문왕 밑으로 3천 검객이 몰려들어 밤낮을 가리지 않고 칼싸움을 하여 나라가 위태로운 지경에 처해있었다. 그때 장자가 천자의 칼과 제후의 칼, 서민의 칼 등 세 종류의 칼에 대하여 설명하는 소리를 듣고 문왕이 석 달 동안 궁전 밖을 나가지 않았고 검객들은 모두 자결했다.

75 『고존숙어록』「용문불안화상어록」에는 이 구절이 '獨許莊周致泰平', 즉 '홀로 장주만이 태평을 세움이로다'라 나온다. 아울러『선문염송』에 '獨許莊周致泰平'이라고 나와있다.

76 중국 강소성(江蘇省) 남서부의 도시로 양자강의 북방, 대운하(大運河)의 서쪽 기슭에 있다. 당나라 때 강남 물자를 운하로 북송하여 크게 번성하였다.

草鞋頭戴自知時로다　　　　짚신을 머리에 인 것은 스스로 때를 앎이로다.

兩堂不是無言對하니　　　　양당 수좌들이 말없이 대응함은 옳지 못하니

只要全提向上機이로다　　　　오직 향상의 기틀을 온전히 드러냄이
　　　　　　　　　　　　　　필요함이로다.

楚安方이 頌하되

南泉提起爲諸人이어늘　　　　남전의 고양이를 잡아 듦은 모든 사람을
　　　　　　　　　　　　　　위함이니

自是諸人眼不親이로다　　　　모든 사람들의 안목으로는 친히 계합하지
　　　　　　　　　　　　　　못함이라.

付與趙州呈好手하니　　　　조주에게 부촉하여 훌륭한 솜씨를 드러냈으니

拈來覿面便翻身이로다　　　　잡아옴에 얼굴을 보고는 바로 몸을
　　　　　　　　　　　　　　뒤집음이로다.

石碞明이 頌하되

捕鼠有功人競愛어늘　　　　쥐를 잡는 공이 있어 사람들이 다투어
　　　　　　　　　　　　　　좋아하거늘

霜刀揮處罷相爭이로다　　　　서릿발 같은 칼로 휘두른 자리에 다툼을
　　　　　　　　　　　　　　그침이로다.

太平本是將軍致어늘　　　　태평은 본래 장군이 이루거늘

不許將軍見太平이로다　　　　장군이 태평을 보고 있는 것을 허락하지
　　　　　　　　　　　　　　않음이로다.

闡提照가 頌하되

縮水酒越濃하고　　　　물을 졸이면 술의 농도가 맞지 않고

負心人越窮이로다　　　　마음을 등지면 사람이 곤궁해짐이로다.

鐵剛刀自利하야　　　　강철로 만든 칼은 스스로 날카로워서

不用苦磨礱이로다　　　수고로이 갈고 닦을 필요가 없음이로다.

草鞋頭戴今何在오　　　짚신을 머리에 이고서 지금 어디에 있는고?

我見牽來劈面舂이로다　내가 본다면 끌고 와서 얼굴을 짓이겼을 것이다.

雪竇宗이 頌하되

石裏藏金誰辨別고　　　돌 속에 감춰진 금을 뉘라서 판별하리오.

遊人但見蘚痕斑이로다　지나던 사람이 다만 본 것은 이끼 자국과
　　　　　　　　　　　얼룩이로다.

却被石人窺得破하야　　도리어 석인(石人)[77]이 엿보고 부수어서

鐵船載入洞庭山이로다　철로 된 배에 싣고 동정산(洞庭山)으로
　　　　　　　　　　　들어감이로다.

南堂興이 頌하되

放去若雷奔하고　　　　놓아서 가면 우레가 달아나는 것 같고

收來如掣電이로다　　　거두어 오면 번개가 번쩍함이로다.

不識李將軍이어늘　　　이장군(李將軍)[78]을 알지 못하거늘

徒學穿楊箭이로다　　　헛되이 버들잎 뚫는 화살[79]을 배움이로다.

77　선(禪)에서 중생의 의식이 다 없어지고 진리의 눈이 열린 사람을 비유한 말이다.

78　한나라 무제(武帝) 때 이광(李廣)을 말한다. 이광은 활의 명수로 유명했고, 힘이 세며, 몸이 빨랐기 때문에 흉노(匈奴)들은 그를 한나라의 날아다니는 장수라 하여 '한비장군(漢飛將軍)'이라고 부를 정도였다. 이광은 '화살이 돌에 박혔다'는 일화로도 유명하다. 하루는 사냥을 나갔던 이광이 늦게 돌아오는데 범이 산 옆에 웅크리고 있는 것을 발견했다. 활의 명수인 이광은 화살을 얹어 있는 힘을 다해 범을 쏘았다. 화살이 꽂히는 소리가 나고 범은 그대로 꼼짝을 하지 않았다. 죽었으려니 하고 가까이 가보니 그것은 범이 아니고 돌이었다. 이 일화가 '사호석(射虎石)'이라는 제목으로 전해 내려온다(『사기』「이장군열전」).

79　춘추시대 초(楚)나라의 궁술 명인인 양유기(養由基)의 활 솜씨를 말한다. 100보 밖에서 버들잎을 백발백중시켜 이를 '백보천양(百步穿楊), 천엽지공(穿葉之功)'이라 한다(『사기』「주본기」). 또 초왕이 양유기더러 원숭이를 쏘게 하니, 활을 쏘기도 전에 원숭이가 기둥을 안고 울부짖어 이를 '양유호

又頌하되

趙州牙如劍樹하고   조주의 어금니는 칼 수풀과 같고

南泉口似血盆이로다   남전의 입은 피를 담는 동이와 같음이로다.

兩箇無孔鐵槌로   두 개의 구멍 없는 쇠몽둥이로

打就一合乾坤이로다   때려서 건곤(乾坤)을 하나로 합하였도다.

釋迦老子不會인댄   석가 노인이 알지 못함이니

問取彌勒世尊이로다   미륵 세존에게 물어보라.

胡文定公 安國이 頌하되

手握乾坤殺活機하고   손으로 건곤을 죽이고 살리는 기틀을 잡고

縱橫施設在臨時로다   종횡으로 펴고 베풀고 함은 때에 임함이로다.

滿堂兔馬非龍象하니   승당에 가득한 토끼와 말은 용과 코끼리가 아니니

大用堂堂總不知로다   대용의 당당함을 모두 알지 못함이로다.

廣德光孝懃이 頌하되

南泉提起下刀誅는   남전이 제기하고 칼로 내리쳐 베어버린 것은

六臂修羅救得無로다   여섯 팔의 수라라도 구하지 못함이로다.

設使兩堂俱道得이라도   설사 양당의 수좌들이 모두 말할 수 있었더라도

也應流血滿街衢로다   또한 응당 흐른 피가 거리에 가득하리라.

檇李築이 頌하되

提起分明斬處親이여   제기함이 분명하고 벤 자리가 친절함이여

落花飛絮撲行人이로다   떨어지는 꽃과 흩날리는 버들꽃이 행인을
     스침이로다.

원(養由號猨)'이라 한다(『회남자(淮南子)』「설산훈(說山訓)」).

頭戴草鞋出門去이여　　머리에 짚신을 이고 문밖으로 나감이여
四月圓荷葉葉新이로다 사월의 둥근 연잎은 잎새마다 새롭도다.

簡堂機가 頌하되

靑蛇提起血腥臊하니　청사검을 잡아드니 피비린내가 진동하더라.
幾箇男兒有膽毛리오　몇 명의 남아가 쓸개에 털이 있으리오?
直下血流猶未覺인댄　그 자리에서 피가 흘러내리는데도 오히려
　　　　　　　　　　알지 못하니
擧頭還見鐵山高하라　고개를 들어 돌이켜보니 철산이 높도다.

典牛游가 頌하되

南泉一刀斬了하고　　남전은 한칼에 베어버렸고
趙州戴履摩挲로다　　조주는 신을 이고[80] 매만졌도다.
雖然子承父業이라도　비록 아들이 아버지의 업을 이었다고 하더라도
滿地老鼠奈何리오　　온 땅에 가득한 늙은 쥐들을 어찌하리오?

龍牙言이 頌하되

當日臨崖看㵎眼하고　당일은 벼랑 끝에 서서 물 나오는 구멍을 보았고
至今觀水憶南泉이로다 지금은 물을 보면서 남전을 생각하노라.
趙州頭戴草鞋去여　　조주가 머리에 짚신을 이고 나갔음이여
漁翁腰帶好牽船이로다 고기 잡는 늙은이가 허리띠로 배를 잘도 끌고 간다.

80　'戴'는 머리에 인 '하늘'을 뜻하고, '履'는 밟고 있는 '땅'을 뜻하여 '하늘과 땅'을 말하기도 한다.

或菴體가 頌하되

克己堂前開飯店하고 　싸게 팔려고[克己]⁸¹ 집 앞에서 반점(飯店)을 열고
股肱屋裏販揚州로다 　믿는 신하[股肱]는⁸² 집 안에서 양주(揚州)⁸³를
　　　　　　　　　　　팖이로다.

頭戴草鞋呈醜拙이나 　머리에 짚신을 인 것은 추태를 보임이나
湊成一段好風流로다 　한 뭉치로 끌어모음은 좋은 풍류로다.

別峯印이 頌하되

手按吹毛豈易爲오 　취모검(吹毛劍)을 손으로 누르는 것을 어찌
　　　　　　　　　　쉬이 하리오?
兩堂要活死猫兒로다 　양당에서 죽은 고양이를 살리려 함이로다.
趙州上樹安身法이 　조주가 나무 위에서도 몸을 편안히 한 법이
多少傍人眼搭睞⁸⁴로다 많은 주변 사람들 눈에 눈곱만 쌓이게 하였도다.

尼無著總이 頌하되

南泉揮劍斬猫兒하니 　남전이 칼을 휘둘러 고양이를 베니
殺活唯憑作者知로다 　죽고 사는 것은 오직 작자에 달린 줄 알지로다.
權柄一朝如在手하니 　권력이 하루아침에 손안에 있는 것과 같으니
分明看取令行時로다 　분명하게 법령이 행해지는 때를 알아차려야
　　　　　　　　　　함이로다.

81　파는 측에서 일컫는 말로 구어체로 '싸게 주다', '적정한 값으로 팔다'라는 뜻이 있다.

82　문어체로 '다리와 팔'을, 비유로는 '고굉지신(股肱之臣)', 즉 '임금이 가장 믿고 중하게 여기는 신하'를 말한다.

83　중국 강소성(江蘇省) 남서부의 도시로 양자강의 북방, 대운하(大運河)의 서쪽 기슭에 있다. 당나라 때 강남 물자를 운하로 북송하여 크게 번성하였다.

84　원문은 '瞜(眵의 이체자)'로 되어 있다.

又頌하되

草鞋頭戴有譊訛러니	짚신을 머리에 인 것은 속임수[譊訛][85]가 있는데
諸老機鋒會得麼오	여러 노장들은 기봉(機鋒)[86]을 알아차렸는가?
道泰不傳天子令이요	도가 태평하면 천자의 법령을 전할 것 없음이요
時淸休唱太平歌로다	때가 맑으면 태평의 노래를 부를 것도 없음이로다.

木菴永이 頌하되

一刀兩段絕譊訛어늘	한칼에 두 동강 내어 속임수를 끊었거늘
天下禪和不奈何이로다	천하의 선객들이 어찌할 줄 모름이로다.
頭戴草鞋重漏泄이어늘	머리에 짚신을 이고 나간 것은 거듭 누설한 것이거늘
知恩者少負恩多로다	은혜를 아는 자는 적고 은혜를 등지는 자는 많도다.

無門開가 頌하되

趙州若在인댄	조주가 만약 그 자리에 있었더라면
倒行此令이로다	이 법령을 거꾸로 실행했으리라.

---

85 요와(譊訛)는 '효와(詨訛), 효와(肴訛), 효와(淆訛), 효와(殽訛)' 등으로도 쓰며 '오와(聱訛, 聲訛), 의와(疑訛)'로 쓰인 예도 보이는데 같은 뜻이다. 표기는 이와 같이 여러 가지이지만 『한어대사전』에 제시된 풀이를 보면 크게 '교란(攪亂)하다', 즉 '뒤흔들어 어지럽히다'·'착오, 실수, 잘못' 등의 두 가지 뜻으로 정리된다. 『선학대사전』에는 '색다르게 짜낸 발상이나 표현으로서 궤변이라고까지 생각될 정도로 난해한 것', 『선어사전』에는 '말로는 포착할 수 없는 중요한 것'이라고 풀이되어 있다. 아울러 '화두(話頭)'를 '효와(肴訛)' 또는 '의와(疑訛)'라 하기도 하는데, 화두는 상대방이 단단히 뿌리박고 있는 허황된 의식을 뒤흔들어서 뽑아버리는 기능을 지니고 있기 때문에 여러 장치를 장착하여 교란시키는 방법을 쓰는 것이다. 즉 '효와'란 바로 화두가 지니고 있는 이러한 기능을 나타내기도 하고 화두의 열쇠가 되는 요소, 또는 다 드러나지 않아서 풀어야 할 것으로 남아 있는 문제를 가리키기도 한다.

86 기(機)는 수행에 따라 얻은 심기(心機), 봉(鋒)은 심기의 활용이 날카로운 모양. 선객(禪客)이 다른 이를 대할 때의 예민한 활용을 말한다.

奪却刀子하야 　　　칼자루를 빼앗아

南泉乞命이로다 　　남전이 목숨을 빌게 했을 것이다.

無準範이 頌하되

盡力提持只一刀어늘 　힘을 다해 들어 쥔 것은 단지 한 자루 칼이거늘

狸奴從此脫皮毛로다 　고양이가 이에 따라 털가죽을 벗음이로다.

血流滿地成狼籍이여 　피 흘러내려 온 대지에 낭자함이여

暗爲春風染小桃로다 　슬며시 봄바람이 불어와 복사꽃을 물들이노라.

橫川珙이 頌하되

一刀成兩段하야 　　한칼에 두 동강을 내어서

釋得二僧爭이로다 　　두 승당의 다툼을 풀어줌이로다.

草鞋頭戴出하야도 　　짚신을 머리에 이고 나갔으나

猫兒無再生이로다 　　고양이는 되살아나지 못함이로다.

禪門拈頌 207則 - 「斬猫」

大覺連이 頌하되

兩堂五白苦相爭이어늘 　양당의 5백 대중이 심하게 다투거늘

王老一刀成兩截이라 　　왕노사가 한칼에 두 쪽으로 끊음이로다.

趙州續得再活時에 　　　조주가 이어서 다시 살렸을 때에

牙爪生獰似冰雪이로다 　어금니와 발톱이 사나워 얼음과 눈과
　　　　　　　　　　　　같음이로다.

投子靑이 頌하되

臨險推人事要知니 　　　험한 일에 임하여 남을 추천하려면 일을

	알아야 하고
求材先自露針錐로다	인재를 구하려면 먼저 스스로 송곳을 드러내야만 한다.
釣魚盡說諳風勢러니	고기잡이들이 바람의 형세 안다고 말하더니
及至風來波路迷라	마침내 바람이 불게 되자 뱃길을 헤매는도다.
潦倒趙州雖好手나	변변찮은 조주가 비록 솜씨가 좋았으나
鍾鳴齋後赴來遲라	종 울리고 재(齋) 마친 뒤에 왔으니 늦었음이라.
要知大像嘉州路요	큰 불상[大像][87]을 알고자 하면 가주의 길로 가고
鐵牛鎭斷陝關西라	무쇠소[鐵牛][88]가 지키는 데는 섬부의 서쪽이로다.

資壽捷이 頌하되

南泉斬後趙州救하니	남전이 벤 다음 조주가 구했나니
師子窟中無異獸라	사자의 굴속엔 다른 짐승이 없도다.
西乾梵語阿彌陁요	서건(인도)의 범어로는 아미타(阿彌陀)요
東震唐言無量壽라	동진(중국)의 당언(唐言)으론 무량수(無量壽)로다.

(此錄云 南泉上堂에 有猫兒跳上法座어늘 泉이 提起示衆云하되 「有人道得하면 不斬하고 道不得하면 卽斬하리라」 首座作猫叫어늘 南泉이 便斬하다)
(이 기록에 이르되, 남전이 상당함에 고양이가 법좌(法座)에 뛰어오르니, 남전이 들어 올리며 대중에게 이르되, 「누구라도 이른다면 베지 않고, 이르지 못

---

87 중국 사천성의 낙산대불(樂山大佛)을 말한다. 당나라 현종(玄宗) 때 해통(海通)이 세우기 시작하여 90년 만에 완성한 미륵불상으로 현존하는 최대의 불상이다. 뒤이은 '가주(嘉州)'는 낙산(樂山)의 옛 이름이다.

88 섬부(陝府)성 밖에 큰 철소[大鐵牛]가 있는데 전설에 의하면 우왕(禹王)이 항하에 물이 범람하는 것을 방지하기 위하여 주조해 황하의 수호신을 삼았다고 한다.

면 곧 벨 것이다.」하니, 수좌가 고양이의 울음을 짓거늘 남전이 바로 베었다.)

天童覺이 頌하되

兩堂雲水盡紛拏⁸⁹어늘	양당의 운수납자들 전부 어지럽게 다투거늘[紛拏]⁹⁰
王老師能驗正邪라	왕노사 능히 바름과 삿됨을 시험할 수 있었도다.
利刀斬斷俱亡像하니	날카로운 칼로 베어내어 모양조차 없애버리니
千古令人愛作家로다	천고에 사람들로 하여금 작가를 사랑하게 하였도다.
此道未喪이요	이 도(道)가 아직 없어지지 않았으니
知音可嘉라	지음(知音)이 가히 아름답도다.
鑿山透海兮여	산을 뚫어⁹¹ 바다로 통하게 함이여
唯尊大禹요	오직 대우(大禹)만이 존귀하고
鍊石補天兮여	돌을 다루어 하늘을 고인 일이여
獨賢女媧로다	홀로 어진 여와(女媧)⁹²가 했도다.
趙州老有生涯하니	조주 노인이 아직 생애가 남아있으니
草鞋頭戴較些些로다	짚신을 머리에 인 것은 조금 남아있도다.
異中來也還明鑒하니	이류 가운데에 오더라도 도리어 환히 밝으니
秖箇眞金不混沙로다	저 진금(眞金)은 모래와 섞이지 않음이로다.

---

89 천동 정각(天童正覺) 화상의 『종용록』에는 '紛' 자로 표기되어 있다.

90 얼크러져 서로 치고 어지럽게 다툼을 말한다.

91 우(禹) 임금 때에 큰 홍수가 나서 천하의 수로(水路)를 뚫기 위해 노력한 일을 말하는 것이니, 이 때 우는 8년 동안 집 앞을 세 번이나 지나갔지만 한 번도 들어가보지 못할 정도로 바쁘게 일하였다고 한다.

92 복희씨(伏羲氏)의 누이동생이라 전하는 신화의 인물로 돌을 깎아 하늘을 고이는 등 신비한 고사가 많다.

雪溪益이 頌하되

東西兩畔盡田疇어늘   동과 서, 양쪽 두렁이 다 논밭이거늘

粒米抛來惣不收라   낟알을 뿌렸으나 전혀 거두지 못했음이라.

可惜猫兒輕斬却이러니   애석하도다! 고양이를 쉽게 베었더니

至今老鼠鬧啾啾로다   지금껏 늙은 쥐가 시끄럽게 찍찍대는구나.

又頌하되

打破淮西赤脚歸하니   회서(淮西)를 평정하고[93] 맨발로 돌아오니

一天寒雪炤光輝라   온 하늘에 차가운 눈이 반짝반짝 빛남이로다.

凱歌不到胡兵耳하니   개선가가 오랑캐 병사들의 귀에 들리지 않는지

猶向軍前守信旗로다   오히려 군대 앞의 신호기(信號旗)[94]만

     지킴이로다.

崇勝珙이 頌하되

脫灑機鋒王老師어늘   깨끗한 기봉(機鋒)의 왕노사거늘

兩堂何必競猫兒오   양당은 하필이면 고양이를 다투는고?

果然問處都無語하니   과연 묻는 곳에 도무지 말이 없더니

一斬如何未息疑오   한 번 끊음에 어찌하여 아직 의심을 그치지

     않는고?

趙老旣呈崖險事어늘   조주 노인이 이미 벼랑 끝의 일로 드러내줌이니

---

93   당 헌종(憲宗) 원화(元和) 9년(814)에 창의(彰義) 절도사(節度使) 오소성(吳少誠)이 죽고 그의 아들 회서절도사(淮西節度使) 오원제(吳元濟)가 스스로 채주자사(蔡州刺史)가 되고자 조정에 표를 올려 주청(奏請)을 하였지만 허락하지 않으니 반란을 일으켰다. 회서(淮西)는 회수(淮水)의 상류 지방인 하남성(河南省) 일대이고, 채주(蔡州)는 하남성 여남현(汝南縣)이다. 이때 헌종은 신하들의 반대에도 불구하고 재상 배도(裵度)를 승상(丞相)으로 임명하여 원화 12년(817) 회서선위처치사(淮西宣慰處置使)로 회서토벌(淮西討伐)을 감행했다. 원화 12년 이소(李愬)가 오원제를 사로잡고 회서를 평정하여 원화 14년(819) 오원제의 일당이었던 이사도(李師道)도 잡아 참했다.

94   신기(信旗)는 고대 군중(軍中)에서 진퇴를 지휘하기 위해 사용했던 깃발이다.

古錐⁹⁵依舊和羅⁹⁶槌로다　오래된 송곳이 예전처럼 바리때를 두드리네.

和羅槌여　　　　　　　바리때를 두드림이여!

打盡瓦兮鑽盡龜로다　전부 기와점만 치고 거북점만 치는구나.⁹⁷

白雲昺이 頌하되

王老能吹無孔笛하고　왕노사는 능히 구멍 없는 피리를 불고

趙州善撫沒絃琴이로다　조주는 줄 없는 거문고를 잘도 탐이로다.

誼轟曲調憑誰聽하고　요란스러운 곡조는 누구를 의지해 듣겠는가?

露柱燈籠笑轉深이로다　노주(露柱)와 등롱(燈籠)의 웃음이 갈수록
　　　　　　　　　　　깊어짐이로다.

無盡居士가 頌하되

南泉凜凜握機權하고　남전이 늠름하게 권세를 쥐고

一物全提問兩邊이라　한 물건을 들고는 양변(兩邊)을 물어보았네.

諗子脫鞋頭上戴하니　조주가 신을 벗어 머리 위에다 이니

猫兒生死更茫然이로다　고양이의 생사가 참으로 아득하도다.

本然居士가 頌하되

已展不縮便斬却이러니　펴고서는 거두지 않고 바로 베어버렸더니

---

95 '노고추(老古錐)'라 하기도 한다. 노고(老古)는 존칭, 추(錐)는 물건을 뚫는 것인데 기봉(機鋒)의 예리함을 뜻하는 말로서 노대원숙(老大圓熟)함을 의미한다.

96 '화라(和羅)'는 '발화라(鉢和羅)'의 준말로서 범어로는 'Patra'로 '응기(應器, 절에서 승려들이 쓰는 밥그릇)'를 뜻한다. '발화라'의 '화(和)'는 중간에 잘못 전해진 것으로, 중국어 사전에서 '화라추(和羅槌)'는 '거지가 동냥할 때에 연화락(蓮花落) 등의 창(唱)을 하며 박자를 맞추느라고 두드리는 나무판. 전하여 생계의 수단을 가리킨다. 각설이의 동냥 깡통을 뜻한다'고 되어 있다. 지금은 발(鉢)로 생략하여 사용한다.

97 점을 칠 때 기와를 깨뜨리거나 거북 껍질을 태워 깨뜨려서 길흉을 알던 일을 말한다.

父子相逢救得活이로다　부자가 상봉하여 구하니 살아날 수 있었도다.

可憐門外有遊人하야　가련하구나! 문밖에 노니는 사람(조주)이 있어

秖解依模畫渾脫이라　다만 모양을 의지한 혼잡한 그림을
　　　　　　　　　　벗어날 줄 아니

一種弄魂精이라　한 종류의 혼(魂)과 정(精)을 희롱함이라

髑髏努眼睛이로다　해골이 눈알을 부라림이로다.

混成子가 頌하되

風力所轉共平出이어늘　바람은 힘을 굴려서 공평하게 부나

猫兒斬斷還成屈이로다　고양이를 베어버림은 도리어 굽어짐이로다.

祖師今古作標儀라　조주가 고금에 모범의 거동을 지었는데도

賣扇老婆手遮日이로다　부채 파는 노파는 해를 손으로 가림이로다.

保福展이 拈하되

雖然如是나 也卽是破草鞋로다

보복전이 염하되

비록 이와 같다고는 하나 다 떨어진 짚신짝[破草鞋]이로다.

翠嵒芝가 拈하되

大小趙州가 秖可自救로다

취암지가 염하되

조주 같은 분[98]이 겨우 자기만을 구할 수 있었음이로다.

98　원문은 '大小趙州'. 여기서 '大小'는 '…이라는 분이'라는 뜻의 형용사이다.

大洪恩이 拈하되

「猫兒를 救得何用이리오 却須救取南泉趙州하리라」乃擧手作捏勢云
「南泉趙州性命이 摠在這裏라 若放過則無可不可어니와 若不放過하면
不消一捏이로다」拍一拍하다

대홍은이 염하되

「고양이를 구하려는데 무엇에 쓰려고 하는가? 도리어 모름지기 구해야 할
것은 남전과 조주이리라.」이에 손을 들어서 움켜잡는 몸짓을 하면서 이르
되 「남전·조주의 목숨이 모두 이 속에 있다. 만약 놓아버리면 즉 옳음도 옳
지 않음도 없거니와 만약 놓아버리지 않는다면 한 번 움켜쥘 필요도 없느니
라.」하고는 손뼉을 한 번 쳤다.

眞淨文이 上堂云하되

「南泉斬猫兒와 與歸宗斬蛇를 叢林中이 商量하니 還有優劣也無아 優劣
은 且止하고 只如趙州戴靸鞋出去는 又作麼生고 若也於此明得인댄 德
山이 呵佛罵祖가 有什麼過며 於此不明이면 丹霞燒木佛에 院主眉鬚落
하리라 所以로 禍福이 無門이어늘 唯人自召로다」喝一喝하다

진정문이 상당하여 이르되

「남전이 고양이를 벤 일과 귀종이 뱀을 벤 일[99]을 총림 가운데서 상량(商量,
헤아리다)하니, 도리어 우열이 있는가, 없는가? 우열은 그만두고 다만 조주
가 신을 이고 나간 것은 또한 어째서인가? 만약 이것을 밝힐 수 있다면 덕산
이 부처를 꾸짖고 조사를 욕한 것이 무슨 잘못이 있겠으며, 이것을 밝히지
못하면 단하가 목불(木佛)을 태움에 원주의 눈썹과 수염이 떨어짐이라. 때

---

99 귀종 스님이 어느 날 풀을 베고 있었는데 풀 속에서 뱀 한 마리가 나오자 호미로 뱀의 몸통을 잘
라버렸다. 한 납자가 그것을 보고 말하길, "귀종의 명성은 오랫동안 들어왔는데, 그저 추승(醜僧,
행이 거친 사문)이구나!" 하였다. 그러자 귀종 선사가 말하길 "그대가 추한가, 내가 추한가?" 하니
여기에서 그 납자가 깨달았다.

문에 화(禍)와 복(福)이 문이 없거늘 오직 사람이 스스로 부름이로다.」하고
는 한 번 할을 하였다.

翠嵓璣가 上堂擧此話云하되
「南泉老人一期方便이 大似憐兒不覺醜로다 世情은 看冷暖이요 人意는
逐高低라 前似銀山鐵壁하야 進而無門하며 退而無路하고 背後合水和
泥하야 一場狼藉라 殊不知千古之下에 與後人作笑端이로다 若是翠嵓
인댄 卽不然하리라 直饒兩隻履를 戴頭上出去라도 也須斬却하리라 何故
오 當斷不斷이면 返招其亂하리라 敢問諸人하노니 秖如今日一場公案을
作麼生商量고 若也商量得出하면 昔日南泉이 今朝猶在요 若商量不得
인댄 翠嵓이 今日에 略露鋒規하리니 諸人은 諦聽하라」良久云하되
「靑山秖解磨今古어니와
流水何曾洗是非리오」
취암기가 상당하여 이 이야기를 들고는 이르되
「남전 노인의 일시적인 방편으로 아이를 가련히 여기다가 추한 줄도 모르
는 것과 같도다. 세간 인정은 차고 따뜻함을 살피고, 사람의 뜻은 높음과 낮
음을 좇는다. 앞은 은산철벽(銀山鐵壁)과 같아서 나아가도 문이 없고 물러
나도 길이 없으며, 등 뒤로는 물에 젖고 진흙에 빠져서 난장판이라, 천고(千
古)에 뒷사람들에게 웃음거리가 될 줄 전혀 모르는도다. 만약 나[翠嵓]라면
그러지 않으리라. 설령 두 짝 신을 머리 위에 이고 나갔을지라도 모름지기
베었을 것이리라. 무슨 까닭인고? 마땅히 끊어야 할 것을 끊지 않으면 도리
어 난을 부르기 때문이니라. 감히 여러분들에게 묻노니, 오늘 하나의 공안
을 어떻게 헤아리는고? 만약 헤아려서 얻을 수 있다면 옛날의 남전이 지금
여기 있을 것이요, 만약 헤아려도 얻을 수 없다면 내[翠嵓]가 오늘 칼끝을
조금 드러내보리니 여러분들은 자세히 들어라.」
양구하고는 이르되
「청산은 다만 고금(古今)에 닳아 없어지는 것을 알거니와

흐르는 물은 언제 시비(是非)를 씻어낸 적이 있던가?」

翠嵓宗이 拈하되
「要識南泉活計麼아 只這死猫兒是니라 要識趙州活計麼아 只這破草鞋
是니라 諸人은 第一不得着手拈이니 若也拈着하면 汚却你手하리라」
취암종이 염하되
「남전의 살림살이를 알고자 하는가? 다만 이 죽은 고양이가 그것이니라. 조
주의 살림살이를 알고자 하는가? 이 해진 짚신이 그것이니라. 여러분들은
첫 번에 손으로 집으려 해서는 안 되니, 만약 집으려 할진댄 그대들의 손이
더러워지리라.」

竹庵珪가 擧此話에 至遂斬却하야 師云하되
「急急如律令이로다」
復擧에 至「恰救得猫兒하야」 師云하되
「正是普州人送賊이로다」
죽암규가 이 이야기에서 고양이를 베었다는 데까지를 들고는 이르되
「율령대로 빨리 시행하라!」[100] 하고
다시 「고양이를 구할 수 있었을 텐데」까지를 들고는 이르되
「이는 보주(普州) 사람[101]이 도적을 쫓음이로다.」

<hr>

100 '急急如律令'의 풀이로, 한 치의 어김도 없이 법조문 그대로 시행하라는 말. 원래 한 대(代)에는
'지급(至急)'을 뜻하는 공문의 용어로 공문서 말미에 항상 붙였다. '여율령(如律令)'이라고도 한다.
후대에는 도교에서 주문을 외울 때에 '잡귀여 빨리 물러가라'는 의미로 맺는말에 쓰였다.

101 보주(普州)는 지금의 사천성(四川省) 안악현(安岳縣)에 있었는데, 예부터 도둑들이 소굴로 삼았던
곳이다. 따라서 보주인(普州人)이라면 곧 도둑을 가리키는 말이다.

拈頌說話 - 「斬猫」

《東西云云兒者》는 是東堂地是西堂地爭之耶아『古祖堂』[102]云하되「南泉第一座養兒한대 隣床折脚으로 因此爭之니라」하니 則猫兒上立理하야 有佛性無佛性商量耶아 未知孰是니라

《동당과 서당이 고양이를 다툼》은 동당의 것인지 서당의 것인지를 다툰 것인가?

『조당집』에서 이르되「남전의 제일 수좌가 고양이를 길렀는데, 옆자리 스님이 다리를 분질러서 이 때문에 다투었다.」하였다. 그렇다면 고양이에다 이치를 세워서 불성이 있느니 불성이 없느니를 상량한 것인가? 어느 것이 맞는지 모르겠다.

《師遂提起云云者》는 會得罪性本空道得耶아 如花嚴波須密女之婬과 甘露火王之嗔殺과 勝熱波羅門之邪見가 無貪嗔癡의 唯眞智用耶아 非但猫兒어니와 盡大地情與非情도 向南泉手下엔 拱手乞命하리라 大衆若解道得인댄 則不斬却耶아 旣有號令이러니 事須施行하야 也須斬却也니라

《선사가 마침내 고양이를 집어 들고 ~ 고양이를 베어버렸다》는 죄(罪)의 본성(本性)이 본래 공(空)하다는 것을 알고서 이야기한 것인가? 예를 들어『화엄경』에 나오는 바수밀녀(婆須蜜女)의 음란한 일[103]이나 감로화왕(甘露火

---

102 원문은 '古草堂'이라 되어 있으나 '草'는 '祖'의 오기이므로『고조당(古祖堂)』이란 책은 곧『조당집(祖堂集)』을 말한다. 이하 인용문은『조당집』제5권「덕산화상」에서 인용한 구절이다.
「因南泉第一座養猫, 鄰床損脚, 因此相諍. 有人報和尙, 和尙便下來, 拈起猫云, "有人道得摩? 有人道得摩? 若有人道得, 救這小猫命." 無對. 南泉便以刀斬作兩橛.」

103 바수밀녀는 선재동자가 친견한 53명의 선지식 중 26번째 선지식이다. 바수밀녀가 손을 잡거나 함께 잠자리를 하거나 입을 맞추는 등의 행위를 하면 그 중생은 삼매를 얻고 애욕을 여의어 청정을 얻게 된다는 이욕실제법문(離欲實際法門)을 가리킨다.

王)이 분노하여 죽인 것[104]이나 승열바라문(勝熱波羅門)의 삿된 견해[105] 등과 같이 탐(貪)·진(嗔)·치(癡)가 없는 오직 참된 지혜를 쓴 것인가? 고양이뿐만 아니라 온 대지의 정(情)이 있거나 정이 없는 것도 남전의 손아래에서는 손을 모으고 목숨을 구걸할 때, 대중들이 만약 알고 말할 수 있다면 베어버리지 않겠거니와, 이미 명령을 내렸으니 일은 모름지기 시행되어 반드시 베어버려야 했으리라.

《趙州便脫草鞋云云者》『禮記』云하되「履雖新이라도 不加於頂이요 冠雖舊라도 不加於足이니라」하니 則戴草鞋於頂上者는 一一安著也니라 故云하되「子若在런들 恰救得兒로다」
《조주가 바로 짚신을 벗어 머리에 이고 나감》은 『예기(禮記)』[106]에 이르되「신이 비록 깨끗하더라도 머리 위에 쓰지 않고, 관(冠)이 비록 오래됐더라도 발에 신지 않는다.」 즉 짚신을 머리 위에 인 것은 낱낱이 편안히 자리 잡은 것이다. 때문에 말하길,「그대가 만약 있었던들 고양이를 살릴 수 있었을 텐데」라고 한 것이다.

104 선재동자가 친견한 17번째 선지식인 감로화왕이 죄인을 다스리는 방법에서 비롯한 일화를 가리킨다. '감로화(甘露火, Anala)'는 '무염족(無厭足)'이라 한역하며, 염부제국(閻浮提國) 다라당성(多羅幢城, Nāladhvaja)을 다스리는 왕으로 선재동자에게 여환해탈(如幻解脫)을 가르쳐주었다.

105 선재동자가 친견한 9번째 선지식인 승열(勝熱, Jayosmāya) 바라문의 고행을 가리킨다.

106 원문에는 인용문의 출전이 유교 경전으로 사서삼경 중 하나인 『예기(禮記)』라고 되어있으나 찾아본 결과 출전은 한나라의 역사서인 사마천의 『사기』「유림열전(儒林列傳)」이다. 인용문은 다음과 같다.
「冠雖敝, 必加於首, 履雖新, 必關於足. 何者, 上下之分也」
「갓이 비록 헤졌더라도 반드시 머리에 써야 하고, 신이 아무리 새것이라 하더라도 반드시 발에 걸쳐야 한다. 왜인고, 상하의 구분이 있기 때문이다.」

또한 후한(後漢)의 역사서인 반고의 『한서(漢書)』「가의론(賈誼論)」에 다음과 같은 구절이 있다.
「履雖鮮, 不加於枕, 冠雖敝, 不以苴履」
「신발은 비록 깨끗할지라도 베개에 올려놓지 않고, 관(冠)은 비록 해졌더라도 신발 깔창으로 쓰지 않는다.」

【法眞】

衆無對 (法眞一代云하되 「『賊偸賊物이구나』하고 便與一掌이라」)
대중이 말이 없었다. (법진일이 대신하여 말하였다. 「『도적이 도적의 물건을 훔치는구나!』하고 바로 뺨을 때렸어야 했다.」)

捉敗南泉也니라
《與一掌者》는 虎頭虎尾를 一時收也니라
남전을 붙잡은 것이다.
《뺨을 한 대 때렸어야 했다》는 호랑이 머리와 호랑이 꼬리를 한꺼번에 거두어들임이로다.

【雪竇】

兩堂俱是杜禪和라	양당이 다 엉터리[杜撰] 선승들이라
撥動煙塵不奈何로다	연기와 먼지만 일으키고는 어찌할 줄 모르더라.
賴得南泉能擧令하야	다행히도 남전이 법령을 드러내서
一刀兩段任偏頗로다	한칼에 두 동강 내어 치우친 것을 감당해냈네.
又頌하되	
公按圓來問趙州하니	조주에게 물은 것이 분명한 공안이 되었나니
長安城裏任閑遊라	장안성 안을 마음대로 한가히 노닐었네.
草鞋頭戴無人會하니	짚신을 머리에 이었으나 아는 사람이 없어
歸到家山便卽休로다	자기 집에 돌아가서 곧 쉼이로다.

前頌은 頌南泉이요 後頌은 頌趙州니라
앞의 송은 남전을 읊은 것이고 뒤의 송은 조주를 읊은 것이다.

【資壽】

南泉斬後趙州救하니 　　남전이 벤 다음 조주가 구했나니

師子窟中無異獸라 　　　사자의 굴속엔 다른 짐승이 없도다.

西乾梵語阿彌陁요 　　　서건의 범어로는 아미타요

東震唐言無量壽라 　　　동진의 당언으론 무량수로다.

《西乾梵語云云者》는 是同가 是別가

《서건의 범어로는 아미타요, 동진의 당언으론 무량수로다》한 것은 같다는
것인가, 다르다는 것인가?

【保福】

雖然如是나 也卽是破草鞋로다

비록 이와 같다고는 하나 곧 다 떨어진 짚신짝이로다.

趙州地是破草鞋요 南泉地是死兒也니라

조주의 것은 헤진 짚신이고, 남전의 것은 죽은 고양이로다.

【翠巖】

大小趙州가 秖可自救로다

조주 같은 분이 겨우 자기만을 구할 수 있었음이로다.

趙州只得一橛也니라

조주는 다만 말뚝 하나만을 얻었음이로다.

【大洪】

「猫兒를 救得何用이리오 却須救取南泉趙州하리라」乃擧手作捏勢云
「南泉趙州性命이 摠在這裏라 若放過則無可不可어니와 若不放過하면
不消一捏이로다」拍一拍하다

「고양이를 구하려는데 무엇에 쓰려고 하는가? 도리어 모름지기 구해야 할
것은 남전과 조주이리라.」이에 손을 들어서 움켜잡는 몸짓을 하면서 이르
되「남전·조주의 목숨이 모두 이 속에 있다. 만약 놓아버리면 즉 옳음도 옳
지 않음도 없거니와 만약 놓아버리지 않는다면 한 번 움켜쥘 필요도 없느니
라.」하고는 손뼉을 한 번 쳤다.

《擧手作捏勢者》南泉趙州不放過下로「拍一拍」도 亦然이니라
《放過則無可不可者》는 也須放過南泉趙州也니라 最初云하되「猫兒救
得」가 卽此義也니라
《손을 들어서 움켜잡는 몸짓을 함》은 남전과 조주를 놓아주지 않겠다는 것
이고,「손뼉을 한 번 쳤다[拍一拍]」도 또한 그러하다.
《놓아버리면 즉 옳음도 옳지 않음도 없다》는 또한 모름지기 남전과 조주를
놓아준다는 것이다. 처음에 이르되,「고양이를 구하려 한다[猫兒救得]」는 것
이 바로 이 뜻이다.

【眞淨】

「南泉斬猫兒와 與歸宗斬蛇를 叢林中이 商量하니 還有優劣也無아 優劣
은 且止하고 只如趙州戴靸鞋出去는 又作麼生고 若也於此明得인댄 德
山이 呵佛罵祖가 有什麼過며 於此不明이면 丹霞燒木佛에 院主眉鬚落
하리라 所以로 禍福이 無門이어늘 唯人自召로다.」喝一喝하다.

「남전이 고양이를 벤 일과 귀종이 뱀을 벤 일을 총림 가운데서 상량하니, 도

리어 우열이 있는가, 없는가? 우열은 그만두고 다만 조주가 신을 이고 나간 것은 또한 어째서인가? 만약 이것을 밝힐 수 있다면 덕산이 부처를 꾸짖고 조사를 욕한 것이 무슨 잘못이 있겠으며, 이것을 밝히지 못하면 단하가 목불을 태움에 원주의 눈썹과 수염이 떨어짐이라. 때문에 화와 복이 문이 없거늘 오직 사람이 스스로 부름이로다.」하고는 한 번 할을 하였다.

南泉斬猫와 歸宗斬蛇가 一般耶아 若是一般한대 有優劣無優劣商量인댄 無有是處也니라

《只如趙州云云者》는 若知南泉斬猫歸宗斬蛇면 趙州戴草鞋가 豈是別法고 然則德山呵佛罵祖도 也無過也니라 若也得失優劣商量인댄 丹霞燒木佛에 院主眉鬚墮落은 是由自召也니라

《喝一喝者》는 到這裏에 有什麼優劣得失고

남전이 고양이를 벤 것과 귀종이 뱀을 벤 것은 한 가지인가? 만약 한 가지라면 우열이 있고 우열이 없는가를 상량한다면 옳지 않으리라.

《조주가 신을 이고 나간 것은 어째서인가? ~ 때문에 화와 복은 문이 없거늘 오직 사람이 스스로 부름이로다》는 만약 남전이 고양이를 벤 것과 귀종이 뱀을 벤 것을 안다면 조주가 짚신을 인 것이 어찌 다른 법이겠는가? 그러한 즉 덕산이 부처를 꾸짖고 조사를 욕한 것도 잘못이 없도다. 만약 득실(得失)과 우열(優劣)로 상량한다면 단하가 목불을 태움에 원주의 눈썹과 수염이 떨어진 것처럼 스스로 화복을 부름이로다.

《한 번 할을 하였다》하는 것은 이 안에 이르면 무슨 우열과 득실이 있겠는가 하는 뜻이다.

【翠巖】

「南泉老人一期方便이 大似憐兒不覺醜로다 世情은 看冷暖이요 人意는 逐高低라 前似銀山鐵壁하야 進而無門하며 退而無路하고 背後合水和

泥하야 一場狼藉라 殊不知千古之下에 與後人作笑端이로다 若是翠嵓
인댄 卽不然하리라 直饒兩隻履를 戴頭上出去라도 也須斬却하리라 何故
오 當斷不斷이면 返招其亂하리라 敢問諸人하노니 秪如今日一場公案을
作麽生商量고 若也商量得出하면 昔日南泉이 今朝猶在요 若商量不得
인댄 翠嵓이 今日에 略露鋒規하리니 諸人은 諦聽하라」良久云하되

「靑山秪解磨今古어니와

流水何曾洗是非리오」

「남전 노인의 일시적인 방편이 아이를 가련히 여기다가 추한 줄도 모르는
것과 같음이로다. 세간 인정은 차고 따뜻함을 살피고, 사람의 뜻은 높음과
낮음을 좇는다. 앞은 은산철벽과 같아서 나아가도 문이 없고 물러나도 길이
없으며, 등 뒤로는 물에 젖고 진흙에 빠져서 난장판이라, 천고에 뒷사람들
에게 웃음거리가 될 줄 전혀 모르는도다. 만약 나라면 그러지 않으리라. 설
령 두 짝 신을 머리 위에 이고 나갔을지라도 모름지기 베었을 것이리라. 무
슨 까닭인고? 마땅히 끊어야 할 것을 끊지 않으면 도리어 난을 부르기 때문
이니라. 감히 여러분들에게 묻노니, 오늘 하나의 공안을 어떻게 헤아리는
고? 만약 헤아려서 얻을 수 있다면 옛날의 남전이 지금 여기에 있을 것이요,
만약 헤아려도 얻을 수 없다면 내가 오늘 칼끝을 조금 드러낼 것이니 여러
분들은 자세히 들어라.」

양구하고는 이르되

「청산은 다만 고금에 닳아서 없어지는 것을 알거니와

흐르는 물은 언제 시비를 씻어낸 적이 있던가?」

《南泉老人至高低者》는 話作兩橛也니라

《前似銀山云云者》는 前頭斬猫兒也니라

《背後合水云云者》는 「恰好救得猫兒」也로 前云話作兩橛이니라 故云하
되「千古之下에 與後人作笑端也」니라

《直饒兩隻履云云者》는 令盡行也니라

《敢問諸人至今古云云者》若也今日如何若何道得인댄 則又是非生矣니라 然則一向攄[107]令하야 自固其宗也니라

《남전 노인이 ~ 사람의 뜻은 높고 낮음을 좇는다》는 한 입으로 두말을 함을 뜻한다.

《앞은 은산철벽(銀山鐵壁)과 같아서 나아가도 문이 없고 물러나도 길이 없다 운운》한 것은 앞에서 고양이를 벤 것을 뜻한다.

《등 뒤로는 물에 젖고 진흙에 빠져 난장판이라 운운》한 것은「고양이를 구할 수 있었을 텐데.」라는 뜻이고 앞에서 언급한 한 입으로 두 말을 한 것이다. 때문에 이르되「천고(千古)에 뒷사람들에게 큰 웃음거리를 주었다.」하였다.

《설령 두 짝 신을 머리 위에 이고 나갔을지라도 운운》한 것은 법령이 다 시행되었다는 뜻이다.

《감히 여러분에게 묻노니 ~ 흐르는 물은 언제 시비(是非)를 씻어낸 적이 있었던가?》는 만약 오늘 이러쿵저러쿵[如何若何][108] 말하려 한다면, 즉 다시 시비가 생겨나니, 그런즉 한결같이 법령에 근거하여 스스로 종지를 견고히 함이라는 뜻이다.

【翠巖】

「要識南泉活計麼아 只這死猫兒是니라 要識趙州活計麼아 只這破草鞋是니라 諸人은 第一不得着手拈이니 若也拈着하면 汚却你手하리라」

「남전의 살림살이를 알고자 하는가? 다만 이 죽은 고양이가 그것이니라. 조주의 살림살이를 알고자 하는가? 이 해진 짚신이 그것이니라. 여러분들은

---

107 '據'와 동자.

108 이러하다는 둥 저러하다는 둥 자꾸 말을 늘어놓는 모양.

첫 번에 손으로 집으려 해서는 안 되니, 만약 집으려 할진댄 그대들의 손이 더러워지리라.」

南泉과 趙州를 皆不放過也니라
남전과 조주를 다 놓아주지 않음이로다.

【竹庵】

竹庵珪가 擧此話에 至遂斬却하야 師云하되
「急急如律令이로다」
復擧에 至恰救得猫兒하야 師云하되
「正是普州人送賊이로다」
죽암규가 이 이야기에서 고양이를 베었다는 데까지를 들고는 이르되
「율령대로 빨리 시행하라!」 하고
다시 고양이를 구할 수 있었을 텐데까지를 들고는 이르되
「이는 보주 사람이 도적을 쫓음이로다.」

《急急如律令者》高提正令手段이 大殺緊要也니라
《正是云云者》는 未免隨他伊麼去也니라
《율령대로 빨리 시행하라》는 바른 법령을 높이 제기하는 수단이 대단히 긴
요하다는 것이다.
《이는 보주(普州) 사람이 도적을 쫓음이로다 운운》한 것은 남을 따라서 이
와 같이 흘러감을 면하지 못했다는 뜻이다.

| 학산 대원 曰 |

大字高底平土處

現代瓊柱建金樓

대우가 높고 낮은 땅을 밀어서 평지를 만들어 놓았는데
현대는 거기에 옥기둥을 세우고 금누각을 지었도다.

7則

師問南泉하되「異卽不問이어니와 如何是類닛고」

泉以兩手托地어늘 師便踏倒라 却歸涅槃堂內하야 叫하되「悔, 悔로다」

泉聞하고 乃令人去問하되「悔箇什麼오」

師云「悔不剩與兩踏이로다」

스님께서 남전 스님께 물으셨다.

「다른 것[異]은 묻지 않겠거니와 어떤 것이 같은 것[類]입니까?」

남전 스님께서 두 손으로 땅을 짚거늘 스님께서 바로 발로 밟아 쓰러뜨리고 열반당으로 돌아가 소리 질렀다.

「후회스럽다, 후회스러워!」

남전 스님께서 듣고 사람을 시켜 물었다.

「무엇이 후회스럽단 말이오?」

「한 번 더 밟아주지 못한 것을 후회하노라.」

禪門拈頌 219則 -「異類」

保寧勇이 頌하되

張公移住向深村이러니　　장공(張公)이 깊은 마을로 이사를 가는데

被賊潛身入後門이로다　　도둑이 몸을 감춰 뒷문으로 들어감이로다.

鍋子一時偸去後에　　　　냄비까지 한번에 훔쳐간 뒤에

更來高枕翫兒孫이로다　　다시 와서 베개를 높이 하고 아이와
　　　　　　　　　　　　장난침이로다.

德山圓明이 擧此話에 至「異類中行하야」有人이 擧似歸宗한대 宗云하되 「雖行畜生行이나 不得畜生報니라」 南泉이 聞云하되 「孟八郎漢이 又恁麼去로다」 師云하되 「南泉이 中毒也로다」

덕산 원명이 이 이야기를 들어서 「이류 속에서 행해야 한다[異類中行].」[109]라고 한 곳까지를 어떤 사람이 귀종(歸宗)에게 들어 말하였다. 귀종이 이르되, 「비록 축생의 행동을 하더라도, 축생의 과보는 받지 않느니라.」 하였다. 남전이 듣고 이르되, 「맹팔랑(孟八郎)[110]같은 놈이 또 저렇게 하는구나.」 하였다. 선사가 이르되, 「남전이 독(毒)에 당했구나.」 하였다.

瑯琊覺이 擧此話에 至「異類中行하야」連擧歸宗語에 至「又恁麼去하야」師云하되 「山僧은 不然하리라 遇水喫水하고 遇草喫草라 焉知畜生行이리오」

낭야각이 이 이야기를 들어서 「이류 속에서 행해야 한다.」라고 한 곳까지를, 이어서 귀종의 말을 「또 저렇게 하는구나.」라고 한 곳까지를 들어 말하였다. 「산승은 그렇지 않다. 물을 만나면 물을 마시고, 풀을 만나면 풀을 먹거늘, 어찌 축생의 길을 알겠는가?」

法華擧가 上堂擧此話에 至「異類中行하야」師云하되 「且道하라 作麼生是異類中行고」乃云하되
石牛長臥三春霧하고
木馬嘶時秋後泉이로다

법화거가 상당하여 이 이야기를 「이류 속에서 행해야 한다.」라고 한 곳까지

---

109 『선문염송』 원문에는 조주 스님이 남전 스님에게 질문하기 전에 남전의 다음과 같은 말이 있다.
南泉이 示衆云하되 「喚作如如라도 早是變也로다 今時人이 須向異類中行이니라」
남전이 대중에게 가르쳐 이르되, 「여여라 불러도 벌써 변하는도다. 요즈음 사람들은 모름지기 이류(異類) 속에서 행해야 하느니라.」 하였다.

110 영리(靈利)한 납자를 말함. 마조의 제자인 여산 귀종(廬山歸宗) 선사가 맹(孟)씨의 여덟 번째 아들이라서 '맹팔랑'이라 불렸다. 후세에 근기가 맹리(猛利)한 자를 통칭해서 '맹팔랑'이라 한다.

를 들어 말하였다.

「말해 보라. 어떤 것이 이류 속에서 행하는 것인가?」

이어서 말하였다.

석우(石牛)는 봄날의 안개에 길이 누워있고,

목마(木馬)는 가을 지나 샘에서 울부짖음이로다.

佛日才가 拈하되

「父不慈하고 子不孝는 作之在前이요 悔之在後니라 明眼衲僧은 難緘其口로다」

불일재가 염하였다.

「아버지는 자애롭지 않고 자식은 효도하지 않으며, 짓는 것은 앞에 있고, 후회는 뒤에 있도다. 눈 밝은 납승(衲僧)은 입을 다물기가 어렵다.」

拈頌說話 - 「異類」

《喚作如云云者》는 前話에는 明得涅槃寂滅로 故云하되「早是變也」니라 此話에는 指出異類中行也니라

《여여(如如)라고 하는 것》은 앞의 이야기(『선문염송』218칙[111])에서는 열반적멸을 밝히는 목적으로「벌써 달라진 것이다.」라고 했다. 이 이야기(『선문염

---

111 『선문염송』218칙의 문답은 다음과 같다.

　　師云하되「『涅槃經』中에 以何爲極則고」

　　云하되「以如如爲極則이니다」

　　師云하되「喚作如如면 早是變也니라」

　　남전이 말하였다.

　　「『열반경』에서 무엇을 극칙이라 여기는가?」

　　「여여를 극칙이라 여깁니다.」

　　「여여라고 말하면 벌써 달라진 것이다.」

송』219칙[112])에서는 이류중행을 가리킨 것이다.

《異類者》는 體別爲異하고 非一爲類耶아 往來異類는 性常輪廻를 名爲
類요 性不自失을 名爲異니라 菩薩同異類는 形似六道衆生을 名爲類요
自己不同生死輪廻를 名爲異니라 沙門異類는 披毛戴角를 名爲類요 明
得不變易를 名爲異니라 宗門異類는 一切言語를 名爲類요 智不到處를
名爲異니라 則異則無差別이요 類則差別也니라

《이류(異類)》는 체(體)가 다른 것이 이(異)이고, 하나가 아닌 것이 류(類)인
가? 왕래이류(往來異類)는 성(性)이 항상 윤회함을 이름하여 류(類)라 하고,
성(性)이 스스로를 잃지 않음을 이름하여 이(異)라 한다. 보살동이류(菩薩同
異類)는 모습이 육도중생(六道衆生)과 같음을 이름하여 류(類)라 하고, 자기
는 생사윤회(生死輪廻)와 같이 하지 않음을 이름하여 이(異)라 한다. 사문이
류(沙門異類)는 털로 덮여있고 뿔을 단 모습을 이름하여 류(類)라 하고, 변하
지 않음을 밝혀냄을 이름하여 이(異)라 한다. 종문이류(宗門異類)는 일체 언
어를 이름하여 류(類)라 하고, 지혜가 이르지 못하는 곳을 이름하여 이(異)
라 한다. 그러하니 이(異)는 차별이 없는 것이요, 류(類)는 차별인 것이다.

《異類中行者》는 異與類不二之中行也耶아 差別은 從無差別로 自性上起
來니라 則異者差別이니라 所以로 異處에서 指那邊하면 卽今行李處是類
耶아 皆非也니라 合而言之면 當差別而不名差別也니라 故異類別開하면
則異是無差別이요 類是差別이니라 故問하되「異則不問이어니와 如何是
類닛고」라하니라 此話所謂異類가 沙門異類耶아 宗門異類耶아 示衆是宗
門異類요 下所用是沙門異類니라 若約行李人邊인댄 先後深淺歷然이나

---

112 이번 공안(『조주록』7칙) 앞부분의 생략된 부분이 『선문염송』219칙에 다음과 같이 소개되어 있다.
南泉示衆云하되「喚作如如면 早是變也니라 今時人인댄 須向異類中行하라」
남전이 시중에 말하였다.
「여여라고 말하면 벌써 달라진 것이다. 지금 사람일진댄 모름지기 이류 속에서 행해야 한다.」

南泉趙州分上把得인댄 便用無可不可어늘 何揀於沙門宗門哉리오

《이류중행》은 이(異)와 류(類) 둘이 아닌 가운데서 행하는 것인가? 차별은 차별 없음으로부터 자성(自性) 위에서 일어난 것이다. 바로 이(異)란 차별이다. 그런 까닭에 이(異)의 자리에서 저쪽을 가리킨다면, 즉 지금 가는 자리가 류(類)인가? 모두 아니다.

합해서 말하자면, 차별을 마주 대해도 차별이라 이름 짓지 않는 것이다. 그러므로 이(異)와 유(類)를 별개로 나눈다면, 이(異)는 차별이 없음이요, 류(類)는 차별이다. 고로 묻기를 「이(異)는 묻지 않겠거니와 어떤 것이 류(類)입니까?」 라고 한 것이다.

이 이야기에서 이른바 이류(異類)는 사문이류(沙門異類)인가, 종문이류(宗門異類)인가? 시중한 것은 종문이류이고, 아래서 쓴 것은 사문이류이다. 만약 가는 사람의 측면에서 요약하자면 선후(先後)와 심천(深淺)이 뚜렷하지만, 남전과 조주의 입장에서 파악하자면 바로 쓰는 데에는 가(可)한 것도 불가(不可)한 것도 없거늘 어찌 사문이류와 종문이류를 가리겠는가?

《異則不問如何是類者》는 借此要驗南泉也니라

《다른 것[異]은 묻지 않겠거니와 어떤 것이 같은 것[類]입니까?》는 이것을 빌려 남전을 시험하려 한 것이다.

《師以兩手托地者》는 作牛作馬니라

《남전이 두 손으로 땅을 짚자》는 소가 되고, 말이 되는 것이다.

《州以脚一踏者》는 是踏倒類也니라

《조주가 발로 한 번 밟으니》는 유(類)를 밟아 쓰러뜨린다는 것이다.

《師倒地者》는 全於異類也니라

《남전이 땅에 쓰러졌다》는 이류에 완전한 것이다.

《州走入延壽堂者》는 延壽堂은 湟槃堂이니라 以脚一踏者가 是涅槃故也니라
《조주가 연수당으로 뛰어 들어갔다》는 연수당은 열반당이다. 발로 한 번 밟은 것이 열반이기 때문이다.

《悔不更云云者》는 南泉倒地處에서 須是更與兩踏이라야 自有出身之路也니라 何也오 異之與類를 俱踏倒故니라
《한 번 더 밟아주지 못한 것을 후회하노라》는 남전이 쓰러진 곳에서 반드시 한 번 더 밟아 주어야만 스스로 몸을 나갈 길이 있는 것이다. 어째서인가? 이(異)와 류(類)를 모두 밟아 쓰러뜨렸기 때문이다.

【保寧】

保寧勇이 頌하되

張公移住向深村이러니   장공이 깊은 마을로 이사를 가는데

被賊潛身入後門이로다   도둑이 몸을 감춰 뒷문으로 들어감이로다.

鍋子一時偸去後에   냄비까지 한번에 훔쳐간 뒤에

更來高枕戱兒孫이로다   다시 와서 베개를 높이 하고 아이와
                    장난침이로다.

《上句》는 南泉異類中行也니라
《二句》는 趙州也니라
《下二句》는 亦明趙州南泉也니라
《첫째 구》는 남전이 이류 속에서 행하는 것이다.
《둘째 구》는 조주이다.
《아래 두 구》는 역시 조주와 남전을 밝힌 것이다.

【德山】

德山圓明이 擧此話에 至「異類中行하야」 有人이 擧似歸宗한대 宗云하
되「雖行畜生行이나 不得畜生報니라」 南泉이 聞云하되「孟八郎漢이 又
恁麼去로다」 師云하되「南泉이 中毒也로다」

덕산 원명이 이 이야기를 들어서「이류 속에서 행해야 한다.」라고 한 곳까
지를 어떤 사람이 귀종에게 들어 말하였다. 귀종이 이르되,「비록 축생의 행
동을 하더라도, 축생의 과보는 받지 않느니라.」 하였다. 남전이 듣고 이르
되,「맹팔랑같은 놈이 또 저렇게 하는구나.」 하였다.

선사가 이르되,「남전이 독에 당했구나.」 하였다.

《雖行云云者》는 異類中行이 未曾伊麼也니라

《孟八郎云云者》는 話作兩橛也니라

《南泉中毒者》는 扶起歸宗也니라

《비록 축생의 행동을 하더라도 운운》한 것은 이류중행이 일찍이 이와 같은
것이 아니란 뜻이다.

《맹팔랑 운운》한 것은 한 입으로 두말한다는 뜻이다.

《남전이 독에 당하였다》는 귀종을 부축하여 일으킨 것이다.

【瑯琊】

瑯琊覺이 擧此話에 至「異類中行하야」 連擧歸宗語에 至又恁麼去하야
師云하되「山僧은 不然하리라 遇水喫水하고 遇草喫草라 焉知畜生行이
리오」

낭야각이 이 이야기를 들어서「이류 속에서 행해야 한다.」라고 한 곳까지를,
이어서 귀종의 말을「또 저렇게 하는구나.」라고 한 곳까지를 들어 말하였다.

「산승은 그렇지 않다. 물을 만나면 물을 마시고, 풀을 만나면 풀을 먹거늘, 어

찌 축생의 길을 알겠는가?」

《遇水喫水云云者》는 當異類中行하야도 不知異類中行也니라
《물을 만나면 물을 마시고 운운》한 것은 이류 속에서 행을 하면서도 이류 속에서 행을 하는 줄 알지 못한다는 뜻이다.

【法華】

法華擧가 上堂擧此話에 至「異類中行하야」師云하되「且道하라 作麼生是異類中行고」乃云하되 石牛長臥三春霧하고 木馬嘶時秋後泉이로다
법화거가 상당하여 이 이야기를 「이류 속에서 행해야 한다.」라고 한 곳까지를 들어 말하였다.
「말해 보라. 어떤 것이 이류 속에서 행하는 것인가?」
이어서 말하였다.
석우는 봄날의 안개에 길이 누워있고,
목마는 가을 지나 샘에서 울부짖음이로다.

《石牛云云者》는 類也니라
《木馬云云者》는 異也니라 是異是類也니라
《석우(石牛) 운운》한 것은 류(類)이다.
《목마(木馬) 운운》한 것은 이(異)이다. 이(異)면서도 류(類)이다.

【佛日】

佛日才가 拈하되
「父不慈하고 子不孝는 作之在前이요 悔之在後니라 明眼衲僧은 難緘其口로다」

불일재가 염하였다.

「아버지는 자애롭지 않고 자식은 효도하지 않으며, 짓는 것은 앞에 있고, 후회는 뒤에 있도다. 눈 밝은 납승은 입을 다물기가 어렵다.」

《父不慈云云者》는 各有長處也니라

《作之云云者》는 趙州云하되「悔, 悔」也니라

《明眼云云者》는 也須道得一句니라

《아버지는 자애롭지 않고 운운》한 것은 제각기 장점이 있다는 뜻이다.

《짓는 것은 운운》한 것은 조주가 말한「후회스럽다, 후회스러워!」한 것이다.

《눈 밝은 운운》한 것은 역시 한 구절을 말해야 되겠다는 뜻이다.

| 학산 대원 曰 |

悔不剩與兩踏

趙州兩踏是卽是

可笑車過後收拾

趙州好與三十棒

畢竟如何

如何是異類中行

唵部臨 唵部臨

한 번 더 밟아주지 못한 것을 후회한다 함이여

조주가 더 밟아줘야 한다 함이 옳긴 옳으나

가히 우습다. 차가 지나간 후에 수습했도다.

조주여, 족히 삼십 봉을 맞아야 하리라.

필경에 어떠한고?

어떤 것이 이류중행인고?

옴 부림 옴 부림이로다.

8則

南泉從浴室裏過에 見浴頭燒火하고

問云하되「作什麼오?」

云하되「燒浴니이다」

泉云하되「記取來喚水牯牛浴하라」

浴頭應諾하다

至晚間 浴頭入方丈에

泉問하되「作什麼오?」

云하되「請水牯牛去浴니이다」

泉云하되「將得繩索來否아?」

浴頭無對라

師來問訊泉에 泉舉似師하니

師云하되「某甲有語니라」

泉便云「還將得繩索來麼오?」

師便近前驀鼻便拽거늘

泉云하되「是卽是나 太粗生이로다」

남전 스님께서 욕실을 지나가다가 욕두(浴頭)가 불 때고 있는 것을 보고는 물으셨다.

「무얼 하는가?」

「목욕물을 데우고 있습니다.」

「잊지 말고 물소가 목욕하도록 부르러 오게.」

욕두는 「예.」 하고 대답했다.

저녁이 되어 욕두가 방장실로 들어오자 남전 스님께서 물으셨다.

「뭣 하러 왔는가?」

「물소께서는 욕실로 가십시오.」

「고삐는 가지고 왔는가?」

욕두는 대답이 없었다.

스님께서 문안드리러 오자, 남전 스님께서 이 이야기를 말하였더니, 스님께서 말씀하셨다.

「제가 한 말씀 드리겠습니다.」

그러자 남전 스님께서 물으셨다.

「그런데 고삐는 가지고 왔는가?」

스님께서 앞으로 불쑥 다가가서 남전 스님의 코를 틀어쥐고 잡아끌자 남전 스님께서 말씀하셨다.

「옳기는 옳으나 너무 거칠구나.」

| 학산 대원 曰 |

산승이 그 당시에 있었다면 "고삐를 가지고 왔느냐?" 묻는 남전 스님 등에 올라타서 한 번 치고, "이 소는 콧구멍이 없어서 고삐가 필요 없습니다. 자기가 알아서 잘 갑니다[水牯牛無鼻空 繩索無用知自行]." 그리고 손을 잡고 일어날 것이다[手執起行].

9則

師問南泉하되「離四句絶百非外하고 請師道하소서」

泉便歸方丈이어늘

師云하되「這老和尙이 每常에 口吧吧地러니 及其問著하야 一言不措로다」

侍者云하되「莫道和尙無語好하라」

師便打一掌하다

스님께서 남전 스님께 물으셨다.

「사구(四句)를 여의고 백비(百非)를 끊고서 스님께서는 달리 한 말씀 해주십시오.」

남전 스님께서 곧 방장실로 돌아가버리자, 스님께서 말씀하셨다.

「이 노화상이 평소에는 잘 지껄이면서 묻기만 하면 한 마디도 하지 못하는구나.」

시자가 말하였다.

「화상께서 말이 없다고 하지 마십시오.」

스님께서 갑자기 손바닥으로 시자를 한 대 때렸다.

● **禪宗頌古聯珠通集**

마조 스님에게 학인이 물었다.

"사구를 여의고 백비를 떠나 '조사가 서쪽에서 오신 뜻'을 바로 일러주십시오."

"내가 오늘 피곤하여 대답을 못해주겠으니 지장에게 가서 물어라."

그 스님이 지장 스님에게 가서 똑같이 물으니,

"어찌하여 마조 화상에게 묻지 않는가?"

"마조 화상께서 스님에게 가서 물으라 하셨습니다."

"내가 오늘 머리가 아파 대답을 못하겠다. 백장 회해 사형에게 가서 물어보라."

이에 그 스님이 백장 스님에게 가서 같이 물으니,
"나도 이 속에 이르러서는 도무지 알 수가 없다."
이에 돌아와 마조 스님에게 그대로 아뢰니 마조 스님이 말하길,
"지장의 머리는 희고, 백장의 머리는 검다."

| 학산 대원 曰 |

지장이 머리는 희고 백장의 머리가 검다 함은 무엇인가?
불허외인지(不許外人知)로다.
바깥사람이 아는 것을 허락하지 않음이로다.

禪宗頌古聯珠 - 「四句」

智門祚이 頌하되

離四句絶百非하니　　　사구를 여의고 백비를 끊는다 하니

作者相諳識得伊로다　　작자(作者)라면 서로 알아보고 그를 인정함이로다.

跳下禪牀便歸去하니　　선상(禪床)에서 내려오자마자 방장실로 도망하니

從他鷂子搏天飛로다　　저 새매가 날갯짓하며 하늘로 날도록 둠이로다.

禪門拈頌 213則 - 「四句」

蔣山泉이 頌하되

絶百非離四句를　　　　백비를 끊고 사구를 여윈 뜻을

問着一詞全不措라　　　한 구절 물어보니 전혀 알지 못함이로다.

俊鷹突入深雲去하니　　날쌘 매가 갑자기 깊은 구름 속으로 들어가니

撚彈點兒方指注하고　　탄궁(彈弓) 든 교활한 아이는 손가락질만 하고 있고

癡鴉叫在籬邊樹로다   어리석은 까마귀는 울며 울타리 가 나무에
                    있음이로다.

崇勝珙이 頌하되

下繩床兮歸方丈하니   선상을 내려와서 방장실로 돌아가니

烏豆從來好合醬이니라 검정콩은 본래부터 장 담그기에 좋음이니라.

眞得結舌而無言하니   정말로 혀가 굳어 말이 없으니

幾人醉臥失天亮고   몇이나 취해 누워 날 새는 줄 몰랐던가.

雲際攔腮一掌時가   운제(雲際)의 뺨을 한 번 갈길 때에

鴨驚春雷無雨搩이라   오리가 봄 천둥에 놀라고 비는 오지 않음이로다.

(首座名雲際)

(수좌(首座)의 이름이 운제(雲際)이다.)

拈頌說話 - 「四句」

《離四句絶云云者》는 借此一問하야 勘驗南泉也니라

《便歸方丈者》는 直是針錐不得耶아 直得無限也니라

《這老漢云云者》는 也似奈何不得也니라

《自是上坐云云者》는 首座[113]는 只知其一이요 不知其二니라 故로 打一

---

113 이번 공안(『조주록』 9칙) 뒷부분의 '侍子'가 『선문염송』 213칙에는 '首座'로 표현되었고, 내용도
추가되었다. 다음과 같다.
首座云하되「自是上座不會러니 莫道和尙無語하라」
州打首座一掌云하되「這一掌은 合是堂頭老漢喫이니라」
수좌가 말하였다.
「다만 상좌가 알아차리지 못한 것뿐이니, 화상께서 대답을 못하신다고 말하지 말라.」
조주가 수좌의 뺨을 한 대 갈기면서 말하였다.
「이 한 대는 방장 노인네가 맛봐야 하는 것이다.」

掌云하되「這一掌合是堂老漢喫이라」하니라

《사구를 여의고 백비를 끊고서》는 이 한 물음을 빌려 남전을 시험한 것이다.

《곧 방장실로 돌아갔다》는 것은 정말 송곳조차 꽂을 수 없는가? 진정으로 한계가 없다는 뜻이다.

《저 노인네 운운》한 것은 어떻게 할 수 없는 것과 같다는 뜻이다.

《다만 상좌(上座) 운운》한 것은 수좌가 다만 하나만 알고 둘은 알지 못한 것이다. 때문에 뺨을 한 대 갈기면서 말하기를, 「이 한 대는 방장 노인네가 맛봐야 하는 것이다.」라고 하였다.

【智門】

智門祚이 頌하되

離四句絶百非하니	사구를 여의고 백비를 끊는다 하니
作者相諳識得伊로다	작자라면 서로 알아보고 그를 인정함이로다.
跳下禪牀便歸去하니	선상에서 내려오자마자 방장실로 도망하니
從他鷂子搏天飛로다	저 새매가 날갯짓하며 하늘로 날도록 둠이로다.

《上二句》는 相諳地作者라야 方識得伊니라 伊謂趙州也니라

《下二句》는 趙州打首座一掌也니라

《위 두 구절》은 서로 알아차리는 작자라야 비로소 그를 인정한다는 것이다. 그는 조주를 말한다.

《아래 두 구절》은 조주가 수좌를 한 대 갈긴 것이다.

【蔣山】

蔣山泉이 頌하되

絶百非離四句를	백비를 끊고 사구를 여읜 뜻을

問着一詞全不措라　　한 구절 물어보니 전혀 알지 못함이로다.
俊鷹突入深雲去하니　날쌘 매가 갑자기 깊은 구름 속으로 들어가니
撚彈點兒方指注하고　탄궁 든 교활한 아이는 손가락질만 하고 있고
癡鴉叫在籬邊樹로다　어리석은 까마귀는 울며 울타리 가 나무에
　　　　　　　　　　있음이로다.

《上二句》는 南泉歸方丈也니라 故云하되「俊鷹云云」也니라
《撚彈云云者》는 趙州也니라
《癡云云者》는 首座也니라
《위 두 구절》은 남전이 방장실으로 돌아간 것이다. 때문에 말하기를,「날쌘
매 운운」이라 한 것이다.
《탄궁 든 운운》한 것은 조주이다.
《어리석은 운운》한 것은 수좌이다.

| 학산 대원 曰 |

離四句 絶百非
兩人心事兩人知
癡野狐田邊吠嘷
三足金烏搏天飛
사구를 여의고 백비를 끊는다 하니
두 사람이 하는 일은 둘만이 아네.
어리석은 여우는 밭 가에서 부르짖고
세 발 달린 금까마귀는 하늘로 박차고 낢이로다.

10則

南泉이 一日에 掩卻方丈門하고 便把灰圍卻門外하야 問僧云하되
「道得하면 卽開門하리라」
多有人下語나 並不契泉意러니
師云하되 「蒼天! 蒼天!」하니
泉便開門하다

남전 스님이 어느 날 방장실의 문을 닫고는 문밖을 빙 둘러 재를 뿌리면서 말씀하셨다.

「한 마디 이르면 문을 열겠다.」

많은 사람들이 대답을 하였으나, 모두 남전 스님의 뜻에 계합하지 못하자, 조주 스님이 「아이고, 아이고!」 하니, 남전 스님이 바로 문을 여셨다.

| 학산 대원 日 |

남전과 조주가 짜고서 고스톱을 치는구나.

산승이라면 당시에 그냥 문을 열어주지 않고 "하하!" 웃고서 문을 열어줬으리라[呵呵大笑與開門].

11則

師問南泉云하되

「心不是佛하고 智不是道인댄 還有過也無닛고?」

泉云하되「有니라」

師云하되「過在什麼處닛고? 請師道하소서」

泉遂擧하니 師便出去하다

스님께서 남전 스님에게 물으셨다.

「마음은 부처가 아니고 지혜는 도가 아니라면, 그래도 허물이 있습니까?」

「있다.」

「허물이 어디에 있습니까? 말씀해주십시오.」

　남전 스님께서 앞서 했던 말(마음은 부처가 아니고 지혜는 도가 아니다)을 그대
로 하자 스님께서는 바로 나가버렸다.

| 학산 대원 曰 |

心不是佛智不是道

撒手出門山靑水綠

換步移身振古風

木人共唱無生曲

마음은 부처가 아니고 지혜는 도가 아니라 하니

손을 툭툭 털고 문을 나서니 산은 푸르고 물은 녹색이로다.

한 걸음 걷고 몸을 옮길 때 옛 바람을 떨치니

나무사람[木人]은 함께 무생곡(無生曲)을 노래함이로다.

12則

師上堂謂衆曰하되

「此事的的하야 沒量大人이라도 出這裏不得이로다

老僧到潙山에 僧問하되

『如何是祖師西來意니잇가?』하니

潙山云하되『與我將床子來하라』하다

若是宗師인댄 須以本分事接人始得하라」

時有僧問하되「如何是祖師西來意니잇고?」

師云하되「庭前栢樹子니라」

學云하되「和尙은 莫將境示人하소서」

師云하되「我不將境示人이로다」

云하되「如何是祖師西來意니잇고?」

師云하되「庭前栢樹子니라」

스님께서 상당하여 대중에게 말씀하셨다.

「이것은 너무도 분명하여 양을 뛰어난 대인이라도 여기를 벗어날 수는 없다.

노승이 위산(潙山)에 갔을 때 한 스님이 위산 스님에게

『조사가 서쪽에서 오신 뜻이 무엇입니까?』하고 묻자

위산 스님은『나에게 의자를 가져오너라.』하였다.

종사라면 모름지기 본분의 일로 사람을 제접해야 한다.」

그때 한 스님이 물었다.

「조사가 서쪽에서 오신 뜻이 무엇입니까?」

「뜰 앞의 잣나무니라.」

「스님께서는 경계를 가지고 학인을 가르치지 마십시오.」

「나는 경계를 가지고 학인을 가르치지 않는다.」

「조사가 서쪽에서 오신 뜻이 무엇입니까?」

「뜰 앞의 잣나무니라.」

禪宗頌古聯珠 – 「栢樹」

汾陽昭가 頌하되

庭前栢樹地中生하니   뜰 앞의 잣나무는 땅에서 나온 것이니

不假牛犁嶺上耕이로다   소와 쟁기로 산마루에 밭 갈 필요 없어라.

正示西來千種路에   서쪽에서 오신 뜻 천 가닥 길에 보여주심이니

鬱密稠林是眼睛이로다   빽빽이 우거진 숲이 바로 조사의 눈동자일세.

浮山遠이 頌하되

庭前栢樹趙州道하고   뜰 앞의 잣나무는 조주가 말했고

廬陵米價吉陽敷로다   여릉의 쌀값은 길양(吉陽)[114]이 폈다.

三歲兒童皆念得이나   세 살 먹은 아기도 모두 외우는데

八十翁翁會也無아   여든 먹은 노인은 알겠는가.

慈明圓이 頌하되

趙州庭前栢이   조주의 뜰 앞의 잣나무

天下走禪客이로다   세상이 선객들을 분주하게 만들었도다.

養子莫教大하라   자식을 기르되 크게 만들려 말라.

---

114 『전등록(傳燈錄)』 제5권을 보면 '僧問, 「如何是佛法大意?」 師曰, 「廬陵米作麽價?」'라는 구절이 나온다. 길양은 청원 행사(靑原行思)의 고향인 길주(吉州)이고 나중에 법을 얻은 뒤에도 길주 청원 산(靑原山) 정거사(靜居寺)에 살았다. '길양(吉陽)'은 길주를 말하는 듯하다.

大了作家賊이니라	커진 뒤엔 내 집의 도적이 되니라.

雪竇顯이 頌하되

七百甲子老禪和가	7백 갑자 늙은 선사가[115]
安貼家邦苦是他로다	집과 나라 편안케 했건만 다른 이들 괴롭게 하였네.
人問西來指庭栢하니	서쪽에서 오신 뜻 물으면 뜰 앞의 잣나무 가리켰으니
却令天下動干戈로다	도리어 천하 사람이 싸움을 시작하게 하였네.

又頌하되

千里靈機不易親이라	천리마[116]의 영특한 근기는 친하기 어렵나니
龍生龍子莫因循하라	용이 용을 낳는 일도 그냥 된다고 여기지 말라.
趙州奪得連城璧하니	조주가 15개 성과 맺어진 화씨벽(和氏璧)[117] 빼앗으니
秦主相如總喪身이로다	진왕(秦王)과 상여(相如) 모두 목숨 잃었음이로다.

雲峰悅이 頌하되

入門何必辨來機리오	문 안에 들어섰거늘 어째서 근기를 살피느뇨.
老倒禪和不自知도다	늙은 조주 자신도 알지 못했으리라.
栢樹庭前剛指示하니	뜰 앞의 잣나무를 굳이 가리켰으나

---

115 원문은 '禪和'. 참선을 통해 불도를 깨달으려는 승려.

116 원문은 '千里'로 되어 있고, 『벽암록』에는 '千聖'으로 되어 있다. '천성(千聖)'은 '많은 성인들'이라 해석할 수 있겠다.

117 화씨벽은 고대 중국에서 여기저기를 돌아다니며 역사적 중요성을 발휘한 벽(고리 모양으로 세공한 비취)이다. 처음에 초나라 사람 변화(卞和)가 산속에서 캐낸 원석으로 만들고 초왕에게 바쳤다. 그 뒤 세월이 흘러 조나라 혜문왕의 손에 들어갔는데, 이 소식을 들은 진나라 소양왕(秦王)이 화씨벽과 성 15개를 바꾸자고 제안했다. 욕심 많은 소양왕이 약속을 지킬 리가 없었으나 그렇다고 거절하면 강대국인 진나라가 트집 잡아 쳐들어올 판국이라 혜문왕은 딜레마에 빠졌는데, 이때 인상여(藺相如)가 문제를 훌륭하게 해결하여 재상이 되었다.

反令平地下針錐로다 　도리어 평지에 바늘과 송곳으로 찌르게 하였네.

黃龍南이 頌하되

趙州有語庭前栢하니 　조주가 남긴 말 뜰 앞의 잣나무

禪者相傳古到今이로다 　선사들 서로 전하여 예부터 지금에 이르렀네.

摘葉尋枝雖有解나 　잎을 따고 가지를 찾아 알 수는 있더라도

須知獨樹不成林고 　나무 하나론 숲이 안 됨을 알아야 하리.

又頌하되

庭栢蒼蒼示祖心하니 　잣나무 무성함이 조사의 마음을 보이니

趙州此話播叢林이로다 　조주의 이 말씀이 총림에 뿌려졌다.

盤根抱節在金地하니 　뒤엉킨 뿌리는 절개를 품듯 금지(金地)에 있나니,

禪者休於格外尋하라 　선객들이여, 격(格) 밖에서 찾는 일을 쉬어라.

又頌하되

萬木隨時有彫喪이어늘 　모든 나무 시간 따라 시들어가지만

趙州庭栢鎭長榮이로다 　조주의 뜰 앞의 잣나무는 영원히 무성하네.

不獨淩霜抱貞節이라 　서리를 견뎌내고 곧은 절개 품을 뿐만 아니라

幾奏淸音對月明고 　맑은 바람 소리 내며 밝은 달 마주함이
　　　　　　　　　　　몇 해이던고.

兜率悅이 頌하되

趙州全不犯工夫하니 　조주는 공부하는 것을 온전히 범치 않았으니

覿面寧存細與麤오 　눈앞에서 어찌 세밀하고 거침을 분별하리오.

重疊示君君不見하니 　거듭하여 보여줘도 그대는 알지 못하니

庭前栢樹本來無로다 　뜰 앞의 잣나무는 본래부터 없는 것이니라.

正覺逸이 頌하되

深院盤根翠色幽어늘 　깊은 안뜰 뒤엉킨 뿌리에 푸른빛 그윽하거늘

老師曾指示禪流로다　늙은 선사는 일찍이 납자들에게 가리켜주었네.
年年不改凌霜節하니　해마다 서리를 견뎌낸 절개 바꾸지 않으니
下載淸風[118]何日休리오　시원한 맑은 바람, 언제 쉬리요.

天衣懷이 頌하되
趙州庭前栢이　조주의 뜰 앞의 잣나무
三冬刮地寒이로다　겨울바람 땅에 스쳐 더욱 차도다.
處處綠楊堪繫馬오　곳곳의 푸른 버들은 말을 매어둘 만하고
家家門下透長安이로다　집집마다 문밖은 장안으로 뚫려있음이로다.

海印信이 頌하되
人問庭前栢이나　사람들이 뜰 앞의 잣나무를 물으면
予是嶺南客이로다　나는 바로 영남(嶺南)[119]의 나그네라 하리라.
反憶臘月天에　돌이켜 생각건대 섣달 어느 날에,
雪裏梅花拆이로다　눈 속에 매화가 피어났음이로다.

翠巖眞이 頌하되
僧問西來意하니　조사가 서쪽에서 오신 뜻 물으니
趙州栢樹酬로다　조주는 뜰 앞의 잣나무라 대답함이로다.
皮下若有血에　거죽 아래 피가 흐르는 듯이
官差不自由로다　관청의 일[120]은 자유롭지 못함이로다.

---

118 가득 실었던 짐을 다 내려놓아 가벼워진 배가 청풍을 타고 경쾌하게 항해한다는 말.

119 중국 남령산맥(南岭山脉), 즉 오령(五嶺)의 남쪽 지구로 현재의 광동(廣東), 광서(廣西), 해남(海南) 등의 남쪽 지방을 가리킨다. 통상 잣나무는 한반도와 중국 동북부, 극동러시아 등에 자연 분포하였기에 중국의 영남 지방에서는 잣나무를 볼 수가 없다.

120 관차(官差)란 관청으로부터 하달된 임무를 뜻한다.

照覺總이 頌하되

青青庭栢何年植고 　　　　푸르른 뜰 앞의 잣나무 어느 해 심었던가.

祖意分明示趙州로다 　　　　조사의 뜻을 분명하게 조주가 보여주었네.

海變桑田有窮劫이어니와 　　바다가 뽕나무밭으로 변하는 것은
　　　　　　　　　　　　　　다함이 있으나

靈苗無影不凋秋니라 　　　　신령한 싹은 그림자도 없고 가을에도
　　　　　　　　　　　　　　시들지 않네.

眞淨文이 頌하되

造化無私不思力이 　　　　　조화옹(造化翁)의 사심 없는 부사의한 힘

一一青青歲寒色이로다 　　　낱낱이 푸르러 겨울 추위에도 빛나누나.

長短大小在目前이어늘 　　　길고 짧고 크고 작음, 눈앞에 분명하거늘

可笑時人會不得이로다 　　　우습다, 사람들 알지를 못하는구나.

野軒遵이 頌하되

趙州庭栢는 　　　　　　　　조주의 뜰 앞의 잣나무

衲僧苦厄이로다 　　　　　　납승들의 괴로움이로다.

井口轆轤에 　　　　　　　　우물 입구에 도르래가 있어

橫呑不得이로다 　　　　　　횡으로 삼키려 해도 얻지 못하네.

保寧勇이 頌하되

庭前栢樹示禪流이나 　　　　뜰 앞의 잣나무를 납자들 가르쳤으나

幾箇親曾見趙州오 　　　　　몇이나 일찍이 조주를 알아봤던가?

明年更有新條在하야 　　　　내년에 또다시 새 가지가 돋아나서

惱亂春風卒未休로다 　　　　봄바람에 흔들리길 끝내 그치지 않으리라.

楊無爲가 頌하되

趙州庭下栢森森하니   조주의 뜰 아래 잣나무 무성한데

摘葉尋枝古到今이로다   잎을 따고 가지를 찾기를 예부터
　　　　　　　　　　　　　　지금까지 하네.

明眼衲僧如覷著하면   눈 푸른 납자가 엿볼 수 있다면

西來祖意合平沉이니라   조사가 서쪽에서 오신 뜻 계합하여 땅이
　　　　　　　　　　　　　　꺼지리라.

大潙秀가 頌하되

趙州庭栢森然直이어늘   조주의 뜰 앞의 잣나무 무성하고 꼿꼿한데

露滴風淸添翠色이로다   이슬과 맑은 바람에 푸른빛 더하누나.

摘葉尋枝不可求어늘   잎을 따고 가지를 찾으면 구하지 못하나니

盤根萬古終無極이로다   뒤엉킨 뿌리는 만고에 끝이 없으리.

佛國白이 頌하되

眞箇怪時方識怪하고   실로 괴이한 때라야 비로소 괴이함을
　　　　　　　　　　　　　　알게 되고

是精靈眼識精靈이로다   정령의 눈이 있어야만 정령을 알아보네.

時人不會西來旨는   지금 사람들이 조사가 서쪽에서 오신 뜻을
　　　　　　　　　　　　　　알지 못하니

只看靑靑栢在庭이로다   다만 뜰 앞의 푸른 잣나무만 보라고 했네.

羅漢南이 頌하되

羚羊掛角絶狐疑요   영양이 뿔을 걸음[121]은 의심을 끊어냄이요

---

121 영양(羚羊)은 잠을 잘 때 적의 침입을 피하기 위하여 나뭇가지에 뿔을 걸어 놓고 잔다. 나무에 뿔
을 걸어놓고 공중에 뜬 채로 자기 때문에 흔적을 남기지 않아 발자국만 보고 흔적을 찾는 사냥꾼

翠栢庭前演妙機로다   푸르른 뜰 앞의 잣나무는 묘한 기틀을 연출하네.

此道不將人境會하니   이 도는 사람들 경계를 가지고 알 수 없나니

杲天紅日夜長輝로다   하늘의 붉은 해가 솟으니 밤이 오래도록
　　　　　　　　　　　밝음이로다.

三祖宗이 頌하되

舌頭無骨趙州老러니   혀끝에 뼈가 없는 조주 늙은이여

栢樹庭前說向渠로다   뜰 앞의 잣나무를 남들에게 말하였네.

好是晩來無限意는   좋구나, 저녁 무렵 깊은 뜻 담긴 것은

喤喤啼鳥噪禪居로다   지저귀는(喤喤)[122] 새소리 선방에 울림이로다.

佛鑑懃이 頌하되

萬里長空雨霽時에   만 리 하늘에 비가 개어

一輪明月映淸輝로다   둥글고 밝은 달이 휘영청 빛나는데

浮雲掩斷千人目하야   구름이 날아와 사람들 눈을 가리니

得見姮娥面者稀로다   항아(姮娥)[123]의 얼굴 보기가 어렵네.

湛堂準이 頌하되

庭前栢樹子여   뜰 앞의 잣나무!

은 찾을 수 없다고 한다. 『전등록』에 설봉(雪峯) 선사가 말한 구절이 있다.

師謂衆曰하되 「我若東道西道하면 汝則尋言逐句어니와 我若羚羊掛角하면 汝向什麼處押摸오」

선사가 대중에게 말하였다.

「내가 만약 이렇다 저렇다 하고 말한다면 너희들은 언구에서 찾겠거니와, 내가 만약 영양이 뿔을 걸듯이 한다면 너희들은 어디를 향해 더듬겠는가?」

122 꾀꼴꾀꼴이나 끼룩끼룩처럼 새가 우는 소리를 말한다.

123 월궁(月宮)에 산다는 전설 속의 신녀(神女). 원래는 남편이 비장(秘藏)한 불사약을 훔쳐 달로 달아났다는 예(羿)의 아내로 전하여 달의 이칭이 되었다.

少悟出常情이로다　　　조금만 깨달아도 평상의 정을 뛰어나네.

雨過山添翠하고　　　　비가 지나가니 산에 푸른빛 더하고

雲收日月明이로다　　　구름 걷히니 해와 달이 밝도다.

| 학산 대원 曰 |

어젯밤 꿈속의 일이었다[昨夜夢中事].

佛燈珦이 頌하되

青青庭栢指西來하고　　　푸른 뜰 앞의 잣나무가 조사가 서쪽에서 오신
　　　　　　　　　　　　　뜻이라 하니

趙老門風八字開로다　　　조주의 문에는 바람이 팔자(八字)로 열림이로다.

歲寒枝有深深意하니　　　추운 날 나뭇가지에 깊은 뜻 있음이니

誰把靈根著處栽오　　　　누가 신령한 뿌리를 이르는 곳마다 심으리오.

疏山如이 頌하되

西來祖意問如何하니　　　조사가 서쪽에서 오신 뜻 무엇이냐 물으니

栢樹庭前指似他로다　　　뜰 앞의 잣나무를 가리키네.

射虎不眞徒沒羽하니　　　범을 쏘았으나 진짜가 아니라서 헛되이
　　　　　　　　　　　　　화살만 낭비했으니

至今天下有諸訛로다　　　지금까지 천하의 많은 이들을 속였도다.

【續收】

五祖戒이 頌하되

天下禪和咬少林이거늘　천하의 납자들이 소림을 물을 때

趙州有語庭前栢이요　　조주는 뜰 앞의 잣나무만 말함이로다.

庭前栢하니　　　　　　　뜰 앞의 잣나무만 말하느라

老倒禪和眼赫赤이로다　늙은 조주 자신도 눈이 벌개졌구나.

不善東西失本源하니　　동이니 서이니 나누어 근본을 잃음은 좋지 않나니

屈我觀音作胡客이로다　나를 굽히고 관음(觀音)을 호객(胡客)[124]으로
　　　　　　　　　　　　만듦이라.

瑯琊覺이 頌하되

趙州庭前栢을　　　　　조주의 뜰 앞의 잣나무

衲僧皆罔測이로다　　　납자들 모두가 이해하지 못하는구나.

一堂雲水僧이　　　　　큰 방의 운수납자들은

盡是十方客이로다　　　모두가 사방에서 온 나그네일 뿐이로다.

道吾眞이 頌하되

趙州庭前栢이　　　　　조주의 뜰 앞의 잣나무라는 말에

眼裏電光掣로다　　　　눈앞에 번개가 번쩍이네.

雲外[125]往來多하고　　 운수(雲水)들은 오고 감이 많고

村翁行步劣이로다　　　시골 노인은 걸음걸이가 적구나.

承天宗이 頌하되

一兔橫身當古路하니　　토끼 한 마리 몸을 비껴 옛길을 가니

蒼鷹纔見便生擒이로다 눈 푸른 매 보자마자 낚아채가네.

---

124 당나라 수도 장안에 거주하던 소그드 상인(중앙아시아의 이란계 민족)들을 가리키는 말. 이들은 실크로드를 오가며 중개무역으로 막대한 부를 축적하였는데, 8세기 중반 장안에 40년 이상 거주하며 처자식을 두고 전택과 가옥을 소유한 호객의 수가 4천 명 정도였다는 한 기록만을 보아도 대충 그 규모를 짐작할 수 있다.

125 『선문염송』에는 '雲水'로 표기되어 있어서 운수로 풀이함.

後來獵犬無靈性하고　　　나중에 온 사냥개가 미련하여

空向枯椿舊處尋이로다　　공연히 토끼 있던 그루터기만 뒤적거리고 찾네.

瞞菴成이 頌하되

蘇武不拜하고　　　　　소무(蘇武)[126]는 굴복하지 아니하였고

韓信臨朝로다　　　　　한신(韓信)[127]은 조정에 입조하였네.

恁麼會得이　　　　　　이와 같은 일을 알기가

十萬迢迢로다　　　　　십만 리나 멀고 멀도다.

南堂興이 頌하되

庭前栢樹宿根深하고　　　뜰 앞의 잣나무 오래되어 뿌리는 깊고

葉葉眞珠寸寸金이로다　　잎새마다 진주요, 마디마디 금이로다.

佛祖長長出不得하니　　　부처와 조사도 영원히 벗어날 수 없나니

千古萬古只如今이로다　　오랜 세월에 다만 지금과 같으리라.

126　미상~기원전 60. 전한(前漢) 경조(京兆) 두릉(杜陵) 사람. 자는 자경(子卿)이고, 흉노 정벌에 공을
세운 소건(蘇建)의 둘째 아들이다. 무제(武帝) 때 낭(郎)이 되고, 얼마 뒤 중감(中監)으로 옮겼다. 천
한(天漢) 원년(기원전 100) 중랑장(中郎將)으로 흉노(匈奴) 지역에 사신으로 갔을 때, 선우(單于)에
게 붙잡혀 항복할 것을 강요당했지만 이에 굴하지 않아 북해(北海, 바이칼호) 부근에서 19년 동안
유폐되었다. 식음을 전폐한 채 눈[雪]을 먹고 가죽을 씹으면서도 지조를 지켰다. 흉노에게 항복한
옛 동료 이릉(李陵)이 설득했지만 굴복하지 않고 절개를 지켰다. 소제(昭帝) 시원(始元) 6년(기원전
81년) 흉노와 화친하자 석방되어 돌아와 전속국(典屬國)에 올랐다. 선제(宣帝)의 옹립에 가담하여
그 공으로 관내후(關內侯)가 되었다. 80여 살로 병이 들어 죽었다.

127　미상~기원전 196. 중국 한고조(漢高祖) 유방(劉邦)의 신하이자 개국공신으로 회음(淮陰, 강소(江
蘇)) 사람. 가난한 집에 태어났으나, 고조(高祖)의 승상(丞相) 소화(蕭何)에게 발탁되어 장재(將才)
를 발휘하고 대장군에 이르렀다. 기원전 250년 고조의 통일 대업을 도와 조(趙)·위(魏)·연(燕)·
제(齊) 등을 공략하여 멸망시키고, 대공(大功)에 의하여 초왕(楚王)에 봉해졌다. 고조 3걸(傑) 중의
하나라는 칭을 받았으나 후에 모반을 꾀한다는 누명으로 모살되었다. 유방의 황후인 여후(呂后)
와 소하의 계략에 의해 궁궐에 입조하였다가 유인당하여 살해당했다.

| 학산 대원 曰 |

日月自往來 靑天自靑天

해와 달은 스스로 가고 오는데, 푸른 하늘은 스스로 푸른 하늘이로다.

崇覺空이 頌하되

打人罵人易하나   남을 때리고 욕하기는 쉬우나

勸人除却難이로다   남의 잘못 없애주기는 어렵구나.

不識饒人處인댄   남을 용서할 줄 모른다면

急水下高灘이로다   급한 물살 밑에 높은 여울이로다.

| 학산 대원 曰 |

好手人萬人仰視

좋은 솜씨를 가진 사람은 만인이 우러러보느니라.

佛日才가 頌하되

趙州庭栢을   조주의 뜰 앞의 잣나무

說向禪客하니   선객들에게 이야기하니

黑漆屏風이요   컴컴한 병풍이요

松蘿[128]亮隔이로다   소나무 가지[松蘿]가 빛을 가림이로다.

---

128   소나무겨우살이로 소나무를 칭칭 감고 기생한다. 오줌을 잘 나오게 하므로 약재로도 쓰이며, 또 중국 안휘성(安徽省)에서 나는 차의 이름이기도 하다.

大機人鐵壁踔出

큰 기틀을 가진 사람은 철벽을 밟고 뛰어나더라.

正堂辯이 頌하되

百寶光攢無見頂이여   백 가지 보배로운 광명이 부처님의 정수리[129]에
모이니

是大神咒最靈奇로다   크고 신비한 주문이며 가장 신령하도다.

揭諦波羅僧揭諦여   아제아제 바라아제 바라승아제

石人半夜失烏雞로다   석인(石人)이 한밤중에 오골계를 놓쳤구나.

泥中日月明 乾坤失色 日月無光

진흙 가운데 해와 달이 밝고, 하늘과 땅은 빛을 잃고, 해와 달은 광명이 없
구나.

龍牙言이 頌하되

庭前栢樹子는   뜰 앞의 잣나무는

不是祖師心이로다   조사가 서쪽에서 오신 뜻이 아니라네.

莫執一時見하고   한때의 견해를 붙잡지 말고

---

129 무견정상(無見頂相)을 말한다. 부처님 32상의 하나로 육계상(肉髻相)과 같다. 부처님의 정골(頂骨)
이 솟아 저절로 상투 모양이 된 것을 말한다. 이 모양은 인간이나 천상에서는 볼 수 없는 것이므
로 '무견정상'이라 한다.

便忘千古音이로다   천고의 진리도 바로 잊으라.

| 학산 대원 曰 |

庭前栢樹子 打破漆桶 光照娑婆
뜰 앞의 잣나무여, 칠통을 타파하니 빛이 사바를 비추는구나.

塗毒策이 頌하되
庭前栢樹子는   뜰 앞의 잣나무는
分明向君擧로다   분명하게 그대를 향하여 드러냈도다.
大雪滿長安하고   큰 눈이 장안에 가득한데
燈籠呑佛祖로다   등불이 부처와 조사를 삼켰도다.

| 학산 대원 曰 |

石上無根樹 風和天地春
돌 위에 뿌리 없는 나무여, 바람이 온화하니 천지가 봄이더라.

瞎堂遠이 頌하되
靜鞭聲裏駕頭來하고   채찍[靜鞭]¹³⁰ 소리는 수레를 오게 하고
緊握雙拳打不開로다   두 주먹 불끈 쥐고 열지 못함이로다.
打得開하니   쳐서 열어보니

---

130   천자(天子)의 의장(儀仗)의 하나인 큰 채찍. 이를 쳐 울려서 정숙(靜肅)하라는 신호로 쓴다.

雲壓香塵何處是오　　　구름이 향진(香塵)을 누르는 곳은 어디인가?
靜鞭聲裏駕頭來로다　　채찍 소리에 다시 수레가 옴이로다.

| 학산 대원 曰 |

晉陽甘柹産 尙州蘿蔔多

진양에는 단감이 많이 생산되고 상주에는 무가 많이 난다.

天童淨이 頌하되

西來祖意庭前栢이니　　조사가 서쪽에서 오신 뜻이 뜰 앞의 잣나무니

鼻孔寥寥對眼睛이로다　콧구멍[131]은 고요하게 눈동자를 마주함이로다.

落地枯枝纔踔[132]跳하며　마른 나뭇가지는 땅에 떨어지자마자 뛰어오르고

松蘿亮隔笑掀騰이로다　솔잎은 빛을 막으면서 솟아오름을 비웃음이로다.

| 학산 대원 曰 |

太風成波山 水底平穩

須彌吐光 淸風往來

태풍이 불어서 파도의 산을 이루어도 바다의 밑은 평온하네.

수미산은 광명을 토하는데 맑은 바람은 끊임없이 오고 가네.

---

131 본분사를 의미하는 말.

132 자전에 없는 글자로 '孛'의 음을 살려 '패'로 표기함. 뜻은 비슷한 글자인 '踾(붕)'으로 해석함. '踾
跳(붕도)'는 '깡충 뛰다'라는 의미.

石菴珌가 頌하되

庭前栢樹子는	뜰 앞의 잣나무는
一二三四五로다	하나, 둘, 셋, 넷, 다섯이로다.
竇八布衫穿하고	베적삼은 여덟 개 구멍이 뚫리고
禾山解打鼓로다	화산 스님은 북을 칠 줄 안다네.[133]

| 학산 대원 曰 |

雲盡日月正 風和天地春

구름이 다하니 일월이 정히 밝고, 바람이 잔잔하니 천지가 봄이로다.

退菴奇가 頌하되

快人一言하고	호쾌한 사람은 말 한마디면 족하고
快馬一鞭이로다	준마는 채찍질 한 번으로 족하다.
趙州庭栢은	조주의 뜰 앞의 잣나무는
洗脚上船이로다	발을 씻고 배에 오름이로다.

| 학산 대원 曰 |

威光振大千 巍巍主中主

위엄있는 광명이 대천세계에 떨치고, 높고 높음은 주인 중의 주인이로다.

---

133 화산 무은(禾山 無殷, 891~961) 선사는 불법을 묻는 사람에게 언제나 '북을 칠 줄 안다네[解打鼓]'라 대답하였다.

天章楚이 頌하되

低頭屈膝問西來하니   머리를 숙이고 무릎을 꿇어 서쪽에서 온 뜻 물으니

庭栢森森眼不開라   잣나무가 빽빽하여 눈을 열지 못하네.

堪笑自家無種息하야   우습도다, 제집엔 종자가 없어

至今猶覓趙州栽로다   여태껏 조주가 심은 것 찾아다님이로다.

又頌하되

趙州庭栢古今傳하니   조주의 잣나무 고금에 전해지는데

衲子休誇格外玄하라   납자들아, 격외의 심오함 자랑 말라.

要會祖師端的意댄   조사의 분명한 뜻 알려고 할진댄

錦江依舊屬西川이로다   금강은 예전대로 서천에 속해 있음이로다.

又頌하되

趙州庭栢이여   조주의 잣나무

半靑半白이로다   반은 푸르고 반은 희도다.

擡頭不薦하니   고개를 들어도 천거하지 못하니

劈觜便摑이로다   주둥이를 쪼개고 곧바로 후려갈김이로다.

| 학산 대원 曰 |

이런 말씀을 들을 때가 자신이 수행한 안목의 차원이 어느 정도인가를 점검할 수 있는 절호의 기회이다. 여기에서 바로 계합이 되면 두말할 것 없이 참으로 공부의 큰 보람을 느끼게 된다. 이런 말에 계합이 되지 않으면 더욱 뼛골 깊이 공부에 대한 분심을 일으켜야 한다.

부처님께서 말씀하신 최고의 일구(一句)는 『금강경』의 '응무소주(應無所住) 이생기심(而生其心)'이다. 육조 혜능 스님은 그 말 아래 단박에 깨달았다[言下大悟]. '응무소주'는 본적지체(本寂之體)라. '머무는 바 없음'이란 '본래 공적(空寂)

한 영지(靈知)의 체(體)'를 말한다.

'이생기심'은 본지지용(本智之用)이라. '그 마음을 내어라'란 '본래 지혜의 용(用)'을 말한다.

이것은 어디까지나 말로 설명을 한 것이지, 육조 스님은 이런 설명을 듣고 알고 깨달은 것이 아니고, 그 말을 듣는 순간 깨달았다. 그래서 우리가 조사의 일구의 법문을 듣는 것은 공부를 열심히 하다가 이런 한 글귀의 법문을 들을 때 마음이 척 열린다는 것이다.

承天宗이 頌하되

西來祖意問偏多라   서쪽에서 온 조사의 뜻을 묻는 이 많은데

趙老鋒機答最高로다   조주 노인의 날카로운 기틀로 답한 것이
                             참으로 높다.

卻指庭前青瘦栢하니   뜰 앞의 푸르고 야윈 잣나무를 가리키니

至今天下走禪袍로다   여태껏 천하의 선객들이 어지러이 분주하구나.

| 학산 대원 曰 |

知音相逢 呵呵大笑

지음자들이 만나면 한바탕 웃는도다.

鴈蕩泉이 頌하되

趙州庭前栢이   조주의 뜰 앞의 잣나무

冰霜徹骨寒이로다   얼음과 서리라 뼛속까지 차구나.

祖師提不起하야   조사가 올려줘도 일으키지 못하나니

冷眼坐相看이로다   차가운 눈초리로 앉아 바라보기만 하네.

| 학산 대원 曰 |

善果熟萬人飽食

잘 익은 과일은 만인을 배부르게 하는구나.

又頌하되

趙州庭前栢이　　　　조주의 뜰 앞의 잣나무

孤根不可移로다　　　외로운 뿌리라 옮길 수 없네.

須信繁枝下에　　　　믿어야 할지니 얽힌 가지 밑에

淸風無盡時니라　　　맑은 바람 그칠 새가 없음이로다.

| 학산 대원 曰 |

前後左右除斷 水穿防流

전후좌우가 모두 다 끊어졌으나 물은 둑을 뚫고 흐름이로다.

又頌하되

趙州庭前栢이　　　　조주의 뜰 앞의 잣나무

無根處處生이로다　　뿌리 없이 곳곳에서 나는도다.

泥牛哮吼處에　　　　진흙소가 울부짖는 곳엔

半夜日頭明이로다　　한밤중에도 해가 밝음이로다.

| 학산 대원 曰 |

無陰陽一片地 柏樹晝夜靑靑

음양이 없는 한쪽 땅에 잣나무는 주야로 푸르르구나.

又頌하되

趙州庭前栢이	조주의 뜰 앞의 잣나무
葉聲常帶秋로다	잎새 소리에 늘 가을을 띠었네.
明明都漏泄이어늘	분명하게 다 누설했거늘
道士倒騎驢로다	도사가 나귀를 거꾸로 탔음이로다.

| 학산 대원 曰 |

譬於空中飛鳥 不知空是家鄉

水裏遊魚 忘却水爲性命

비유컨대 공중에 새가 날아감이여. 허공이 자기 고향인 줄 알지 못하더라.

물속에 노는 물고기가 물이 자기 성명(性命)인 줄을 망각했도다.

又頌하되

趙州庭前栢이	조주의 뜰 앞의 잣나무
婆娑滿大千이로다	무성한 잎새가 대천세계에 가득하구나.
今朝喫粥早하고	오늘 아침엔 일찍 죽을 먹고
更放日高眠이로다	다시 낮에 편히 잠을 자리라.

| 학산 대원 曰 |

손을 한번 들고 발을 한번 듦[一擧手一投足]이 모두 정전백수자의 소식을 전함이로다.

石門易이 頌하되

庭前翠栢霧雲籠하니	뜰 앞 푸른 잣나무가 안개구름에 싸여 있고
鶴立龍盤勢轉雄이로다	학이 서고 용이 서려 위세가 더욱 웅장하네.
叵耐趙州多口漢이	참기 어렵나니, 조주 말 많은 늙은이가
一時分付與禪翁이로다	일시에 선객들에게 분부해 주었네.

| 학산 대원 曰 |

조주 늙은이가 애를 쓰지만 업은 아이 3년을 찾는구나.

資壽捷이 頌하되

趙州庭前栢이	조주의 뜰 앞의 잣나무
妄動諸禪客이로다	여러 선객을 함부로 움직이네.
南問北家鄕하고	남쪽에서 북쪽의 고향을 묻고
東尋西路陌이로다	동쪽에서 서쪽의 길을 찾음이로다.
三春楊柳靑하고	3월 봄날에 버들가지가 푸르고
午夜蟾蜍白이로다	한밤에 보름달이 희다.
風靜海濤迴하니	바람이 고요하여 파도가 돌아오니
波斯遙斫額이로다	페르시아인이 이마에 손대고 멀리 바라보네.

| 학산 대원 曰 |

팔자(八字)를 타개(打開)하니 두견새 울음 부절(不絕)하고 만고청청춘색(萬古靑靑春色)이로다.

翠嵓悅이 頌하되

抱拙少林已九年하니　　소박하게 살기를 소림에서 9년 동안

趙州忽長庭前栢이로다　조주엔 홀연히 뜰 앞의 잣나무가 자랐네.

可憐無限守株人이　　　가련하다, 한없이 나무만 지켜보는 자들이여

寥寥坐對千峰色이로다　쓸쓸하게 앉아서 수많은 봉우리만 바라봄이로다.

| 학산 대원 曰 |

바로 보면 쾌활쾌활(快活快活)이요 축착합착(築著磕著)이로다.

眞淨文이 頌하되

庭前栢樹子여　　　　　뜰 앞의 잣나무

趙州無此語라　　　　　조주는 이 말을 하지 않았네.

若是本色人인댄　　　　만약 본분납자라면

直下未相許니라　　　　직하에 서로 허락하지 않으리라.

| 학산 대원 曰 |

知音者相通 知者知

지음자는 서로 통하고 아는 자만이 안다.

又頌하되

庭前栢樹子여　　　　　뜰 앞의 잣나무

趙州有此語로다　　　　조주가 이 말을 했었네.

爲報同道流하노니　　　같이 도 닦는 이들에게 알리노니

覿面如何擧오　　　　마주 보면 뭐라고 할 것인가?

| 학산 대원 曰 |

噓噓 蒼天蒼天!
하하! 창천창천!

又頌하되
庭前栢樹子를　　　　뜰 앞의 잣나무
我道不如松이로다　　나는 소나무만 같지 못하다 말했네.
枯枝斫落地하니　　　마른 가지가 땅에 떨어지면서
打着去年棕이로다　　작년의 종려나무를 때림이로다.

| 학산 대원 曰 |

如是如是 四五六七 七六五四
그러하고 그러하도다. 사오육칠이요, 칠육오사로다.

崑山元이 頌하되
積翠盤根勢倚天하니　　푸름이 쌓이고 뒤얽힌 뿌리는 하늘에 기댔나니
趙州曾指向庭前이로다　조주는 일찍이 뜰 앞을 가리켰네.
莫嫌枝葉婆娑甚하라　　가지와 잎이 너무 어지럽다 싫어하지 말라.
屈指將逾二百年이로다　손가락 꼽아보면 거의 2백 년은 넘었음이로다.

| 학산 대원 曰 |

空中紅日 獨運無私

盤裏明珠 不撥自轉

허공의 붉은 해는 홀로 움직이며 사사로움 없나니

쟁반 위의 명주는 튕겨나가지 않고 스스로 구른다.

仰山偉이 頌하되

茶茶芽芽不開花하고 　　차의 싹이지만 꽃이 피지 않고

菡菡茗茗不着子로다 　　연 봉오리지만 씨를 맺지 않네.

七金山上光閃爍하니 　　칠금산(七金山)[134] 위에서 빛이 번쩍하니

直下透過白銀沙로다 　　직하에 은모래를 꿰뚫고 지나감이로다.

| 학산 대원 曰 |

無相無定 好緣相逢 多種現出

모양도 없고 정한 것도 없는데 좋은 인연을 서로 만나면 무수한 것이 밖으로 나타나네. 옴 마리다리로다.

佛陀遜이 頌하되

栢在庭前不妄言이라 　　잣나무가 뜰 앞에 있음이 거짓이 아니요

趙州今古道長存이로다 　　조주는 고금에 도가 길이 남았네.

---

134 구산팔해(九山八海) 가운데 하나로, 수미산의 둘레를 일곱 겹으로 싸고 있는 일곱 산을 말한다. 지
쌍산(持雙山)·지축산(持軸山)·담목산(擔木山)·선견산(善見山)·마이산(馬耳山)·상비산(象鼻山)·지
변산(持邊山)을 이른다. 모두 금빛의 광명(光明)을 띠고 있다.

春來秋去年年事는　　봄이 오고 가을이 감은 해마다의 일이니
不信靈山問世尊하라　믿지 못할진댄 영산에서 세존께 물어라.

| 학산 대원 曰 |

瑞氣一千里 和風十萬家
상서로운 기운이 천 리에 뻗쳐 있으니 화창한 바람은 십만 가구에 가득하도다.

天童覺이 頌하되
岸眉橫雪하고　　　　언덕 같은 눈썹엔 눈이 비꼈고
河目含秋로다　　　　은하 같은 눈은 가을을 머금었네.
海口鼓浪하고　　　　바다 같은 입엔 파도가 일고
抗舌駕流로다　　　　배 같은 혀[135]로 물결을 탄다.
撥亂之手오　　　　　난리를 다스릴 수단이요
大平之籌로다　　　　태평의 계책이로다.
老趙州老趙州여　　　늙은 조주여, 늙은 조주여
攪攪叢林卒未休로다　총림을 어지럽히길 끝내 쉬지 않네.
徒費功夫也造車合轍이요　헛되이 수고하야 수레를 만들고 바퀴를 맞춤이요
本無伎倆也塞壑塡溝로다　본래 재주 없거늘 구덩이와 개천을 메움이로다.

| 학산 대원 曰 |

爭不足 讓有餘
다투면 부족하고 양보하면 남는다.

135　천동각(天童覺)이 지은 『종용록(從容錄)』에는 '抗舌'이 '航舌'로 되어 있어 이를 따른다.

雪竇寧이 頌하되

趙老庭前栢이	조주 늙은이의 뜰 앞의 잣나무
衲僧眞命脈이로다	납승들의 참된 명맥이로다.
人人只看樹頭靑하고	사람마다 나무가 푸른 것만 보고
不見其中香子白이로다	그 속의 향기로운 씨는 보지 못함이로다.

| 학산 대원 曰 |

威光振大千 巍巍主中主

위엄 있는 광명이 대천세계에 떨치고 높고 높음은 주인 중의 주인이로다.

淨嚴遂가 頌하되

有語謗趙州오	말이 있는 것은 조주를 비방하는 것이요
無語謾自己로다	말이 없는 것은 자신을 속이는 것이로다.
可憐法眼師가	가련하게도 법안[136] 스님은
放過覺鐵觜로다	각철취[137]를 내버려두었구나.
如今休更問如何하라	지금에 다시 어떠한가를 묻지 말지니
淸風匝地憑誰委오	청풍이 땅에 가득함을 누구를 통해 알겠는가?

---

136 법안 문익(法眼文益, 885~958) 선사를 말한다. 절강성(浙江省) 여항(餘抗) 사람이다. 선종오가(禪宗五家) 중 하나인 법안종(法眼宗)의 시조이다. 법안종은 송나라 초기에 『조당집』과 『전등록(傳燈錄)』을 만들어낼 정도로 융성하였다. 저서로 『종문십규론(宗門十規論)』이 있다.

137 조주 선사의 시자(侍者)이자, 법사(法嗣)이다. 생몰 미상. 명안(明眼), 혜각(慧覺), 광효 혜각(光孝慧覺), 각철자(覺鐵觜) 등으로 불리는 선사이다. 언설이 준엄하고 날카로워 별명으로 각철취(覺鐵嘴, 쇠주둥이 각수좌)라고 불렸다. 양주(揚州) 광효사(光孝寺)에 주석하였다. 경전과 역사 등에 밝았고, 시문도 뛰어났다.

| 학산 대원 曰 |

溪谷淸風出谷外流
春燕飛空自在往來

계곡의 맑은 바람은 계곡 바깥으로 흘러나가고
봄날의 제비는 하늘을 자유자재로 왕래하며 날아가네.

又頌하되

趙州無語幾人知오   조주가 말이 없음을 몇이나 알리오?
江北江南見者稀로다   강북과 강남에서 본 자가 드물구나.
山寺桃花復何在오   산사(山寺)의 복사꽃 다시 어디에 있는가?
相逢空愛白公詩로다   만나면 헛되이 이백(李白)의 시를
                         좋아한다 하네.

| 학산 대원 曰 |

회두간(回頭看) 머리를 돌이켜서 바로 보라.
우담바라가 우수수 쏟아지는데, 돌사람은 유리궁전에서 노는구나.

承天懷가 頌하되

趙州庭栢外無他어늘   조주에는 뜰의 잣나무 외엔 다른 게 없거늘
風撼寒聲若夜濤로다   바람이 흔드는 싸늘한 소리, 밤의 파도와 같네.
人問西來曾指出하니   누가 서쪽에서 온 뜻 묻자 일찍이 가리켰나니
不離當處葉婆娑로다   그 자리를 떠나지 않고 잎새만 흔들리는구나.

| 학산 대원 曰 |

지음자는 그 자리에서 계합하나니[知音者 卽知契合], 바로 보는 곳에서 모든 것을 누설하였네.

慈受가 頌하되

趙州庭前栢이	조주의 뜰 앞의 잣나무
何似門外柳오	문밖의 버들과 어떠한가?
大盡三十日이오	큰 달은 30일이요
小盡二十九니라	작은 달은 29일이로다.
更問事如何오	다시 일이 어떠하냐고 물을진댄
合却孃生口니라	엄마가 낳아준 입을 닫아버려라.

| 학산 대원 曰 |

開口卽錯 獨許闍梨

입을 열면 그르치나니, 스스로 허락함이라.

崇勝珙이 頌하되

趙州庭前栢子여	조주의 뜰 앞의 잣나무
沙飯從來難煮니라	모래밥은 본래 익히기 어려우니라.
有眼睛漢不明하고	눈동자 있는 이는 밝지 못하고
無舌頭人解語로다	혀 없는 자는 말할 줄 앎이로다.
不明解語를	밝지 못함과 말할 수 있는 것을
爲君再擧하니	그대를 위해 다시 천거하노니
南面一人이오	남면한 이는 한 사람인데

滿朝朱紫로다　　　　　조정에 가득한 건 자줏빛 관복이로다.

| 학산 대원 曰 |

감초는 달고 황련은 쓰다.

雲門杲가 頌하되
崎崎嶇嶇平坦坦이오　　험난하고 평탄하나니
平坦坦處甚崎嶇로다　　평탄한 곳에 몹시 험난하도다.
驀地跛驢能蹴踏하야　　돌연히 절름발이 나귀가 능히 뛰어올라
抹過追風天馬駒로다　　추풍과 천마구를 스쳐 지나감이로다.

(此錄連擧五祖演拈)
(이 게송은 오조연(五祖演)의 염을 이어서 든 것이다.)

| 학산 대원 曰 |

잡으려야 잡을 수 없고 보려야 볼 수 없는데, 눈이 하늘 땅을 덮고 있도다.

妙智廓이 頌하되
松栢千年翠나　　　　　소나무와 잣나무는 천 년을 푸르건만
不入時人意로다　　　　당시 사람들의 뜻에 들지 못하였고
牡丹一日紅이나　　　　모란은 하루 붉지만
滿城公子醉로다　　　　온 성의 공자가 취함이로다.

| 학산 대원 曰 |

白雲千里萬里
同聲相應 同氣相通
흰 구름은 천리만리를 자유로 왕래하는데
한 소리로 서로 응하고 한 기운으로 서로 통하는도다.

混成子가 頌하되
趙州庭前栢이   조주의 뜰 앞의 잣나무
自古存高格이로다   예로부터 높은 품격 지녔네.
不見趙州人도   조주를 보지 못한 사람은
諸方好爲客이로다   곳곳에서 즐거이 나그네 되어라.

| 학산 대원 曰 |

面黑眼睛白
얼굴은 검은데 눈동자는 희도다.

悅齋居士가 頌하되
鐵牛千古臥淸波하니   무쇠소가 천고에 푸른 파도 위에 누워있으니
大地無人奈汝何로다   대지의 사람들이 너를 어찌할 수 없도다.
誰把一絲輕捩轉고   누가 한 올의 실로 가벼이 잡아 움직일 수
                        있겠는가?
黃田村女夜抛梭로다   누런 밭 시골 여인이 밤에 베틀북을
                        내던져버렸네.

| 학산 대원 曰 |

龍吟枯木 鳳轉靑霄
용은 고목에서 울고, 봉황은 푸른 하늘을 빙빙 도네.

葉縣省이 因僧請益栢樹子話云하되
「我不辭與汝說이니 還信麼아?」
云하되「和尙重言을 爭敢不信이리오?」
曰하되「還聞簷頭雨滴聲麼아?」
其僧이 豁然하야 不覺失聲云하되「哪」하거늘
省云하되「汝見个什麼道理오?」
僧이 便以頌對云하되

簷頭雨滴이   分明瀝瀝이로다
打破乾坤하니   當下心息이로다

省이 欣然하니라

섭현성에게 어떤 스님이 뜰 앞의 잣나무 화두를 물으니, 성이 말하였다.
「내가 그대에게 말해주는 건 사양하지 않겠으나, 도리어 믿겠는가?」
「화상의 귀중하신 말씀을 어찌 감히 믿지 않겠습니까?」
「처마 끝에서 비가 떨어지는 소리가 들리는가?」
그 스님이 환하게 깨닫고 무심결에 「아!」라고 하거늘, 성이 말하였다.
「그대는 어떤 도리를 보았는가?」
스님이 바로 계송으로 대답하였다.
처마 끝에서 비가 떨어짐이
분명하고 역력하도다.
하늘과 땅을 타파하니
바로 마음을 쉼이로다.
성이 매우 기뻐하였다.

善慧大師에게 因僧問하되「庭前栢樹子意旨如何오?」

師云하되「天際에 月初生이니라」

乃成頌曰하되

庭前栢樹子오　　　　天際月初生이로다

石人附掌笑하고　　　泥牛海底行이로다

선혜 대사에게 어떤 스님이 물었다.

「뜰 앞의 잣나무라는 뜻이 어떤 것입니까?」

대사가 말하였다.「하늘가에 달이 막 나왔다.」하고는

이내 게송을 지어 읊었다.

뜰 앞의 잣나무여

하늘가에 달이 막 나왔도다.

석인(石人)이 손뼉을 치며 웃고

진흙소가 바다 밑에 다님이로다.

雲居祐가 示衆擧此話云하되

「奇哉라! 古聖이 垂一言半句가 可謂截斷聖凡門戶하고 直示彌勒眼睛
하야 今昔無墜로다 衆中異解多途하고 商量非一이라 埋沒宗旨하고 錯
判名言이로다

或謂『靑靑翠竹이 盡是眞如오 鬱鬱黃花가 無非般若라』하며

或謂『山河草木物物이 皆是眞心顯現이어늘 何獨庭前栢樹子乎아? 塵
毛瓦礫이 都是一法界中이며 重重無盡이 理事圓融이라』하며

或謂『庭前栢樹子는 纔擧에 便直下薦取니 覿體全眞이오 擬議之間에
早落塵境이라 須是當人作用이오 臨機相見이라』하며

或棒或喝하며 或擎起拳頭하며 衣袖一拂하야『這箇眼目은 如石火電光
相似라』하며

或謂『庭前栢樹子가 更有甚麼事오? 趙州直下爲人이 實頭說話라 飢來
喫飯하고 困卽打眠이라 動轉施爲가 盡是自家受用이라』하니

如斯見解가 似粟如麻나 皆是天魔種族이며 外道邪宗이라
但取識情分別하야 用心取捨하고 强作知見하야 口耳相傳하야 誑惑於人
하고 貴圖名利하니 是何業種고 玷瀆祖風이로다 何不遊方하야 徧歷求善
知識하야 決擇身心고? 略似簡衲僧이나 古來로 自有宗門師範이니라 我
佛心宗은 釋梵諸天이 拱手敬信이오 三賢十聖이 罔測其由니라」하고
乃擧拂子云하되「若向這裏悟去하면 山河大地가 與汝同參이니라」하고
復顧左右云하되「道林이 爭敢壓良爲賤이리오?」하다

운거우가 시중(示衆)에 이 이야기를 들어 말하였다.

「놀랍도다! 옛 성인이 남기신 한 마디 반 구절[一言半句]이 성인과 범부의
관문을 없애버리고 곧바로 미륵의 눈동자를 보여주니 고금에 떨어짐이 없
다고 말할 만하다. 대중들 가운데 견해가 여러 갈래고 생각하는 것도 한결
같지 않아, 종지를 묻어버리고 이름과 말을 틀리게 판단하는구나.

혹은 말하기를『푸릇푸릇한 대나무마다 진여(眞如)요, 만발한 국화는 반야
아님이 없네.』라고 하고,

혹은 말하기를『산하와 초목의 물건마다 다 참마음이 나타난 것이거늘, 어
찌 유독 뜰 앞의 잣나무뿐이겠는가? 티끌과 기와 조각이 모두 이 한 법계 속
이라서 거듭해도 다함이 없고, 이(理)와 사(事)가 원융함이라.』라고 하고,

혹은 말하기를『뜰 앞의 잣나무라고 말하자마자 바로 그 자리에서 알아차
려야 체를 마주함에 온전한 참일 것이요, 머뭇거리는 찰나에 이미 속세에
떨어져 버린다. 반드시 그 사람이 작용하여 상황에 임하여 마주해야만 한
다.』라고 하고,

혹은 몽둥이로 치고 혹은 할을 하며, 혹은 주먹을 들어올리고 옷소매를 한
번 떨치고는『이 안목은 전광석화와 같다.』하기도 하고,

혹은 말하기를『뜰 앞의 잣나무에 다시 무슨 일이 있겠는가? 조주가 그 자
리에서 학인을 위해 실제대로 이야기한 것일 뿐이다. 배고프면 밥을 먹고
피곤하면 잠을 잔다. 움직이고 행위를 하는 것이 모두 내가 작용하는 것이
다.』라고 한다.

이러한 견해들은 마치 조나 깨와 같나니, 다 천마의 종족이며 외도의 삿된 종지다.

단지 생각을 내서 분별하고 마음을 써서 취하고 버리며 억지로 지견을 지어내어 입과 귀로 서로 전하며 사람들을 속이면서 명리를 도모하려고 함이니, 이 무슨 업의 종자들인가? 조사의 가풍을 더럽히는구나. 어찌하여 행각하며 두루 다니면서 선지식을 구하여 몸과 마음에 대해 선택 내리지 않는가? 저 납승과 비슷하기는 하나, 예로부터 스스로 종문에는 사범이 있었다. 우리 부처님의 심인을 전하는 종파[佛心宗]는 제석과 범왕들이 손을 모아 공경하고 믿은 것으로, 삼현십성(三賢十聖)도 그 유래를 헤아리지 못한다.」

이에 불자를 들고 말하였다.

「만약 이 속에서 깨친다면 산하대지가 그대들과 함께 동참할 것이다.」

다시 좌우를 둘러보고는 말하였다.

「도림(道林)[138]이 어찌 감히 양민을 억압하여 노비로 만들겠는가?」

佛鑑勤이 擧此話云하되

「大凡師資道合하고 言意相投라 得意忘言하고 得兎忘罤하며 得魚忘筌이니 祖師之道不然乎哉아? 好是昔者에 淸凉이 問覺鐵觜하되 『至無此語』하야 凉云 『而今天下가 盡傳이라 僧問趙州하되 〈如何是祖師西來意오〉 州云하되 〈庭前栢樹子라〉하니 如何言無오?』 覺云하되 『莫謗先師라사 好라 先師無此語니라』하니 凉이 忽悟其意로다

大衆아 且如趙州栢樹子話를 見則共見이오 聞則共聞이어늘 因何覺鐵觜가 却云하되 『先師實無此語오』 莫是法離文字하야 不在言詮麼아? 莫是善惡不思하면 心體自現麼아? 莫是衲衣下事는 不勞錐箚麼아? 莫是向上一路는 千聖不傳麼아? 若如是會인댄 未免辜負趙州니라 旣不如是인댄 合作麼生고? 伊麼也不得하고 不伊麼也不得하고 伊麼不伊麼惣不

---

138 운거(雲居) 자신을 가리킨다.

得이니라」하고

良久云하되「會麼아? 頭鑽荒草知無着이오 掛角羚羊이 是趙州니라」

불감근이 이 이야기를 들며 말하였다.

「대체로 스승과 제자의 도가 합하고 말과 뜻이 맞아서 뜻을 얻었으면 말을 잊고, 토끼를 잡았으면 그물을 잊으며, 물고기를 잡았으면 통발을 잊나니, 조사의 도란 그렇지 않겠는가? 좋은 것으로 옛날에 청량(淸凉)[139]이 각철취에게 물었더니, 『그런 말이 없다.』라고 하였다. 청량이 『지금에 천하에서 모두 전해지기를 어떤 스님이 조주에게 〈어떤 것이 조사가 서쪽에서 오신 뜻입니까?〉 하니, 조주가 〈뜰 앞의 잣나무니라.〉라고 했다는데, 어찌하여 없다고 말하십니까?』하니, 각철취가 『선사를 비방하지 말아야 좋습니다. 선사는 이런 말을 하지 않았습니다.』하자, 갑자기 그 뜻을 깨쳤다.

대중들이여, 바로 조주의 잣나무 이야기라면, 보았다면 같이 보았을 것이요 들었다면 같이 들었을 것이거늘, 왜 각철취가 도리어 말하기를 『선사께서는 실제로 이런 말씀을 없었다』고 했는가? 이것은 법이 문자를 떠나서 말끝에 있지 않다는 것이 아니겠는가? 이것은 선과 악을 생각하지 않아서 마음의 본체가 저절로 나타나는 것이 아니겠는가? 이것은 납승의 본분사가 송곳 같은 사량심에 힘쓰지 않는 것이 아니겠는가? 이것은 위를 향한 한 길[向上一路]은 천성(千聖)일지라도 전하지 못하는 것이 아니겠는가? 만약 이와 같이 이해할진댄 조주를 저버리게 됨을 면치 못하리라. 이미 이와 같지 않을진댄 어떻게 할 것인가? 이렇게 해도 얻지 못하고, 이렇게 하지 않아도 얻지 못하며, 이렇게 하거나 이렇게 하지 않거나 모두 얻지 못한다.」

양구했다가 말하였다.

「알겠는가? 머리로 잡초를 파는 건 무착(無着)[140]인줄 알 것이요, 뿔을 가지

---

139 법안(法眼) 자신을 가리킨다.

140 무착 문희(無著文喜) 선사를 가리킨다.

에 건 산양은 조주로다.」

徑山杲가 示衆에 擧法眼이 問覺鐵觜하고 至「莫謗先師好」하야 師云하
되 「若道有此語하면 差過覺鐵觜오 若道無此語하면 又差過法眼이오 若
道兩邊都不涉하면 又差過趙州오 直饒惣不恁麽라하고 別有透脫一路라
도 入地獄如箭射니 畢竟如何오?」
擧起拂子云하되 「還見古人麽아?」 喝一喝.

경산고가 시중(示衆)에 법안이 각철취에게 한 질문부터 「선사를 비방하지
말아야 좋다」까지를 들어 말하였다.

「만약 이런 말이 있었다고 말한다면 각철취를 놓치는 것이요, 만약 이런 말
이 없었다고 말한다면 또 법안을 놓치는 것이며, 만약 두 견해 모두 건너지
못했다고 말한다면 또 조주를 엇갈릴 것이다. 설사 모두 이런 것이 아니라
하고 따로 뛰어난 한 길이 있다고 하더라도 쏜살같이 지옥으로 들어갈지니,
끝내 어떻게 할 것인가?」

불자를 들고는 말하였다.

「옛사람을 보았는가?」 하고는 할을 한 번 하였다.

又示衆擧此話云하되

「庭前栢樹子가 今日에 重新擧로다 打破趙州關하고 特地尋言語로다 既
是打破關인댄 爲什麽하야 却尋言語고? 當初에 將謂茅長短이리니 燒了
에 元來地不平이로다」

또 시중에 이 이야기를 들며 말하였다.

「뜰 앞의 잣나무를 오늘 다시 새로 들어 조주의 관문을 타파하고 모처럼 말
로 찾아보겠다. 이미 이 관문을 타파했을진댄 어찌하여 도리어 말로 찾겠다
고 하는가? 처음에는 띠가 길고 짧음을 이야기하려 했는데, 타버리고 나니
원래 땅이 평평하지 않음이로다.」

又普說云하되「五祖師翁이 有言하되『如何是祖師西來意오 庭前栢樹
子라하니 伊麼會하면 便不是了也니라 如何是祖師西來意오 庭前栢樹
子라하니 伊麼會하야사 方始是라』하니 你諸人은 還會麼아? 者般說話는
莫道你諸人理會不得하라 妙喜도 也自理會不得이로다 我此門中에 無
理會得하고 無理會不得하니 蚊子上鐵牛라 無你下觜處니라 云云하다」

또 보설에 말하였다.

「오조[141] 노스님께서 말씀하시기를,『어떤 것이 조사가 서쪽에서 온 뜻이냐
는 물음에 뜰 앞의 잣나무라 했으니, 이렇게 이해하면 바로 옳게 안 것이 아
니니라. 어떤 것이 조사가 서쪽에서 온 뜻이냐는 물음에 뜰 앞의 잣나무라
했으니, 이렇게 이해해야만 비로소 옳으니라.』라고 하니, 그대들은 도리어
알겠는가? 이러한 이야기는 그대들이 이해할 수 없다고 말하지 마라. 묘희
(妙喜)[142]도 스스로 이해할 수 없다. 우리들의 문중에는 이해할 수 있는 것
도 없고 이해할 수 없는 것도 없으니, 모기가 무쇠 소에 올라 주둥이를 댈 곳
이 없다고 운운하였다.」

洪覺範曰하되「昔에 有僧問趙州하되『如何是祖師西來意오?』答曰『庭
前栢樹子니라』」

又隨而誡之曰하되「汝若肯我伊麼道하면 我則辜負汝오 汝若不肯我伊
麼道하면 我則不辜負汝니라 而昧者勤之하야 使古人之意不完하니 爲
害甚矣로다」

홍각범이 말하였다.

「옛날에 어떤 스님이 조주에게 묻기를,『어떤 것이 조사가 서쪽에서 온 뜻
입니까?』라 하니,『뜰 앞의 잣나무.』라고 답하였다.」

141 오조 법연(五祖法演)을 가리킨다.

142 경산(徑山) 자신을 가리킨다.

또 이어서 경계하며 말하였다.

「그대들이 만약 나의 이 말에 동의한다면 나는 그대들을 저버리게 되는 것이요, 그대들이 만약 나의 이런 말에 동의하지 않는다면 나는 그대들을 저버리지 않게 된다. 그러나 어리석은 자들이 베껴서 옛사람의 뜻을 완전하지 못하게 하니, 해를 끼침이 심하다.」

『僧寶傳』云하되 雪寶顯이 嘗典客大陽할새 與客으로 論趙州宗旨러니
客曰「法眼禪師가 昔에 邂逅覺鐵觜者於金陵하니 覺은 趙州侍者也라
號稱은 明眼이라 問曰『趙州栢樹子因緣을 記得否아?』覺曰『先師無此
語라 莫謗先師라야 好라』法眼이 拊手曰『眞自師子窟中來로다』覺公이
言無此語어늘 而法眼이 肯之하니 其旨安在오?」
顯曰「宗門抑揚이 那有規轍乎아?」時有苦行이 侍其旁이라가 輒匿笑而
去어늘 客退에 顯이 數之曰「我偶客語어늘 爾乃敢慢笑하니? 笑何事乎
아?」
對曰「笑知客이 智眼未正하야 擇法不明이로다」
顯曰「豈有說乎아?」
對以偈曰하되
一兎橫身當古路어늘
蒼鷹一見便生擒이로다
後來獵犬無靈性하야
空向枯樁舊處尋이로다
顯이 異之하야 結以爲友하다

『승보전』에서 말하였다. 설두현이 일찍이 대양(大陽)에서 지객(知客) 소임을 맡고 있을 때, 객과 더불어 조주의 종지를 논했었다.

객이 말하였다.

「법안 선사가 옛날에 각철취를 금릉에서 만났었는데, 각철취는 조주의 시자였고, 명안(明眼)이라 불렸습니다. 법안 선사가 묻기를, 『조주의 잣나무

인연을 기억하십니까?』라고 하니, 각철취가 말하기를,『선사께서는 이런 말씀이 없었습니다. 선사를 비방하지 말아야 좋습니다.』라고 했습니다. 법안이 손뼉을 치면서 말하기를,『실로 사자굴 속에서 나왔구나.』라고 했었습니다. 각철취는 이런 말씀을 하신 적이 없다 했거늘 법안은 이를 긍정하였으니, 그 뜻이 어디에 있습니까?』

설두현이 말하였다.

「종문에서 칭찬과 헐뜯음이, 어디에 일정한 법도가 있겠습니까?」

그때 행자가 있었는데 곁에서 모시고 있다가 바로 웃음을 참고 가거늘, 객이 물러가자 설두현이 그를 책망하면서 말하였다.

「내가 객과 더불어 이야기하거늘, 네가 감히 예의 없이 웃느냐? 무슨 일로 웃었더냐?」

행자가 대답하였다.

「지객 스님의 지혜의 눈이 바르지 못하고 법을 간택함이 밝지 못함을 웃었습니다.」

「어찌 할 말이 있느냐?」

게송으로써 대답하였다.

토끼 한 마리 옛길을 가로지르거늘
참매가 한 번 보자마자 사로잡았네.
뒤에 온 사냥개 영리함이 없어서
부질없이 말뚝에서 있던 자리만 찾는구나.

설두현은 그를 뛰어나다 여기고 벗으로 삼았다.

拈頌說話 - 「栢樹」

【栢樹】

《祖師西來意》는 有曹山三種釋으로 一者는 觀此土衆生에 迷情未曉하

고 永滯沉淪하며 無有休息으로 所以西來니라 二者는 觀此土衆生에 有
一乘根機하야 一撥便轉하니 當有後利로 所以西來니라 三者는 又恐學
者가 滯在三乘十二分敎로 執着三賢四果하고 分別名相하니 何時醒悟
去哉로 所以西來니라 直指人心하고 見性成佛하면 與佛齊肩하리라
僧問普明和尙하되「如何是和尙西來意오」하니 云하되「我不曾到西天
이니라」하고「如何是學人西來意오」하니「汝在東土多少時오」하니라 則
燈籠西來意요 露柱西來意로 不從蔥嶺付將來也니라 則西來二字也도
用不着也니라 然達麼西來後에 法周沙界로 故云西來意也니라
《조사가 서쪽에서 온 뜻》에 대해 조산(曹山)은 세 가지로 풀었다. 첫째는 이
땅의 중생들이 미혹한 마음을 밝히지 못하고 영원히 고통에 빠져 쉼이 없는
것을 보았기 때문에 서쪽에서 오셨다는 것이다.
둘째는 이 땅의 중생들이 일승(一乘)의 근기가 있어서 한 번 밀면 바로 굴러서
반드시 후에 이익이 있을 것이라 보았기 때문에 서쪽에서 오셨다는 것이다.
셋째는 또 배우는 자들이 삼승(三乘) 십이분교(十二分敎)에 머물면서 삼현
(三賢)과 사과(四果)에 집착하고 이름과 모양을 분별하니 어느 때에 깨칠 것
인가를 염려했기 때문에 서쪽에서 오셨다는 것이다. 사람의 마음을 곧바로
가리켜서 성품을 보고 부처를 이루면, 부처와 어깨를 나란히 하리라.
어떤 스님이 보명 화상에게 물었다.
「어떤 것이 화상께서 서쪽에서 오신 뜻입니까?」
보명이 말하였다.
「나는 일찍이 서쪽에 간 적이 없다.」
「어떤 것이 학인이 서쪽에서 온 뜻입니까?」
「그대는 동쪽 땅에 얼마나 있었는가?」
즉 등롱(燈籠)이 서쪽에서 온 뜻이고 노주(露柱)가 서쪽에서 온 뜻이며 (달마
가) 총령에서부터 가지고 온 것이 아니다. 때문에 서래(西來, 서쪽에서 왔다)라
는 두 글자도 필요치 않다.
그러나 달마가 서쪽에서 온 후로 법이 수많은 세계를 둘렀으니, 때문에 말

하기를 서래의(西來意, 서쪽에서 온 뜻)라 하는 것이다.

《庭前栢樹子者》

趙州示衆云하되「此事的的하여 沒量大人도 出這裏不得이니라 老僧昨
到潙山에 僧問하되『如何是祖師西來意오』하니 山云하되『與我過床子
來하라』하니라 若是本分宗師인댄 須以本分事接人始得이니라」

《僧問如何是祖師意師云庭前栢樹子云云者》

則本分宗師가 本分答話也니라 陳提刑解印하고 歸蜀過五祖山에 問演
하되「宗門中에 彈指揚眉하고 一問一答하니 意旨如何오」

演云하되「公曾讀少艶詩否아」

刑云하되「曾讀이니라」

演云하되「有一句頗近於道하니 頻呼少玉非他事하니 只要郎君認得聲
이로다」

刑唯唯而去에 後圓悟問하되「提刑會去不會去닛고」

演云하되「唯唯而去니라」

悟云하되「唯唯而去에 意旨如何닛고」

演云하되「只認得聲去니라」

悟云하되「不會니이다」

演云하되「不聞인고 僧問趙州하되『如何是祖師西來意닛고』하니 州云
하되『庭前栢樹子니라』하니라」

悟忽有省하고 遽出에 見雞飛上欄干하고 鼓翼而鳴하니 復自謂曰하되
「此豈不是聲아」하고 遂袖香入室에 能通所得하고 呈偈曰하되

金鴨香燒錦繡幃하고

笙歌叢裏醉扶歸이로다

少年一段風流事는

只許家人獨自知로다

趙州는 先擧潙山過床子來하고 然後有此語하거늘 五祖演은 又以彈指
揚眉一問一答으로 例之하니 則怎生會趙州意오? 若卽此栢樹子인댄 會
趙州니라

又隨而誠之曰하되「汝若肯我伊麼道하면 我卽辜負汝요 汝若不肯我伊
麼道하면 我卽不辜負汝니라」若離此栢樹子인댄 會五祖演니라

又道하되「『如何是祖師西來意닛고』에『庭前栢樹子니라』하니 伊麼會면
便不是子也요『如何是祖師西來意닛고』에『庭前栢樹子니라』하니 伊麼
會면 方始是니라」如有人聞伊麼說하고 又於離卽外하야 別作道理하고
謂하되「是本分答話니라」하면 遠之遠矣로 千里萬里니라

又何曾會得覺鐵觜道하되「莫謗先師好라 先師無此語」也오 這僧謂趙州
將境示人이니라 大陽典客에 以覺鐵觜之語로 謂하되「宗門抑揚이 那有
規轍아」하거늘 韓獹趂塊도 未足爲喻也니라

《뜰 앞의 잣나무》
조주가 시중(示衆)하였다. 「이것은 너무도 분명하여 양을 뛰어난 대인이라
도 여기를 벗어날 수는 없다. 노승이 어제 위산(潙山)에 갔을 때 한 스님이
위산 스님에게 『조사가 서쪽에서 오신 뜻이 무엇입니까?』하고 묻자, 위산
스님은 『나에게 의자를 가져오너라.』하였다.
본분종사라면 모름지기 본분의 일로 사람을 제접해야 한다.」

《조사가 서쪽에서 온 뜻은 무엇입니까 ~ 뜰 앞의 잣나무》는 본분종사가 본
분으로 답한 이야기이다. 진제형(陳提刑)[143]이 관직을 버리고 촉 땅으로 돌
아가다 오조산(五祖山)을 지나게 되었는데, 법연(法演)에게 물었다.
「종문에서 손가락을 튕기고 눈썹을 치켜뜨며, 한 번 묻고 한 번 답하는 의도

143 일반적인 관직명.

가 무엇입니까?」

법연이 말하였다.

「공은 소염시(少艶詩)를 읽어본 적이 있습니까?」

「읽어봤습니다.」

「한 구절이 상당히 도에 가깝습니다. 자주 소옥이를 부르지만 원래는 일이 있어서가 아니니, 다만 낭군님께 목소리를 알리려 함이로다.」

제형은 「예예!」 하고는 갔다.

후에 원오(圓悟)[144]가 물었다.

「제형은 알아차리고 갔습니까? 알지 못하고 갔습니까?」

법연이 말하였다.

「예예 하고는 갔다네.」

원오가 말하였다.

「예예 하고는 갔다니, 무슨 의도였습니까?」

「그저 소리만 알아들은 것뿐이지.」

「모르겠습니다.」

「듣지 못했는가? 어떤 스님이 조주에게 묻기를 『조사가 서쪽에서 오신 뜻이 무엇입니까?』 하니, 조주가 말하길 『뜰 앞의 잣나무.』라고 했었잖아.」

원오는 갑자기 깨달음이 있자 황급히 뛰쳐나가다 닭이 난간 위로 날아오르더니 홰치며 우는 것을 보고는 혼잣말을 하였다. 「이것이 어찌 그 소리가 아니겠는가?」 그러고는 향을 소매에 넣고는 입실(入室)하니 얻을 바를 다 통할 수 있었고, 게송을 올렸다.

향로에 향 타오르고 수놓은 비단 휘장이라
생황 반주에 노래하다 취해 부축하여 돌아감이로다.

---

144 오조 법연(五祖法演)의 법제자이다.

소년 시절 한때의 풍류는

단지 집안 사람들만 알 뿐이로다.

조주는 먼저 위산이 의자를 가져오라 한 것을 듣고, 후에 이 말을 하였는데, 오조연은 또 손가락을 튕기고 눈썹을 치켜뜨며, 한 번 묻고 한 번 답하는 것을 예로 들었으니, 조주의 뜻을 어떻게 알아야 하는가? 만약 이 뜰 앞의 잣나무를 마주한다면 조주를 알 것이다.

또 이어서 경계하며 말하였다. 「그대들이 만약 나의 이 말에 동의한다면 나는 그대들을 저버리게 되는 것이요, 그대들이 만약 나의 이런 말에 동의하지 않는다면 나는 그대들을 저버리지 않게 된다.」 만약 이 뜰 앞의 잣나무를 여읜다면 오조를 알 것이다.

또 말하였다. 「『어떤 것이 조사가 서쪽에서 온 뜻입니까?』 물음에 『뜰 앞의 잣나무.』라 했으니, 이렇게 이해하면 바로 옳게 안 것이 아니니라. 『어떤 것이 조사가 서쪽에서 온 뜻입니까?』 물음에 『뜰 앞의 잣나무.』라 했으니, 이렇게 이해해야만 비로소 옳으니라.」 만약 어떤 사람이 이 이야기를 듣고서, 마주하거나[卽] 여의거나[離] 이외에 따로 도리를 지으면서 말하기를 「이는 본분에 관한 대답이다.」라고 한다면 멀어짐이 천리만리이다.

또 언제 각철취가 말한 「선사를 비방하지 말아야 좋습니다. 선사는 이런 말을 하지 않았습니다.」를 이해한 적이 있는가? 저 스님은 조주가 경계를 가지고 학인을 가르친다고 말하였다. 설두현이 대양(大陽)에서 지객으로 있을 때 각철취의 이야기로써 말하기를 「종문에서 칭찬과 헐뜯음이, 어디에 일정한 법도가 있겠습니까?」라고 했는데, 한나라 사냥개가 진흙 덩이를 쫓는다[145]는 비유로도 부족하다.

---

145 보통 한로축괴(韓獹逐塊)라고 한다. 다음과 같은 성어로 쓰인다. '韓獹逐塊, 獅子咬人(한나라 사냥개는 진흙덩이를 쫓지만, 사자는 사람을 문다.)' 즉 개는 본질을 보지 못하고 모양을 쫓는 반면에, 사자는 본질을 단번에 알아차림을 말한다.

【雪竇】

雪竇顯이 頌하되

七百甲子老禪和가　　　7백 갑자 늙은 선사가

安貼家邦苦是他로다　　집과 나라 편안케 했건만 다른 이들
　　　　　　　　　　　　괴롭게 하였네.

人間西來指庭栢하니　　서쪽에서 오신 뜻 물으면 뜰 앞의 잣나무
　　　　　　　　　　　　가리켰으니

却令天下動干戈로다　　도리어 천하 사람이 싸움을 시작하게 하였네.

又頌하되

千里靈機不易親이라　　천리마의 영특한 근기는 친하기 어렵나니

龍生龍子莫因循하라　　용이 용을 낳는 일도 그냥 된다고 여기지 말라.

趙州奪得連城璧하니　　조주가 15개 성과 맺어진 화씨벽 빼앗으니

秦主相如總喪身이로다　진왕과 상여 모두 목숨 잃었음이로다.

天下衲僧이 不會趙州意故로 反動干戈也니라

《貼者》은 安也靜也니라

又頌에《奪得連城云云者》는 先師無此語也니라

천하의 납승들이 조주의 뜻을 알아차리지 못했기 때문에 반대로 싸움이 일어나게 되었다는 뜻이다.

《첩(貼)》은 안정시키다, 조용히 하다는 뜻이다.

또 게송에서《성과 맺어진 화씨벽을 빼앗으니 운운》한 것은 선사는 이런 말을 하신 적이 없다고 한 것을 말한다.

【善慧】

善慧大師에게 因僧問하되「庭前栢樹子意旨如何오?」

師云하되「天際에 月初生이니라」

乃成頌曰하되

庭前栢樹子오　　　　　　　天際月初生이로다

石人附掌笑하고　　　　　　泥牛海底行이로다

선혜 대사에게 어떤 스님이 물었다.

「뜰 앞의 잣나무라는 뜻이 어떤 것입니까?」

대사가 말하였다. 「하늘가에 달이 막 나왔다.」 하고는

이내 게송을 지어 읊었다.

뜰 앞의 잣나무여

하늘가에 달이 막 나왔도다.

석인(石人)이 손뼉을 치며 웃고

진흙소가 바다 밑에 다님이로다.

《石人拊掌笑者》는 庭前栢樹子也니라

《泥牛海底行者》는 「天際月初生」이나 雖會라도 「庭前栢樹子」도 亦須會
니라 「天際月初生」가 若有前後면 又却不是니라 知其一하고 不知其二
러니 非徒不知其二하거니와 亦是不知其一也니라

《석인(石人)은 손뼉을 치며 웃고》는 뜰 앞의 잣나무를 말한 것이다.

《진흙소가 바다 밑에 다님이로다》는 「하늘가에 달이 막 나왔다」를 말한 것
이나, 비록 알았다 하더라도 「뜰 앞의 잣나무」 또한 반드시 알아야만 한다.
「하늘가에 달이 막 나왔다」가 만약 앞쪽이나 뒤쪽이 있었더라면 도리어 맞
지 않았을 것이다. 하나만 알고 둘은 모르는 것이 아니라 다만 둘을 모르는
것뿐만 아니라 그 하나조차도 알지 못하는 것이다.

【雲居】

雲居祐가 示衆擧此話云하되

「奇哉라! 古聖이 垂一言半句가 可謂截斷聖凡門戶하고 直示彌勒眼睛하야 今昔無墜로다 衆中異解多途하고 商量非一이라 埋沒宗旨하고 錯判名言이로다

或謂『靑靑翠竹이 盡是眞如오 鬱鬱黃花가 無非般若라』하며

或謂『山河草木物物이 皆是眞心顯現이어늘 何獨庭前栢樹子乎아? 塵毛瓦礫이 都是一法界中이며 重重無盡이 理事圓融이라』하며

或謂『庭前栢樹子는 纔擧에 便直下薦取니 覿體全眞이오 擬議之間에 早落塵境이라 須是當人作用이오 臨機相見이라』하며

或棒或喝하며 或擎起拳頭하며 衣袖一拂하야『這箇眼目은 如石火電光相似라』하며

或謂『庭前栢樹子가 更有甚麼事오? 趙州直下爲人이 實頭說話라 飢來喫飯하고 困卽打眠이라 動轉施爲가 盡是自家受用이라』하니

如斯見解가 似粟如麻나 皆是天魔種族이며 外道邪宗이라

但取識情分別하야 用心取捨하고 强作知見하야 口耳相傳하야 誑惑於人하고 貴圖名利하니 是何業種고 玷瀆祖風이로다 何不遊方하야 徧歷求善知識하야 決擇身心고? 略似箇衲僧이나 古來로 自有宗門師範이니라 我佛心宗은 釋梵諸天이 拱手敬信이오 三賢十聖이 罔測其由니라」하고

乃擧拂子云하되「若向這裏悟去하면 山河大地가 與汝同參이니라」하고 復顧左右云하되「道林이 爭敢壓良爲賤이리오?」하다

운거우가 시중(示衆)에 이 이야기를 들어 말하였다.

「놀랍도다! 옛 성인이 남기신 한 마디 반 구절[一言半句]이 성인과 범부의 관문을 없애버리고 곧바로 미륵의 눈동자를 보여주니 고금에 떨어짐이 없다고 말할 만하다. 대중들 가운데 견해가 여러 갈래고 생각하는 것도 한결같지 않아, 종지를 묻어버리고 이름과 말을 틀리게 판단하는구나.

혹은 말하기를『푸릇푸릇한 대나무마다 진여(眞如)요, 만발한 국화는 반야 아님이 없네.』라고 하고,

혹은 말하기를『산하와 초목의 물건마다 다 참마음이 나타난 것이거늘, 어

찌 유독 뜰 앞의 잣나무뿐이겠는가? 티끌과 기와 조각이 모두 이 한 법계 속이라서 거듭해도 다함이 없고, 이(理)와 사(事)가 원융함이라.』라고 하고,

혹은 말하기를『뜰 앞의 잣나무라고 말하자마자 바로 그 자리에서 알아차려야 체를 마주함에 온전한 참일 것이요, 머뭇거리는 찰나에 이미 속세에 떨어져 버린다. 반드시 그 사람이 작용하여 상황에 임하여 마주해야만 한다.』라고 하고,

혹은 몽둥이로 치고 혹은 할을 하며, 혹은 주먹을 들어올리고 옷소매를 한 번 떨치고는『이 안목은 전광석화와 같다.』하기도 하고,

혹은 말하기를『뜰 앞의 잣나무에 다시 무슨 일이 있겠는가? 조주가 그 자리에서 학인을 위해 실제대로 이야기한 것일 뿐이다. 배고프면 밥을 먹고 피곤하면 잠을 잔다. 움직이고 행위를 하는 것이 모두 내가 작용하는 것이다.』라고 한다.

이러한 견해들은 마치 조나 깨와 같나니, 다 천마의 종족이며 외도의 삿된 종지다.

단지 생각을 내서 분별하고 마음을 써서 취하고 버리며 억지로 지견을 지어내어 입과 귀로 서로 전하며 사람들을 속이면서 명리를 도모하려고 함이니, 이 무슨 업의 종자들인가? 조사의 가풍을 더럽히는구나. 어찌하여 행각하며 두루 다니면서 선지식을 구하여 몸과 마음에 대해 선택 내리지 않는가? 저 납승과 비슷하기는 하나, 예로부터 스스로 종문에는 사범이 있었다. 우리 부처님의 심인을 전하는 종파[佛心宗]는 제석과 범왕들이 손을 모아 공경하고 믿은 것으로, 삼현십성(三賢十聖)도 그 유래를 헤아리지 못한다.」

이에 불자를 들고 말하였다.

「만약 이 속에서 깨친다면 산하대지가 그대들과 함께 동참할 것이다.」

다시 좌우를 둘러보고는 말하였다.

「도림(道林)이 어찌 감히 양민을 억압하여 노비로 만들겠는가?」

《截斷至眼睛者》는 此指彌勒樓閣이니라 不稟宗修하고 驚於虛遠者는 未

免生疑也니라

下云하되「三賢十聖이 罔測其由니라」하거늘 如何知得擧起拂子處하며
又作麼生會오 潙山云하되「與我過床子來하라」하니 與擧起拂子와 相去
多少하며 本分答話를 又作麼生會오 徒有望空高談하거니와 不會趙州
意者甚多니라

《靑靑翠竹云云者》는 理上偏枯也니라

《或謂山河草木云云者》는 事上作解會也니라

《或謂庭前栢樹子纔擧云云者》는 理卽事요 事卽理라 如同神變하니 莫
定方隅也니라

《或謂庭前栢樹子更有什麼事者》는 又作無事會니라

《復顧左右云云者》는 向擧起拂子處悟去하면 則從前許多見解가 又有什
麼過오

《성인과 범부의 ~ 보여주니》는 미륵의 누각을 가리킨다. 종지와 수행을 이
어받지 않고 헛되고 먼 것을 추구하는 자들은 의심을 내지 않을 수 없다.
아래에서 말하기를「삼현십성(三賢十聖)도 그 유래를 헤아리지 못한다.」라
했는데, 어떻게 불자를 들어 올린 자리를 알아차릴 것이며, 또 어떻게 이해
할 것인가? 위산이 말한「나에게 의자를 가져 오너라.」와 불자를 들어 올린
것은 차이가 얼마쯤 될 것이며, 본분 대답을 또 어떻게 이해할 것인가? 쓸데
없이 뜬구름 잡는 과장된 말만 있을 뿐, 조주의 뜻을 전혀 이해하지 못하는
자가 매우 많다.
《푸릇푸릇한 대나무 운운》한 것은 이치 위에서 한쪽이 모자라다는 뜻이다.
《혹은 말하기를 산하와 초목 운운》한 것은 일 위에서 이해를 한다는 뜻
이다.
《혹은 말하기를 뜰 앞의 잣나무라고 말하자마자 운운》한 것은 이치가 곧
일이요 일이 곧 이치라, 마치 신통변화와 같아서 방향이 확실치 않다는 뜻
이다.
《혹은 말하기를 뜰 앞의 잣나무에 다시 무슨 일이 있겠는가》는 일없다는 이

해를 짓는 것을 뜻한다.

《다시 좌우를 둘러보고는 말하였다 운운》한 것은 불자를 들어 올린 자리
에서 깨친다면 앞에서부터의 많은 견해들이 또 무슨 허물이 있겠느냐는
뜻이다.

【佛鑑】

佛鑑勤이 擧此話云하되

「大凡師資道合하고 言意相投라 得意忘言하고 得兎忘罘하며 得魚忘筌
이니 祖師之道不然乎哉아? 好是昔者에 淸凉이 問覺鐵觜하되『至無此
語』하야 凉云『而今天下가 盡傳이라 僧問趙州하되〈如何是祖師西來意
오〉州云하되〈庭前栢樹子라〉하니 如何言無오?』覺云하되『莫謗先師
라사 好라 先師無此語니라』하니 凉이 忽悟其意로다

大衆아 且如趙州栢樹子話를 見則共見이오 聞則共聞이어늘 因何覺鐵
觜가 却云하되『先師實無此語오』莫是法離文字하야 不在言詮麼아? 莫
是善惡不思하면 心體自現麼아? 莫是衲衣下事는 不勞錐箚麼아? 莫是
向上一路는 千聖不傳麼아? 若如是會인댄 未免辜負趙州니라 旣不如是
인댄 合作麼生고? 伊麼也不得하고 不伊麼也不得하고 伊麼不伊麼惣不
得이니라」하고

良久云하되「會麼아? 頭鑽荒草知無着이오 掛角羚羊이 是趙州니라」

불감근이 이 이야기를 들며 말하였다.

「대체로 스승과 제자의 도가 합하고 말과 뜻이 맞아서 뜻을 얻었으면 말을
잊고, 토끼를 잡았으면 그물을 잊으며, 물고기를 잡았으면 통발을 잊나니,
조사의 도란 그렇지 않겠는가? 좋은 것으로 옛날에 청량(淸凉)이 각철취에
게 물었더니,『그런 말이 없다.』라고 하였다. 청량이『지금에 천하에서 모두
전해지기를 어떤 스님이 조주에게〈어떤 것이 조사가 서쪽에서 오신 뜻입
니까?〉하니, 조주가〈뜰 앞의 잣나무니라.〉라고 했다는데, 어찌하여 없다고

말하십니까?』하니, 각철취가 『선사를 비방하지 말아야 좋습니다. 선사는 이런 말을 하지 않았습니다.』하자, 갑자기 그 뜻을 깨쳤다.

대중들이여, 바로 조주의 잣나무 이야기라면, 보았다면 같이 보았을 것이요 들었다면 같이 들었을 것이거늘, 왜 각철취가 도리어 말하기를 『선사께서는 실제로 이런 말씀을 없었다』고 했는가? 이것은 법이 문자를 떠나서 말끝에 있지 않다는 것이 아니겠는가? 이것은 선과 악을 생각하지 않아서 마음의 본체가 저절로 나타나는 것이 아니겠는가? 이것은 납승의 본분사가 송곳 같은 사량심에 힘쓰지 않는 것이 아니겠는가? 이것은 위를 향한 한 길[向上一路]은 천성(千聖)일지라도 전하지 못하는 것이 아니겠는가? 만약 이와 같이 이해할진댄 조주를 저버리게 됨을 면치 못하리라. 이미 이와 같지 않을진댄 어떻게 할 것인가? 이렇게 해도 얻지 못하고, 이렇게 하지 않아도 얻지 못하며, 이렇게 하거나 이렇게 하지 않거나 모두 얻지 못한다.』

양구했다가 말하였다.

「알겠는가? 머리로 잡초를 파는 건 무착(無着)인줄 알 것이요, 뿔을 가지에 건 산양은 조주로다.」

《法離文字云云者》는 離文字相하고 離言語相이라사 位裏承當也니라
《善惡不思云云者》는 與體一如하야 喪盡今時凡聖因果功行也니라
《衲衣下事云云者》는 更高一著也니라
《伊麼也不得云云者》는 前四種見解가 皆是破病得入이나 從今日去也니라 此則如無孔鐵鎚로 無你下手處니라 若於此徹底會去하면 前之四種見解도 亦是趙州意也니라

《법이 문자를 떠나서 운운》한 것은 문자라는 모양을 여의고 언어라는 모양을 여의어야 자리를 감당한다는 뜻이다.
《선과 악을 생각하지 않아서 운운》한 것은 본체와 하나가 되어 바로 지금 범부와 성인과 인과와 공행을 완전히 잃어버린다는 뜻이다.
《납승의 본분사 운운》한 것은 다시 높은 한 수를 둔 것이다.

《이렇게 해도 얻지 못하고 운운》한 것은 앞의 네 가지 견해가 모두 병통을 깨뜨리고 능히 들어가는 것이나 오늘부터 가야 한다는 뜻이다. 이는 즉 마치 구멍 없는 쇠망치와 같아서 그대가 손댈 자리가 없다는 뜻이다. 만약 여기서 철저하게 깨달아 간다면, 앞의 네 가지 견해도 마찬가지로 조주의 뜻이라는 것이다.

【徑山】

徑山杲가 示衆에 擧法眼이 問覺鐵觜하고 至「莫謗先師好」하야 師云하되「若道有此語하면 差過覺鐵觜오 若道無此語하면 又差過法眼이오 若道兩邊都不涉하면 又差過趙州오 直饒惣不恁麼라하고 別有透脫一路라도 入地獄如箭射니 畢竟如何오?」
擧起拂子云하되「還見古人麼아?」喝一喝.

경산고가 시중(示衆)에 법안이 각철취에게 한 질문부터 「선사를 비방하지 말아야 좋다」까지를 들어 말하였다.
「만약 이런 말이 있었다고 말한다면 각철취를 놓치는 것이요, 만약 이런 말이 없었다고 말한다면 또 법안을 놓치는 것이며, 만약 두 견해 모두 건너지 못했다고 말한다면 또 조주를 엇갈릴 것이다. 설사 모두 이런 것이 아니라 하고 따로 뛰어난 한 길이 있다고 하더라도 쏜살같이 지옥으로 들어갈지니, 끝내 어떻게 할 것인가?」
불자를 들고는 말하였다.
「옛사람을 보았는가?」하고는 할을 한 번 하였다.

又示衆擧此話云하되
「庭前栢樹子가 今日에 重新擧로다 打破趙州關하고 特地尋言語로다 既是打破關인댄 爲什麼하야 却尋言語고? 當初에 將謂茅長短이리니 燒了에 元來地不平이로다」

또 시중에 이 이야기를 들며 말하였다.

「뜰 앞의 잣나무를 오늘 다시 새로 들어 조주의 관문을 타파하고 모처럼 말로 찾아보겠다. 이미 이 관문을 타파했을진댄 어찌하여 도리어 말로 찾겠다고 하는가? 처음에는 띠가 길고 짧음을 이야기하려 했는데, 타버리고 나니 원래 땅이 평평하지 않음이로다.」

又普說云하되「五祖師翁이 有言하되『如何是祖師西來意오 庭前栢樹子라하니 伊麽會하면 便不是了也니라 如何是祖師西來意오 庭前栢樹子라하니 伊麽會하야사 方始是라』하니 你諸人은 還會麽아? 者般說話는 莫道你諸人理會不得하라 妙喜도 也自理會不得이로다 我此門中에 無理會得하고 無理會不得하니 蚊子上鐵牛라 無你下觜處니라 云云하다」

또 보설에 말하였다.

「오조 노스님께서 말씀하시기를, 『어떤 것이 조사가 서쪽에서 온 뜻이냐는 물음에 뜰 앞의 잣나무라 했으니, 이렇게 이해하면 바로 옳게 안 것이 아니니라. 어떤 것이 조사가 서쪽에서 온 뜻이냐는 물음에 뜰 앞의 잣나무라 했으니, 이렇게 이해해야만 비로소 옳으니라.』라고 하니, 그대들은 도리어 알겠는가? 이러한 이야기는 그대들이 이해할 수 없다고 말하지 마라. 묘희(妙喜)도 스스로 이해할 수 없다. 우리들의 문중에는 이해할 수 있는 것도 없고 이해할 수 없는 것도 없으니, 모기가 무쇠 소에 올라 주둥이를 댈 곳이 없다고 운운하였다.」

若道有此語觸이요 若道無此語背니라 若道兩邊都不涉인댄 前不到村이요 後不至店이니라

《直饒摠不伊麽云云者》는 也是望空高談也니라

《畢竟如何云云者》는 但喚作拂子也니라

又示衆은 「斫却月中桂云云」也니라

又普說은 話中已現이니라 前破諸人背觸病하고 次破諸人離此而會之病

하며 後破諸人卽此而會之病이니라

만약 이런 말이 있었다고 할진댄 저촉하는 것이요, 이런 말이 없었다고 할진댄 등진 것이라는 뜻이다. 만약 양쪽 다 관계가 없다고 말할진댄, 앞은 마을에 도달하지 못한 것이고 뒤는 가게에 이르지 못한 것이다.

《설사 모두 이런 것이 아니라 운운》한 것은 이것이야말로 뜬구름 잡는 과장된 말이라는 뜻이다.

《끝내 어떻게 할 것인가 운운》한 것은 다만 불자라고만 부르라는 뜻이다.

또 시중(示衆)은「달 속의 계수나무를 베어버린다면 밝은 달빛이 응당 더욱 많아지리라」[146]의 뜻이다.

또 보설(普說)은 이야기 속에 이미 드러났다. 먼저 여러 사람들의 등지고[背] 저촉하는[觸] 병통을 깨뜨렸고, 다음으로 여러 사람들이 이것을 여의고[離] 이해하려는 병통을 깨뜨렸으며, 마지막으로 여러 사람들이 이것을 마주하고[卽] 이해하려는 병통을 깨뜨렸다.

【洪覺】

(上略)

「法眼禪師가 昔에 邂逅覺鐵觜者於金陵하니 覺은 趙州侍者也라 號稱은 明眼이라 問曰『趙州栢樹子因緣을 記得否아?』覺曰『先師無此語라 莫謗先師라야 好라』法眼이 拊手曰『眞自師子窟中來로다』覺公이 言無此語어늘 而法眼이 肯之하니 其旨安在오?」

「법안 선사가 옛날에 각철취를 금릉에서 만났었는데, 각철취는 조주의 시자였고, 명안(明眼)이라 불렸습니다. 법안 선사가 묻기를,『조주의 잣나무 인연을 기억하십니까?』라고 하니, 각철취가 말하기를,『선사께서는 이런 말

---

146 완성된 구절은 '斫却月中桂, 淸光應更多'로 본문에선 뒷부분이 생략되었다.

씀이 없었습니다. 선사를 비방하지 말아야 좋습니다.』라고 했습니다. 법안이 손뼉을 치면서 말하기를,『실로 사자굴 속에서 나왔구나.』라고 했었습니다. 각철취는 이런 말씀을 하신 적이 없다 했거늘 법안은 이를 긍정하였으니, 그 뜻이 어디에 있습니까?」

(下略)

曰覺鐵觜云「先師無此語」가 豈不肯趙州伊麼道也니라

각철취가 말하기를「선사는 이런 말을 하지 않았습니다.」라고 한 것이, 어찌 조주의 이 말을 긍정하지 않은 것이겠는가를 말한 것이다.

【僧寶傳】

(上略)

一兎橫身當古路어늘	토끼 한 마리 옛길을 가로지르거늘
蒼鷹一見便生擒이로다	참매가 한 번 보자마자 사로잡았네.
後來獵犬無靈性하야	뒤에 온 사냥개 영리함이 없어서
空向枯椿舊處尋이로다	부질없이 말뚝에서 있던 자리만 찾는구나.

一兎는 謂趙州也요 蒼鷹는 謂覺鐵觜也며 獵犬는 謂雪竇也니라

토끼 한 마리는 조주요, 참매는 각철취며, 사냥개는 설두를 말한 것이다.

| 학산 대원 曰 |

趙州庭前栢樹子
萬家風月照樓臺
默然微笑眉語傳
繫着千門萬戶開

조주의 뜰 앞의 잣나무여

만가(萬家)의 맑은 바람 밝은 달이 높은 누대를 비추는구나.

말없이 미소 짓고 눈썹으로 말을 전하니

천 개의 문에 부딪히니 만호(萬戶)가 활짝 열리는구나.

대원 스님의 뜰 앞의 잣나무 화두타파 기연

1972년 고암 스님이 해인총림 방장으로 계실 때, 대원 스님이 저녁 정진을 마치고 방장실을 찾아가서 공부에 대해 여쭈니,

[고암] "지금도 정전백수자(뜰 앞의 잣나무) 화두를 참구하고 있는가? 몇 년이나 참구하였는가?"
[대원] "8년간 참구하였습니다."

하니 고암 스님이 애석하다 하고 이르시길,

[고암] "잣나무 꼭대기 위에서 손을 놓고 한 걸음 나아갔을 때를 당하여서 어떤 것이 너의 본래면목이겠는고?"

이 말에 홀연히 크게 깨쳤다. 이에 박장대소하니,

[고암] "무슨 기특한 일이 있기에 그렇게 웃는가? 속히 일러라!"
[대원] "한 입으로 다 말할 수 없습니다."
[고암] "아니다. 다시 말해보아라."
[대원] (삼배하고 일어서서 손을 모으고 말하기를) "설사 천언만구(千言萬句)를 다 이른다 해도 이 속에 있어서 상신실명(喪身失命)을 면치 못합니다."

하고 문밖으로 나갔다 다시 들어와 앉았다.

[고암] (주장자로 원상을 그리더니) "여기에 들어가도 서른 봉이요, 나가도 서른 봉이니 일러라."
[대원] (깔고 앉았던 좌복을 머리에 이고 서서) "이것이 안에 있습니까? 밖에

있습니까?”

[고암] “아니야!”

하시며 주장자로 스님을 치려고 하시는 찰나, 좌복을 고암 스님 머리 위에 던지고 문밖으로 나갔다가 잠시 후에 다시 들어와 앉았다.

[고암] “눈 푸른 납자는 속이기 어렵도다!”

하고 1,700공안을 두루 물으시기에 즉시 대답하였다. 이에 오도송 일구를 가져오라 하시므로 오도송을 지어 바쳤다.

忽聞栢頭手放語
廓然銷覺疑團處
明月獨露淸風新
凜凜闊步毘盧頂
홀연히 잣나무 꼭대기에서 손을 놓고 한 걸음 나가란 말을 듣고
확연히 의심 덩어리 녹아 깨달았네.
밝은 달은 홀로 드러나고 맑은 바람은 새로운데
늠름히 비로자나 이마 위를 활보함이로다.

고암 스님이 이를 보고 흔연히 입실을 허락한 뒤, ‘학산(鶴山)’이라는 법호와 전법게를 내리셨다. 그리하여 환성 지안(1644~1729) - 용성 진종(1864~1940) - 고암 상언(1899~1988) - 학산 대원(1942~)으로 부처님의 법맥이 이어지게 되었다.

● 대원 스님의 자세한 수행기(修行記)는 2021년 출간된 『진흙 속에서 달이 뜨네(泥裏月出)』(불광출판사)를 참조하기 바란다.

13則

　　師又云하되「老僧이 九十年前에 見馬祖大師下 八十餘員善知識이어늘 個個俱是作家러니 不似如今知識枝蔓上生枝蔓이로다 大都是去聖遙遠하야 一代不如一代로다 只如南泉尋常道하되『須向異類中行하라』하시거늘 且作麼生會오? 如今黃口小兒가 向十字街頭說葛藤[147]하야 博飯하며 覓禮拜하고 聚三五百衆하야늘 云하되『我是善知識이오 你是學人이다』로다」

　　그러고는 스님께서 말씀하셨다.

　　「노승이 90년 전 마조 대사 문하에서 80여 선지식을 친견하였는데, 모두가 훌륭한 선지식[作家]들로서 가지와 넝쿨 위에 또 가지와 넝쿨을 만드는 지금 사람들과는 달랐다. 성인이 가신 지가 오래되어 한 대(代) 한 대가 다르구나. 남전 스님께서는 항상 말씀하시기를『이류(異類) 가운데서 행(行)해야 한다』고 하셨는데, 그대들은 이를 어떻게 이해하는가? 요즈음은 주둥이가 노란 어린 것들이 네거리에서 이러쿵저러쿵 법을 설하며 널리 밥을 얻어먹고 절을 받으려 하며, 3백 명이고 5백 명이고 대중을 모아놓고는『나는 선지식이고 너는 학인이다.』라고 하는구나.」

---

147 '갈(葛)'은 칡이며, '등(藤)'은 등나무로서 얽히고설킨 복잡한 것을 비유한 말인데 선종에서는 문자 언어의 번잡스러움을 말하거나 또는 공안을 말한다. 여기서는 선 수행을 하지 않고 언어 문자에 얽힌 형식 논리를 말로써 풀이하고 있다는 뜻으로 쓰였다.

14則

僧問하되「如何是淸淨伽藍이닛고」

師云하되「丫角女子니라」

云하되「如何是伽藍中人이닛고」

師云하되「丫角女子有孕이니라」

한 스님이 물었다.

「어떤 것이 청정한 가람(伽藍)[148]입니까?」

「두 갈래로 머리 땋아 올린 소녀[丫角女子][149]다.」

「어떤 사람들이 가람에 살고 있습니까?」

「머리 땋아 올린 소녀가 아이를 뱄구나.」

禪宗頌古聯珠 – 「丫角」

汾陽昭가 頌하되

橫胸抱腹藏龍種하고   빗긴 가슴과 두른 허리엔 용의 종자 품었고

---

148 '승가람마(僧伽藍摩, saṃghārāma)'의 약어. 승가는 '중(衆)', 람마는 '원(園)'의 뜻으로 '중원(衆園)', '승방(僧房)'이라고 번역하였다. 불제자들이 모여서 기거하는 수행도량을 말하는데 오늘날의 사원(寺阮)을 말한다. 나중에는 사원의 큰 건물을 가람이라고 하였다.

149 '아각(丫角)'은 동자(童子)나 동녀(童女)의 머리를 딴 모양을 말한다. 아각은 '총각(總角)'이라고도 한다. 丫는 '가닥 아' 또는 '총각 아'로서 어린아이의 머리를 두 갈래로 나누어 땋아서 머리의 양쪽을 뿔 모양으로 잡아 맨 것을 말한다.

剖膽刳肝觸鳳胎로다　　쓸개를 쪼개고 간을 빼내[150] 봉황을
　　　　　　　　　　　잉태함이로다.
勿謂此兒容易得오　　　이 아이의 모습 쉽게 얻었다 말하지 말지니
須知出自痛腸來로다　　장을 끊어내는 아픔 끝에 나온 것을
　　　　　　　　　　　알아야 하리라.

| 학산 대원 曰 |

石人이 出産한다.
돌사람이 아이를 낳는다.

海印信이 頌하되
咄這老竭得恁饒舌하고　　　아! 저 노인네. 마음대로 다 지껄였더니
淸淨伽藍一時漏泄이로다　　청정한 가람이 한 번에 다 누설되었네.
金剛門外笑呵呵하고　　　　금강역사는 문밖에서 껄껄 웃고
菩薩堂中聲哽咽이로다　　　관음보살은 당 안에서 흑흑 운다.

佛鑑懃이 頌하되
丫角女子出天眞하고　　　　머리 땋아 올린 소녀는 자연 그대로이니
淸淨伽藍蓋得人이로다　　　청정한 가람은 대개 사람을 얻음이로다.
世俗不知林下意하고　　　　속세인들은 산림(山林)에 사는 뜻을
　　　　　　　　　　　　　알지 못하고

---

150 충심을 다한다는 뜻이다. 보통 '수간부담(輸肝剖膽)'이라는 고사로 쓰인다. 『사기』 「회음후열전(淮
陰侯列傳)」에 '신이 배와 가슴을 열고 간과 쓸개를 꺼내어 저의 계책을 바친다 하여도 그대가 사
용하지 않을까 두렵습니다[臣願披腹心, 輸肝膽, 效愚計, 恐足下不能用也].'라고 하였다.

無錢難得買紅裙이로다   돈이 없으면 붉은 치마[紅裙]¹⁵¹를
사기 어렵도다.

| 학산 대원 曰 |

如何是淸淨伽藍?
三門佛前靑雲蓋
如何是伽藍中人?
六門淸光吐日月
어떤 것이 청정한 가람인가?
삼문과 불전에 푸른 구름이 덮여있다.
어떤 것이 가람에 사는 사람인가?
육문에서 맑은 광명이 일월을 토한다.

---

151 붉은빛의 치마라는 뜻. 다른 의미로는 아름다운 여인이나 기생을 말한다.

15則

問하되「承聞和尙親見南泉이 是否아」
師云하되「鎭州에 出大蘿蔔頭니라」
한 스님이 물었다.
「스님께서는 남전 스님을 친견하셨다고 들었는데, 그렇습니까?」
「진주(鎭州)[152]에는 큰 무가 난다.」

| 학산 대원 曰 |

이것은 중생들이 가지고 있는 오온[153] 십팔계[154]의 견해로는 도무지 알 수가 없다. 삼현십성도 이것을 넘겨 보기가 어렵다.

그러나 너무 평범하고 현실적이고 직설적으로 가르쳐주는 것이다. 너무 바로 가르쳐주니까 중생들이 어리둥절하고 모른다. 중생들의 견해를 한 망치로 박살을 내서 본분소식을 바로 일러주는 말이다.

오랜 세월 동안 익힌 습관이, 주장자가 아닌데 주장자라고 하고, 금덩어리가 아닌데 금덩어리라고 하고, 진짜가 아닌데 진짜라고 생각을 담아놓고 있다. 현실

---

152 하북성(河北省) 서쪽 정정현(正定縣)의 땅. 당시 무의 산지로 유명했던 것으로 보인다.

153 색(色)·수(受)·상(想)·행(行)·식(識)으로 인간 존재를 구성하는 다섯 무더기.

154 인간과 그 밖의 모든 존재 속의 인식 작용을 18가지 범주로 나눈 것으로 육근(六根)·육경(六境)·육식(六識)을 일컫는다.
　육근: 안근(眼根)·이근(耳根)·비근(鼻根)·설근(舌根)·신근(身根)·의근(意根)
　육경: 색경(色境)·성경(聲境)·향경(香境)·미경(味境)·촉경(觸境)·법경(法境)
　육식: 안식(眼識)·이식(耳識)·비식(鼻識)·설식(舌識)·신식(身識)·의식(意識)

생활이 다 그렇다. 밥 먹고 옷 입고 사업하고 하는 중생들 살림살이가 다 가짜
인데 진짜라고 생각한다. 오랫동안 담아놓고 굳어져 있기 때문에 뒤집을 줄 모
른다. 그놈을 뒤집어주는 말이 바로 "진주에는 큰 무가 난다"는 이것이다.

禪宗頌古聯珠 - 「蘿蔔」

汾陽昭가 頌하되

因問當初得法緣이어늘	당초 스승의 법을 이었냐는 물음이거늘
不言東土及西天이로다	동토와 서천의 불법을 말한 것이 아님이로다.
鎭州有菜名蘿蔔인댄	진주에 나는 채소의 이름을 무[蘿蔔]라 하는데
濟却飢瘡幾萬年고	주리고 병난 것을 구제하기 몇만 년이던고.

| 학산 대원 曰 |

친견했다, 친견하지 않았다[親不親]는 답하지 않고[不答], 격외의 한 마디
로 곧장 가리켜 답하니[直指格外一句答], 남전(南泉)의 탁월한 제자인 것을
누설하였다.

雪竇顯이 頌하되

鎭州出大蘿蔔이라니	진주에는 큰 무가 난다는 말
天下衲僧取則이로다	천하의 납자들이 법칙으로 삼았네.
只知自古自今이어니	옛날이나 지금이나 이런 줄로만 알 뿐
爭辨鵠白烏黑이리오	어찌 따오기는 희고 까마귀는 검다는 것을 분별하리오.
賊賊이여	도적이여! 도적이여!

衲僧鼻孔曾拈得이로다　　납자들의 콧구멍을 일찍이 꿰어버렸네.

正覺逸이 頌하되

鎭州蘿蔔播華夷하니　　진주의 무가 중국과 변방에 퍼졌으나

萬物還他本土宜니라　　만물은 본토로 돌아감이 마땅하니라.

孰謂當時人獨愛오　　　누가 그 당시 사람만 좋아했다 말하는고

至今更是好充飢로다　　지금도 시장기를 달래기엔 좋음이로다.

海印信이 頌하되

陶潛彭澤唯栽柳하고　　도잠(陶潛)[155]은 팽택(彭澤)에서 버들만 길렀고

潘岳河陽只種花로다　　반악(潘嶽)[156]은 하양(河陽)에서 꽃만을 심었네.

何似晚來江上望하니　　어찌 늦게 와서 강 위를 바라만 보는고?

數峰蒼翠屬漁家로다　　많은 푸른 봉우리들이 어부의 집에 속했도다.

佛慧泉이 頌하되

衲僧巴鼻徒穿鑿이라　　납승의 콧구멍을 모두 꿰었음이라.

平實商量紹[157]祖宗이로다 소박하게 생각해보면 조종(祖宗)을 이음이로다.

155 365~427, 일명 도연명(陶淵明)으로 29세에 처음으로 관리 생활을 시작하여 여러 차례 벼슬살이와 귀향을 반복하다가 41세에 시골에 내려가 은거 생활을 하였으며, 이후에는 다시 벼슬길에 눈을 돌리지 않고 전원에서 직접 농사를 지으며 살았다. 그는 집 주위에 심은 다섯 그루의 버드나무를 사랑하여 스스로 '오류선생(五柳先生)'이라 하였다. 그의 작품으로 유명한 것은 벼슬을 사직하며 쓴 「귀거래사(歸去來辭)」와 자전적 이야기인 「오류선생전(五柳先生傳)」이 있다.

156 潘嶽 혹은 潘岳(247~300). 다른 이름은 '반안(潘安)', '반안인(潘安仁)'이며 자는 '안인(安仁)'이다. 서진(西晉) 시대의 문학가로 하양(河陽)의 현령(縣令)이 되었을 때, 복숭아와 오얏을 많이 심게 하였더니, 백성들이 노래하기를 "반후(潘侯)의 정치는 자랑할 만하구나. 하양(河陽) 온 고을이 꽃으로 찼네." 하였다.

157 『선문염송』에는 '累'로 되어 있으나 '紹'와 '累' 모두 다른 것을 잇거나 묶는다는 표현이다.

多謝張公勤苦力하니   장공(張公)[158]이 부지런히 힘쓴 것을
                          생각해보니
滿園留得過深冬이로다   온 밭에 가득 두고 한겨울을 보냄이로다.

白雲端이 頌하되
鎭州出大蘿蔔頭하고   진주에는 큰 무가 난다 한 것은
報君來處須分曉로다   그대에게 보답하기 위해 온 곳을 분명히
                          밝힘이로다.
衲僧多是渾淪吞하니   납승들은 그냥 씹어서 삼켜버렸으니
子細得他滋味少로다   자세하게 참맛을 아는 이 적음이로다.

保寧勇이 頌하되
鎭州蘿蔔天然別하니   진주의 무는 생김새가 특별하다고
滿口明明說向人이로다   모두 명백하게 남들에게 이야기함이로다.
薄福闡提人不信하니   박복한 천제(闡提)[159]들은 믿지 않으니
一枚秤得重三斤이로다   무 하나는 무게가 서 근이나 나감이로다.

長靈卓이 頌하되
鎭州出菜名蘿蔔하니   진주에 나는 채소 이름이 무라고 하니
過後思量却難得이로다   지난 뒤 생각한들 알기 어렵도다.
王老兒孫不覆藏하니   남전의 후손은 덮어 감추지 않으니
逢人直露眞消息이로다   사람을 만나면 참 소식을 바로 드러냄이라.

---

158 원두(圓頭)를 이르는 말로 채소를 가꾸는 소임을 말한다. 당시에 주로 장씨(張氏)가 맡았기 때문
이다.

159 성불할 자질이 없는 중생을 일컫는 말로 '일천제(一闡提)'라고도 한다.

文殊道가 頌하되

趙州古佛尚多言하니　　조주 노화상은 말이 많았으니

蘿蔔出生鎭府田이로다　무는 진주의 밭에서 나옴이로다.

天下衲僧多咬嚙어늘　　천하의 납승이 많이 물고 씹었거늘

齒間蹉過老南泉이로다　이빨 사이로 남전을 그르쳐 지나감이로다.

徑山杲가 頌하되

參見南泉王老師하니　　남전 왕노사(王老師)를 뵈었냐고 묻자

鎭州蘿蔔更無私로다　　진주의 무가 다시 사사로움이 없음이로다.

拈來塞斷是非口하니　　잡아와서 시비하는 입을 막고 끊어버렸나니

雪曲陽春非楚詞로다　　백설곡(白雪曲), 양춘곡(陽春曲)은 초사(楚詞)가

　　　　　　　　　　아님이로다.[160]

---

160 「백설곡(白雪曲)」과 「양춘곡(陽春曲)」은 송옥(宋玉)의 고사에 나오는 화답하기가 어려운 고상한 시가(詩歌)를 말한다. 그리고 초사(楚詞)는 굴원(屈原)이 지은 것으로 누구나 부를 수 있는 노래를 말한다. 고사는 다음과 같다.

전국시대 말엽 굴원의 제자로서 대표적인 남방 시인으로 손꼽던 송옥의 문장은 꽤 유명했다. 그러나 문장이 어려워 제대로 이해하기 힘들었다. 글을 읽는 사람도 드물 수밖에 없었다. 초나라 왕이 송옥에게 그런 사실을 비꼬듯 물어보았다. 「대체 무엇 때문에 경의 문장을 읽는 사람이 드문 것이오?」송옥은 비유를 들어 말했다. 「어떤 가수가 있었습니다. 어느 날 길에서 노래를 부르는데, 하리(下里), 파인(巴人)이란 아주 쉬운 통속 노래를 불렀습니다. 주위에 있던 사람들이 대부분 알아듣고 따라 불렀습니다. 그러나 양아해로(陽阿薤露)라는 노래를 부르자 화답하는 사람이 수백 명으로 줄었습니다. 양춘(陽春), 백설(白雪)이란 노래를 부르자 나라 안에서 화답하는 사람이 겨우 수십 명에 지나지 않았습니다. 그다음에는 아주 고상한 수준 높은 노래를 불렀더니 따라 부르는 사람이 거의 없었습니다. 노래 곡조의 수준이 높아지면 따라하는 사람이 점점 적어지는 법입니다. 봉황은 푸른 하늘을 등에 지고 구름 위까지 오르는데, 동네 울타리를 날아다니는 참새가 어찌 하늘의 높음을 알겠습니까? 사람 가운데도 봉황새 같은 존재가 있으니, 곧 성인(聖人)입니다. 성인의 위대한 사상과 학문을 일반 사람들이 어찌 알겠습니까? 속된 사람들이 저를 욕하는 것도 어찌 보면 당연하지요.」초나라 왕은 송옥의 말을 듣고 더 이상 대꾸하지 않았다.

【續收】

大潙智가 頌하되

趙老機關沒淺深하야	조주의 기틀과 관문은 얕고 깊음을 다 없앴기에
鎭州蘿蔔接叢林이로다	진주의 무는 총림(叢林)에서 접함이로다.
過後思量也難得하니	지난 뒤 생각해보면 도리어 알기 어렵지만
入泥入水老婆心이로다	진흙과 물에 들어감은[入泥入水][161] 조주의 노파심이로다.

鼓山珪가 頌하되

鎭州出大蘿蔔頭하니	진주에서 큰 무가 나온다 하니
師資道合有來由로다	스승과 제자의 도가 계합함은 까닭이 있음이로다.
觀音寺裏有彌勒하니	관음원(觀音院)[162] 안에는 미륵이 계시고
東院西邊有趙州로다	동원(東院)의 서(西)[163]에는 조주가 있음이로다.

---

161 진흙에 빠지고 물을 묻힌다는 뜻으로 '타니대수(拖泥帶水)'와 같은 말이다. 불법의 진리를 체득한 수행승이 온갖 인생고에 번민하는 사람들 속에 들어가 고락을 함께 하면서 그 고민을 해결해주는 것을 말한다.

162 조주의 주석처이다. '동원(東院)'이라고도 한다.

163 『조주록』 469칙에 나오는 구절이다. 다음과 같다.
師因行路次, 見一婆子問:「和尙住在什麼處?」師云:「趙州東院西.」師擧向僧云:「你道使哪個西字?」一僧云:「東西字.」一僧云:「依栖字.」師云:「你兩人總作得鹽鐵判官.」
스님께서 길을 가던 중에 한 노파를 만났는데 노파가 물었다. 「스님께서는 어디 계십니까?」 「조주 동원의 서(西)에 있습니다.」 스님께서는 이 이야기를 들려주면서 스님들에게 물었다. 「너희는 어느 '西' 자를 써야 할지 말해보아라.」 한 스님이 말하되, 「동쪽, 서쪽의 서(西) 자입니다.」 또 한 스님이 말하되, 「살고 있다[依栖]의 서(栖) 자입니다.」 스님께서 말씀하셨다. 「너희 두 사람은 모두 소금이나 철을 다루는 관리는 되겠다.」

或菴體가 頌하되

青出於藍하고	푸른 빛은 쪽빛에서 나왔고
冰生於水로다	얼음은 물에서 생김이로다.
寸步不通이나	한 걸음 거리도 서로 통하지 못하니
白雲萬里로다	흰 구름은 만 리나 뻗어있음이로다.

石菴珆가 頌하되

些兒活計口皮邊하니	변변찮은 살림살이로 말로만 계교를 하니
點著風馳與電旋이로다	바람이 불고 번개가 치듯 빠르구나.
謾說鎭州蘿蔔大러니	부질없이 진주의 무가 크다고 말을 하니
何曾親見老南泉고	어찌 일찍이 남전 스님을 친견했겠는고.

野雲南이 頌하되

親見南泉箇眼目이니	남전을 친견한 사람의 안목이니
老人說話無拘束이로다	조주 노인의 말은 구애되는 바가 없음이로다.
只因菜氣不曾除하야	다만 채기(菜氣)[164]를 일찍이 제거하지 못해서
帶累兒孫咬蘿蔔이로다	연루된 후손들이 무를 먹음이로다.

---

164 여기서 채기는 우선 조주가 이야기한 무[蘿蔔]를 말하는 듯하고, 다른 의미로는 선사들이 시를 통해 게송으로 읊은 것을 말하는 듯하다. 채기(菜氣)는 선시에 나타나는 특유의 풍격을 말한다. '소순기(蔬筍氣)', '산함기(酸餡氣)', '발우기(鉢盂氣)' 또는 '납기(衲氣)'라고도 하는데, 시승들의 시가 홍진(紅塵)의 속기(俗氣)를 떨쳐버린 초세속적이고 초공리적인 맑고 심원한 선승 특유의 풍격을 보여주기 때문이다.

禪門拈頌 409則 - 「蘿蔔」

法眞一이 頌하되

鎭州出大蘿蔔하니	진주에서 큰 무가 나온다 하여
多口禪和劈口塞이로다	말 많은 선객들의 입을 틀어막았네.
不知更欲問來由하니	그래도 몰라서 다시 나는 곳 묻고자 한다면
鎭州只在黃河北이니라	진주는 다만 황하의 북쪽에 있다 하리라.

佛鑑勤이 頌하되

鎭州風水出甚麼오	진주의 풍수(風水)는 무엇에서 나왔는고
土長根生蘿蔔大로다	그 땅에서 나오고 자란 무가 큼이로다.
雖然滋味也尋常이나	비록 맛이 대수롭지 않을지나
天下衲僧咬不破로다	천하의 납승들은 씹어도 먹지를 못함이로다.

蔣山勤이 頌하되

鎭州出大蘿蔔하니	진주에서 큰 무가 난다니
猛虎不食伏肉이로다	사나운 범은 죽은 고기를 먹지 않음이로다.
直饒眼似流星이라도	설사 눈이 유성(流星)과 같더라도
爭免持南作北이로오	어찌 남(南)을 가지고 북(北)이라 함을 면하리오.
老趙州가	늙은 조주가
迥殊絶하니	아주 빼어나서
片言本自定乾坤을	몇 마디 말로 건곤을 안정시켰는데
返使叢林鬧聒聒이로다	도리어 총림을 시끄럽고 떠들썩하게 함이로다.

牧庵忠이 頌하되

鎭州蘿蔔이	진주의 무는
是何滋味오	어떤 맛일런고

勸君小喫하노니　　　그대에게 조금만 먹으라 권하노니
發人冷氣로다　　　사람의 냉기(冷氣)를 뽑아냄이로다.
雖然消得麵毒이나　　비록 국수의 독[麵毒][165]은 삭히지만
服藥無功最忌로다　　약을 먹고 공이 없을까 매우 꺼려함이로다.
趙州老趙州老여　　　조주 늙은이여, 조주 늙은이여.
幾多禪和被你惱오　　얼마나 많은 선객들이 그대에게 시달렸던고.

心聞賁이 頌하되
鎭州蘿蔔趙州言이라　진주의 무라고 조주가 말했지만
親見南泉不會禪이로다　남전을 친견하고도 선을 알지는 못함이로다.
今古更無師弟子하니　지금이나 예나 다시 스승과 제자가 없으니
琵琶空有十三絃이로다　비파는 부질없이 열세 가닥 줄이 있음이로다.

牧庵忠이 上堂擧此話云하되 「衆中商量이 盡謂하되 『趙州老無味之談
이 塞斷人口라니』 如斯話會가 深抑古人이로다 諸禪德아 要會麼아 試聽
牧庵一頌하라」
목암충이 상당하여 이 이야기를 들고는 이르되 「대중들이 헤아려 모두가
말하기를 『조주 늙은이의 맛없는 말이 사람들의 입을 막고 끊었다.』 하니,
이와 같은 이야기는 옛사람을 심히 억누름이로다. 여러 선덕이여, 알고자
하는가? 나의 한 게송을 시험 삼아 들어보라.」

---

165 밀가루 음식, 국수 등을 먹고 한사(寒邪)를 감수하거나, 비허(脾虛)로 동기(動氣)가 되어 운화가 안
되어 일으킨 소화 불량. 『본초강목』, 「해독」 편에 다음과 같은 내용이 있다.
국수 중독[麵毒] : 더운 국수를 먹고 중독되었을 때에는 무즙을 내서 마셔야 한다. 생무가 없으면
무씨를 물에 갈아서 즙을 내어 마셔도 된다. 또는 지골피(地骨皮)를 달여 즙을 받아 마신다. 또는
붉은팥을 가루 내어 물에 타서 마시면 곧 낫는다.

牧庵忠이 頌하되

大冶洪爐久烹煉하니	훌륭한 대장장이가 넓은 화로에 오래 달구어 정련하니
十分精熟可怜生이로다	아주 능숙하여 뛰어남이로다.
不逢明眼親裁鑑이면	눈 밝은 이가 친히 점검함을 만나지 못한다면
價例高低未可評이로다	값의 높고 낮음을 평하지 못함이로다.

拈頌說話 -「蘿蔔」

【蘿葍】

問하되「承聞和尚親見南泉이 是否아」師云하되「鎭州에 出大蘿蔔頭니라」
한 스님이 물었다.
「스님께서는 남전 스님을 친견하셨다고 들었는데, 그렇습니까?」
「진주에는 큰 무가 난다.」

《承聞者》는 在下尊上之稱也니라 又承他而聞也니라
《承聞和尚云云者》는 親見地事要會也니라
《鎭州出大蘿葍者》는 定州梨와 靑州棗가 萬物無過出處好로 則各不相
關也니라 如云하되「江西馬大師와 南嶽讓和尚」이니라
趙州承嗣南泉을 天下人共知한대 這僧이 伊麼問은 不無賊心이니라 若
道嗣南泉인댄 辜負自己하야 壁立千仞이요 若道不嗣南泉인댄 辜負先
師莫大之恩也니라
《鎭州出大蘿蔔頭者》는『碧巖』云하되「這僧也是久參地라 問中不妨具
眼이나 爭奈趙州是作家리오 便答他道하되『鎭州出大蘿蔔頭라하니』可
謂無味之談이 塞斷人口라 這老漢이 大似个白拈賊相似라 你才開口하

면 便被換却你眼睛이라 若是特達英雄漢인댄 直下向石火電光中하야 才聞擧着하고 剔起便行하리라 苟或停機佇思하면 未免喪身失命하리라 江西澄散聖釋에 謂之『問東答西이라 喚作不答他話하야 不入圈圓라』하니 若伊麼인댄 爭得이리오」

《듣자오니[承聞]》는 아랫사람이 웃어른에게 높여 이르는 말이다. 또는 남에게 전해 들었다는 말이다.

《스님께서 남전 스님을 친견하셨다고 들었는데 그렇습니까》는 친견했던 일을 알고자 함이다.

《진주(鎭州)에는 큰 무가 난다》는 정주의 배나 청주의 대추처럼 만물은 산지에서 나온 것보다 좋은 것이 없음이니 각각 상관하지 않는다는 말인데,「강서의 마대사(馬大師)요, 남악의 회양화상(懷讓和尙)이다.」라고 말하는 것과 같다. 조주가 남전의 법을 이은 것은 천하 사람들이 다 아는데, 저 승이 그렇게 물은 데에는 도적의 마음[賊心]이 없지 않은 것이다. 만약 남전을 이었다고 말한다면 자신을 저버리는 것이어서 천 길 벼랑에 서 있는 것이고, 만일 남전을 잇지 않았다고 말한다면 스승의 막대한 은혜를 저버리는 것이다.

《진주에는 큰 무가 난다》는『벽암록』[166]에서 말하였다.「저 승은 구참(久參)이라 물음 가운데 괜찮은 안목을 갖추었으나, 조주가 작가인지라 어찌하리오! 바로 그에게 답하기를『진주에는 큰 무가 난다.』라고 하였으니, 맛없는 말로 사람의 입을 막고 끊었다고 할 수 있으리라. 이 노인네는 너무도 날강도[白拈賊] 같아서 그 학인이 입을 열자마자 바로 그의 눈동자를 바꿔치기해버린다. 만약 뛰어난 영웅이라면 직하에 전광석화(電光石火) 가운데에서 거량을 듣자마자 박차고 일어나 바로 가버릴 것이다. 그러나 만일 머뭇거리면서 생각한다면 몸과 목숨을 잃게 될 것이다. 강서의 징산성(澄散聖)이 해석하기

---

166 『벽암록』제30칙 평창(評唱)의 앞부분에 해당하는 구절이다. 단어의 출입이 있으나 내용은 거의 같다.

를, 『동문서답(東問西答)이고 질문에 대답하지 않은 것[不答話]¹⁶⁷이니 올가미에 걸려들지 않았다.』라고 말하였는데, 만약에 그렇다면 어찌 얻으리오!」

【雪竇】

鎭州出大蘿蔔이라니	진주에는 큰 무가 난다는 말
天下衲僧取則이로다	천하의 납자들이 법칙으로 삼았네.
只知自古自今이어니	옛날이나 지금이나 이런 줄로만 알 뿐
爭辨鵠白烏黑이리오	어찌 따오기는 희고 까마귀는 검다는 것을 분별하리요.
賊賊이여	도적이여! 도적이여!
衲僧鼻孔曾拈得이로다	납자들의 콧구멍을 일찍이 꿰어버렸네.

《上二句》는 取以爲極則也니라
《次二句》는 『碧巖』云하되 「只知今人也伊麽道하며 古人也伊麽道이나 何曾分辨緇素來리오」
《賊賊云云者》는 三世諸佛也是賊이요 歷代祖師也是賊이니라 善能作賊이라야 換人眼睛이니라 獨許趙州니 則天下衲僧은 只知鎭州出大蘿蔔頭하고 不能分辨黑白이니라 故被趙州換却眼睛也니라
《앞의 두 구절》은 지극한 법칙으로 삼았다는 뜻이다.
《다음 두 구절》은 『벽암록』¹⁶⁸에서, 「다만 지금 사람들이 이렇게 말하였고 옛사람들이 이렇게 말하였음을 알 뿐이지, 언제 검은 것과 흰 것을 분간한 적이 있었는가?」라고 하였다.

---

167 화두를 물었는데 답하지 않음을 말한다.

168 『벽암록』 제30칙 맨 뒤의 평창 부분에 해당한다.

《도적이여! 도적이여!》는 삼세제불이야말로 도적이요, 역대조사들이야말로 도적이라는 뜻이다. 제대로 된 도적이라야만 남의 눈동자를 바꿔친다. 오직 조주만이 허락되었으니 천하의 납승들은 그저 진주에서 무가 난 것만을 알고 검은 것과 흰 것도 분간할 줄 모르게 된다. 그러므로 조주에게 눈동자를 바꿔치기 당하는 것이다.

【海印】

陶潛彭澤唯栽柳하고	도잠은 팽택에서 버들만 길렀고
潘岳河陽只種花로다	반악은 하양에서 꽃만을 심었네.
何似晚來江上望하니	어찌 늦게 와서 강 위를 바라만 보는고?
數峰蒼翠屬漁家로다	많은 푸른 봉우리가 어부의 집에 속했도다.

陶潛栽柳는 本分也요 潘嶽種花는 今時也니라
《下二句》는 今本不落也니라

도잠이 버들을 기른 것은 본분(本分)의 일이요, 반악이 꽃을 심은 것은 지금[今時]의 일이다.
《아래 두 구절》은 지금과 본분의 양변에 떨어지지 않는 것이다.

【蔣山】

鎭州出大蘿蔔하니	진주에서 큰 무가 난다니
猛虎不食伏肉이로다	사나운 범은 죽은 고기를 먹지 않음이로다.
直饒眼似流星이라도	설사 눈이 유성과 같더라도
爭免持南作北이로오	어찌 남을 가지고 북이라 함을 면하리오.
老趙州가	늙은 조주가
迥殊絶하니	아주 빼어나서

片言本自定乾坤을　　몇 마디 말로 건곤을 안정시켰는데

返使叢林鬧聒聒이로다　도리어 총림을 시끄럽고 떠들썩하게 함이로다.

《上二句》는 趙州伊麼道에 有活用也니라

《次二句》는 雖曰妙旨迅速라도 亦非趙州意也니라 下錯認趙州意者多니라

《앞의 두 구절》은 조주가 그렇게 한 말에는 활용(活用, 살리는 작용)이 있다는 뜻이다.

《다음 두 구절》은 비록 오묘하고 깊은 뜻이 빠르다 해도 역시 조주의 뜻은 아니라는 것이다. 그 아래는 조주가 뜻을 잘못 이해한 이가 많다는 뜻이다.

【雲門】[169]

參見南泉王老師하니　　남전 왕노사를 뵈었냐고 묻자

鎭州蘿蔔更無私로다　 진주의 무가 다시 사사로움이 없음이로다.

拈來塞斷是非口하니　 잡아와서 시비하는 입을 막고 끊어버리니

雪曲陽春非楚詞로다　 백설곡, 양춘곡은 초사가 아니라네.

無傳無得也니라

전할 것도 없고 얻을 것도 없다는 뜻이다.

【竹庵】[170]

鎭州出大蘿蔔頭하니　 진주에서 큰 무가 나온다 하니

師資道合有來由로다　 스승과 제자의 도 계합함은 까닭이 있음이로다.

---

[169] '徑山杲'와 동일 인물.

[170] '鼓山珪'와 동일 인물.

觀音寺裏有彌勒하니　　관음원 안에는 미륵이 계시고

東院西邊有趙州로다　　동원의 서에는 조주가 있음이로다.

不妨有傳有得也니라

전할 것도 있고 얻을 것도 있어도 괜찮다는 뜻이다.

【牧菴】

鎭州蘿蔔이　　　　　　진주의 무는

是何滋味오　　　　　　어떤 맛일런고

勸君小喫하노니　　　　그대에게 조금만 먹으라 권하노니

發人冷氣로다　　　　　사람의 냉기를 뽑아냄이로다.

雖然消得麵毒이나　　　비록 국수의 독은 삭히지만

服藥無功最忌로다　　　약을 먹고 공이 없을까 매우 꺼려함이로다.

趙州老趙州老여　　　　조주 늙은이여, 조주 늙은이여.

幾多禪和被你惱오　　　얼마나 많은 선객들이 그대에게 시달렸던고.

《四句》는 一向無滋味處著眼이 是冷氣也니라

《次二句》는 切莫向無傳得處著滋味也니라

下不會趙州意故로 被他惱謾也니라

《네 번째 구절》은 전혀 맛이 없는 곳에 눈길을 둔 것을 냉기라는 뜻이다.

《그다음의 두 구절》은 전하고 받을 것이 없는 자리에서는 결코 맛을 들이지 말라는 뜻이다.

그 아래는 조주의 뜻을 알지 못하였기 때문에 조주에게 시달렸다는 뜻이다.

鎭州蘿蔔趙州言이라　진주의 무라고 조주가 말했지만
親見南泉不會禪이로다　남전을 친견하고도 선을 알지는 못함이로다.
今古更無師弟子하니　지금이나 예나 다시 스승과 제자가 없으니
琵琶空有十三絃이로다　비파는 부질없이 열세 가닥 줄만 있음이로다.

無傳無得이나 親傳親得也니라
전한 것도 없고 얻는 것도 없으나, 직접 전하였고 직접 얻었다는 뜻이다.

【牧菴】

大冶洪爐久烹煉하니　훌륭한 대장장이가 화로에 오래 달구어 정련하니
十分精熟可怜生이로다　아주 능숙하여 뛰어남이로다.
不逢明眼親裁鑑이면　눈 밝은 이가 친히 점검함을 만나지 못한다면
價例高低未可評이로다　값의 높고 낮음을 평하지 못함이로다.

《大冶洪爐云云者》雖是洪爐烹煉하고 十分精熟이라도 更須明眼地裁鑑
定價니라 上所謂하되 「無味之談이 塞斷人口」也니라 須辨得緇素始得이
니라
《可怜生者》는 大安禪師가 看一頭水牯牛調伏하고 旣久曰하되 「可怜生
타 受人言語云云이로다」
《훌륭한 대장장이가 용광로에 운운》한 것은 비록 커다란 용광로에서 오래
도록 달구고 정련하여 아주 능숙하더라도 다시 모름지기 눈 밝은 이가 감정
하여 값을 매겨야 한다는 것이니, (게송의) 위의 부분에서 말한 바 있는 「맛
없는 말이 사람들의 입을 막고 끊었다」라는 의미이다. 모름지기 검은 것과
흰 것을 구별할 줄 알아야 한다는 뜻이다.

《뛰어남이로다》는 대안(大安)[171] 선사가 한 마리 물소를 조복함이 오래되니
「뛰어남이로다. 사람의 말을 잘 듣는구나.」[172]라고 말한 것을 뜻한다.

| 학산 대원 曰 |

鎭州出大蘿蔔頭
何人會得趙州意
一味蘿蔔百雜碎
田平蔔直出人天

진주에 큰 무가 난다 하니
어떤 사람이 조주의 뜻을 알아들으리오?
한 맛의 무가 백 가지 잡된 것을 다 부수니
밭은 평평하고 무는 우뚝 솟았으니 인천을 뛰어남이로다.

---

171 백장(百丈) 스님의 제자인 복주 대안(福州大安) 스님을 말한다.

172 가련생(可怜生)은 '가련생(可憐生)'과 같다. '生'은 조사. 뛰어남, 영리함, 어여쁨, 귀여움 등을 뜻한다.
所以安住潙山三十年. 喫潙山飯. 屙潙山屎. 不參潙山禪. 只看一頭水牯牛. 若落路入草. 便牽
出. 若犯人苗稼. 卽便鞭撻. 調伏旣久. 可怜生. 受人言語. 而今變作箇露地白牛. 常在面前. 終日迥
迥地. 趁亦不去也.
나 대안이 위산에 30년 있으면서 위산의 밥을 먹고 위산의 똥을 쌌지만 위산의 선은 배우지 않고
다만 한 마리 물소를 살폈을 뿐이다. 길을 벗어나 풀밭에 들어가면 곧 끌어냈고, 남의 밭을 침범
하면 즉시 채찍으로 때려서 조복함이 오래되니 뛰어남이로다. 사람의 말을 잘 듣는다. 지금처럼
맨땅의 흰 소로 변해서 항상 눈앞에 있다. 종일 훤히 드러난 땅에 있는데 쫓아도 가지 않는다.

16則

問하되「和尚은 生緣什麼處닛고」
師以手指云하되「西邊하고 更向西로다」
한 스님이 물었다.
「스님께서 어느 곳에서 태어나셨습니까?」
스님께서는 손가락으로 가리키면서 말씀하셨다.
「서쪽하고도 더 서쪽이로다.」

| 학산 대원 曰 |
산승에게 묻는다면, 손을 들어 보이고 말하되,
"사방(四方)하고도 다시 시방(十方)을 향함이로다[四方更向十方]."

17則

問하되 「法無別法인댄 如何是法이닛고」

師云하되 「外空하며 內空하고 內外空이로다」

한 스님이 물었다.

「법에는 특별한 법이 없다 하셨는데, 어떤 것이 법입니까?」

「바깥도 공(空)하고 안도 공하고 안팎이 모두 공하다.」[173]

---

173 외공내공내외공(外空內空內外空): 『대지도론(大智度論)』에 있어서의 공(空)을 18방면으로 나타낸 것 중의 일부를 말한다. 이를 '십팔공(十八空)'이라 칭하며 이는 대승의 실천의 내용으로서 18시점으로부터 공을 관(觀)해야 하는 것을 말한다.

① 내공(內空): 육내입처(六內入處). 곧 안(眼)·이(耳)·비(鼻)·설(舌)·신(身)·의(意)의 분별 작용이 끊어진 상태.

② 외공(外空): 육외입처(六外入處). 곧 색(色)·성(聲)·향(香)·미(味)·촉(觸)·법(法)에 대한 분별이 끊어진 상태.

③ 내외공(內外空): 육내입처의 분별 작용도 끊어지고, 육외입처에 대한 분별도 끊어진 상태.

④ 공공(空空): 공(空)에 대한 분별이나 집착이 끊어진 상태.

⑤ 대공(大空): 시방세계에 대한 분별이 끊어진 상태.

⑥ 제일의공(第一義空): 분별을 끊고, 대상을 있는 그대로 파악하는 상태.

⑦ 유위공(有爲空): 여러 인연으로 모이고 흩어지는 현상에 대한 분별이 끊어진 상태.

⑧ 무위공(無爲空): 온갖 분별과 번뇌가 끊어진 열반의 상태. 분별과 망상이 소멸된 열반의 상태.

⑨ 필경공(畢竟空): 모든 현상에 대한 분별이 완전히 끊어진 상태.

⑩ 무시공(無始空): 시작을 알 수 없는 아주 먼 과거부터 존재하는 현상에 대한 분별이 끊어진 상태.

⑪ 산공(散空): 일시적으로 모였다가 흩어져 파괴되는 현상에 대한 분별이 끊어진 상태.

⑫ 성공(性空): 모든 현상의 본성에 대한 분별이 끊어진 상태.

⑬ 자상공(自相空): 대상의 고유한 특성에 대한 분별이 끊어진 상태.

⑭ 제법공(諸法空): 모든 현상에 대한 분별이 끊어진 상태.

⑮ 불가득공(不可得空): 인식 작용이 끊어진 상태.

⑯ 무법공(無法空): 과거와 미래의 현상에 대한 분별이 끊어진 상태.

⑰ 유법공(有法空): 현재의 현상에 대한 분별이 끊어진 상태.

공(空)이라는 것은 의식적·상식적 사량분별로는 모르는 것이다. 실질적인 공부를 통해서 깨달아야지 공을 알 수 있다. 실지로 공함을 체득하면 생사열반을 해탈하고 자유자재하여 걸림이 없다.

⑱ 무법유법공(無法有法空): 과거와 미래와 현재의 모든 현상에 대한 분별이 끊어진 상태.

18則

問하되「如何是佛眞法身이닛고」
師云하되「更嫌什麼오」
한 스님이 물었다.
「어떤 것이 부처님의 참다운 법신(法身)입니까?」
「다시 무엇을 꺼리는 것인가?」

| 학산 대원 曰 |

古墓回淸風 姑花墓上發 喝!
옛 무덤 위에 맑은 바람이 감돌아 무덤 위에 할미꽃이 활짝 피었네. 악!

19則

問하되「如何是心地法門이닛고」
師云하되「古今榜樣이로다」
한 스님이 물었다.
「어떤 것이 마음자리[心地] 법문입니까?」
「고금의 본보기로다.」

| 학산 대원 曰 |

一句旣流通 群生皆稽首
일구가 이미 일체 모든 곳에 두루 통하니
모든 사람들이 다 머리를 조아리고 예배를 한다.

20則

問하되「如何是賓中主니잇고」
師云하되「山僧不問婦로다」
問하되「如何是主中賓이닛고」
師云하되「老僧無丈人이로다」

한 스님이 물었다.
「어떤 것이 객 가운데 주인[賓中主]입니까?」[174]
「산승은 장가가는 일을 묻지 않는다.」
「어떤 것이 주인 가운데 객[主中賓]입니까?」
「노승에게는 장인어른이 없다.」

| 학산 대원 曰 |

"어떤 것이 객 가운데 주인입니까?" 묻는다면,

"문처심분명(問處甚分明), 묻는 곳이 심히 분명하도다."

"어떤 것이 주인 가운데 객입니까?" 묻는다면,

"수수입홍진(垂手入紅塵), 손을 드리우고 속세에 들어감이로다."

---

174 사빈주(四賓主). 빈(賓)은 객(客)을 뜻함. 임제 의현(臨濟義玄, 미상~867)이 스승과 학인(學人) 간의 기량을 네 가지로 나눈 것으로, 학인이 뛰어나 스승의 기량을 간파하는 객간주(客看主), 스승이 학인의 기량을 간파하는 주간객(主看客), 스승과 학인의 기량이 모두 뛰어난 주간주(主看主), 스승과 학인의 기량이 모두 열등한 객간객(客看客)을 말한다. 임제종의 풍혈 연소(風穴延沼, 896~973)는 이 사빈주를 빈중주(賓中主)·주중빈(主中賓)·주중주(主中主)·빈중빈(賓中賓)으로 표현하여 그 뜻을 풀이하였다.

일상생활에서 자기 진면목을 가지고 있는 차원에서 주인과 객을 보는데, 어떤 것이 주인이고 객인지 확실하게 알려면 화두를 참구해서 타파해서 진면목을 알아야 비로소 알 수가 있다. 가까운 자기를 모르고는 밖으로 응용이 안 된다. 자기를 아는 사람은 밖으로 자유자재로 응용할 수가 있다.

주인이 객 가운데 들어가도 주인을 잃지 않고 어떻게 객을 상대할 것인가가 참 중요하다.

21則

問하되「如何是一切法常住니잇고」
師云하되「老僧不諱祖니라」
其僧이 再問한대
師云하되「今日不答話로다」
한 스님이 물었다.
「어떤 것이 일체 법이 항상하다는 것입니까?」
「노승은 조상의 휘호(諱號)를 어기지 않느니라.」
그 스님이 다시 한번 묻자, 스님께서는 말씀하셨다.
「오늘은 대답하지 않겠다.」

22則

師上堂云하되「兄弟여 莫久立하라 有事어든 商量하고 無事어든 向衣鉢
下坐하야 窮理好하라 老僧行脚時에 除二時齋粥是雜用心力處러니 餘外更
無別用心處也니라 若不如此인댄 出家大遠在로다」

스님께서 상당하여 말씀하셨다.

「형제여! 오래 서있지 말라[莫久立].[175] 일이 있거든 상량(商量)[176]해 볼 것
이요, 일이 없거든 자기 자리[衣鉢下][177]에서 좌선하여 도리를 캐는 것이 좋
다. 노승은 행각하면서는 죽 먹고 밥 먹는 두 때[178]만 잡된 마음에 힘을 썼을
뿐, 나머지에는 별달리 마음을 쓴 곳이 없었다. 만약 이와 같지 못하다면 출
가란 몹시 먼 일이 될 것이다.」

| 학산 대원 曰 |

千里同風 無別事 山是山水是水

천리를 가도 한 바람이요, 별다른 일이 없으니, 산은 산이요 물은 물이요, 다못
이것뿐이라.

---

175 선원에서는 사가(師家)의 설법을 대중이 서서 듣는 관습이 있었기 때문에 '구립(久立)'이라는 것
은 오랜 시간 동안 설법을 듣는 것을 말한다.

176 상량이란 원래 사물의 가치를 측정하는 일을 말하는 것이나 여기서는 문답 내지 참구하는 일을
말한다.

177 의발을 간직하는 선반 밑, 즉 선당의 장련상(長連床)의 단상에서 좌선을 하라는 뜻이다.

178 선원에서는 아침 공양을 '죽좌(粥座)'라 하고, 점심 공양은 정식 식사로서 '재좌(齋座)'라고 한다.

무분별 차원에서 다시 깨어나는 것이 있다. 무분별처 공부 과정 중에 전연 분별이 없을 때가 있다. 만물을 분별하려면 눈을 떠야 한다.

23則

問하되「萬物中에 何物最堅이닛고」
師云하되「相罵饒汝接嘴, 相唾饒汝潑水.」
한 스님이 물었다.
「만물 가운데 어떤 것이 가장 견고합니까?」
「서로 욕을 하려거든 네 입이 맞닿을 정도로 하고, 서로 침을 뱉으려거든 쏟아지듯 해야 한다.」

| 학산 대원 曰 |

冬寒口中吐白雲
夏暑容顔上生汗
추운 겨울에는 입에서 흰 구름을 토하고
더운 여름에는 얼굴에 땀이 철철 흐르는구나.

24則

問하되 「曉夜不停時에는 如何니잇고?」

師云하되 「僧中無與麼兩稅百姓이로다」

한 스님이 물었다.

「아침 저녁으로 쉼이 없는 때는 어떻습니까?」

「승려 가운데는 그와 같이 세금을 두 번 내는 백성[兩稅百姓][179]은 없다.」

| 학산 대원 曰 |

중생의 복잡한 살림살이에서 초연히 뛰어난 세계를 조주 스님이 말씀하셨다. 어떤 이가 찾아와서 "모두 다 속세를 버리고 중이 되면 번식이 안 되고 대(代)가 끊어지지 않습니까?" 물었다. 중생의 생각은 어쩔 수가 없는 게 겨우 생각하는 것이 그렇다.

이 사바세계에 사는 중생 의식을 가지고 사는 데서는 그런 업을 지어서 그것밖에는 모른다. 그것만이 번식하고 존재하는 것이라 생각하는데 그렇지 않다. 차원 높은 색계, 무색계천에 가면 번식하는 차원이 다르다. 거기는 서로 보기만 하면 이루어지고 생각만 내면 서로 이루어지고 번식이 된다.

사바세계 중생들이 다 공부해서 도인이 된다면, 도인이 된 세계의 차원에서 번식이 이뤄지고 이어진다. 그런데 중생은 이런 걸 막연하게 생각한다.

---

179 '양세(兩稅)'는 당대(唐代)의 세금 제도로 여름(6월)과 가을(11월)에 두 번 납세하는 일을 말하고, '백성(百姓)'은 세금을 내기 위해 아침저녁으로 바쁜 납세자들을 말한다.

25則

問하되「如何是一句니잇고?」

師云하되「若守著一句인댄 老却你니라」

한 스님이 물었다.

「어떤 것이 일구입니까?」

「만약에 일구를 지키고만 있으면 자네는 늙어버리고 말 것이다.」

| 학산 대원 曰 |

일구를 이른다면 두 번째 머리에 떨어짐이라[一句道卽 落第二頭].

억지로 일구를 이른다면[强道一句卽],

오두생모(烏豆生毛)니라. 검은 콩에 털이 났다.

또 이른다면[又曰],

판치생모(板齒生毛)니라. 앞 이빨에 털이 났다.

26則

師又云하되「若一生不離叢林하고 不語十年五載에 無人喚你作啞漢인댄 已後에는 佛也不奈你何로다 你若不信인댄 截取老僧頭去하라」

스님께서 다시 말씀하셨다.

「만약 한평생 총림을 떠나지 않고 10년이고 5년이고 말을 하지 않아도 너희들을 벙어리라고 부르는 사람이 없을진댄, 그런 다음에는 부처님이라도 너희를 어쩌지 못할 것이다. 너희들이 만약 내 말을 믿지 못하겠거든 내 목을 잘라가거라.」

| 학산 대원 曰 |

묵언정진(默言精進)하면 무간격(無間隔)으로 화두가 일념만년(一念萬年)되는 시절이 오리니, 타파철산(打破鐵山)하고 초출삼계(超出三界)하여 무사한도인(無事閑道人)이 되리라.

27則

　　師上堂云하되「兄弟여 你正在第三冤裏하니 所以道하되『但改舊時行履處호대 莫改舊時人하라』共你各自家出家하야 比來無事거늘 更問禪問道하고 三十二十人聚頭來問이 恰似欠伊禪道相似로다 你喚作善知識인댄 我是同受拷로다 老僧不是戱好러니 恐帶累他古人하야 所以東道西說이니라」

　　스님께서 상당하여 말씀하셨다.

　　「형제여! 너희들은 바로 삼생(三生)[180]의 원수[冤][181] 속에 있으니, 그러므로 말하기를『다만 옛날의 행위만을 고치되, 옛날의 사람은 고치지 말라』고 한 것이다. 너희들과 마찬가지로 각자 스스로 출가하여 근래에 일이 없거늘, 다시 선(禪)이니 도(道)니 묻고 30명, 20명씩 몰려와 묻는 것이 마치 너희들에게 선이나 도를 빚고 있는 것 같구나. 너희들이 선지식이라고 부른다면 나도 마찬가지로 고문(拷問)을 받는 것 같도다. 노승은 말장난을 좋아하는 게 아니라 저 옛사람들에게 누를 끼치게 되는 것을 염려하여 이런저런 설법을 하는 것이다.」

180　불교에서 말하는 삼세전생(三世轉生)을 가리키는 것으로서, 전생(前生)·금생(今生)·후생(後生)을 의미함.

181　원문은 '第三冤'이나『조주록』120칙에 다음과 같은 구절을 참조하여 '삼생의 원수'로 해석하였다.
　　師示衆云, 「教化得底人은 是今生事나 教化不得底人은 是第三生冤이라 若不教化인댄 恐墮却一切衆生하고 教化亦是冤이니 是你還教化也無오」
　　스님께서 대중에게 말씀하셨다. 「교화시킬 수 있는 사람은 금생의 일이지만, 교화시킬 수 없는 사람은 삼생의 원이다. 만약 교화하지 않는다면 일체중생을 (지옥으로) 떨어뜨리게 될까 두렵고 교화한다고 하더라도 역시 원이니, 그대들은 도리어 교화하겠는가 말겠는가?」

어리석은 복(福)이 삼생(三生)의 원수가 되는 것은 제1생에는 어리석은 복을 만드느라고 본성을 보지 못하고, 제2생에는 어리석은 복을 받으면서 참회하는 일도 없고 선행을 하지 않고 악업을 짓느라 본성을 보지 못하고, 제3생에는 어리석은 복을 다 받고 나서 선행을 하지 않아 마음이 육체로부터 빠져나갈 때 화살과도 같이 빨리 지옥에 떨어진다는 것이다.

'옛날의 사람은 고치지 말라'는 것은 본성(本性)은 고칠 것이 없다는 것이다.

28則

問하되「十二時中如何用心고」
師云하되「你被十二時使어니와 老僧은 使得十二時니 你問那個時오」
학인이 물었다.
「열두 시진[十二時]¹⁸² 동안 어떻게 마음을 써야 합니까?」
「자네는 열두 시진의 부림을 받지만, 나는 열두 시진을 부리나니, 자네는
어느 시간을 묻는가?」

禪宗頌古聯珠 -「用心」

鼓山珪가 頌하되
百年三萬六千日이요   백 년은 3만 6천 날이요
一日朝昏十二時라   하루는 아침저녁 열두 시진이라네.
使殺老僧渾不管이라   노승을 죽도록 부려도 전혀 상관하지 않나니
不知鬧裏有誰知오   시끄런 속에서 알지 못함을 누가 앎이 있으리오.

徑山杲가 頌하되
使得十二時辰하고   열두 시진을 부린다 하더니

---

182 '십이시(十二時)'란, 하루를 열두 등분하여 십이지(十二支, 子·丑·寅·卯·辰·巳·午·未·申·酉·戌·亥)
의 이름을 각각 붙여 일컫는 열두 시진[十二時辰]을 말한다.

呼來却教且去로다　　　부르더니 도리어 또 가라고 하네.
倚官挾勢欺人하니　　　관가를 의지하고 세도를 끼고 사람을 속이니
茫茫無本可據로다　　　망망(茫茫)하여 의거할 근본이 없도다.

雪菴瑾이 頌하되
鍾送黃昏雞報曉거늘　　종 치면 저녁이고 닭이 울면 새벽인데
趙州何用閒煩惱오　　　조주는 어찌하여 번뇌를 다스리려 하는고.
裂破虛空作兩邊하고　　허공을 찢어서 두 쪽으로 만들고
古廟香爐出芝草로다　　낡은 사당 향로엔 지초(芝草)가 남이로다.

野菴璇이 頌하되
安貼邦鄕老趙州여　　　나라를 편안케 했구려, 늙은 조주여
時辰使得最風流로다　　시간을 부리는 것이 최고의 풍류로다.
今朝有酒今朝醉하고　　오늘 아침에 술이 있으니 오늘 아침에 취하고
明日愁來明日愁로다　　내일 근심 있거든 내일 근심하리라.

禪門拈頌 425則 - 「用心」

蔣山元이 上堂云하되「光陰은 易得이라 看看하라 便是夏末이라 記得趙
州云하되『你等諸人은 被十二時使어니와 老僧은 使得十二時라』하니 此
是天人之師라 堪受人天供養이니 而今에 或有人이 使得十二時하고 又
能回天關轉地軸하며 將晝作夜하고 以夜爲晝하면 你道하라 天峯이 將
什麼供養得他오」良久云하되「釅點薄荷茶니라」
장산원이 상당하여 이르되「세월은 빠르구나. 보고 보라. 어느덧 하안거 끝
이로다. 생각건대 조주가 이르되『그대들은 열두 시진의 부림을 받지만 노
승은 열두 시진을 부린다』했으니, 이는 천인사(天人師)[183]라 사람과 하늘의

공양을 받을 만하도다. 지금 누군가가 열두 시진을 부리고, 또 능히 하늘의 문을 돌리고 대지의 중심을 굴릴 수 있어서 낮을 밤으로 만들기도 하고 밤을 낮으로 만든다면, 그대들은 말해보라. 나[天峯][184]는 무엇을 가지고 그에게 공양을 하겠는가?」

양구하고는 이르되,「박하차를 진하게 달여라.」

長靈卓이 擧此話云하되「趙州老漢이 倔强은 從敎倔强이나 殊不知有箇人이 不使十二時하며 亦不被十二時使하고 全本全末이오 全去全來로다 汝等諸人은 作麼生辨고 要知麼아 自携瓶去沽村酒라가 却着衫來作主人이로다」

장영탁이 이 이야기를 들어 이르되「조주 노인네가 고집이 센 것은 고집이 센 대로 두겠으나, 누군가가 열두 시진을 부리지도 않고 또한 열두 시진에 부림을 받지도 않으며, 전체가 본(本)이고 전체가 말(末)이며 전체가 감[去]이고 전체가 옴[來]인 줄을 전혀 알지 못하는도다. 그대 여러분들은 어떻게 분별하려는고? 알고자 하는가?

스스로 술병을 들고 촌에 술을 사러 갔다가 반대로 적삼을 입고 와서는 주인 노릇을 함이로다.」

松源이 拈하되「也是徐六擔板이로다」

송원이 염하되「이 또한 서씨의 여섯째 같은 담판한(擔板漢)[185]이로구나.」
하다.

---

183 여래십호(如來十號)의 하나. 하늘과 인간의 스승이라는 뜻으로, 부처를 달리 이르는 말.

184 '장산원(蔣山元)'을 가리킨다. 천봉사(天峯寺)에 머물렀기 때문이다.

185 외골수. 판을 등에 메면 한 쪽밖에 볼 수 없는 것과 마찬가지로, 사물의 한 면만을 보고 전체를 보지 못하는 사람을 비유한 말이다. 또한 사물이나 이념의 한편에 치우친 행동을 하는 사람을 꾸짖는 말이다.

拈頌說話 – 「用心」

【用心】[186]

《十二時中如何用心云云者》는 不被十二時使하고 殺用心方便問耶오 日夜十二時行에 一切時中如何用心也니라

《你被十二時使云云者》無時면 智聞이니라 如永明云하되 「時因境立이나 境尙本空하니 何須更說時節多少오」 又古人云하되 「五巡甲子漫周天하야도 無位眞人不曾老云云이로다」 伊麼道도 也是徐六擔板이니라 然若擧趙州分上하면 全本全末이요 全去全來也니라

《온종일 동안 어떻게 마음을 써야 합니까 운운》한 것은 열두 시진에 부림받지 않는 마음 쓰는 방편법에 대한 물음인가? 낮과 밤 열두 시진이 운행하는데, 일체의 시간 중에 어떻게 마음을 써야 하는가를 물은 것이다.

《자네는 열두 시진의 부림을 받지만 운운》한 것은 시간을 없이한다면 지혜가 들린다[聞]는 뜻이다. 마치 영명(永明)이 이르되 「시간은 경계를 인하여 생기지만 경계는 오히려 본래 공하니, 어찌 다시 시절의 많고 적음을 말할 필요가 있겠는가.」[187]라고 한 것과 같다. 다시 고인이 이르되 「갑자(甲子, 60년)를 다섯 번 돌도록 천하를 떠돌아도 무위진인(無位眞人)은 늙은 적이 없다 운운」[188] 하였는데 이와 같이 말하는 것은 또한 서씨의 여섯째가 담판한 것과 같다. 그러나 만약 조주의 본분 위에서 들자면 전체가 본(本)이고

---

186 『조주록』 28칙 공안 부분 전체를 가리킨다. 내용은 다음과 같다.
問하되 「十二時中如何用心고」
師云하되 「你被十二時使어니와 老僧은 使得十二時니 你問那個時오」

187 영명 연수(永明延壽) 선사의 『종경록(宗鏡錄)』 권17 중 일부를 인용하였다.
「(前略) 且時因境立, 境尙本空, 時自無體. 何須更論劫數多少?」
「시간은 경계를 인하여 생기지만 경계는 오히려 본래 공하니, 시간은 스스로 실체가 없는 것이다. 어찌 다시 시절의 많고 적음을 말할 필요가 있겠는가?」

188 출전 미상.

전체가 말(末)이오, 전체가 감[去]이고 전체가 옴[來]이로다.

【蔣山】

蔣山元이 上堂云하되「光陰은 易得이라 看看하라 便是夏末이라 記得趙
州云하되『你等諸人은 被十二時使어니와 老僧은 使得十二時라』하니 此
是天人之師라 堪受人天供養이니 而今에 或有人이 使得十二時하고 又
能回天關轉地軸하며 將晝作夜하고 以夜爲晝하면 你道하라 天峯이 將
什麼供養得他오」良久云하되「釅點薄荷茶니라」
장산원이 상당하여 이르되「세월은 빠르구나. 보고 보라. 어느덧 하안거 끝
이로다. 생각건대 조주가 이르되『그대들은 열두 시진의 부림을 받지만 노
승은 열두 시진을 부린다.』했으니, 이는 천인사라 사람과 하늘의 공양을
받을 만하도다. 지금 누군가가 열두 시진을 부리고, 또 능히 하늘의 문을 돌
리고 대지의 중심을 굴릴 수 있어서 낮을 밤으로 만들기도 하고 밤을 낮으
로 만든다면, 그대들은 말해보라. 나는 무엇을 가지고 그에게 공양을 하겠
는가?」
양구하고는 이르되, 「박하차를 진하게 달여라.」

《釅點薄荷茶者》는 苦澁難當이러니 一則賞하고 一則罰也니라
《박하차를 진하게 달여라》는 씁쓸하고 떫어서 마시기가 어려운즉, 한 번은
상을 주고 한 번은 벌을 준다는 뜻이다.

【長靈】

長靈卓이 擧此話云하되「趙州老漢이 倔强은 從敎倔强이나 殊不知有箇
人이 不使十二時하며 亦不被十二時使하고 全本全末이오 全去全來로
다 汝等諸人은 作麼生辨고 要知麼아 自携瓶去沽村酒라가 却着衫來作

主人이로다」

장영탁이 이 이야기를 들어 이르되 「조주 노인네가 고집이 센 것은 고집이 센 대로 두겠으나, 누군가가 열두 시진을 부리지도 않고 또한 열두 시진에 부림을 받지도 않으며, 전체가 본이고 전체가 말이며 전체가 감이고 전체가 옴인 줄을 전혀 알지 못하는 도다. 그대 여러분들은 어떻게 분별하려는고? 알고자 하는가?

스스로 술병을 들고 촌에 술을 사러 갔다가 반대로 적삼을 입고 와서는 주인 노릇을 함이로다.」

松源이 拈하되 「也是徐六擔板이로다」

송원이 염하되 「이 또한 서씨의 여섯째 같은 담판한이로구나.」 하다.

松源義同이니라

장령의 말은 송원의 말과 의미가 같다.

| 학산 대원 曰 |

白石有消日 淸聲無盡年
腦後以鐵鎚 時間任意用

흰 돌이 날을 보내는 것이 있어 맑은 소리는 해가 다함이 없다.
두뇌 뒤에 쇠뭉치가 시간을 임의로 쓰는구나.

29則

問하되 「如何是趙州主人公이닛고」

師咄云하되 「這箍桶[189]漢아」

學人應諾하니 師云하되 「如法箍桶著하라」

학인이 물었다.

「어떤 것이 조주의 주인공입니까?」

스님께서 호통을 치시며 「이 나무통에 테나 매는 놈아!」 하니,

학인이 「예.」 하고 대답하자, 스님께서 「통에 테나 제대로 둘러라.」 하셨다.

| 학산 대원 曰 |

속지 말고 바로 보라.

---

189 나무통[木桶]에 테를 두르는 일.

30則

問하되「如何是學人本分事이닛고?」
師云하되「樹搖鳥散하고 魚驚水渾이로다」
학인이 물었다.
「어떤 것이 저의 본분사입니까?」
스님이 말씀하셨다.
「나무가 흔들리면 새들이 날아가고, 고기가 놀라면 물이 흐려짐이로다.」

| 학산 대원 曰 |

어떤 것이 부처[佛]인고?
瓦落片이라.
기왓장이 떨어져 조각남이로다.

31則

問하되「如何是少神[●]底人이닛고?」

師云하되「老僧不如你니라」

學云하되「不占勝이니이다」

師云하되「你因什麼少神아?」

학인이 물었다.

「어떤 것이 바보[少神] 같은 사람입니까?」

「내가 자네만 못하네.」

「저는 스님을 이겨낼 도리가 없습니다.」

「자네는 어째서 바보가 되었는가?」

| 학산 대원 曰 |

分明道道 着眼看하라.

분명히 이르고 일렀으니 자세히 보라.

● **少神**

원래 소신은 한의학 용어 중 하나로 망진(望診, 상대를 살펴 진찰함)의 일종이다. 망진은 다시 정신을 살펴 진찰하는 망신(望神)·색을 살펴 진찰하는 망색(望色)·몸의 형태를 살펴 진찰하는 망형(望形)·환자의 행동과 태도를 살펴 진찰하는 망태(望態)로 이루어져 있다.

망신을 할 때 그 성쇠의 과정은 '득신(得神)-소신(少神)-실신(失神)-가신(假神)'으로 네 가지가 있다.

이 중 소신은 정기가 부족[神氣不足]하여 원기가 왕성하지 못해 축 처진 모습이다. 눈빛이 어둡고 기운이 없으며 윤기가 없고 정신이 별로 맑지 못하고 사고와 동작이 민첩하지 못하다. 이게 더 심해지면 실신 상태가 되는데 이는 정신이 왔다갔다 하는 증상이다.

이 공안에서 소신은 정신이 온전치 못한 바보를 말한다.

32則

問하되 「『至道無難하니 唯嫌揀擇이라』*하니 是時人窠窟이닛가?」
師云하되 「曾有問我러니 直得五年分疏不得이니라」
학인이 물었다.
「『지극한 도는 어렵지 않나니, 오직 간택함을 꺼릴 뿐이다.』라고 하였는
데, 이것이 지금 사람들의 과굴(窠窟)[190]입니까?」
「일찍이 나한테 물은 적이 있었는데, 5년 동안 대답을 못하고 있다.」

● 至道無難 唯嫌揀擇
　　삼조 승찬의 『신심명(信心銘)』 첫 구절로 다음과 같다.

至道無難하니	지극한 도는 어렵지 않나니
唯嫌揀擇이로다	오직 간택함을 꺼릴 뿐이로다.
但莫憎愛인댄	다만 미워하고 사랑하지만 않으면
洞然明白이로다	텅 비어 매우 밝게 됨이로다.
(下略)	

| 학산 대원 曰 |

青山白雲外流 白雲青山內來

190　보금자리, 소굴, 둥지를 말한다. 즉 집착하여 병통이 된 것을 말한다.

溪谷流水 靑山白雲透過流

청산은 백운 밖으로 흘러가고, 백운은 청산 안으로 들어옴이로다.

계곡에 흐르는 물은 청산, 백운을 뚫고 지나가며 흐름이로다.

禪宗頌古聯珠 -「窠窟」

雪竇顯이 頌하되

象王嚬呻하고   코끼리가 울부짖고

師子哮吼로다   사자가 포효하도다.

無味之談이   맛이 없는 한 말씀이

塞斷人口하니   사람들의 입을 막았도다.

南北東西에   남북과 동서에

烏飛兎走로다   해가 뜨고 달이 지도다.

| 학산 대원 曰 |

石上生芝草로다.

돌 위에 상서로운 풀이 났도다.

白雲端이 頌하되

分疏不下五年強은   5년 동안 대답하지 않고 억제한 것은

一葉舟中載大唐이로다   조각배에 당나라를 실음이로다.

渺渺兀然波浪裏에   아득하고 우뚝하게 돌연 파도가 치는 속에서

誰知別有好思量오   누가 별달리 좋은 생각 있음을 알리오.

| 학산 대원 曰 |

三頭六臂石人 透過動靜行

삼두육비(三頭六臂)인 돌사람이 움직이고 고요한 것을 뚫고 지나가서 행함
이로다.

佛鑑懃이 頌하되

五年分疏不下가	5년 동안 대답하지 못했단 말이
往往反成話欛로다	왕왕 도리어 이야깃거리가 됨이로다.
須知至道無難이니	모름지기 지도무난(至道無難)을 알아야만
	하나니
於此誰知縫罅오	여기에서 누가 꿰맨 틈을 알아보리오.

月堂昌이 頌하되

天雷如鼓하고	하늘의 우레는 북소리 같고
雲騰致雨로다	구름이 올라가 비를 이룸이로다.
雨霽雲收하니	비 그치고 구름 걷히니
新月一鉤로다	초승달 한 조각 나옴이로다.
至道無難이니	지극한 도는 어렵지 않나니
惟嫌揀擇이로다	오직 간택함을 꺼릴 뿐이로다.
五年分疏太隔脉하니	5년 동안 대답의 맥을 끊어놓았으니
東海鯉魚多赤梢이요	동해의 잉어는 붉은 꼬리*를 가졌고
南山大蟲有白額이로다	남산의 대호는 이마 흰털*이 있다.

● **동해 잉어의 붉은 꼬리**

　「동해 잉어의 붉은 꼬리」는 사람이 경솔함을 나타내는 듯하다. 『오등회원(五燈會
元)』 중에 '임제의 문하에 꼬리가 붉어 보기 좋은 잉어 한 마리가 있었는데 머리

를 흔들고 꼬리를 치면서 남쪽으로 떠난 뒤 누구네 집 양념 항아리 속으로 들어갔는지 아무도 모른다[臨濟門下有個赤梢鯉魚, 搖頭擺尾向南方去, 不知向誰家虀瓮裏淹殺].'라고 하였다.

경전에 실린 것과 조금 다른 이야기가 민간에도 전한다. 임제(臨濟)와 원안(元安)이란 사촌형제지간 두 사람이 있었는데, 형인 임제는 생각이 깊고 행동이 신중한 반면, 아우 되는 원안은 말이 빠르고 행동이 경솔하였다. 하루는 원안이 임제를 찾아가 함께 술을 마시던 중에 스스로 자랑스러운 표정을 지어 보이며 임제에게 말했다. "형도 들으면 좋아할 소식이오. 내가 현감에게 상을 받았는데 이제 승진은 따놓은 거나 다를 게 없소." 하였다. 원안의 말을 들은 임제는 그러나 기대와 달리 원안에게 잘했다는 말을 들려주지 않았다. 그렇게 술을 마시다 저녁이 되어 원안이 서운한 마음으로 일어서려 하는데, 임제가 원안을 붙잡아 앉히더니 정색을 하고 말했다. "아우, 내가 하는 말을 잘 들어보게. 작은 연못에 꼬리가 붉은 잉어 한 마리가 살았는데, 생긴 게 예뻐서 언제나 의기양양하며 지냈다네. 하루는 이 녀석이 머리를 흔들고 꼬리를 살랑대며 남쪽으로 놀러갔다가 자기가 어디로 가고 있는지도 모르는 사이에 큰 강으로 들어갔고, 길을 잃고 헤매던 끝에 그만 어떤 사람이 물고기를 절이려고 만들어둔 항아리 속으로 들어가게 되었는데, 그게 어찌 저 죽을 길이 아니었겠나?" 임제가 들려준 이야기를 듣고 나서 원안은 자신의 경솔함을 크게 부끄러워하였다.

● 남산 대호의 이마 흰 털

'남산 대호의 이마 흰 털'은 사람이 진중하지 못함을 나타내는 듯하다. 『진서(晉書)』 권58 「주처열전(周處列傳)」에 나오는 이야기로 중국 삼국시대 주처(周處) 고사의 유래이다.

주처는 젊었을 때 힘이 세고 난폭하여 마을에 해를 끼치고 다녔다. 어느 날 마을의 노인에게 "시절도 좋고 농사도 풍작인데 어찌하여 즐거워하지 않습니까?" 하고 묻자, 노인이 한숨을 쉬며, "세 가지 폐해가 없어지지 않는데 무엇이 즐겁겠는가?" 하였다. 주처가 그게 무어냐고 묻자, "남산에 있는 이마가 흰 호랑이 백액호(白額虎)와 장교(長橋) 아래에 사는 이무기와 자네라네." 하였다. 주처는 호랑이를 때려잡고 이무기를 죽였으나, 사람들이 도리어 그를 더욱 두려워하였다. 이후 주처는 열심히 학문을 닦고 자신을 다스려 훌륭한 인물이 되었으며, 진(晉)나라에서 벼슬하여 어사중승(御史中丞)이 되었다. 뒤에 제만년(齊萬年)의 반란에 후퇴하지 않고 싸우다가 전사하였다.

獸堂定이 頌하되

風雨濛濛하고　　　　바람 불고 비는 부슬부슬하고

烏雲靉靆로다　　　　먹장구름 하늘에 가득하도다.

贔屭上山하고　　　　거북은 산을 오르고

狐狸入海로다　　　　여우는 바다로 들어가도다.

隨後追尋이언정　　　뒤를 따라 쫓아가더라도

龍王不在로다　　　　용왕은 있지 않음이로다.

(咄)　　　　　　　　(돌!)

無菴全이 頌하되

天高地厚尋常事나　　높은 하늘과 두터운 대지는 심상한 일이나

海闊山重更要論이로다　넓은 바다와 연이은 산들은 다시 논해볼
　　　　　　　　　　일이로다.

霹靂震摧山鬼窟하고　벼락을 내리쳐 산의 귀신 소굴을 부수고

獨攜霜劍定乾坤이로다　홀로 서릿발 같은 검으로 하늘과 땅을
　　　　　　　　　　평정함이로다.

| 학산 대원 曰 |

淸風生竹戶 明月照松窓

맑은 바람은 대나무로 만든 문에서 나고

밝은 달은 소나무로 된 창에 비침이로다.

禪門拈頌 415則 -「窠窟」

薦福逸이 頌하되

一二三秋四五秋여　　　　일이삼 년이여, 사오 년이여
分踈不下有來由로다　　　(5년 동안) 대답하지 못한 것에는 까닭이
　　　　　　　　　　　　있음이로다.
堪悲堪笑藥山老가　　　　매우 슬프며 매우 우습도다. 약산 노인이
剛道如蚊上鐵牛로다　　　모기가 무쇠소를 뚫는 것 같다 함이로다.

雪竇顯이 上堂舉此話云하되「識語不能轉하면 死却了也니 好與二十棒
이라 者棒이 須有分付處하니 你若辨不出하면 且放此話大行하리라」
설두현이 상당하여 이 이야기를 들고는 말하였다.
「무슨 말인지 알았다 하더라도 능히 굴리지 못하면 죽고 끝나버림이니, 스
무 방망이를 때려줘야 좋으리라. 이 방망이는 모름지기 줄 곳이 있나니 그
대들이 가려내지 못한다면 이 이야기가 널리 전해지게 놓아두라.」

天童覺이 上堂舉此話云하되「且道하라 趙州가 是答他話아 不答他話아
明眼底人은 覰得他骨頭出이나 天童이 不免下注脚去也로다 五年分踈
不下는 一句元無縫罅어늘 只知推過商量하고 誰信分明酬價리오 玲瓏
底는 相知하고 莽鹵底는 相訝로다 寧可與曉事人相罵언정 不可共不曉
事人說話로다」
천동각이 상당하여 이 이야기를 들고는 말하였다.
「또 일러보라. 조주가 그에게 답하여 주었는가, 답해주지 않았는가? 눈 밝
은 사람은 그의 뼛골을 엿볼 수 있을 것이나, 내가 주석을 덧붙이지 않을 수
없음이로다. 5년 동안 대답하지 못했다는 말씀은 그 한마디에 본래 꿰맬 틈
이 없거늘, 그저 미루어 헤아릴 줄만 알았지, 누가 분명하게 값을 매긴 적이
있던가? 영롱한 것은 서로 알고, 흐리멍덩한 건 서로 의심하도다. 차라리 일
을 환하게 아는 이와 서로 욕할 수는 있을지언정, 일을 밝히지 못한 이와 이
야기를 나눌 수는 없음이로다.」

拈頌說話 - 「窠窟」

【窠窟】

問하되「『至道無難하니 唯嫌揀擇이라』하니 是時人窠窟이닛가?」
師云하되「曾有問我러니 直得五年分疏不得이로다」
학인이 물었다.
「『지극한 도는 어렵지 않나니, 오직 간택함을 꺼릴 뿐이다.』라고 하였는데,
이것이 지금 사람들의 과굴입니까?」
「일찍이 나한테 물은 적이 있었는데 5년 동안 대답도 못하고 있네.」

《至道無難云云者》는 時人到此로 例皆作窠窟하야 伊麼問이나 不是好心
也니라
《曾有人問我云云者》는 此是分疎不下答得也니라
《五年者》는 古云하되「是窠窟非窠窟이어니와 是揀擇非揀擇이니라」한
대 恐非也니라 揀擇明白是五年은 疊而爲三하고 變盡成五로다
《지극한 도는 어렵지 않나니 운운》한 구절은 당시 사람들이 여기에 이르러
대부분 과굴(窠窟, 보금자리)을 짓기 때문에 이와 같이 물었으나 좋은 마음으
로 그런 것은 아니다.
《일찍이 어떤 사람이 나에게 물은 적이 운운》한 구절은 대답하지 못했다는
것으로 대답한 것이다.
《5년 동안》이라는 문구에 옛사람이 「과굴은 과굴이 아니고, 간택은 간택이
아니다.」라고 하였는데 잘못이라 생각한다. 간택하면서 명백하게 한 것이
이 5년 동안이니, 포개어서 셋을 이루고[疊而爲三] 변화를 다하여 다섯을 이
루었도다[變盡成五].•

- **疊而爲三, 變盡成五.**

  위의 구절 포개어서 셋을 이루고[疊而爲三], 변화를 다하여 다섯을 이룬다[變盡成五]는 구절은 동산 양개(洞山良价, 807~869)의 『동산록(洞山錄)』 가운데 「보경삼매가(寶鏡三昧歌)」에 나오는 구절이다. 다음과 같다.

  (中略)

重離六爻에	주역의 중화리괘(重火離掛)에
偏正回互로다	편(偏, --)과 정(正, —)이 돌아가며 뒤섞이도다.
疊而爲三하고	포개어서 셋이 되고
變盡成五로다	변화를 다하여 다섯을 이루도다.
如荎草味하고	질경이의 맛과도 같고
如金剛杵로다	금강저(金剛杵)와 같기도 하도다.
正中妙挾하야	정(正) 가운데 묘하게 끼어서
鼓唱雙擧로다	북 치면서 노래 부르기를 쌍으로 하는도다.

  (下略)

  동산은 주역의 음효(陰爻, --)를 편(偏, 不正)으로 보고 양효(陽爻, —)를 정(正)으로 보고 중화리괘가 초효부터 상효까지 편과 정이 돌아가며 위치가 뒤섞이는 것에 착안하여 이야기하였다.

| 학산 대원 曰 |

'포개어서 셋을 이룬다[疊而爲三]'는 말은 '지도무난 유혐간택(至道無難 唯嫌揀擇)' 두 글귀에다가 '지금 사람들의 과굴입니까[是時人窠窟]?'라는 한 글귀를 보태니 세 글귀가 되었다는 것이다.

'변화를 다하여 다섯을 이루었도다[變盡成五]'는 말은 위의 세 글귀에 '일찍이 나한테 물은 적이 있었는데 5년 동안 대답도 못하고 있네[曾有問我 直得五年分疏不得]'라는 두 글귀를 보태니 다섯 글귀가 되었다는 말이다.

象王嚬呻하고　　　　코끼리가 울부짖고

師子哮吼로다　　　　사자가 포효하도다.

無味之談이　　　　　맛이 없는 한 말씀이

塞斷人口하니　　　　사람들의 입을 막았도다.

南北東西에　　　　　남북과 동서에

烏飛兔走로다　　　　해가 뜨고 달이 지도다.

《云云哮吼者》는 五年意니라 下二句도 亦然이니라

운운하길 '포효한다'라고 한 것은 5년 동안을 의미한다. 아래의 두 구절 또한 그러하다.

【薦福】

一二三秋四五秋여　　　일이삼 년이여, 사오 년이여

分疎不下有來由로다　　(5년 동안) 대답하지 못한 것에는 까닭이 있음이로다.

堪悲堪笑藥山老가　　　매우 슬프며 매우 우습도다. 약산 노인이

剛道如蚊上鐵牛로다　　모기가 무쇠소를 뚫는 것 같다 함이로다.

《一句》는 五年意也니라

《三句》는 伊麼也不得云云이니 對此「堪悲堪笑」하야 爭如「趙州五年分疎不下」也리오

제1구는 5년 동안을 의미한다.

제3구는 이와 같아서는 얻을 수 없다고 운운한 것이니, 이 「매우 슬프며 매우 우습도다」에 대비하여 어찌 「조주가 5년 동안 대답하지 못했다」와 같겠는가?

【雪竇】

雪竇顯이 上堂擧此話云하되「識語不能轉하면 死却了也니 好與二十棒이라 者棒이 須有分付處하니 你若辨不出하면 且放此話大行하리라」

설두현이 상당하여 이 이야기를 들고는 말하였다.

「무슨 말인지 알았다 하더라도 능히 굴리지 못하면 죽고 끝나버림이니, 스무 방망이를 때려줘야 좋으리라. 이 방망이는 모름지기 줄 곳이 있나니 그대들이 가려내지 못한다면 이 이야기가 널리 전해지게 놓아두라.」

趙州旣知「唯嫌揀擇」是窠窟로 不能轉却是死漢也니라 故「好與二十棒」하야 謂透窠窟而轉却也니라 若辨不出인댄 則是病亦不是病故로「放此話大行」이니라 然則可謂是分疎不下也니라

조주는 이미「오직 간택함을 꺼릴 뿐이다」가 과굴임을 알고 있었으므로, 능히 굴리지 못하면 도리어 죽은 놈이라는 말이다. 때문에「스무 방망이를 때려줘야 좋으리라」고 한 것이니, 이것은 과굴을 꿰뚫어서 굴린 것이다. 만약 가려내지 못한다면 이것은 병통이면서 또한 병통이 아니기도 하므로「이 이야기가 널리 전해지게 놓아두라」고 한 것이다. 그러므로 이것이 대답하지 못했다고 말할 수 있는 것이다.

【天童】

天童覺이 上堂擧此話云하되「且道하라 趙州가 是答他話아 不答他話아 明眼底人은 覰得他骨頭出이나 天童이 不免下注脚去也로다 五年分疎不下는 一句元無縫罅어늘 只知推過商量하고 誰信分明酬價리오 玲瓏底는 相知하고 莽鹵底는 相訝로다 寧可與曉事人相罵언정 不可共不曉事人說話로다」

천동각이 상당하여 이 이야기를 들고는 말하였다.

「또 일러보라. 조주가 그에게 답하여 주었는가, 답해주지 않았는가? 눈 밝은 사람은 그의 뼛골을 엿볼 수 있을 것이나, 내가 주석을 덧붙이지 않을 수 없음이로다. 5년 동안 대답하지 못했다는 말씀은 그 한마디에 본래 꿰맨 틈이 없거늘 그저 미루어 헤아릴 줄만 알았지, 누가 분명하게 값을 매긴 적이 있던가? 영롱한 건 서로 알고, 흐리멍덩한 건 서로 의심하도다. 차라리 일을 환하게 아는 이와 서로 욕할 수는 있을지언정, 일을 밝히지 못한 이와 이야기를 나눌 수는 없음이로다.」

若道答他話인댄 他道分疎不下요 若道不答他話인댄 大善知識豈無方便이리오 若是「明眼底人은 覰得他趙州骨頭出」也하면 明得「五年分疎不下底句엔 元無縫罅」也니라 諸人只知趙州推過하고 不知此語分明酬價也니라

《玲瓏底》는 如盤走明珠하야 珠走盤故로「相知」也니라

《莽鹵底》는 未免「相訝」니라 若是曉事人인댄 便知相罵處也니「相罵」는 謂分疎不下로 不審顧答也니라 然則不曉事人은 雖與喃喃說話라도 不知落處니라

만약 답해 주었다고 말한다면 조주는 대답하지 못했다고 말하였었고, 만약 답해주지 않았다고 말한다면 대선지식(大善知識)이 어찌 방편도 없었겠는가? 만약 이「눈 밝은 사람이 조주의 뼛골을 엿볼 수 있다」한다면「5년 동안 대답하지 못했다는 구절에 본래 꿰맨 틈이 없다는 것」을 밝힐 것이다. 여러 사람들은 다만 조주가 미루어 놓은 것만 알고 이 말에 분명하게 값을 매긴 것은 알지 못한다.

《영롱한 것》은 쟁반에 구르는 밝은 구슬과 같아서, 구슬이 쟁반에 구르기 때문에「서로 안다」한 것이다.

《흐리멍텅한 것》은「서로 의심함」을 면치 못한다. 만약 일을 환하게 아는 사람이라면 서로 욕할 곳을 바로 알 것이니,「서로 욕한다는 것」은 대답하지 못했다는 것으로 자세하지 대답해 주지 않은 것을 말함이다. 그러하니 일에

밝지 못한 사람은 비록 더불어 장황하게 얘기해주더라도 낙처(落處)를 알지 못하는 것이다.

| 학산 대원 曰 |

烏頭破獅狐
動容振淸風
一步蹴乾坤
手中弄靈珠

검은 팥이 사자와 여우를 부수니
얼굴을 움직이자 맑은 바람을 떨침이로다.
한 걸음 걸을 때마다 하늘땅을 밟고
손안의 신령스러운 구슬을 희롱함이로다.

33則

有官人問하되「丹霞燒木佛이러니 院主爲什麼眉鬚墮落이닛고」
師云하되「官人宅中에 變生作熟을 是什麼人이닛고」
云하되「所使니이다」
師云하되「卻是他好手니라」
어떤 관인이 물었다.
「단하(丹霞)가 목불(木佛)을 태웠는데, 원주는 무엇 때문에 눈썹과 수염이
빠졌습니까?」
「관인의 집에서는 생것을 삶아 익히는 것을 누가 합니까?」
「하인입니다.」
「도리어 그 사람 솜씨가 좋군요.」

| 학산 대원 曰 |

月入海無浪
雪上行露跡
달이 바다를 비추어도 물결이 일지 않으나
눈 위를 걸으면 자취가 드러남이라.

禪宗頌古聯珠 -「木佛」

丹霞가 於慧林寺에 遇天寒하야 取木佛燒火向한대

院主訶曰하되「何得燒我木佛고」

師以杖子撥灰曰하되「吾燒取舍利로다」

曰하되「木佛이 何有舍利리오」

師曰하되「旣無舍利인댄 更取兩尊燒하리라」

主自後眉鬚墮落하니라

단하가 혜림사에 있을 때 날이 춥자 목불(木佛)을 가져다가 불을 때니, 원주가 야단치며 말하였다.

「어떻게 우리 목불을 태울 수가 있소?」

스님이 주장자로 재를 뒤적거리며 말하였다.

「나는 태워서 사리를 얻으려고 그랬소.」

「목불에 무슨 사리가 있단 말이오?」

「사리가 없을진댄, 다시 양쪽의 부처님을 가져다 태우리다.」

원주는 나중에 눈썹이 모두 빠져버렸다.

投子靑이 頌하되

古巖苔閉冷侵扉하니   옛 바위에는 이끼가 덮이고, 차가움은
                           사립문을 침범하니

飛者驚危走者迷로다   나는 자는 놀라고 위태롭고, 달아나는 자는
                           미하도다.

夜深寒爇汀洲火하니   밤 깊고 차가워 강변 모래밭에 불을 밝혔는데

失曉漁家忙自疑로다   눈 어두운 어부는 초조하게 스스로 의심함이로다.

張無盡이 頌하되

雪擁嵓扉凍不春하니   눈 덮인 바위 문이 얼어 있어 봄이 아니러니

一尊木佛劈爲薪이로다   한 분의 목불을 쪼개어 땔감으로 삼음이로다.

眼睛動處眉毛落은   눈동자 움직인 자리에 눈썹이 빠진 것은

爲謗如來正法輪이로다   여래의 바른 법륜을 비방했기 때문이로다.

佛燈珣이 頌하되

老倒丹霞燒木佛하니　　늙은 단하가 목불을 태우니

院主眉鬚剛突出이로다　원주의 눈썹이 바로 튀어나옴이로다.

罪過從來作底當하니　　죄과는 예부터 지은 자가 당하니

誰道千虛不博實고　　　누가 천 가지 헛된 것이 넓고 실답지 않다고
　　　　　　　　　　　말하는고.

楚安方이 頌하되

覿面難藏向上機하고　　얼굴에 향상의 기틀 감추기 어렵고

家風千古爲人施로다　　가풍은 천고에 사람을 위하여 베풂이로다.

銀山鐵壁重重透하고　　은산과 철벽을 거듭해서 뚫고 나가고

賴有丹霞院主知로다　　다행히 단하가 있어서 원주를 알게 됨이로다.

月堂昌이 頌하되

橫行私路하고　　　　　삿된 길은 마음대로 다니고

乍赴公筵이로다　　　　잠깐 공적인 자리엔 나아가네.

幞頭脚短하고　　　　　복두(머리에 쓰는 관)는 다리가 짧고

腰帶夸圓이로다　　　　관대(冠帶, 허리띠)는 둥글도다.

不是伴郎來勸酒인댄　　신랑 들러리[伴郎]가 와서 술을 권함이 아니라면

誤他年少覓靑氈오　　　나이 적은 이가 푸른 이불[靑氈]• 찾음을
　　　　　　　　　　　탓하리오.

● **푸른 이불[靑氈]**

　서성(書聖) 왕희지에게는 아들이 모두 7명이 있었는데, 그중에서도 아버지인 왕
　희지에 못지않은 명필로 이름을 날린 사람이 바로 마지막 7남인 왕헌지(王獻之)
　다. 보통 아버지인 왕희지와 더불어 '이왕(二王)'이라고 칭해진다. 왕헌지는 어려
　서부터 명성이 있었고, 성품이 고매하여 걸림이 없고 용모가 태연자약하여 풍류
　로서는 당시의 으뜸이었다.

그에 대한 일화로, 하루는 집에서 자던 중 도둑이 방안에 들어와 물건을 몽땅 다 훔쳐가자, 왕헌지가 천천히 말하였다.

"도둑이여! 이불이 푸른 것은 우리 집안의 오래된 물건이니, 특히 그것만은 놓고 가게나[偸兒! 氈靑我家舊物, 可特置之]."

그러자 도둑이 놀라 달아났다.

이후로 푸른 이불을 말하는 청전(靑氈) 혹은 청전구물(靑氈舊物)은 '아끼는 물건' 혹은 '집안에 내려오는 보배'를 뜻한다.

圓悟勤이 頌하되

丹霞燒却木佛하니	단하가 목불을 태우니
院主眉鬚墮落이로다	원주가 눈썹과 수염이 다 빠짐이로다.
普天币地人知언정	온 하늘과 두루 대지와 사람들이 알건마는
院主當頭不覺이로다	원주만이 당면하자 알지 못함이로다.
本是醍醐上味어니와	본래 제호는 뛰어난 맛이건만
爭奈反成毒藥오	어찌하여 도리어 독약을 이루었는고.
果報自家擔當이어늘	과보(果報)는 스스로가 짊어져야 하거늘
罪因却是他作이로다	죄의 원인은 도리어 남이 지은 것이로다.
叢林浩浩商量하고	총림에서 이러저러하다고 생각하면서
未免情識卜度이로다	알음알이로 점치고 헤아리는 것을 면치 못함이로다.
却慮一箇自己인댄	도리어 하나의 나 자신을 염려한다면
直下不須推托이로다	바로 그 자리에서 미루어 헤아리지 못함이로다.
更問如何若何인댄	다시 왜 그런가? 어떠한가? 묻는다면
要且無繩自縛이로다	끈이 없는데 스스로 묶어서 있음이로다.

文殊道가 頌하되

彭祖八百乞延壽하고	팽조(彭祖)•는 8백 년을 살고도 연명하길 원했고

秦皇登位更求仙이로다　　진시황은 제위에 오르고도 다시 신선이 되길
　　　　　　　　　　　　　원했도다.
昨向天津橋上過하고　　　어제는 천진교(天津橋)● 위를 지나쳐 가버렸고
石崇猶自送窮船이로다　　석숭●이는 오히려 스스로 빈 배를 보냄이로다.

● 팽조(彭祖)

전갱(籛鏗). 상고 시대 때 사람. 육종씨(陸終氏)의 아들이자 전욱(顓頊)의 현손이
다. 전하는 말에 요(堯)임금 때 등용되어, 하(夏)나라부터 은(殷)나라 말까지 8백
여 년을 넘게 살았다고 한다. 늘 계수(桂樹)와 지초(芝草)를 먹었고, 도인(導引)을
잘해 기운을 운영했다. 팽성(彭城)에 봉해져 후세에 팽조로 불리게 되었다.

● 천진교(天津橋)

『경덕전등록(景德傳燈錄)』 권14에 다음과 같은 내용이 있다.

元和三年, 師於天津橋橫臥. 會留守鄭公, 出呵之不起. 吏問其故. 師徐曰,「無
事僧」. 留守異之, 奉束素及衣兩襲, 日給米麵. 洛下翕然歸信.
원화(元和) 3년(809)에 단하 스님이 천진교(天津橋) 위에 옆으로 누웠는데, 마침
유수(留守)인 정공(鄭公)이 나왔다가 스님을 야단쳤으나 일어나지 않았다. 관리
가 그 까닭을 물으니, 스님이 천천히 말했다.「나는 일 없는 중이올시다[無事僧].」
유수가 기이하다고 여기고 비단 묶음과 승복 두 벌을 올리고, 날마다 쌀과 면을
바쳤다. 낙양의 사람들이 한마음으로 귀의하였다.

● 석숭(石崇)

석숭(249~300)은 중국 서진(西晉) 시대의 문인이자 관리이다. 하지만 그는 문인
이라기보다 대부호(大富豪)로 매우 사치스러운 생활을 하여 중국과 한국 등지에
서 후대에도 부자의 대명사로 여겨졌다. 사치의 일화를 하나 들자면 다음과 같다.
그는 낙양(洛陽) 서쪽에 금곡원(金谷園)을 지었는데, 집안을 매우 호화롭게 꾸며
뒷간도 화려한 옷을 입은 십여 명의 시녀들이 화장품과 향수를 들고 접대하게
하였다. 그의 친구가 놀러왔다가 화장실을 보고는 '침실에 잘못 들어온 줄 알았
다.' 할 정도였다고 한다.

應菴華가 頌하되

丹霞寒燒木佛하고　　　단하가 추위에 목불을 태웠고

院主因禍得福이로다　　원주는 화로 인하여 복을 지음이로다.

可憐杜撰巡官이여　　　가련하도다. 엉터리 순라꾼들이여!

祇管胡卜亂卜이로다　　다만 어지러이 점만 치고 있음이로다.

無相範이 頌하되

丹霞燒木佛하니　　　　단하가 목불을 태우니

院主眉鬚落이로다　　　원주의 눈썹이 빠짐이로다.

彎弓射蔚遲는　　　　　활을 당겨 울지(蔚遲)[191]를 쏨은

須是金牙作이로다　　　모름지기 대장군[金牙]•이 할 수 있음이로다.

● **대장군[金牙]**

금아(金牙)는 각각 '금고(金鼓)'와 '아기(牙旗)'를 말한다.

금고는 군중(軍中)에서 호령(號令)으로 쓰는 징과 북을 말한다. 북을 치면 전진하고, 징을 치면 물러난다. 금고는 군사 행동에서 꼭 갖추어야 하는 것으로, 군사 활동에 전진이나 후퇴, 그리고 이목 집중과 혼란 방지를 위한 군사 필수 장비로 널리 활용되었다.

아기는 고대 중국에서는 장군이 거처하는 성의 한가운데에 호화로운 장식을 한 깃발을 세워 장군의 권위와 위엄을 과시하였는데, 특히 깃대 끝에 정교한 조각을 한 황백색 상아를 꽂아 장식하였다. 이 상아를 깃대에 꽂은 것은 코끼리 이빨이 사람들을 지켜준다는 믿음에서였는데, 이 상아 깃발을 '아기'라 하여 아주 중요하게 여겼다. 여기서 연유하여 나중에는 대장군이 거처하며 지휘하는 성을 '아성(牙城)'이라고 부르게 되었다.

191　중국 성씨(姓氏)인 울지 성을 가진 어떤 인물로 보임.

横川珙이 頌하되

荒院天寒燒木佛은	황량한 절에서 날이 추워서 목불을 태움은
一堆紅焰對枯床이로다	한 무더기 붉은 불꽃이 오래된 상(床)을 대함이로다.
渾身終夜烘烘暖이나	온몸을 밤새도록 뜨끈뜨끈하게 데웠으나
罪過難教院主當이로다	죄과를 원주가 감당하기는 어려울 것이로다.

| 학산 대원 曰 |

중국불교에서 큰 사건이라고 하는 것이, 부처님이 "천상천하 유아독존(天上天下 唯我獨尊)"이라고 말씀하신 것을 운문 스님이 "만약 내가 그때 보았다면 한 방에 타살하여 개에게 주어 천하를 태평하게 했을 것이다." 한 것[雲門喫狗子]과 단하가 목불을 불태운 것[丹霞燒佛]이다.

종문 중에서 '살불살조(殺佛殺祖)'라는 것은 특수한 것이다. 이것을 소화시키고 알아들을 수 있는 대종사의 안목을 갖춘 분들만이 계합된다. 부처님이 연꽃을 든 것도 그것과 다르지 않고 특수한 것이다. 이 특수한 것은 특수한 데 필요한 것이지, 보편적이고 대중적인 것은 아니다. 보편성이나 대중성을 지닌 말씀과 특수성을 지닌 말씀을 구별하여 이해하지 않고, 잘못 혼합하여 이해하면 안 된다.

부처를 물었을 때 "마른 똥막대기"라고 대답한 말도 있는데, 이런 것을 보편화한다면 법당을 만들 필요도 없고, 불상도 전부 불살라 없애치워야 할 것이다.

부처님은 특수성과 보편성을 중생들에게 다 쓰신 분이고, 조사들은 특수성만을 쓰신 분들이다.

목불을 태우거나 살불살조한다는 것은 불조(佛祖)의 대지혜의 눈을 열어서 자기 인생을 해 마친 분이 능히 행할 수 있는 것이고, 범부 중생들은 그렇게 못하는 것이다. 그래서 범부 중생들은 그것을 보고 분심(憤心)을 내어 정진해 확실히 깨달아 알아야 한다.

迷人未免情識卜度이요

明眼人穿過髑髏로다.

어리석은 이는 중생의 의식으로 헤아리는 것을 면치 못하고

눈 밝은 이는 해골을 뚫고 지나감이로다.

단하 선사가 목불을 태운 의지가 무엇인가?

횡삼수사(橫三竪四), 횡으로는 3이요, 바로는 4로다.

원주의 눈썹이 빠진 것은 무엇인가?

칠통팔달(七通八達)이로다.

34則

有僧問하되「毗目仙人이 執善財手하고 見微塵佛時에 如何닛고」

師遂執僧手云하되「你見個什麼오」

한 스님이 물었다.

「비목선인(毗目仙人)•이 선재동자의 손을 잡고 미진수(微塵數)의 부처님을 보여주었을 때는 어떠했겠습니까?」

스님께서 즉시 그 스님의 손을 잡으면서 말씀하셨다.

「너는 무엇이 보이는가?」

● **비목선인(毗目仙人)**

『화엄경』「입법계품(入法界品)」에 보인다. 선재동자가 문수보살의 지시에 의하여 53명의 선지식을 찾아다니는데 그중 아홉 번째 선지식이다.

時 毗目瞿沙告善財童子言「善男子 我得菩薩無勝幢解脫」善財 白言「聖者 無勝幢解脫 境界云何」時 毗目仙人 卽申右手 摩善財頂 執善財手卽是善財自 見其身 往十方十佛刹微塵數世界中 到十佛刹微塵數諸佛所 見彼佛刹 及其衆 會 諸佛相好 種種莊嚴 亦聞彼佛 隨諸衆生心之所樂而演說法一文一句皆悉通 達各別受持 無有雜亂 (中略) 時 彼仙人放善財手 善財童子卽自見身還在本處

이때 비목선인은 선재동자에게 말하였다. 「선남자여, 나는 보살의 이길 수 없는 깃발의 해탈[無勝幢解脫]을 얻었노라.」 선재동자가 여쭈었다. 「성자여, 무승당해탈(無勝幢解脫)은 그 경계가 어떠하옵니까?」 이때 비목선인은 오른손을 펴서 선재의 정수리를 쓰다듬으며 선재의 손을 잡았다. 잡자마자 선재동자는 자기의 몸이 시방의 열 부처 세계의 미진수(微塵數) 세계에 가서 열 부처 세계의 미진수 부처님 처소에 갔음을 보았고 저 부처 세계와 대중이 모인 것과 부처님의 모습이 갖가지로 장엄하였음을 보았으며 또한 저 부처님이 중생들의 마음을 따라서 설법함을 듣고 한 문장 한 마디를 모두 통달하여 따로 받아 지니어 섞이지 아니하였다. (中略) 이때 비목선인이 선재의 손을 놓자 선재동자는 바로 자기 몸이 도로 본 자리에 있음을 보았다.

35則

有尼問하되「如何是沙門行이닛고」
師云하되「莫生兒하라」
尼云하되「和尙勿交涉하소서」
師云하되「我若共你打交涉이언정 堪作什麼오」

어떤 비구니가 물었다.
「어떤 것이 사문의 행동입니까?」
「아이를 낳지 말아라.」
「스님께서는 교섭하지 마십시오.」
「내가 너와 교섭을 한다면 감히 무엇을 하겠느냐?」

| 학산 대원 曰 |

若作佛法商量
墮在野狐群隊
만약 불법을 헤아려서 알고자 한다면
여우 무리 속에 떨어지리라.

36則

問하되「如何是趙州主人公이닛고」
師云하되「田庫奴니라」
학인이 물었다.
「어떤 것이 조주의 주인공입니까?」
「이 무식한 촌놈•아.」

● **무식한 촌놈[田庫奴]**

『벽암록』57칙 평창(評唱)에 '전고노(田庫奴)'에 대하여 다음과 같이 풀이해 놓았다.

田庫奴 乃福唐人 鄉語罵人 似無意智相似
전고노는 중국 복주(福州) 사람들이 속어로 사람들을 욕하는 것으로, 마치 무지
한 사람과 같다는 것이다.

| 학산 대원 曰 |

雪裏梅花火裏開
馬夫牽馬主乘從
눈 속의 매화는 불 속에서도 피는데,
마부가 모는 말에 주인이 타고 따라감이로다.

37則

問하되 「如何是王索仙陀婆니잇고」
師云하되 「你道老僧要個什麼오」

학인이 물었다.
「어떤 것이 왕이 찾는 선타바(仙陀婆)•입니까?」
「자네는 내가 무엇이 필요하다고 말하는 건가?」

● **선타바(仙陀婆)**

'선타바(先陀婆)'라고도 하며, '선타객(仙陀客)'이라고도 한다. 산스크리트 'saindhava'의 음역으로, 뛰어나게 슬기롭고 지혜가 총명한 사람을 말한다. 『대반열반경(大般涅槃經)』에 보면 다음과 같다.

善男子! 如來密語甚深難解. 譬如大王告諸群臣:「先陀婆來!」先陀婆者, 一名四實, 一者鹽, 二者器, 三者水, 四者馬, 如是四物共同一名. 有智之臣善知此名, 若王洗時索先陀婆卽便奉水, 若王食時索先陀婆卽便奉鹽, 若王食已欲飮漿時索先陀婆卽便奉器, 若王遊時索先陀婆卽便奉馬. 如是智臣善解大王四種密語.

선남자여! 여래의 밀어(密語)는 매우 깊고 난해하도다. 비유하자면 대왕이 여러 신하들에게 말하길 「선타바를 가져오너라!」라고 말하는 것과 같다. 선타바라는 것은 하나의 이름인데, 네 가지 실물이다. 첫째는 소금, 둘째는 그릇, 셋째는 물, 넷째는 말이니, 이와 같이 네 가지 물건이 모두 하나의 이름이다. 지혜가 있는 신하는 이 이름들을 잘 분간하는데, 만약에 왕이 씻으려고 할 때 선타바를 찾으면 바로 물을 대령하고, 만약에 왕이 식사할 때 선타바를 찾으면 바로 소금을 대령하며, 만약에 왕이 식사를 마치고 마실 것을 먹으려고 할 때 선타바를 찾으면 바로 그릇을 대령하고, 만약에 왕이 외유를 하려고 할 때 선타바를 찾으면 바로 말을 대령한다. 이와 같이 지혜 있는 신하는 대왕의 네 가지 밀어를 잘 안다.

| 학산 대원 曰 |

家中事知家中人

契合收放任自在

집안의 일은 집안사람이 아나니

계합하여 거두고 놓음을 임의자재하는구나.

38則

問하되 「如何是玄中玄이닛고」
師云하되 「說什麼玄中玄오 七中七이요 八中八이니라」
학인이 물었다.
「어떤 것이 현중현(玄中玄)•입니까?」
「무슨 현중현을 말하느냐? 칠중칠(七中七), 팔중팔(八中八)이다.」

● **현중현(玄中玄)**

임제종의 개조(開祖)인 임제(臨濟)에 의해 주창된 것으로 『임제록(臨濟錄)』에는 다음과 같이 기록되어 있다.

師又云: 「一句語, 須具三玄門. 一玄門, 須具三要, 有權, 有用. 汝等諸人, 作麼生會?」 下座.
임제가 말하였다. 「한 마디[一句語]에 모름지기 삼현문(三玄門)을 갖추고, 일현문(一玄門)에 모름지기 삼요(三要)를 갖춰야 방편이 있으며 작용도 있다. 그대들은 알겠는가?」 하시고는 법좌에서 내려오셨다.

『임제록』에는 이 이상의 설명이 없으나 보통 삼현(三玄)을 설명하기로는, 삼현의 첫째는 체중현(體中玄)으로서 삼세일념(三世一念) 등이고, 둘째는 구중현(句中玄)으로서 모든 생각과 이론을 초월한 화두인 경절어구(徑截語句) 등이며, 셋째는 현중현으로 선상(禪床)에 올라가서 한참 동안 말없이 앉아 있거나 상대방을 주장자로 치거나 할을 하는 것 등이다.

| 학산 대원 曰 |

왕중왕(王中王)이요 천중천(天中天)이나 번복해 뒤집어봐야 이것이로다[飜覆只底是].

39則

問하되「如何是仙陀婆니잇고」

師云하되「靜處薩婆訶니라」

한 스님이 물었다.

「어떤 것이 선타바입니까?」

「조용한 곳에서 사바하(薩婆訶)°로다.」

● **사바하(薩婆訶)**

범어 'svaha'의 음역이다. 진언(眞言)의 끝에 붙여 성취를 구하는 말이다. 구경(究竟) · 원만(圓滿) · 경각(警覺) · 성취(成就) · 산거(散去)의 다섯 가지 뜻이 있다. 원래는 신들에게 공물을 바칠 때 인사로 쓰던 어구이다.

| 학산 대원 曰 |

사바하(薩婆訶)는 여의원만성취(如意圓滿成就)함이다.

落葉知流水 歸雲識舊峰

낙엽은 흐르는 물을 알고, 돌아가는 구름은 옛 봉우리를 안다.

40則

問하되 「如何是法非法이닛고」
師云하되 「東西南北이니라」
學云하되 「如何會去니잇고」
師云하되 「上下四維니라」
학인이 물었다.
「어떤 것이 '법은 법이 아니다[法非法]'입니까?」
「동서남북이니라.」
「어떻게 이해해야 합니까?」
「상하사유니라.」

| 학산 대원 曰 |

一步無步生
蜂蝶雙飛花
風動起風浪
靜處鳥宿林
한 걸음은 걸음이 없는 데서 나오고,
벌과 나비는 쌍쌍이 꽃밭을 낢이로다.
바람이 부니 물결이 일어나고,
고요한 곳의 새는 수풀에서 잠을 잠이로다.

41則

問하되「如何是玄中玄이닛고」
師云하되「這僧若在인댄 今年七十四五니라」•
학인이 물었다.
「어떤 것이 현중현입니까?」
「이 스님이 만약에 그대로라면 나이가 일흔네댓 살일 것이다.」

● **『조당집(祖堂集)』의 내용**
다음은 『조당집』18권에 나오는 조주 선사에 대한 내용으로 위 공안의 원래 문
장인 듯하다.

問:「如何是玄中又玄?」
師云:「那個師僧若在, 今年七十四也.」
학인이 물었다.
「어떤 것이 현중현입니까?」
「이 스님(임제를 말함)이 만약 그대로라면 올해 나이가 일흔넷이다.」

| 학산 대원 曰 |

현 가운데 현이라 하니, 6 가운데 6이요, 9 가운데 9로다.

42則

問하되「王索仙陀婆時如何닛고」
師驀起하며 打躬叉手하시다
학인이 물었다.
「왕이 선타바를 찾을 때는 어떻습니까?」
스님께서 갑자기 일어나시면서 몸을 구부리며 차수(叉手)하셨다.

| 학산 대원 曰 |
이때 물은 이가 다시 "선타바!" 하고 불렀어야 하리라.

43則

問하되「如何是道닛고」
師云하되「不敢, 不敢이니라」
한 스님이 물었다.
「어떤 것이 도입니까?」
「감히 감당하지 못하느니라.」

| 학산 대원 曰 |

家賊難防 道卽已露
자기 집의 도적은 막기 어렵나니, 말을 한즉 이미 드러났네.

어떤 것이 도냐고 묻는다면 "추수동장(秋收冬藏)"이라 답하리라.

44則

問하되 「如何是法이닛고」
師云하되 「敕敕攝攝」•
한 스님이 물었다.
「어떤 것이 법(法)입니까?」
「훠이, 물렀거라.」

● **敕敕攝攝**
  칙칙섭섭(敕敕攝攝)은 도교에서 도사가 주문(呪文)에서 귀신을 쫓아내는 데 쓰는 명령이다. '敕敕'은 도사가 신장(神將)을 불러내어 상제(上帝)의 이름으로 명령을 내리는 것이고, '攝攝'은 악귀를 끌어내도록 명령하는 것이다.

| 학산 대원 曰 |

산승에게 어떤 것이 법이냐 묻는다면,
하늘이 밝아오니 봉황새가 꽃을 물고 웃네[天明鳳鳥笑含花].

45則

問하되「趙州去鎭府多少닛고」
師云하되「三百이니라」
學云하되「鎭府來趙州多少닛고」
師云하되「不隔이니다」
학인이 물었다.
「조주에서 진부까지 가는 데 얼마나 됩니까?」
「3백 리다.」
「진부에서 조주까지 오는 데는 얼마나 됩니까?」
「거리가 없다.」

| 학산 대원 曰 |

遮照分明
막고 비춤이 분명하도다.

46則

問하되「如何是玄中玄이닛고」
師云하되「玄來多少時也오」
學云하되「玄來久矣니이다」
師云하되「賴遇老僧이니 泊合玄殺這屢生인저!」
학인이 물었다.
「어떤 것이 현중현입니까?」
「현(玄)하고 지내온 것이 얼마나 되었느냐?」
「현하고 지낸 지 오래되었습니다.」
「나를 만나 다행이지 하마터면 현이 이 바보를 죽일 뻔했구나!」

| 학산 대원 曰 |

好事不如無
좋은 일은 없는 것만 같지 못하도다.

47則

問하되「如何是學人自己니잇고」
師云하되「還見庭前柏樹子麼오」
학인이 물었다.
「어떤 것이 제 자신입니까?」
「도리어 뜰 앞의 잣나무를 보았는가?」

| 학산 대원 曰 |

蚊上鐵牛下口
모기가 쇠소 위에서 부리를 내림이로다.

48則

師上堂云하되「若是久參底人인댄 莫非眞實하야 莫非亙古亙今이나 若是新入衆底人인댄 也須究理始得이로다 莫趁者邊三百五百一千하며 傍邊二衆•하라 叢林稱道好個住持에 泊乎問著佛法인댄 恰似炒沙作飯相似러니 無可施爲며 無可下口로다 卻言他非我是하며 面赫赤地하니 良由世間出非法語로다 眞實欲明者意인댄 莫辜負老僧하라」

스님께서 상당하여 말씀하셨다.

「만약 구참(久參)이라면 진실하지 않음이 없어서 예와 지금을 통하지 않음이 없으나, 만약 새로 대중에 들어온 이라면 또한 모름지기 이치를 궁구해야 비로소 얻을 수 있다. 이쪽으로 3백, 5백, 1천의 대중이나 저쪽으로 도중(道衆) 혹은 속중(俗衆)을 좇지 마라. 총림에서 훌륭한 방장이라고 칭하는 사람에게 불법을 물어보면 마치 모래를 볶아서 밥을 하는 것과 같아서 법을 베풀지도 못하고 입을 떼지도 못함이라. 도리어 남들은 틀리고 나는 옳다고 말하면서 얼굴을 벌겋게 달구고 있으니, 정말 세간에서 내뱉는 법답지 못한 말을 나오게 하는구나. 진실로 이 뜻을 밝히고자 한다면 노승을 저버리지 말라.」

● 二衆
이중(二衆)이란 출가하여 도를 닦는 도중(道衆)과 속세에 있으면서 법에 귀의한 속중(俗衆)을 말한다. 혹은 비구와 비구니를 이르기도 한다.
참고로 칠중(七衆)이 있다. 이는 불제자를 7가지로 나눈 것으로 비구, 비구니, 식차마나, 사미, 사미니, 우바새, 우바이를 말한다. 앞 오중(五衆)은 출가중(出家衆), 뒤 이중(二衆)은 재가중(在家衆)이다.

49則

問하되「在塵爲諸聖說法은 總屬披搭이러니 未審和尙如何示人이닛고」

師云하되「什麼處見老僧오」

學云하되「請和尙說하소서」

師云하되「一堂師僧은 總不會這僧語話니라」

別有一僧問하되「請和尙說하소서」

師云하되「你說하소서 我聽케이다」

학인이 물었다.

「여래께서 세속에 계시면서 여러 성인을 위하여 설법하심은 더러운 몸에
옷을 입혀주는 일입니다. 화상께서는 어떻게 사람들을 교화하시는지요?」

「어느 자리에서 나를 보았느냐?」

「청컨대 화상께서 말씀해주십시오.」

「온 법당의 스님들은 이 스님의 말을 알지 못할 것이다.」

다른 한 스님이 물었다.

「청컨대 화상께서는 말씀해주십시오.」

「그대가 말하여라. 내가 듣겠다.」

| 학산 대원 曰 |

學人直下未契合 不是

학인은 바로 알아듣지 못하였으니 옳지 못하다.

"어느 자리에서 나를 보았느냐?" 물음에 즉시 머리를 숙여 반배하고 당으로 돌
아가야 한다[卽是低頭歸堂]. 또는 "빗장 관(關)"이라고 해야 한다.

50則

問하되 「眞化無跡이라하야늘 無師弟子時에는 如何니잇고」

師云하되 「誰敎你來問고」

學云하되 「更不是別人이니이다」

師便打之하다

학인이 물었다.

「진정한 교화는 자취가 없다 하는데, 스승도 제자도 없을 때는 어떻습니까?」

「누가 너에게 물어보게 하였는가?」

「따로 시킨 사람은 없습니다.」

스님께서 바로 후려쳤다.

| 학산 대원 曰 |

내가 당시에 있었던들 서른 봉을 내리리라.

망상을 하지 말라[莫妄想].

51則

問하되「此事如何辨이닛고」
師云하되「我怪你라」
學云하되「如何辨得?」
師云하되「我怪你不辨하니라」
學云하되「還保任否니잇고」
師云하되「保任不保任인들 自看하라」
학인이 물었다.
「이 일 어떻게 가려볼 수 있습니까?」
「나는 네가 이상하다고 생각하노라.」
「어떻게 해야 가려볼 수 있습니까?」
「나는 네가 가려보지 못하는 걸 이상하게 생각하노라.」
「도리어 보임(保任)을 해야 됩니까?」
「보임을 할지 보임을 안 할지는 스스로 살펴보아라.」

| 학산 대원 曰 |

商量卽錯 水底黃金鏡 天中素月輪
상량을 한 즉 어긋나는 것이니, 물 밑에는 황금의 거울이요, 하늘 가운데는 본
래 달이 둥글도다.

52則

問하되「如何是無知解底人이닛고」
師云하되「說什麼事오」
학인이 물었다.
「어떤 것이 알음알이가 없는 사람입니까?」
「무슨 일을 말하고 있는가?」

| 학산 대원 曰 |

迷人自犯不知
미한 사람은 스스로 범하여서 알지 못함이라.
"어떤 것이 알음알이가 없는 사람입니까?" 하고 물으면 "노호(老胡)라." 하여도
될 것이다.

53則

僧問하되「如何是西來意니잇고」
師下禪床하신대
學云하되「莫便是否니잇고」
師云하되「老僧未有語在니라」
한 스님이 물었다.
「어떤 것이 서쪽에서 오신 뜻입니까?」
스님께서 선상에서 내려오시니,
「바로 이것이 아닙니까?」
「나는 한마디도 하지 아니했다.」

| 학산 대원 曰 |

몽땅 잘라서 사방에 둘러봐도 의지할 것이 없는데, 진상(眞常)이 홀로 드러남이
로다.

54則

問하되 「佛法久遠한대 如何用心이닛고」

師云하되 「你見이러니 前漢後漢이 把攬天下이어늘 臨終時에 半錢也無
分[192]이니라」

학인이 물었다.

「불법은 영원할진대, 어떻게 마음을 써야 합니까?」

「너는 보았을 것이다. 전한(前漢)이나 후한(後漢)이 천하를 움켜쥐었어도,
죽을 때에는 반 전(錢)은커녕 한 푼(分)도 없었다.」

| 학산 대원 曰 |

一步進一步 自知不知

한 걸음 또 한 걸음 나아가니 스스로 알고 모를 뿐이로다.

---

192 중국에서는 화폐의 단위를 양(兩), 전(錢), 푼(分) 등으로 표기하였는데 1양은 10전, 1전은 10푼과
같다. 곧 본문의 '반 전'은 '다섯 푼'을 뜻하기도 한다.

55則

問하되 「時人이 以珍寶爲貴인대 沙門以何爲貴니잇고」

師云하되 「急合取口하라」

學云하되 「合口還得也無니잇고」

師云하되 「口若不合인댄 爭能辨得이리오」

한 스님이 물었다.

「이때의 사람들이 진귀한 보배를 귀하게 여기는데, 사문은 무엇을 귀하게 여깁니까?」

「당장 입을 다물어라.」

「입만 다물면 되는 것입니까?」

「입을 만약 다물지 않으면 어찌 능히 분별해낼 수 있겠느냐?」

| 학산 대원 曰 |

寶物善用 迷人不知

보물을 잘 쓰는데, 미한 사람은 알지 못할 뿐이라.

56則

問하되 「如何是趙州一句니잇고」
師云하되 「半句也無니라」
學云하되 「豈無和尙在니잇고」
師云하되 「老僧不是一句니라」
학인이 물었다.
「어떤 것이 조주의 일구입니까?」
「반구(半句)조차 없다.」
「어찌 화상께서 없으시겠습니까?」
「나는 일구가 아니다.」

| 학산 대원 曰 |

趙州一句也善道
조주는 일구를 잘 이르고 씀이라.

57則

問하되 「如何得不被諸境惑이닛고」

師垂一足하니 僧便出鞋러니 師收起足하시거늘 僧無語로다

한 학인이 물었다.

「어떻게 해야만 모든 경계에 혹하지 않습니까?」

조주 스님께서 한 발을 내리자, 학인이 바로 신발을 내밀었다. 조주 스님께서 도로 발을 거두자, 학인은 말이 없었다.

| 학산 대원 曰 |

收放自在로다.

거두고 놓음이 자재로다.

58則

　　有俗官問하되「佛在日에 一切衆生이 歸依佛한대 佛滅度後에는 一切衆生이 歸依什麼處니잇고」

　　師云하되「未有衆生이니이다」

　　學云하되「現問次니이다」

　　師云하되「更覓什麼佛고」

　　어떤 세속의 관인이 물었다.

　　「부처님께서 계실 때에는 일체중생이 부처님께 귀의했지만, 부처님이 멸도하신 후에는 일체중생이 어디에 귀의해야 합니까?」

　　「어떤 중생도 있은 적이 없다.」

　　「지금 여기서 묻고 있지 않습니까?」

　　「다시 무슨 부처를 찾는가?」

| 학산 대원 曰 |

巍巍堂堂 九竅常流

홀로 우뚝 높아서 아홉 구멍에서 철철 넘쳐흐르고 있다.

59則

問하되「還有不報四恩三有*者也無니잇가」

師云하되「有니라」

學云하되「如何是이닛고」

師云하되「這殺父漢아! 算你只少此一問인저!」

학인이 물었다

「사은(四恩)과 삼유(三有)*에 보답하지 않는 자도 있습니까?」

「있다.」

「어떤 사람입니까?」

「이 아비를 죽인 놈아! 생각하건대 너는 다만 이 한 물음이 모자라는구나.」

● **사은(四恩)과 삼유(三有)**

사은은 '4종의 은혜'라는 뜻으로 모든 인간이 받은 4종의 은혜다.

『심지관경(心地觀經)』에 보면 '은(恩)에 4종이 있다. 첫째로 부모의 은혜, 둘째로 중생의 은혜, 셋째로 국왕의 은혜, 넷째로 불·법·승 삼보의 은혜이다. 이와 같은 사은은 일체중생이 평등하다'고 되어있다.

삼유는 '3종류의 생존, 3종의 존재, 3개의 생존 영역'. 유루법(有漏法)의 다른 이름이다. 유(有)는 범어 'bhave'의 한역으로 마음을 갖는 생물로서의 생존을 말한다. 즉 욕계·색계·무색계의 삼계에 생존하는 것. 즉 욕유(欲有, 욕계의 생존), 색유(色有, 색계의 생존), 무색유(無色有, 무색계의 생존)를 말한다.

60則

問하되「如何是和尙意니잇고」
師云하되「無施設處니라」
학인이 물었다.
「어떤 것이 화상의 뜻입니까?」
「베풀 곳이 없느니라.」

| 학산 대원 曰 |

家家滿寶玉 泥牛吞巨浪
집집마다 보배와 옥이 가득하고 진흙소가 큰 물결을 삼키는도다.

61則

師上堂云하되「兄弟여! 但改往修來하라 若不改어든 大有著你處在로다」
스님께서 상당하여 말씀하셨다.
「형제들이여! 다만 지난날을 고치고 앞날을 닦을 뿐이다. 만약 고치지 않는다면 그대들이 있을 곳이 크게 마련되어 있도다.」

| 학산 대원 曰 |

"그대들이 있을 곳이 크게 마련되어 있도다[大有著你處在]."라는 말은 한 곳에 집착해서 그대로 머물러 있을 것이라는 말이다.

野狐跳入金毛窟
石人跳出鐵甕城
迷人不改唯在獄
寶祚長興萬萬春
여우가 사자의 굴로 뛰어 들어가니
돌사람은 철옹성을 뛰어남이로다.
미한 사람은 고치지 못해서 지옥에 있게 되고
제왕의 자리는 길이 흥왕해서 오래도록 봄이더라.

62則

　　師又云하되「老僧在此間三十餘年이나 未曾有一箇禪師到此間이니라 設有來언정 一宿一食急走過하며 且趁軟暖處去也니라」

　　問하되「忽遇禪師到來인댄 向伊道什麼니잇고」

　　師云하되「千鈞之弩는 不爲鼷鼠而發機니라」

　　스님께서 또 말씀하셨다.

　　「노승이 이곳에서 지낸 지 30여 년이나 아직 한 명의 선사도 이곳에 찾아온 적이 없다. 설사 왔다 하더라도, 하룻밤 자고 한 끼 먹고는 급히 달아났으며, 또 (음식이) 부드럽고 (잠자리가) 따뜻한 곳을 찾아가버렸다.」

　　학인이 물었다.

　　「갑자기 선사가 찾아온다면 그에게 무슨 말씀을 하시렵니까?」

　　「천균(千鈞)의 쇠뇌•를 생쥐나 잡기 위해서 쏘지 않는다.」

　　● **천균(千鈞)의 쇠뇌**
　　천균이나 무게가 나가는 커다란 노(弩). 일을 도모하는 데 신중해야 함을 말한다. 천균은 매우 무거운 무게 또는 그런 물건을 비유적으로 이르는 말이다. '균(鈞)'은 예전에 쓰던 무게의 단위로, 1균은 30근이다. '노(弩)'는 활의 일종으로 '쇠뇌'라고 하는데, 여러 개의 화살을 잇달아 쏠 수 있는 무기이다. 화살 대신 돌을 쏘는 것도 있다.

| 학산 대원 曰 |

路逢劍客須贈劍
不是詩人莫吟詩

大機大用人相逢

閃電以前契合去

길에서 검객을 만나면 칼을 줄 것이요

시인이 아니면 시를 읊지 말아라.

대기대용의 사람이 서로 만나면

번개가 번쩍하기 전에 이미 계합함이니라.

63則

師云하되「兄弟여 若從南方來者인댄 卽與下載하고 若從北方來인댄 卽與裝載하라 所以道하되『近上人問道면 卽失道하고 近下人問道者면 卽得道로다』하니라」

스님께서 말씀하셨다.

「형제들이여! 만약 남방에서 온 사람이라면 곧 짐을 내려주고, 만약 북방에서 왔다면 곧 짐을 실어주어라. 그래서 말하기를『윗사람을 가까이하여 도를 물으면 곧 도를 잃고, 아랫사람을 가까이하여 도를 물으면 곧 도를 얻는다.』하는 것이니라.」

| 학산 대원 曰 |

縱奪自在
뺏고 놓음에 자유자재로 함이로다.

선(禪)에서는 왜 알아듣지 못하는 이야기만 하느냐는 이들이 있다. 알아들을 수 있는 이야기를 하면 중생의 습관만 익혀주는 것이다. 이해와 학식, 상식은 늘지언정 자기 인생은 바꿀 수 없다. 조주 스님이 하신 말씀은 우리 인생을 개혁하려고 하는 것이다.

64則

　　師又云하되「兄弟여 正人이 說邪法인댄 邪法亦隨正하며 邪人이 說正法
인댄 正法亦隨邪니라 諸方은 難見易識이나 我者裏는 易見難識이니라」
　　스님께서 또 말씀하셨다.
　　「형제들이여! 바른 사람이 삿된 법을 말하면 삿된 법이 또한 바른 것을 따
르게 되며, 삿된 사람이 바른 법을 말하면 바른 법이 또한 삿된 것을 따르게
된다. 다른 곳에서는 보기는 어려워도 알기는 쉬우나, 내가 있는 곳에서는 보
기는 쉬워도 알기는 어려우니라.」

| 학산 대원 曰 |

부처님 경전은 보기는 쉬우나 그 본의를 알기는 어렵다. 무당이나 외도가 부처
님 법을 쓰면 사도(邪道)가 된다.

識不識見非見 說易說難 如油入麵이라. 上言合入鎔鑛爐인데 婆娑鼻孔長
三尺이로다.
아는 것과 모르는 것, 보는 것과 보지 못함, 말하기 쉬움과 말하기 어려움이 기
름이 국수에 들어가는 것과 같음이라. 위에서 한 말을 모두 용광로에 처넣어버
리니, 파사의 콧구멍 길이가 석 자로다.

65則

問하되「善惡에 惑不得底人인댄 還獨脫也無니잇가」

師云하되「不獨脫이니라」

學云하되「爲什麼不獨脫이닛고」

師云하되「正在善惡裏니라」

학인이 물었다.

「선과 악에 유혹되지 않는 사람이라면 도리어 홀로 벗어난 것입니까?」

「홀로 벗어나지 못했다.」

「무엇 때문에 홀로 벗어나지 못했습니까?」

「바로 선악 가운데 있기 때문이다.」

| 학산 대원 曰 |

問者未悟者 正在善惡裏

露柱揭燈籠

묻는 학인이 깨닫지 못하였으니, 바로 선악 가운데 있음이다.

기둥에 등불을 걸어놓았다.

66則

尼問하되「離卻上來說處하고 請和尙指示하소서」

師咄云하되「煨破鐵甁타」

尼將鐵甁添水來하고 云하되「請和尙答話하소서」

師笑之하다

비구니가 물었다.

「지금까지 설해진 것을 떠나서 청컨대 화상께서 가르쳐주십시오.」

스님께서 꾸짖으며 말씀하셨다.

「쇠주전자가 타서 깨지겠구나!」

비구니가 쇠주전자에 물을 더 붓고 와서는 말했다.

「청컨대 화상께서 대답해주십시오.」

스님께서 웃으셨다.

| 학산 대원 曰 |

千波逆風 蓮笑一發

木女拊掌 石人呵呵

천 개의 파도가 역풍으로 불어도 연꽃 한 떨기가 웃으면서 피었네.

목녀는 손바닥을 비비는데 돌사람은 하하 웃는다.

67則

問하되「世界變爲黑穴인댄 未審此箇落在何路니잇고」

師云하되「不占이니라」

學云하되「不占是什麼人이닛고」

師云하되「田庫奴!」

학인이 물었다.

「세계가 변하여 까만 구멍이 된다면, 이 몸은 어느 길로 떨어집니까?」

「그런 건 점치지 않는다.」

「점치지 않는 사람은 누구입니까?」

「무식한 촌놈!」

| 학산 대원 曰 |

問者喫棒無感知者

且道 笑箇什麼?

無孔鐵鎚

묻는 자는 방망이를 맞아도 느끼지 못하네.

말해보라. 웃는 것이 무엇인고?

구멍 없는 쇠뭉치로다.

조주 스님의 법문이 어려운 것이 아니다. 아주 쉽고, 우리 눈앞의 현실이다. 현실을 떠난 높은 이상을 말하는 게 아니고, 우리가 살면서 겪고 있는 현실인데 모를 뿐이다.

중생들은 눈앞의 현실은 모르고 현실이 아닌 허망한 공상이나 망상을 많이 알고 있다. 조주 스님은 공상이나 망상이 없고, 현실 눈앞에서 대하는 것마다 즉각 걸림 없이 해결한다. 반짝이는 보석과 같고 빛나는 칼과 같아서 금방금방 해결이 다 되는데, 우리 중생들은 공상이나 엉뚱한 망상은 많이 하는데, 현실에 닥친 눈앞의 일은 캄캄해서 해결이 안 된다. 이것이 답답한 일 아니겠나?

망상, 공상에 치우쳐서 거꾸로 살고 있는 중생은 눈앞의 가까운 현실이고 당연히 알아야 할 쉽고 쉬운 일인데도 어렵게 느낀다.

우리가 현실에서 어떻게 잘 살아가느냐 할 때, 눈앞의 일이 척척 해결이 잘되면 걱정이 없다. 여기서 하는 말씀이 바로 그것인데, 그걸 안 하고 딴 길로만 가니 안 되는 것이다.

68則

問하되「『無言無意하여야 始稱得句라』하나 旣是無言이어늘 喚什麼作句니잇고」

師云하되「高而不危하며 滿而不溢*이니라」

學云하되「卽今和尙은 是滿是溢이닛고」

師云하되「爭奈你問我리오」

학인이 물었다.

「『말도 없고 뜻도 없어야 비로소 일구를 얻는다』고 하는데, 말이 없는데 무슨 일구를 짓는다는 것입니까?」

「높아도 위태롭지 않으며 가득 차도 넘치지 않음이다.」

「지금 화상께서는 가득 차셨습니까? 넘치십니까?」

「어찌 자네가 그것을 내게 묻는고?」

● **高而不危, 滿而不溢**

유교 경전인 『효경(孝經)』 제후장 제3(諸侯章 第三)에 나오는 구절이다. 다음과 같다.

子曰하되「在上不驕면 高而不危하고 制節謹度면 滿而不溢이라 高而不危는 所以長守貴也요 滿而不溢은 所以長守富也라 富貴不離其身하면 然後에 能保其社稷이요 而和其民人은 蓋諸侯之孝也라」詩云하되「戰戰兢兢하야 如臨深淵이요 如履薄冰이라」하니라

공자가 말했다. 「위에 있어서 교만하지 않으면 높아도 위태롭지 아니하고, 규칙을 알맞게 하고 법도를 삼가면 가득하여도 넘치지 아니한다. 높아도 위태하지 아니함은 길이 귀함을 지키는 바요, 가득하여도 넘치지 아니함은 길이 부유함을 지키는 바니, 부와 귀를 그 몸에서 떠나지 아니한 연후에야 능히 그 사직을

보호하야 그 백성을 화평케 하니 제후의 효라.」『시경』에 이르기를「전전긍긍하
여 조심하기를, 깊은 못에 임한 것과 같이하며 얇은 얼음을 밟는 것과 같이하라」
고 하였다.

| 학산 대원 曰 |

鐘鳴鼓響相交應

靑山不礙白雲飛 咄!

종소리와 북소리가 서로 섞여 응하니

푸른 산에는 흰 구름이 걸리지 않고 날아가네. 돌!

69則

問하되 「如何是靈者닛가」

師云하되 「淨地上에 屙一堆屎니라」

學云하되 「請和尙的旨하소서」

師云하되 「莫惱亂老僧하라」

학인이 물었다.

「어떤 것이 신령(神靈)함입니까?」

「깨끗한 땅 위에 똥 한 무더기를 싸는 것이다.」

「청컨대 화상께서 확실하게 가르쳐주십시오.」

「나를 괴롭히지 마라.」

| 학산 대원 曰 |

雨過百花鮮 泥裏藏玉珠

비가 지나간 자리에 백 가지 꽃이 곱고 아름다우니, 진흙 속에서는 빛나는 구슬의 옥을 감추었도다.

70則

問하되「『法身은 無爲하야 不墮諸數라』•하거늘 還許道也無니잇고」

師云하되「作麼生道오」

學云하되「與麼卽不道也니이다」

師笑之하다

학인이 물었다.

「『법신은 무위(無爲)하야 모든 숫자[生滅]에 떨어지지 않는다』고 말하는데, 도리어 말하는 것은 허락됩니까?」

「무엇을 말하려 하는가?」

「그렇다면 말하지 않겠습니다.」

스님께서 웃으셨다.

● **法身無爲, 不墮諸數**

『유마경』「제자품(弟子品)」제3에 나오는 구절이다.

부처님이 아난에게 유마힐의 문병을 가라고 명하자, 아난이 예전에 유마힐이 아픈 자신[아난]에게 했던 말을 인용하는 구절이다. 다음과 같다.

當知하라 阿難이여 諸如來身은 卽是法身이요 非思欲身이니 佛爲世尊하야 過於三界로다 佛身은 無漏라 諸漏已盡이며 佛身은 無爲라 不墮諸數니 如此之身에 當有何疾이리오

마땅히 알라. 아난이여! 모든 여래의 몸은 즉 법신이요, 욕심을 생각하는 몸이 아닙니다. 부처님께서 세상에서 존중받는 이[世尊]가 되셔서 삼계를 초월하셨습니다. 부처님의 몸은 번뇌가 없습니다[無漏]. 모든 번뇌가 새어나오는 것이 다했으며 부처님의 법은 함이 없습니다[無爲]. 모든 숫자[생과 멸]에 떨어지지 않으니 이와 같은 몸에 응당 무슨 병이 있겠습니까?

| 학산 대원 曰 |

言中有骨笑中有劍

淸風穿過逢萬相

時到頭頭妙發花

말속에 뼈가 있고 웃음 속에 칼이 들어있네.

맑은 바람이 만상을 만나서 뚫고 지나가는데

때가 이르면 두두물물이 묘한 꽃을 발하는구나.

71則

問하되「如何是佛하고 如何是衆生이닛고」
師云하되「衆生卽是佛하고 佛卽是衆生이니라」
學云하되「未審兩箇那箇是衆生이닛고」
師云하되「問코 問타」
학인이 물었다.
「어떤 것이 부처이고 어떤 것이 중생입니까?」
「중생이 바로 부처고, 부처가 바로 중생이다.」
「도대체 두 개 중 어떤 것이 중생입니까?」
「묻고는 또 묻는구나!」

| 학산 대원 曰 |

迷人夢中不知夢
悟人夢幻卽是佛
靑天古今亦如是
泥中日月常光明
미한 사람은 꿈속에서 꿈인 줄 알지 못하는데
깨달은 사람은 꿈 가운데가 바로 부처이더라.
푸른 하늘은 예나 지금이나 항상 이와 같은데
진흙 가운데는 일월이 항상 광명을 놓는구나.

72則

問하되 「大道無根이라하거늘 如何接唱이닛가」
師云하되 「你便接唱이로다」
云하되 「無根又作麼生이닛고」
師云하되 「旣是無根이어늘 什麼處繫縛你오」
학인이 물었다.
「『큰 도[大道]는 뿌리가 없다』라 하는데 어떻게 받아들여 불러야 합니까?」
「자네가 막 받아들여 불렀노라.」
「뿌리가 없다 함은 또 어떤 것입니까?」
「이미 뿌리가 없는데, 어느 곳에서 너를 묶어 매고 있는가?」

| 학산 대원 曰 |

內無一物 外無所求 春來草自靑
안으로는 한 물건도 없고 밖으로는 구할 것이 없다.
봄이 오매 풀은 스스로 푸르름이로다.

73則

問하되「正修行底人도 莫被鬼神測得也无니잇고」
師云하되「測得이니라」
云하되「過在什麼處니잇고」
師云하되「過在覓處니라」
云하되「與麼卽不修行也니이다」
師云하되「修行하라」
학인이 물었다.
「바르게 수행하는 사람도 귀신에게 들킬 수 있습니까?」
「들킨다.」
「허물이 어느 곳에 있습니까?」
「허물은 찾는 곳에 있다.」
「그렇다면 수행을 하지 않겠습니다.」
「수행하여라.」

| 학산 대원 曰 |

魚行水濁 鳥飛毛落
一鏃破三關 日日是好日
고기가 헤엄치면 흙탕물이 일어나고, 새가 날면 깃털이 떨어지네.
한 화살로 세 관문을 부수고 지나가니, 나날이 좋은 날이더라.

74則

問하되「孤月當空에 光從何生이닛고」
師云하되「月從何生고」
학인이 물었다.
「외로운 달이 허공에 떠오를 때, 빛은 어디에서 생겨났습니까?」
「달은 어디에서 생겨났는가?」

| 학산 대원 曰 |

這個 胡來胡現 漢來漢現 隨處顯靑黃赤白
이것은 검은 것이 오면 검은 것을 나타내고, 붉은 것이 오면 붉은 것을 나타낸
다(또는 호나라 사람이 오면 호나라 사람을 나타내고, 한나라 사람이 오면 한나라 사람을 나
타낸다). 따라가는 곳마다 청황적백을 나타냄이로다.

75則

問하되「承和尙有言하시되『道不屬修하나니 但莫染汙하라』하시거늘 如何是不染汙닛고」

師云하되「檢校內外하라」

云하되「還自檢校也無니잇고」

師云하되「檢校하니라」

云하되「自己有什麽過自檢校니잇고」

師云하되「你有什麽事오」

학인이 물었다.

「듣자오니 화상께서 말씀하시기를 『도는 수행하는 데 속하지 않나니, 다만 더럽혀지지 말라』고 하셨는데, 어떤 것이 더럽혀지지 않는 것입니까?」

「안팎을 점검하거라.」

「도리어 스님께서도 스스로 점검하십니까?」

「점검하느니라.」

「스님께서 어떤 허물이 있어서 스스로 점검하십니까?」

「자네에게는 어떤 일이 있는가?」

| 학산 대원 日 |

一切處 分明歷歷 無間隙 無自欺

莫妄想 蝦蟆跳上天

일체 처에 역력해서 조금도 틈이 없고 스스로 속이는 것도 없다.

공연히 망상하지 말아라. 개구리가 한 번 뛰어 도솔천에 오른다.

76則

師上堂云하되 「此事는 如明珠在掌하나니 胡來胡現하고 漢來漢現하니라」

스님께서 상당하여 말씀하셨다.

「이 일은 밝은 구슬이 손바닥에 있는 것과 같으니, 호인(胡人)이 오면 호인이 나타나고, 한인(漢人)이 오면 한인이 나타난다.」[193]

| 학산 대원 曰 |

水底金烏天上日
眼中瞳子面前人
물 밑의 금까마귀가 천상의 빛나는 해이니
눈동자 속에 나타난 면전의 사람이로다.

[193] 또는 '검은 것이 오면 검은 것을 나타내고, 붉은 것이 오면 붉은 것을 나타낸다'.

77則

師又云하되 「老僧은 把一枝草하야 作丈六金身用하며 把丈六金身하야 作一枝草用하니라 佛卽是煩惱요 煩惱卽是佛이로다」

問하되 「佛與誰人爲煩惱니잇고」

師云하되 「與一切人爲煩惱니라」

云하되 「如何免得이닛고」

師云하되 「用免作麼오」

스님께서 또 말씀하셨다.

「나는 한 줄기 풀을 잡아서 장육금신(丈六金身)으로 쓰며, 장육금신을 잡아서 한 줄기 풀로 쓰기도 한다. 부처가 곧 번뇌고, 번뇌가 곧 부처니라.」

학인이 물었다.

「부처는 누구에게 번뇌가 됩니까?」

「일체 사람에게 번뇌가 된다.」

「어떻게 해야 면할 수 있습니까?」

「면해서 무얼 하려는가?」

| 학산 대원 曰 |

有人直到背後則

無面目無下口處

時來應現變萬化

萬派都歸是一家

어떤 사람이 곧바로 배후에 이른즉

면목도 없고 입을 내릴 곳도 없다.
때가 오면 온갖 변화를 나타내는데
만 가지가 모두 한 집으로 돌아감이로다.

78則

　　師示衆云하되「老僧은 此間에 卽以本分事로 接人하니라 若教老僧으로 隨伊根機接人인댄 自有三乘十二分教로 接他了也로다 若是不會인댄 是誰過歟아 已後遇著作家漢이라도 也道老僧不辜他하라 但有人問인댄 以本分事接人이라하라」

　　스님께서 대중에게 말씀하셨다.

　　「나는 이곳에서 본분사로 사람들을 제접(提接)하노라. 만약 나에게 이들의 근기에 따라 제접하라 한다면, 본래 있는 삼승 십이분교로 저들을 제접할 것이다. 그래도 알지 못한다면 이것은 누구의 잘못인가? 이후에 작가(作家)를 만나더라도 또한 내가 저들에게 허물진 게 아니라고 말하라. 다만 묻는 사람이 있다면 본분사로 사람을 제접했다고 하여라.」

| 학산 대원 曰 |

衣賣米買衣商人
油賣衣買油商人
人人往來日常事
兩人眼睛不交換

옷을 팔아서 쌀을 사는 것은 옷 상인이고
기름을 팔아서 옷을 사는 것은 기름 상인이라.
사람이 이같이 오고 가는 것이 일상사인데
두 사람의 눈동자는 바꾸지 못한다.

79則

問하되 「從上至今에 『卽心是佛이라』하니 不卽心을 還許學人商量也無 니잇고」

師云하되 「卽心은 且置하고 商量箇什麼리오」

학인이 물었다.

「예로부터 지금까지 『마음이 곧 부처』라고 하는데, 마음이 아닌 것을 제가 상량할 수 있겠습니까?」

「마음은 그만두고, 무엇을 상량하겠다는 것인가?」

| 학산 대원 曰 |

蒼天蒼天 噓噓

창천, 창천! 하하!

兩泥牛 相諍戰入海無痕跡

두 마리 진흙소가 서로 싸움하여 바다에 들어가니 흔적조차 없다.

필경에는 어떠한가?

蒲州麻黃 益州附子 喝!

포주에는 마황이 나고, 익주에는 부자가 난다. 악!

80則

問하되「古鏡은 不磨하여도 還照也無니잇고」
師云하되「前生은 是因하고 今生은 是果니라」
학인이 물었다.
「옛 거울은 닦지 않아도 오히려 비칠 수 있습니까?」
「전생은 인(因)이고 금생은 과보[果]이니라.」

| 학산 대원 曰 |

自機回照 三千八百
朝到西天 暮歸唐土
스스로 기틀을 비추어보니 삼천팔백이라.
아침에는 서천에 이르고 저녁에는 당토에 돌아가네.

81則

問하되「三刀未落時엔 如何니잇고」
師云하되「森森地니라」
云하되「落後엔 如何니잇고」
師云하되「迴迴地니라」
학인이 물었다.
「삼도(三刀)•가 아직 떨어지지[落] 않았을 때는 어떻습니까?」
「빽빽하다.」
「떨어진 뒤에는 어떻습니까?」
「멀고 멀다.」

● **삼도**(三刀)
『사리불아비담론(舍利弗阿毘曇論)』「번뇌품(煩惱品)」에 나오는 용어다. 여기서는
삼도를 다음과 같이 규정하고 있다.

「何謂三刀오 欲刀·恚刀·癡刀라 是名三刀라 何謂復有三刀오 身刀·口刀·意
刀라 是名復有三刀라」
「무엇을 삼도라고 말하는가?
욕도(欲刀, 욕심의 칼)·에도(恚刀, 성냄의 칼)·치도(癡刀, 어리석음의 칼)이다. 이것을
이름하여 삼도라 한다.
무엇을 또 다른 삼도라고 말하는가?
신도(身刀, 몸의 칼)·구도(口刀, 입의 칼)·의도(意刀, 생각의 칼)이다. 이것을 이름하
여 또 다른 삼도라 한다.」

| 학산 대원 曰 |

未落時 四面刀門 落後如何

三頭六臂怒目瞋

樓閣門開獨往還

떨어지지 않을 때는 사면이 칼문이고, 떨어진 뒤에는 어떠한가?

머리는 셋, 팔은 여섯인데, 눈을 부릅뜬 사람이라.

누각 문이 열리니 홀로 가고 옴이 자유롭더라.

82則

問하되「如何是出三界底人이닛고」
師云하되「籠罩[194]不得이로다」
한 스님이 물었다.
「어떤 것이 삼계를 벗어난 사람입니까?」
「가두어둘 수 없다.」

| 학산 대원 曰 |

삼계무안(三界無安)이라 천상세계에 가도 영원히 편안한 자리는 아니다.
싯타르타가 수행할 때, 사선정 팔해탈을 증득한 스승에게 물었다.
"하늘나라[非想非非想天]에 가서도 생각이 있습니까, 없습니까?"
"생각이 있다."
"생각이 있다면 번뇌망상이 따라다닐 텐데, 어찌 그 자리가 편하겠습니까?"
그 스승이 거기까지는 생각해보지 못했다고 하며 더 이상은 가르쳐줄 것이 없다고 했다. 그래서 싯타르타는 그길로 돌아서서 이 일은 혼자 해결해야겠다고 결심하고 보리수 아래 좌정을 하셨다. 삼칠일 동안 용맹정진 끝에 새벽별을 보고 깨달았다. 삼계를 뛰어나는 자만이 영원히 안심입명을 수용하는 것이다. 삼계를 뛰어나는 것이 깨달음이다.
산승이 송하되,

---

194 물고기를 잡는 데 쓰는 대나무로 만든 기구로서 통발과 비슷함.

回道石馬出紗籠
撒水到家人不識
萬古明月掛窓前
夫君菜田事集行
길을 돌아오는 돌말이 비단초롱을 뛰어넘었다.
손을 털고 집에 도착하니 사람들이 알지 못하더라.
만고의 밝은 달이 창에 걸렸는데
부군은 채소밭에서 일하고 나무를 하더라.

83則

　問하되「牛頭가 未見四祖*엔 百鳥銜花供養이언마는 見後엔 爲什麽百鳥不銜花供養이닛고」
　師云하되「應世와 不應世니라.」
　학인이 물었다.
　「우두 스님이 사조 대사를 뵙기 전에는 온갖 새들이 꽃을 물고 와서 공양을 올렸는데, 뵙고 난 다음에는 어찌하여 온갖 새들이 꽃을 물고 와서 공양 올리지 않았습니까?」
　「세간에 응함과 세간에 응하지 않음이다.」

* **牛頭未見四祖**
　『전등록』 권4에 '우두미견사조(牛頭未見四祖)'에 대한 공안이 인용되어 있다. 다음과 같다.

　　有僧問南泉한대「牛頭未見四祖時에 爲什麽鳥獸銜華來供養이닛고」하니
　　南泉云하되「只爲步步蹋佛階梯니라」
　　洞山云하되「如掌觀珠하야 意不暫捨로다」
　　한 스님이 남전 스님에게 물었다.
　　「우두가 사조를 뵙지 못한 때에는 어찌하여 새가 꽃을 물어다 공양 올렸습니까?」
　　남전 스님이 말했다. 「다만 걸음마다 부처님의 층계를 밟았기 때문이니라.」
　　동산 스님이 말했다. 「손바닥의 구슬을 보듯이 마음을 잠시도 놓지 않았다.」

　　僧云하되「見後엔 爲什麽不來니잇고」
　　南泉云하되「直饒不來라도 猶較王老師一線道니라」
　　洞山云하되「通身去也니라」
　　스님이 물었다. 「뵙고 난 후에는 어찌하여 (새가) 오지 않았습니까?」

남전 스님이 말했다. 「설사 오지 않았더라도 오히려 비교하자면 왕노사[南泉]의 일선도(一線道, 한 가닥 실과 같은 도)에 견주리라.」
동산 스님이 말했다. 「온몸이 갔느니라.」

| 학산 대원 曰 |

日出瑞光萬物見
眼睛自眼人不睹
해가 떠서 상서로운 빛을 비추니 만물이 보이는데
자기 눈동자는 스스로 사람들이 보지 못함이라.

84則

問하되「白雲自在時엔 如何니잇고」
師云하되「爭似春風處處閑고」
학인이 물었다.
「흰 구름이 자재로울 때는 어떻습니까?」
「어찌 봄바람이 곳곳마다 한가로이 부는 것만 같겠느냐?」

禪宗頌古聯珠 - 「白雲」

佛印元이 頌하되
爭似春風處處閑이언마는   봄바람은 곳곳마다 한가로이 부는데
花開花落豈相關고   꽃 피었다 지는 것이 무슨 상관이리오.
白雲自在猶難擬하고   흰 구름은 자재로워 헤아리기 어렵고
飄鼓無心滿世間이로다   흩날리는 무심함이 세상을 채움이로다.

| 학산 대원 曰 |

如是如是
泥牛吞巨浪
木馬踐紅塵
그러하고 그러하도다.
진흙소는 큰 물결을 삼키고
목마는 홍진을 밟음이로다.

85則

問하되 「如何是露地白牛°니잇고」

師云하되 「月下不用色이니라」

云하되 「食噉何物이닛고」

師云하되 「古今嚼不著이니라」

云하되 「請師答話하소서」

師云하되 「老僧合與麼로다」

학인이 물었다.

「어떤 것이 노지의 흰 소[露地白牛]입니까?」

「달빛 아래서는 색을 쓰지 않는다.」

「흰 소는 무얼 먹습니까?」

「예나 지금이나 씹지 못하고 있다.」

「청컨대 스님께서는 답해주십시오.」

「나는 이렇게 해줌이로다.」

● **露地白牛**

『법화경』「비유품(譬喩品)」 가운데 '삼계화택(三界火宅)'의 비유에 쓰인 용도다. '노지(露地)'는 화택에서 벗어난 자리[淸淨佛地]를 말하고, '백우(白牛)'는 한량없는 가르침[無量佛法, 一佛乘]을 말한다.

부처님이 사리불에게 비유로써 이르셨다.

성읍의 부자인 장자(長者)의 집안이 불타고 있었다. 자식들이 아무리 불러도 나오지 않자, 아버지[長者]가 방편으로 양·사슴·소가 이끄는 수레에 장난감을 가득 담아놓았다고 하였다. 그러자 아이들이 불타는 집[火宅]에서 나와 맨땅[露地]에 무사히 안착했다. 막상 수레가 없자 아이들이 달라고 하였다. 그러자 아버지가 더 좋은 흰 소[白牛]가 이끄는 수레에 수많은 보배로 꾸며주었다. 장자의 재물은 한량이 없기 때문이다.

| 학산 대원 曰 |

百萬茫茫人不知
毗藍園畔雨天花

백만이 아득하여 사람이 알지 못하는데
부처님 탄생하신 동산에 하늘에서 꽃비가 내렸도다.

86則

師示衆云하되「擬心卽差니라」
僧便問하되「不擬心時엔 如何니잇고」
師打三下云하되「莫是老僧辜負闍黎¹⁹⁵麼오」

스님께서 대중에게 말씀하셨다.
「마음으로 헤아리면 곧 어긋난다.」
한 스님이 바로 물었다.
「마음으로 헤아리지 않을 때는 어떻습니까?」
스님께서 세 번을 치시고 말씀하셨다.
「노승이 그대를 저버리지 않을 것이다.」

| 학산 대원 曰 |

蓮目舜時千界靜
金顔笑處一花新

연꽃 같은 눈을 깜짝이니 대천세계가 고요하고
황금 얼굴로 웃는 곳에 하나의 꽃이 새롭더라.

---

195 승려를 지칭하는 용어로서, 제자의 품행을 규정하는 일을 하거나 일반 승려들에게 덕행을 가르
치는 승려를 높여 부르는 말. 본래 범어 '아사리아(Ācārya)'로서, '아사리(阿闍梨, 阿闍黎)'라고 음역
하였는데, '사리(闍黎, 闍利, 闍梨)'로 줄여서 표기하기도 하며, 규범과 올바른 행위를 가르친다는
뜻에서 '궤범사(軌範師)' 또는 바른 행동으로 모범을 보여준다고 하여 '정행(正行)'으로 번역하기
도 한다.

87則

問하되「凡有問答인댄 落在意根이러니 不落意根하며 師如何對니잇고」
師云하되「問하라」
學云하되「便請師道하소서」
師云하되「莫向者裏是非하라」

학인이 물었다.

「무릇 문답이 있으면 의근(意根)에 떨어지는데, 의근에 떨어지지 않고서
스님께선 어떻게 응대하시겠습니까?」

「물어보아라.」

「청컨대 스님께서 말씀해주십시오.」

「여기에선 시비하지 말라.」

| 학산 대원 曰 |

여기에서 시비하지 말라 하니,

우두출마두회(牛頭出馬頭回), 소머리는 튀어나왔고 말머리는 둥글다.

88則

問하되「龍女親獻佛이라하거늘 未審將什麼獻이닛고」
師以兩手作獻勢하다
학인이 물었다.
「용녀(龍女)가 몸소 부처님께 바쳤다고 하는데, 무엇을 바쳤습니까?」
스님께서 두 손으로 바치는 자세를 취했다.

| 학산 대원 曰 |

電光石火不及 知音者相暗知
전광석화도 미치지 못하니, 지음자는 서로 은밀히 안다.

말산 요연 비구니와 관계 지한 선사의 일화가 있다.
[관계] "어떤 것이 말산(末山)인가?"
[말산] "꼭대기[頂上]를 드러내지 않는다."
[관계] "어떤 것이 말산의 주인인가?"
[말산] "여자의 모습도 아니고, 남자의 모습도 아니다."
관계 화상이 할을 하고 말하였다.
[관계] "『법화경』에서 8세 용녀는 몸을 남자로 바꿨는데, 너는 어찌 몸을 바꾸
     지 않느냐?"
[말산] "신도 아니고 귀신도 아닌데, 몸을 바꾼다는 것은 무슨 물건인가?"
관계 화상이 답을 못하고 석 달을 원두(園頭)를 해주고 갔다.

89則

師示衆云하되「此間에 佛法은 道難卽易하고 道易卽難이라 別處엔 難見易識이나 老僧者裏엔 卽易見難識이러니 若能會得인댄 天下橫行하리라 忽有人이 問『什麼處來』어늘 若向伊道『從趙州來』인댄 又謗趙州요 若道『不從趙州來』인댄 又埋沒自己니라 諸人은 且作麼生對他오」

僧問하되「觸目是謗和尙이어늘 如何得不謗去니잇고」

師云하되「若道不謗인댄 早是謗了也니라」

스님께서 대중에게 말씀하셨다.

「이곳의 불법은 어렵다고 말하면 쉽고, 쉽다고 말하면 어렵다. 다른 곳에서는 보기는 어려워도 알기는 쉬우나, 노승이 있는 이곳에서는 보기는 쉬워도 알기는 어렵다. 이것을 알 수 있다면 천하를 마음대로 다닐 수 있다. 갑자기 어떤 사람이 『어디서 왔소?』 하고 물었을 때, 만약 그에게 『조주에서 왔다』고 말한다면 조주를 비방하는 것이요, 『조주에서 오지 않았다』고 말한다면 자기를 매몰시켜버리는 것이다. 여러분들은 뭐라고 대답하겠는가?」

한 스님이 물었다.

「눈에 닿기만 해도 스님을 비방함이 되어버리는데, 어떻게 해야 비방하지 않을 수 있습니까?」

「만약 비방하지 않는다고 말하면 벌써 비방해버린 것이다.」

禪宗頌古聯珠 -「佛法」

汾源岳이 頌하되

識不識과	앎과 모름
見非見과	봄과 못 봄
說易說難은	쉽다 말함과 어렵다 말함은
如油入麵이로다	마치 국수 속에 기름이 섞여 들어가는 격이로다.

| 학산 대원 曰 |

九九八十二
雲散家家月
文殊眼睛裏
長得現全身

구구는 팔십이인데
구름 흩어지니 집집마다 달이 비침이요
문수의 눈동자 속에서
길이 전신을 나툼이로다.

90則

問하되「如何是正修行路니잇고」

師云하되「解修行卽得이나 若不解修行인댄 卽參差落他因果裏하리라」

학인이 물었다.

「어떤 것이 바른 수행의 길입니까?」

「알고 수행을 하면 곧 얻을 것이나, 만약 모르고 수행을 하면 그르쳐 인과
속에 떨어질 것이다.」

| 학산 대원 曰 |

시심마(是甚麼) 본분사를 참구해가야만 불락인과(不落因果)라.

불조의 의지(意旨)가 무엇인지 바로 알고 수행해야 다른 외도로 빠지지 않는다.

모르고 수행하면 인과(因果) 유루(有漏) 속에 떨어진다.

91則

師又云하되「我教你道하리니 若有問時에는 但向伊道『趙州來』하라 忽問『趙州說什麼法고』하거든 但向伊道『寒卽言寒하시고 熱卽言熱하시다』하라.

若更問道『不問者箇事오』인댄 但云『問什麼事오』하라. 若再問『趙州說什麼法고』인댄 便向伊道『和尙來時에 不交傳語하시고 上座가 若要知趙州事인댄 但自去問取케하다』하라.」

스님께서 다시 말씀하셨다.

「내가 그대들에게 말하는 법을 가르쳐주겠다. 만약 어떤 이가 물을 때에는 다만 상대방에게 『조주에서 왔다』하라. 갑자기 묻기를『조주 스님께선 무슨 법을 말씀하시던가?』하거든, 다만 상대방에게 『추우면 춥다 하고, 더우면 덥다 한다.』하라.

만약 다시 묻기를 『그런 일을 물은 것이 아니다.』라고 한다면, 다만 『무얼 묻는 것인가?』하라.

만약 다시 묻기를 『조주 스님은 무슨 법을 말씀하시던가?』한다면, 바로 상대방에게 말하길 『스님께서 오셨을 때, (그대에게) 전하신 말씀이 없으셨다. 그대[上座]가 만약 조주의 일을 알고자 한다면 직접 가서 묻도록 하라』고 하라.」

| 학산 대원 曰 |

水底金烏天上日
眼中瞳子面前人

能縱能奪 殺活自在

물 밑의 금까마귀는 하늘의 해요

눈동자 속에 나타난 면전의 사람이로다.

놓기도 하고 뺏기도 하고 살고 죽는 것이 자재롭다.

92則

問하되「不顧前後時엔 如何니잇고」
師云하되「不顧前後는 且置하고 你問阿誰오」
학인이 물었다.
「앞뒤를 상관하지 않을 때는 어떻습니까?」
「앞뒤를 상관하지 않는 것은 그만두고, 네가 묻는 것은 누구인가?」

| 학산 대원 曰 |

一手擡 一手搦
한 손은 하늘을 받들고 한 손은 땅을 누름이다.

93則

師示衆云하되「迦葉傳與阿難이어늘 且道하라 達磨傳與什麼人고」

問하되「且如二祖得髓인댄 又作麼生이닛고」

師云하되「莫謗二祖하라」

師又云하되「達磨也有語하되『在外者는 得皮하고 在裏者는 得骨이라』하니 且道하라 更在裏者는 得什麼리오」

問하되「如何是得髓底道理이닛고」

師云하되「但識取皮로다 老僧은 者裏에 髓也不立이로다」

云하되「如何是髓니잇고」

師云하되「與麼어든 皮也도 摸未著이로다」

스님께서 대중에게 말씀하셨다.

「가섭은 아난에게 전하였는데, 달마는 누구에게 전하였는지 말해보아라.」

한 스님이 물었다.

「이조(二祖)가 골수를 얻은 것은 어찌 됩니까?」

「이조를 비방하지 말라.」 하시고는 다시 말씀하셨다.

「달마가 또한 말하기를 『밖에 있는 자는 가죽을 얻었고 안에 있는 자는 뼈를 얻었다.』라고 하였는데, 더 안에 있는 자는 무엇을 얻었겠는가 말해보아라.」

「어떤 것이 골수를 얻는 도리입니까?」

「다만 가죽이나 알아내어라. 여기 나에게는 골수도 있지 않다.」

「어떤 것이 골수입니까?」

「그렇게 해서는 가죽조차 만져보지 못하겠구나.」

| 학산 대원 曰 |

독수리가 땅을 차고 하늘 높이 나는데

두 마리 원앙새는 못가에 홀로 서 있다.

검은 것이 오면 검은 것을 나타내고 붉은 것이 오면 붉은 것을 나타낸다.

계룡산 골짜기 물은 만(灣)을 지나서 바다로 흐르더라.

갈대꽃이 활짝 핀 데서 어부가 삿대를 놓고 잠을 잔다.

94則

問하되「與麼堂堂이 豈不是和尙正位니잇고」
師云하되「還知有不肯者麼리오」
學云하되「與麼卽別有位니이다」
師云하되「誰是別者리오」
學云하되「誰是不別者니잇가」
師云하되「一任叫하라」

학인이 물었다.
「이렇게 당당하심이 스님의 바른 자리[正位]가 아니겠습니까?」
「도리어 수긍치 못하는 자가 있는 것을 아느냐?」
「그렇다면 다른 자리[別位]가 있는 것입니다.」
「누가 다른 사람이냐?」
「누가 다르지 않은 사람입니까?」
「마음대로 불러라.」

| 학산 대원 曰 |

金房多物現 技術人任意
雙遮雙照 任意自在
금방에 많은 물건은 만드는 사람의 뜻에 따라 나타남이로다.
쌍으로 막고 쌍으로 비춤이여! 임의자재로구나.

95則

問하되「上上人은 一撥便轉이어늘 下下人이 來時엔 如何니잇고」

師云하되「汝是上上인고 下下인고」

云하되「請和尙答話하소서」

師云하되「話未有主在로다」

云하되「某甲은 七千里來러니 莫作心行하소서」

師云하되「據你者一問에 心行莫不得麼오」

此僧이 一宿便去하다

한 스님이 물었다.

「상상근기는 한번 건드리면 바로 깨닫는데, 하하근기가 왔을 때에는 어찌하십니까?」

「그대는 상상근기냐? 하하근기냐?」

「청컨대 말씀해주십시오.」

「이야기에 주인공이 없게 되는구나.」

「저는 7천 리를 왔사오니, 함부로 대하지 마십시오.」

「그대가 이렇게 묻는 한, 그리 대하지 않을 수가 있겠느냐?」

그 스님은 하룻밤만 자고 바로 가버렸다.

| 학산 대원 曰 |

저울대를 없애니 추와 물건이 스스로 쓰러지네.

水透三江 淸香滿路

물은 삼강을 뚫고 지나가는데 맑은 향기는 길에 가득함이로다.

96則

問하되「不紹傍來者는 如何니잇고」
師云하되「誰인고」
學云하되「惠延이니이다」
師云하되「問什麼리오」
學云하되「不紹傍來者니이다」
師以手撫之하다
학인이 물었다.
「방계(傍系)를 이어받지 않은 자는 어떻습니까?」
「누가 그러한가?」
「저 혜연(惠延)입니다.」
「무엇을 묻느냐?」
「방계를 이어받지 않음입니다.」
스님께서는 손으로 그를 어루만져주셨다.

| 학산 대원 曰 |

손으로 어루만진 의지는 무엇인가?
月印千江 千里同風
달은 천강에 비치고 천 리에 한 바람이더라.

97則

問하되 「如何是衲衣下事니잇고」
師云하되 「莫自瞞하라」
학인이 물었다.
「어떤 것이 납의(衲衣) 밑의 일입니까?」
「스스로를 속이지 말라.」

| 학산 대원 曰 |

草鞋踏雪步成蹤
莫將黃葉作眞金
忽然回頭觀
眞寶自聳出
짚신 신고 눈밭을 걸으니 걸음마다 자취를 이루네.
누런 잎을 가지고 진금(眞金)을 짓지 말라.
홀연히 머리를 돌려 보니
참 보물이 저절로 솟아남이라.

98則

問하되「眞如와 凡聖이 皆是夢言이어늘 如何是眞言이닛고」

師云하되「更不道者兩箇하라」

學云하되「兩箇는 且置하고 如何是眞言이닛고」

師云하되「唵嘟啉噯」

학인이 물었다.

「진여(眞如)니 범성(凡聖)이니 하는 것은 모두 잠꼬대거늘, 어떤 것이 참된 말[眞言]입니까?」

「다시는 그 두 가지를 말하지 말라.」

「두 가지는 그만두고 어떤 것이 참된 말[眞言]입니까?」

「옴 부림 발!」

| 학산 대원 曰 |

옴 부림 발이여. 과연 과연이로다.

99則

間하되「如何是趙州니잇고」
師云하되「東門 西門 南門 北門이니라」
학인이 물었다.
「어떤 것이 조주입니까?」
「동문, 서문, 남문, 북문이다.」

| 학산 대원 曰 |

이런 조주 스님이나 여타 선사들의 말씀은 고준(高峻)한 법문인데, 이런 말씀을 들으면 상근기는 눈과 귀가 열리고, 하근기나 중근기가 들으면 눈과 귀가 멀어 버린다. 그래서 이러한 고준한 법문에서 바로 해결이 되어야 하는데, 마음이 중생심으로 찌들어 있는 하근기 중생들한테는 소 귀에 경 읽기라. 그래서 부처님이 하근기한테 관법(觀法)을 가르치신 것이다.

"저는 당최 무슨 말인지 들어보니 캄캄하니 알 수도 없고 답답하기만 하고, 몸이 자꾸 가렵고 아프기만 하고, 얼른 이 자리를 면하고 싶은 생각밖엔 없습니다." 그래서 그만 가려고 하니, 부처님 왈,

"가지 말고 이리 오너라. 그것 말고 좋은 방법이 있느니라."

"어떤 좋은 게 또 있습니까?"

"그래, 너는 숨 쉬는 건 볼 줄 알겠지?"

"그거야 쉽습니다."

"그래, 숨을 들이쉬고 내쉬면서 숫자를 세는 건 할 수 있겠지?"

"그건 할 수 있겠습니다."

"그래, 숨을 들이쉬었다가 내쉬면서 '하나', 또 들이쉬었다가 내쉬면서 '둘'⋯ 그렇게 열까지 세고 다시 처음부터 세는 걸 한번 해보거라."

그래서 그걸 해보게 된다.

숨을 세는 것이 익숙해져서 마음과 숨 쉬는 것이 서로 의지하게 되면, 마음을 써서 세려고 하지 않아도 숨을 세는 것이 그대로 틀리지 않으니, 이것을 상응(相應)이라고 한다. 자동으로 숨 쉬는 게 고르게 잘 되어간다는 것이다. 마음이 세는 것에 응하고, 세는 것이 마음에 응하는 것이다. 이때에는 숨 세는 것을, 숨을 따르는 법을 닦는다. 따른다고 하는 것은 한마음으로 숨이 들어오고 나가고 하는 것에 따르는 것을 말한다. 숨이 들어올 때는 마음도 그에 따라 코에서부터 목구멍에 이르고, 다시 심장, 배꼽, 엉치뼈, 넓적다리뼈에 이르며, 끝에는 발가락에까지 이른다. 숨이 나올 때는 마음도 따라 나온다. 숨이 몸 밖으로 나와서 한 뼘 또는 한 길이나 떨어져도 마음은 항상 그 뒤를 따르게 된다. 익숙하도록 익혀서 공이 이루어지면 자재하게 서로 응하고 뜻과 생각이 편안하여 고요하게 모인다. 마음으로 싫증나서 버리려 하면 곧, 지관(止觀) 등의 법을 닦는 것으로 바꿔야 한다.

이 숨 쉬는 것이 고르게 잘 익숙해지면, 산란하고 조급한 마음, 육단심(肉團心)이 나서 여러 가지 망상으로 좇아 일어나는 욕심된 생각, 원한이 쌓인 생각, 미워하는 생각 등 오만 잡동사니 생각이 파도가 태풍이 지나가면 잠잠하듯이 고요해진다. 마음이 고요해졌을 때 지관삼매(止觀三昧)를 닦는 걸 가르친다. 그건 또 차원이 다르다.

이렇게 단계적으로 닦고 닦아서 마음의 평정을 이루었을 때, 진짜 선(禪)으로 들어갈 수 있도록 기초를 다지는 것이 관법이다. 그런데 간화선에서는 바로 화두를 잡드려 나가서 애쓰는 데서 일체 번뇌망상이 다 잠자면서 일념 의심 속에서 깨닫는다.

그래서 관법의 숨 쉬는 걸 해서 단계를 밟아 올라가서 이 뭣고 화두를 하는 데

까지 가려면 무한한 세월이 흘러야 한다. 그런데 간화선에서는 단박에 단도직
입적으로 "너는 뭐냐?" 하는 거기에서 일체 생각이 앞뒤가 끊어지면서 고요한
걸 함께 이루는 것이다. 고요하면서 의심 속에서 단박 깨닫게 해주는 것이다.
그래서 이 간화선의 화두가 최상이다. 그러니 화두를 지극히 공부하는 것은 정
말 천만 겁에도 만나기 어려운 귀한 걸 만난 줄을 알아야 한다. 그래서 공부하
는 데 지름길에서 바로 내가 해 마친다는 거다.

禪宗頌古聯珠 -「趙州」

雪竇顯이 頌하되
句裏呈機劈面來하니　　말속에 선기(禪機)를 드러내 얼굴을 열어보이니
爍迦羅眼[196]絶纖埃로다　삭가라의 눈에는 먼지가 끼지 않음이로다.
東西南北門相對어늘　　동문과 서문, 남문과 북문이 마주 섰는데
無限輪槌擊不開로다　　끝없이 철퇴로 쳐도 열리지 않음이로다.

照覺總이 頌하되
四廓關閩鎭趙州하니　　사방 성문을 조주가 지키니
幾於城下起戈矛고　　　몇 번이나 성 밑에서 전쟁을 일으켰는고.
將軍戰馬今何在오　　　장군과 군마는 지금 어디 있는고.
野草閒花滿地愁로다　　잡초와 들꽃만이 가득하여 애처롭도다.

普融平이 頌하되
袖裏金槌一擊開하니　　소매 속의 철퇴로 한 번 쳐서 열어버리니

196　금강안(金剛眼). 『벽암록』 제9칙의 평창에 「爍迦羅眼者는 是梵語라 此云堅固眼이며 亦云金剛
眼이라(삭가라의 눈은 범어로 이것은 '견고한 눈[堅固眼]'을 이르며, 또한 '금강의 눈[金剛眼]'이라 한다)」.

東西南北絶纖埃로다　　　동서남북에는 가는 티끌도 없음이로다.
石橋南畔臺山路이니　　　조주의 석교 남쪽은 오대산 가는 길이니
報你游人歸去來하라　　　그대에게 알리노니 유람객이 가고 옴이로다.

羅漢南이 頌하되
豁達門開入趙州하야　　　문을 활짝 열어젖히고 조주에 들어가서
東西南北任遨遊로다　　　동서남북으로 마음대로 즐겁게 노닒이로다.
龍樓鳳閣依然在하니　　　용 같은 누대, 봉황 같은 전각은 예전 그대로이니
失却來時好路頭로다　　　올 때에 지났던 좋은 길은 잃어버림이로다.

圓通僊이 頌하되
四門開豁往來遊인댄　　　네 문을 활짝 열고 가고 오며 노니는데
脚下分明到地頭로다　　　발밑은 분명히 이 땅에 이르렀음이로다.
四五百條花柳巷이요　　　사오백 개나 되는 기생 골목이요
二三千處管絃樓로다　　　이삼천 개나 되는 풍류 누각이로다.

【續收】

黃龍新이 頌하되
趙州老有一訣하니　　　조주 노인에게 하나의 비결 있나니
四門開路頭徹이로다　　　사문(四門)을 여니 길이 통해 있음이로다.
入門來明皎潔하니　　　문에 들어오면 밝고 맑아지나니
出門去莫漏泄하라　　　문을 나가거든 누설하지 말라.
通一線爲君說하니　　　한 마디를 그대를 위하여 말하노니
元正日太平節이로다　　　정월 초하루 날은 태평한 명절이로다.

徑山杲가 頌하되
者僧問趙州하니　　　저 스님이 조주를 물으니

趙州答趙州로다   조주가 조주로 답함이로다.

得人一馬하고   사람이 말 한 마리를 얻었는데

還人一牛로다   사람에게 소 한 마리로 돌아옴이로다.

人平不語하고   사람은 태평하면 말이 없고,

水平不流로다   물은 평평하면 흐르지 않음이로다.

受恩深處先宜退요   깊은 은혜를 입었으면 먼저 물러남이 마땅함이요

得意濃時正好休로다 충분하게 뜻을 펼쳤다면 때맞춰 그만둠이 좋도다.

瞎堂遠이 頌하되

南北東西老趙州하니 남문·북문·동문·서문이 늙은 조주라 하니

見人騎馬也騎牛로다 말을 타면서 또 소를 타는 사람을 보는 꼴이로다.

淸風月下尋歸路하니 맑은 바람과 달 아래서 돌아갈 길 찾으니

夫子門前問孔丘로다[197] 공자[夫子]의 집 앞에서 공자를 묻는 격이로다.

禪門拈頌 410則 -「趙州」

大覺璉이 頌하되

學者尋師問趙州하니 학인이 스승을 찾아와 조주를 물었더니

四門開敞任遨遊로다 네 문이 활짝 열려 마음대로 즐겁게 노닒이로다.

通途不是亡羊處[198]러니 탁 트인 길은 원래 갈림길이 아니러니

197 '부자(夫子)'는 덕이 높은 선생을 일컫는 말로 보통 공자(孔子)를 높여 이르는 말이고, '공구(孔丘)'의 '孔'은 공자의 성(姓), '丘'는 이름[名]으로, 보통 공자에게 존칭을 생략할 때 쓰는 말이다.

198 망양(亡羊)은 갈림길이 많아서 잃어버린 양을 찾지 못했다는 데서 유래한 말. 『열자(列子)』「설부편(說符篇)」에 다음과 같은 글이 나온다.
大道는 以多岐하야 亡羊하며 學者는 以多方하야 喪生이로다 學은 非本不同하며 非本不一이나 而末異若是로다

莫就傍家覓路頭하라　　옆집에 가서 길을 물으려 하지 마라.

薦福逸이 頌하되
相對四門開하니　　마주 대하는 네 문이 열리니
時人共往來로다　　때에 사람들 함께 왕래함이로다.
老僧移步處에　　노승이 걸음을 옮기는 곳엔
日日長蒼苔로다　　날마다 푸른 이끼 자라남이로다.

興教壽가 頌하되
奇哉一禪翁이　　기이하도다. 한 늙은 선사가
示我四門頌이로다　　나에게 네 문의 게송을 가르쳐줌이로다.
一理而多名하고　　이치는 하나이나 이름은 많고
多名非別共이로다　　이름은 많으나 다르지 않고 하나로다.
一理四門體요　　하나의 이치는 네 문의 본체(本體)요
四門一體用이로다　　네 문은 하나의 본체의 작용(作用)이로다.
體用常湛然하야　　본체와 작용이 고요하고 담담하여
該括河沙衆이로다　　항하사 같은 중생들을 다 끌어안았도다.

佛日才가 頌하되
南北東西門始開하니　　남문·북문·동문·서문이 비로소 열리니
奔波撞入趙州來로다　　세찬 물결처럼 들이닥쳐 조주로 들어옴이로다.
額頭拶破知多少오　　이마끼리 부딪혀 깨진 이가 얼마던고
一去經年不見迴로다　　한 번 지나간 세월은 다시 돌아오지 않음이로다.

큰길은 갈림길이 많아서 양을 잃어버리며, 배우는 사람은 방법이 많아서 인생을 허비한다. 배움은 본래 서로 같지 않음이 아니며, 본래 하나가 아님이 아닐진대 끝이 다름이 이와 같음이로다.

| 학산 대원 曰 |

깨달은 분들의 말을 들어야 깨달음으로 나갈 수 있는 길이 열리고, 발심이 되고, 근기가 성숙한 분은 깨닫게 된다. '왜 저리 못 알아듣는 어려운 말을 하나?' 이런 말을 논할 게 아니다. 그런 말을 하면 벌써 틀린 거다. 여기서는 깨달은 분의 살아있는 소리를 여러분에게 전해주는 거다. 그걸 들어야지 죽은 말은 소용없는 말이다. 공부해서 조금 안다는 생각이 들었다면 그건 속은 것이다. 확실히 확철대오해서 일체 공안에 걸림이 없어야 한다.

海印信이 頌하되

東西南北趙州門을　　　　　　동서남북 조주 성(城)의 문을

往復行人孰可論고　　　　　　가고 오며 다니는 이가 어찌 이야기하는가.

石女跨牛歸後洞하고　　　　　돌로 된 계집[石女]은 소를 타고 뒷마을로
　　　　　　　　　　　　　　돌아가고

木童吹笛過前村이로다　　　　나무로 된 아이[木童]는 피리 불며 앞마을을
　　　　　　　　　　　　　　지남이로다.

則之가 頌하되

巍巍城郭四門開하니　　　　　높게 솟은 성곽의 네 문이 열리니

十字街頭任往來로다　　　　　네 거리를 마음대로 왕래함이로다.

何事帝鄉人不顧하고　　　　　무슨 일이기에 사람들은 서울[帝鄉]을
　　　　　　　　　　　　　　둘러보지도 않고

謾隨歌管上樓臺오　　　　　　공연히 피리 소리 따라 누대에 오르는고.

佛鑑勤이 頌하되

四海聞名到此間하니　　　　　사방에서 명성 듣고 여기에 이르렀나니

主翁言語水潺潺이로다　　　　주인 노인의 말은 물처럼 졸졸 흐르는도다.

門前盡是長安路라　　　문 앞은 모두 장안으로 가는 길이라

金鏁無鑐夜不關이로다　자물쇠는 열쇠가 없어 밤에도 잠그지
　　　　　　　　　　　　않음이로다.

法華舉가 上堂에 僧問하되「趙州의 東門南門西門北門 意旨如何오」

師云하되「有問有答이니라」

僧云하되「不問不答時엔 如何니잇고」

師云하되「却被你道着이로다」하고 以頌示之云하되

법화거가 상당했는데, 한 스님이 물었다.

「조주의 동문·남문·서문·북문의 의지(意旨)는 무엇입니까?」

「질문도 있고 대답도 있었느니라.」

「질문도 않고 대답도 않을 때는 어떻습니까?」

「벌써 네가 말해버렸구나.」

하고는 게송으로 이르되,

四般俱已息이어늘　　　네 문이 모두 이미 쉬었거늘

六種豈能分이리오　　　동서남북과 상하를 어찌 구분할 수 있으리오.

倚南閑度日하고　　　　남쪽에 기대어서 한가로이 날을 보내고

傍北別無門이로다　　　북쪽에 붙어봐도 별다른 것 없는 문이로다.

巧語從教設하고　　　　꾸민 말을 좇아 가르침을 베풀고

玄辭謾共論이로다　　　현묘한 말로 공연히 함께 이야기함이로다.

迥出威音外라　　　　　위음왕(威音王)[199] 밖으로 멀리 벗어날진댄

不到是非奔이로다　　　시비의 분주함이 이르지 않음이로다.

承天琦가 室中에 垂問曰하되「十方에 無壁落하고 四面에 亦無門이어늘

---

199 공겁(空劫) 때에 맨 처음 성불한 부처님을 말한다. '한없이 오랜 옛적'을 뜻하거나 '맨 처음'이란 뜻
　　으로도 쓰고, 종문(宗門)에서는 '본분향상(本分向上) 실제이지(實際理地)'의 뜻을 나타내는 말이다.

趙州爲什麼하야 有東門南門西門北門고」하니 佛跡琪가 對頌曰하되
승천기가 방에서 질문을 내리며 이르되,
「시방에 벽이 없고 사면에 또한 문이 없거늘, 조주는 어찌하여 동문·남문·
서문·북문이 있다고 했는가?」 하니, 불적기가 송으로 대답하되,

壁落無雲似鑑清하니　　절벽에 구름 없어 거울처럼 맑으니
四門開合有誰明고　　　네 문을 열고 닫음을 누가 밝힐고.
輪蹄往復曾無礙어늘　　거마(車馬)가 오고 감에 일찍이 막힘 없었거늘
南北東西錯問程이로다　남북동서로 가는 길을 그릇되이 물음이로다.

天童覺이 小參에 擧此話云하되 「好타 兄弟여 趙州四門이 長開하야 不
礙諸方往來로다 十字街頭에 人大叫하고 平鋪買賣하야도 沒相猜로다
恁麼見得하여야 方知趙州老子가 與衲僧으로 出眼中金屑하고 斷鼻上
泥痕了也니라 還端的麼아 月到中秋滿이오 風從八月涼이로다」
천동각이 소참에 이 이야기를 들어서 이르되,
「좋도다. 형제들이여! 조주의 사문(四門)이 오래도록 열려있어서 제방에서
왕래하는 데 걸림이 없음이로다. 십자 네거리에서 사람들이 크게 소리치고,
구멍가게에서 사고팔아도 서로 의심함이 없음이로다. 이와 같이 볼 수 있어
야 바야흐로 조주 노인이 납승들과 더불어서 눈 속에서 금가루[金屑]•를 꺼
내주고 코 위에서 진흙 자국[泥痕]•을 끊어줬음을 알게 되리라. 도리어 확실
히 알았는가? 달은 한가위가 되어야 둥글어짐이요, 바람은 팔월부터 서늘
해짐이로다.」

● 금가루[金屑]
　비록 귀한 물건도 쓸데없이 지니면 몸을 해친다는 뜻이다.
　『임제록』에 보면 '금가루는 비록 귀하지만 눈에 들어가면 병이 된다[金屑雖貴나
　落眼成翳]'는 구절이 나온다. 다음과 같다.

　왕상시가 하루는 방문하여 스님과 함께하며 승당 앞을 보고는 이내 물었다.

「이 승당의 스님들은 경전을 보십니까?」

「경을 보지 않습니다.」

「도리어 선을 배우십니까?」

「선도 배우지 않습니다.」

「경전도 보지 않고 선도 배우지 않는다면 필경에 무엇을 하십니까?」

「모두가 부처를 이루고 조사가 되도록 가르칩니다.」

「『금가루가 비록 귀하지만 눈에 들어가면 병이 된다』고 하는데 어떻습니까?」

「한편으로 그대를 속인(俗人)으로만 여겼었습니다.」

● **진흙 자국[泥痕]**

진흙 자국은 『벽암록(碧巖錄)』「2칙 수시(垂示)」에 나오는 '타니대수(拖泥帶水)'를 말한다. 즉 흙탕물을 뒤집어쓴다는 뜻으로, 선문(禪門)에서 구두선(口頭禪)을 가리킨다. 다음과 같다.

「設使三世諸佛이라도 只可自知요 歷代祖師라도 全提不起라 一大藏教도 詮注不及이며 明眼衲僧이라도 自救不了로다 到這裏하야는 作麼生請益고 道箇佛字라도 拖泥帶水며 道箇禪字라도 滿面慚惶이라」

「설사 삼세제불이라도 다만 스스로 알 수 있을 뿐이요, 역대조사라도 다 들어서 제시할 수는 없는 것이다. 대장경도 주석이 미치지 못하며 명안납승이라도 스스로를 구할 수 없다. 여기에 이르러서는 어떻게 가르침을 청해야 하는고? '불(佛)' 자만 말하더라도 진흙에 빠지고 물에 잠기는 것이며 '선(禪)' 자만 이야기하더라도 얼굴 가득 부끄러울뿐이로다.」

上方益이 因呂承議가 擧此話하야 問하되「諸方意旨如何오」

時有老宿答云하되「處處綠楊堪繫馬로다」

師別云하되「驪珠落落瀉金盤이로다」하고 乃有頌曰하되

상방익에게 여승의가 이 이야기를 들고는 물었다.

「제방(諸方)의 뜻이 어떻습니까?」

어떤 노숙(老宿)이 답해 말했다.

「곳곳이 푸른 버들이니 말을 맬만 함이로다.」

그러자 (상방익) 선사가 다르게 말했다.

「여의주가 많고 많아서 금 소반에 쏟아짐이로다.」

하고는 바로 게송으로 이르되,

驪龍珠本無價어늘　　　여의주는 본래로 값을 정할 수 없거늘
落落金盤忽傾下로다　　가득 찬 금 소반이 갑자기 기울어짐이로다.
神光爍爍炤人寒이나　　신령한 빛 반짝반짝 빛나 사람을 오싹하게 하나
南北東西沒可把로다　　남북동서에 잡을 곳이 없음이로다.
沒可把여　　　　　　　잡을 곳 없음이여
也大差로다　　　　　　크게 어긋났도다.
天涯遊子不歸來어늘　　하늘 끝에 떠돌이는 돌아오지 못했거늘
盡道綠楊堪繫馬로다　　푸른 버들에 말을 맬 만하다고만 말함이로다.

拈頌說話 -「趙州」

【趙州】

問하되「如何是趙州니잇고」
師云하되「東門 西門 南門 北門이니라」
학인이 물었다.
「어떤 것이 조주입니까?」
「동문, 서문, 남문, 북문이다.」

《趙州者》는 非問外趙州러니 和尙自證處也라
《東門云云者》는 外趙州外는 無內趙州也라
『碧巖』云하되「汾陽十八問中에 此問謂之驗主問이며 亦謂之探拔問이
라 這僧着箇問頭가 不妨奇特이로다 若不是趙州인댄 難爲支對라」
則這僧의 伊麽問頭는 一似問人하고 一似問境하며 趙州答處도 一似答
人하고 一似答境也이로다

《조주》는 바깥의 조주를 물은 것이 아니라, 조주 화상이 스스로 증득한 경지를 물은 것이다.

《동문 운운》한 것은 바깥의 조주 외에는 안에는 조주가 없다는 말이다.

『벽암록』에서 말하였다. 「분양십팔문(汾陽十八問)◆ 가운데 이 물음은 스승[主]을 시험하는 질문[驗主問]이며 또한 (상대의 경지를) 엿보기 위한 질문[探拔問]이다. 저 스님이 한 질문은 괜찮고 기특한 것이로다. 만약 조주가 아니었을진댄 상대하기가 어려웠으리라.」

즉 저 스님의 이와 같은 질문은 한편으로 사람[趙州和尙]에 대해 물은 것도 같고, 한편으로는 경계[趙州城]에 대해 물은 것도 같으며, 조주의 대답도 한편으로 사람에 대해 대답한 것도 같고, 한편으로는 경계에 대해 답한 것 같기도 함이로다.

● **분양십팔문(汾陽十八問)**
임제종의 분양 선소(汾陽善昭, 947~1024) 선사가 구분한 법거량의 18가지 질문 유형이다. 출전은 『인천안목(人天眼目)』이다. 다음과 같다.

① 청익문(請益問): 선사에게 가르침을 청하는 질문.
② 정해문(呈解問): 자신의 견해를 드러내 보이는 질문.
③ 찰변문(察辨問): 자세히 살펴서 어려운 것을 분별해주길 원하는 질문.
④ 투기문(投機問): 자신의 기틀에 부족한 점을 알려는 질문.
⑤ 편벽문(偏僻問): 편벽된 것만 집어서 하는 질문.
⑥ 심행문(心行問): 마음속의 문제를 스스로 드러내는 질문.
⑦ 탐발문(探拔問): 스승의 경지를 엿보고자 하는 질문.
　　예문) 僧問風穴한대「不會底人이 爲甚麽不疑니잇고」
　　　　穴云하되「靈龜行陸地하니 爭免曳泥蹤이리오」
　　　　한 스님이 풍혈 연소(風穴延沼) 선사에게 물었다.
　　　　「알지 못하는 이가 어찌하여 의심하지 않는 것입니까?」
　　　　「신령한 거북이가 뭍으로 다니는데, 어찌 진흙 자국 끌림을 면하겠느냐?」
⑧ 불회문(不會問): 알지 못하는 이가 꾸밈없이 바로 하는 질문.
⑨ 경담문(擎擔問): 스스로를 높이고 자신의 견해를 가지고 하는 질문.

⑩ 치문(置問): 질문을 두고서 하는 질문.
⑪ 고문(故問): 옛 고사를 들어서 하는 질문.
⑫ 차문(借問): 사실 일부를 가져다가 하는 질문.
⑬ 실문(實問): 실제의 이치를 근간으로 하는 질문.
⑭ 가문(假問): 어떤 사실을 가정하여 하는 질문.
⑮ 심문(審問): 이치를 자세히 살피기 위한 질문.
⑯ 징문(徵問): 옛일을 자세히 추궁하듯이 하는 질문.
⑰ 명문(明問): 명백하고 곧장 질러가듯 하는 질문.
⑱ 묵문(默問): 묵묵하게 말하지 않고 하는 질문.

【雪竇】

句裏呈機劈面來하니	말속에 선기를 드러내 얼굴을 열어보이니
爍迦羅眼絶纖埃로다	삭가라의 눈에는 먼지가 끼지 않음이로다.
東西南北門相對어늘	동문과 서문, 남문과 북문이 마주 섰는데
無限輪槌擊不開로다	끝없이 철퇴로 쳐도 열리지 않음이로다.

一句는 這僧問也요 下는 趙州答也라
爍迦羅는 此云金剛이요 又云具足이요 又云堅固로다
첫 구절은 저 중의 질문이요, 아래 구절은 조주의 대답이다.
삭가라는 금강이라고도 하고, 구족이라고도 하며, 견고라고도 한다.

【興敎】

奇哉一禪翁이	기이하도다. 한 늙은 선사가
示我四門頌이로다	나에게 네 문의 게송을 가르쳐줌이로다.
一理而多名하고	이치는 하나이나 이름은 많고
多名非別共이로다	이름은 많으나 다르지 않고 하나로다.
一理四門體요	하나의 이치는 네 문의 본체요

四門一體用이로다　네 문은 하나의 본체의 작용이로다.

體用常湛然하야　본체와 작용이 고요하고 담담하여

該括河沙衆이로다　항하사 같은 중생들을 다 끌어안았도다.

四門則用이요 用有體故也라 此四門이 豈前話所辨地緇素耶아 切不得錯會하라

네 문은 곧 작용이요, 작용에는 본체가 있는 까닭이다. 이 네 문이 어찌 앞의 이야기에서 가린 흑백[緇素]이겠는가? 결코 잘못 알지 말라.

【法華】

法華擧가 上堂에 僧問하되 「趙州의 東門南門西門北門 意旨如何오」

師云하되 「有問有答이니라」

僧云하되 「不問不答時엔 如何니잇고」

師云하되 「却被你道着이로다」하고 以頌示之云하되

법화거가 상당했는데, 한 스님이 물었다.

「조주의 동문·남문·서문·북문의 의지는 무엇입니까?」

「질문도 있고 대답도 있었느니라.」

「질문도 않고 대답도 않을 때는 어떻습니까?」

「벌써 네가 말해버렸구나.」

하고는 게송으로 가르쳐 이르되,

四般俱已息이어늘　네 문이 모두 이미 쉬었거늘

六種豈能分이리오　동서남북 상하를 어찌 구분할 수 있으리오.

倚南閑度日하고　남쪽에 기대어서 한가로이 날을 보내고

傍北別無門이로다　북쪽에 붙어봐도 별다른 것 없는 문이로다.

巧語從敎設하고　꾸민 말을 좇아 가르침을 베풀고

玄辭謾共論이로다　현묘한 말로 공연히 함께 이야기함이로다.

迥出威音外라   위음왕 밖으로 멀리 벗어날진댄
不到是非奔이로다   시비의 분주함이 이르지 않음이로다.

《四般俱已息云云者》는 上「不問不答」意也라
《네 문이 다 이미 쉬었거늘 운운》한 것은 위의 「질문도 않고 대답도 않음」
의 뜻이다.

【承天】

承天琦가 室中에 垂問曰하되 「十方에 無壁落하고 四面에 亦無門이어늘
趙州爲什麼하야 有東門南門西門北門고」하니 佛跡琪가 對頌曰하되
승천기가 방에서 질문을 내리며 이르되,
「시방에 벽이 없고 사면에 또한 문이 없거늘, 조주는 어찌하여 동문·남문·
서문·북문이 있다고 했는가?」하니 불적기가 송으로 대답하여 이르되,
壁落無雲似鑑淸하니   절벽에 구름 없어 거울처럼 맑으니
四門開合有誰明고   네 문의 열고 닫음을 누가 밝힐고.
輪蹄往復曾無礙어늘   거마가 오고 가도 일찍이 막힘없었거늘
南北東西錯問程이로다   남북동서로 가는 길을 그릇되이 물음이로다.

問意는「豈非大體也」며 對頌은「豈非大用也」라
(승천기가 한) 질문의 의지는 「어찌 큰 본체(本體)가 아니겠는가」이고, (불적기
가) 게송으로 대답한 것은 「어찌 큰 작용(作用)이 아니겠는가」라는 의미이다.

【天童】

天童覺이 小參에 擧此話云하되 「好타 兄弟여 趙州四門이 長開하야 不
礙諸方往來로다 十字街頭에 人大叫하고 平鋪買賣하야도 沒相猜로다

恁麼見得하여야 方知趙州老子가 與衲僧으로 出眼中金屑하고 斷鼻上泥痕了也니라 還端的麼아 月到中秋滿이오 風從八月凉이로다」

천동각이 소참에 이 이야기를 들어서 이르되,

「좋도다. 형제들이여! 조주의 사문이 오래도록 열렸기에 막힘없이 제방에서 왕래하는 데 걸림이 없음이로다. 십자 네거리에서 사람들이 크게 소리치고, 구멍가게에서 사고팔아도 서로 의심함이 없음이로다. 이와 같이 볼 수 있어야 바야흐로 조주 노인이 납승들과 더불어 눈 속에서 금가루를 꺼내주고 코 위에서 진흙 자국을 끊어줬다는 것을 알게 되리라. 도리어 확실히 알았는가? 달은 한가위가 되어야 둥글어짐이요, 바람은 팔월부터 서늘해짐이로다.」

佛跡琪對頌一般也라

《月到中秋滿云云者》는 到此方始究竟也라

黃龍과 上同이라

불적기가 게송으로 대답한 것과 한 가지이다.

《달은 한가위가 되어야 둥글어짐이요 운운》한 것은 이에 이르러야 비로소 깨달음의 경지[究竟]라는 뜻이다.

황룡의 말도 위와 같다.

【上方】

上方益이 因呂承議가 擧此話하야 問하되「諸方意旨如何오」

時有老宿答云하되「處處綠楊堪繫馬로다」

師別云하되「驪珠落落瀉金盤이로다」하고 乃有頌曰하되

상방익에게 여승의가 이 이야기를 듣고는 물었다.

「제방의 뜻이 어떻습니까?」

어떤 노숙이 답해 말했다.

「곳곳이 푸른 버들이니 말을 맬만 함이로다.」

그러자 (상방익) 선사가 다르게 말했다.

「여의주가 많고 많아서 금 소반에 쏟아짐이로다.」

하고는 바로 게송으로 이르되

驪龍珠本無價어늘	여의주는 본래로 값을 정할 수 없거늘
落落金盤忽傾下로다	가득 찬 금 소반이 갑자기 기울어짐이로다.
神光爍爍炤人寒이나	신령한 빛 반짝반짝 빛나 사람을 오싹하게 하나
南北東西沒可把로다	남북동서에 잡을 곳이 없음이로다.
沒可把여	잡을 곳 없음이여
也大差로다	크게 어긋났도다.
天涯遊子不歸來어늘	하늘 끝에 떠돌이는 돌아오지 못했거늘
盡道綠楊堪繫馬로다	푸른 버들에 말을 맬 만하다고만 말함이로다.

《處處綠楊云云者》는 頭頭無不是也로다

《驪珠落落云云者》句句端的云云也라

《곳곳이 푸른 버들이니 말을 맬 만 함이로다 운운》한 것은 물건물건마다 옳지 않음이 없다는 의미다.

《여의주가 많고 많아서 금 소반에 쏟아짐이로다 운운》한 것은 구절마다 분명한 것을 운운한 것이다.

【雲門】

者僧問趙州하니	저 스님이 조주를 물으니
趙州答趙州라	조주가 조주로 대답함이로다.
得人一馬하고	사람이 말 한 마리를 얻었는데
還人一牛로다	사람에게 소 한 마리로 돌아옴이로다.
人平不語하고	사람은 태평하면 말이 없고,

水平不流로다   물은 평평하면 흐르지 않음이로다.
受恩深處先宜退오   깊은 은혜를 입었으면 먼저 물러남이 마땅함이요
得意濃時正好休니라   충분하게 뜻을 펼쳤다면 때맞춰 그만둠이 좋도다.

《受恩深處宜先退云云者》는 得人一牛나 還人一馬意로다
《又受恩至休者》는 所問所答地趙州는 猶在故也라

《깊은 은혜를 입었으면 먼저 물러남이 마땅함이요 운운》한 것은 남에게 소 한 마리를 얻고는 상대에게 말 한 마리로 갚았다는 뜻이다.

《깊은 은혜를 입었으면 먼저 물러남이 마땅함이요, 충분하게 뜻을 펼쳤다면 때맞춰 그만둠이 좋도다》는 질문한 바와 대답한 바의 조주가 아직 남아 있기 때문에 한 말이다.

| 학산 대원 曰 |

四方無壁落虛通
門門主人自開閉
萬人往來無痕迹
淸風吹來凉全身

사방이 벽이 없고 통해 있는데
문마다 주인이 스스로 열고 닫는다.
만인이 오고 감에 흔적조차 없어서
맑은 바람이 불어오니 온몸이 시원함이로다.

100則

問하되「如何是定이닛고」
師云하되「不定이니라」
學云하되「爲什麼不定이닛고」
師云하되「活物·活物이로다」
학인이 물었다.
「어떤 것이 정(定)입니까?」
「정이 아니니라.」
「무엇 때문에 정이 아니라고 합니까?」
「살아 있는 물건이고, 살아 있는 물건이로다.」

| 학산 대원 曰 |

서쪽을 가리키면 동쪽이 있는 것을 알고
동쪽을 가리키면 서쪽이 있는 것을 알고 가라.
정(定), 부정(不定)을 초월한 일구는 무엇인가?
활물 활물(活物 活物)이라 하니 진실로 정을 드러냈다[眞定出].

번뇌망상이 쉬어져서 안정된 고요함을 실지로 맛을 보는 것이 중요하다. 밀감 맛이 좋다고 자랑하는 말만 들어서는 실지 밀감 맛을 모른다. 공부하라고 선전하는 말만 들으면 소용없다.

101則

問하되「不隨諸有時如何니잇고」

師云하되「合與麼하라」

學云하되「莫便是學人本分事니잇고」

師云하되「隨也·隨也로다」

학인이 물었다.

「일체의 있음[諸有]에 따라가지 않을 때는 어떻습니까?」

「마땅히 그래야 할 것이다.」

「바로 이것이 학인의 본분사가 아닌지요?」

「따라가고 또 따라가는구나!」

| 학산 대원 曰 |

隨去昨枝葉 隨去自作念

不隨他去處 如何

波中明珠光 皇極²⁰⁰依舊然

가지와 잎을 만들어 따라간다. 스스로 생각을 만들어 따라간다.

저를 따라가지 않을 때는 어떠한가.

파도 가운데 밝은 구슬은 광명을 놓고 있고

황극은 옛을 의지해 그러하다.

---

200 제왕이 국가를 다스리는 대중지정(大中至正)의 도(道). 한쪽에 치우치지 않는 중정(中正)의 도. 만민(萬民)의 불변의 법칙.

102則

問하되「古人이 『三十年●에 一張弓하야 兩下箭으로 只射得半個聖人이라』하니 今日請師全射하소서」

師便起去하다

학인이 물었다.

「옛사람이 『30년 동안 한 번 활시위를 당겨 화살 두 대를 메겼으나, 다만 반쪽의 성인만 맞힐 수 있었다.』라고 했습니다. 오늘 청컨대 스님께서 완전히 맞혀주십시오.」

스님께서 불쑥 일어나 가버리셨다.

● **古人이 三十年~**

여기서 옛사람[古人]은 석공 혜장(石鞏慧藏)을 말한다. 이에 대한 고사가 『전등록』에 실려 있다. 다음과 같다.

「漳州三平義忠禪師, 福州人也. 姓楊氏. 初參石鞏, 石鞏常張弓架箭以待學徒. 師詣法席. 鞏曰, 『看箭!』 師乃撥開胸云, 『此是殺人箭? 活人箭? 又作麼生?』 鞏乃扣弓絃三下, 師便作禮. 鞏云, 『三十年一張弓兩隻箭, 只謝得半箇聖人.』 遂拗折弓箭.

師後舉似大顚. 顚云, 『旣是活人箭, 爲什麼向弓絃上辨?』 師無對. 顚云, 『三十年後, 要人舉此話也難.』 師後參大顚, 往漳州住三平山.」

「장주(漳州) 삼평(三平) 의충 선사는 복주(福州) 사람으로 성은 양(楊)씨이다. 처음에 석공(石鞏)을 찾아뵈었는데, 석공은 항상 활시위를 당겨 화살을 메기고 학인을 기다렸다.

삼평이 법석(法席)에 이르니, 석공이 소리쳤다.

『화살을 보라[看箭]!』

그러자 삼평이 가슴을 풀어 헤치며 말했다.

『이것은 사람을 죽이는 화살입니까, 사람을 살리는 화살입니까? 어떻습니까?』

석공이 이내 활줄을 세 번 튕기자, 삼평이 바로 절을 하였다.

석공이 말했다.

『30년 동안 한 번 활시위를 당겨 화살 두 대를 메겼으나, 다만 반쪽의 성인만 맞힐 수 있었다.』

그러고는 활과 화살을 꺾어버렸다.

나중에 삼평이 이 이야기를 대전(大顚)에게 말하니, 대전이 말했다.

『이미 사람을 살리는 화살일진대 어찌하여 활줄 위에서 분별하려느냐?』

삼평이 대답이 없었다. 이에 대전이 말했다.

『30년 뒤에 어떤 사람이 이 이야기를 거론하려면 어려우리라.』

그 후 대전을 참문하고 장주(漳州)에 가서 삼평산(三平山)에 주석하였다.」

참고로『벽암록』81칙에도 이 이야기를 거론하였는데, 끝에 법등(法燈)의 게송을 소개하였다. 다음과 같다.

法燈이 頌하되
古有石鞏師하고　　　　옛적에 석공 선사가 있었으니
架弓矢而坐로다　　　　활에 화살을 메기고 앉아 있었도다.
如是三十年에　　　　　이와 같이하길 30년 동안에
知音無一箇로다　　　　자신을 알아주는 이 하나도 없음이로다.
三平中的來하니　　　　삼평이 과녁에 적중하니
父子相投和로다　　　　부자가 서로 투합함이로다.
子細返思量하니　　　　자세하게 돌이켜 생각해보니
元伊是射垛(타)로다　　원래 이는 흙으로 쌓은 과녁 받침대로다.

| 학산 대원 曰 |

去來與受分明 合當契合蘇嚧

가고 옴에 주고받음이 분명한데

합당하고 계합하는 것이 소로[201]로다.

201　蘇嚧. 진언(眞言)으로 감로수진언 등에 나온다. 감로수진언 '옴 소로소로 바라소로 바라소로 소로소로야 사바하'.

103則

師示衆云하되「『至道無難하니 唯嫌揀擇이라』한대 纔有言語하니 是揀擇가 是明白가 老僧은 卻不在明白裏하니 是你還護惜也無아」

問하되「和尙이 旣不在明白裏인댄 又護惜箇什麽니잇고」

師云하되「我亦不知로다」

學云하되「和尙이 旣不知인댄 爲什麽하야 道不在明白裏이닛고」

師云하되「問事卽得이라 禮拜了退하라」

스님께서 대중에게 말씀하셨다.

「『지극한 도는 어렵지 않나니, 오직 간택함을 꺼릴 뿐이다.』했는데, 말로 표현을 했으니 이것은 간택(揀擇)인가? 명백(明白)인가? 나[老僧]는 도리어 명백함 속에도 있지 않은데 하물며 그대들이 애지중지하려느냐?」

학인이 물었다.

「스님께서는 이미 명백함 속에도 계시지 않다면 또 무엇을 애지중지한다는 것입니까?」

「나도 모른다.」

「스님께서 이미 모르신다면 어찌하여 명백함 속에도 있지 않다고 말씀하셨습니까?」

「묻는 일은 됐으니, 절이나 하고 물러가거라.」

● **至道無難 唯嫌揀擇**

'지도무난 유혐간택(至道無難 唯嫌揀擇)'은 삼조 승찬 화상의 『신심명』 중 한 구절이다. 다음과 같다.

至道無難하니　　　　지극한 도는 어려움이 없나니

唯嫌揀擇이로다　　　　　　오직 간택함을 꺼릴 뿐이로다.
但莫憎愛인댄　　　　　　　다만 미워하고 사랑하지 아니하면
洞然明白이로다　　　　　　탁 트여서 명백하리라.

(中略)

信心不二요　　　　　　　　신심은 둘이 아니요
不二信心이로다　　　　　　둘이 아닌 것이 신심이로다.
言語道斷하야　　　　　　　언어의 길이 끊어져서
非去來今이로다　　　　　　과거도 미래도 현재도 아님이로다.

禪宗頌古聯珠 - 「至道」

雪寶顯이 頌하되

至道無難이라하니　　　　　지극한 도는 어려움이 없다 하니
言端語端이로다　　　　　　이런저런 말다툼의 단서가 됨이로다.
一有多種하고　　　　　　　하나에는 많은 것들이 있고
二無兩般이로다　　　　　　둘에는 두 개뿐만이 아님이로다.
天際日上月下하고　　　　　하늘가에 해가 뜨면 달이 지고
檻前山深水寒이로다　　　　난간 앞엔 산이 깊고 물은 차갑도다.
髑髏識盡喜何立이나　　　　해골이 식(識)이 다했는데 기쁨이 어찌 있겠는가.
枯木龍吟•消未乾이로다　　고목에서 용이 울어도 하늘은 사라지지 않는다.
難難이라　　　　　　　　　어렵고 어렵도다.
揀擇明白君自看하라　　　　간택과 명백을 그대는 스스로 잘 살펴보라.

● 枯木龍吟
　'고목용음(枯木龍吟)' 부분은 설두현이 향엄(香嚴)·석상(石霜)·조산(曹山) 스님이 각각 말한 대목에서 인용한 것이다. 『조산대사어록(曹山大師語錄)』의 한 구절이

다. 다음과 같다.

僧問香嚴하되「如何是道니잇고」
香嚴曰하되「枯木裏龍吟이니라」
僧云하되「如何是道中人이닛고」
香嚴曰하되「髑髏裏眼睛이니라」
僧不領하다
한 스님이 향엄 선사에게 물었다.
「어떤 것이 도(道)입니까?」
「고목에 용이 우느니라.」
「어떤 것이 도 가운데 사람입니까?」
「해골 속의 눈동자니라.」
스님이 이해하지 못했다.

乃問石霜하되「如何是枯木裏龍吟이닛고」
石霜曰하되「猶帶喜在니라」
僧云하되「如何是髑髏裏眼睛이닛고」
石霜曰하되「猶帶識在니라」
又不領하다
이에 석상 선사에게 물었다.
「어떤 것이 고목에 용이 우는 것입니까?」
「오히려 기쁨[喜]에 매여 있다.」
「어떤 것이 해골 속의 눈동자입니까?」
「오히려 식[識]에 매여 있다.」
또 스님이 이해하지 못했다.

乃擧似師하니
師曰하되「石霜老聲聞이 作這裏見解니라」
因示頌曰하되
이에 조산 선사에게 말하니,
「석상 늙은 성문(聲聞)이 이 속에 견해를 지어냈구나.」
하고는 게송으로 이르되,
枯木龍吟眞見道하니   고목에서 용이 읊은 참[眞]이 도로 나타남이고
髑髏無識眼初明이로다   해골은 식(識)이 없어서 눈이 처음 밝아짐이로다.
喜識盡時消息盡하니   기쁨[喜]과 식이 다했을 때 소식도 다하니

當人那辨濁中淸고　　　　당인이 어찌 탁함 가운데 맑음을 분별하리오.

僧遂又問師하되「如何是枯木裏龍吟이닛고」
師曰하되「血脈不斷이니라」
云하되「如何是髑髏裏眼睛이닛고」
師曰하되「乾不盡이니라」
云하되「未審케이다 還有得聞者麼니잇고」
師曰하되「盡大地人未有一人不聞이니라」
云하되「未審케이다 枯木裏龍吟是何章句니잇고」
師曰하되「不知是何章句나 聞者皆喪이니라」
그 스님이 드디어 조산 선사에게 물었다.
「어떤 것이 고목에서 용이 우는 것입니까?」
「혈맥이 끊어지지 않았다.」
「어떤 것이 해골 속의 눈동자입니까?」
「하늘은 다함이 없다.」
「모르겠습니다. 도리어 들을 수 있는 사람이 있습니까?」
「온 대지 사람들 중에 한 사람이라도 듣지 못하는 이가 없다.」
「모르겠습니다. 고목용음이 어떤 글귀입니까?」
「어떤 글귀인지는 모르겠으나 듣는 자는 다 죽는다.」

圓悟勤이 頌하되

至簡至易하니　　　　　　지극히 간단하고 지극히 쉬우니

同天同地로다　　　　　　하늘과도 같고 땅과도 같음이로다.

揀擇明白을　　　　　　　간택과 명백을

云何護惜고　　　　　　　어찌하여 애지중지하는고.

口似椎眼如眉어늘　　　　입은 방망이 같고 눈은 눈썹 같거늘

涉語默蚿憐夔로다　　　　말과 침묵을 다 건너면 지네가 기(夔)를
　　　　　　　　　　　　부러워함•이로다.

堪笑卞和三獻玉하니　　　가히 우습구나 변화(卞和)가 세 차례 옥 바친 일•

縱榮刖卻一雙足이로다　　영화를 누리려다 두 발이 잘림이로다.

● **지네가 기(夔)를 부러워함**

『장자(莊子)』「추수편(秋水篇)」에 나오는 구절을 반대로 말한 것이다. 다음과 같다.

「夔憐蚿, 蚿憐蛇, 蛇憐風, 風憐目, 目憐心.」
「외발인 기(夔)는 발이 많은 지네를 부러워하고 지네는 발 없는 뱀을 부러워하며, 뱀은 발 없어도 멀리 가는 바람을 부러워하고 바람은 가만히 있어도 멀리 갈 수 있는 눈을 부러워하며, 눈은 보지 않아도 무엇이든 할 수 있는 마음을 부러워한다.」

● **변화(卞和)가 세 차례 옥을 바친 일**

'화씨벽(和氏璧)'의 고사를 말한다. 『한비자(韓非子)』에 따르면 초나라 사람 변화 (卞和)가 우연히 형산(荆山)에서 좋은 박옥(璞玉, 구슬의 원석)을 줍게 되었다. 기쁜 마음에 이 좋은 물건을 왕에게 바쳐야겠다는 생각으로 초나라의 려왕(厲王)에게 옥돌을 바쳤다. 려왕은 옥의 장인을 불러 옥돌을 감정하게 시켰으나 감정을 마친 장인 옥돌이 아무런 가치가 없는 돌멩이에 불과하다고 왕에게 이야기했고, 분노한 려왕은 변화가 왕을 기만했다는 이유로 월족형(刖足刑, 발꿈치를 자르는 형벌)을 명해 변화의 왼쪽 발꿈치를 잘라버렸다.

려왕이 죽고 그 아들 무왕(武王)이 즉위했다. 변화는 다시 귀한 옥돌을 새로운 왕에게 바쳐야겠다는 생각에 다시 무왕을 찾아갔고, 무왕은 옥공을 불러 그 옥돌을 다시 감정하게 했으나 이번에도 옥공은 변화가 가져온 이 옥돌은 돌멩이처럼 아무런 가치가 없는 것이라고 왕에게 고했다. 무왕은 려왕과 마찬가지로 변화가 상금을 탐해 왕을 기만했다며 크게 노하며 변화의 남은 오른쪽 발꿈치도 마저 잘라버렸다. 시간이 흐른 후, 무왕이 죽고 문왕이 초나라의 왕으로 등극하자 변화는 문왕에게 이 귀한 옥돌을 바치고 싶었으나 두 다리가 잘려 걸을 수도 없고 왕에게 옥돌을 바칠 수 있는 방법이 없어 슬픈 마음에 형산(荆山)에서 옥돌을 안고 며칠 동안 통곡만 할 수밖에 없었다. 4일 밤낮을 통곡하던 변화의 눈에서 피눈물이 흐른다는 이야기가 이 사람, 저 사람 입으로 전해지다 어느 한 사람이 변화에게 찾아가서 물었다. "당신은 돌멩이를 옥이라 하면서 이미 전대 초왕에게 이것을 바쳤다가 발꿈치가 잘렸는데, 무엇이 아쉬워서 이리 슬피 울고 있는가? 아직도 왕에게 큰 상을 바라고 있는가? 아니면 발꿈치가 잘린 것이 슬퍼 이리 우는가?" 물음에 변화는 답하길, "나는 발꿈치가 잘려서 큰 상을 받지 못해 이렇게 슬피 우는 것이 아닙니다. 내가 슬픈 이유는 본래 좋은 옥이 아무 가치가 없는 돌멩이라고 판정되어 슬픈 것입니다. 바른 선비를 남을 속이는 잘못된 선비라고 말하는 것과 같아 이리 슬피 우는 것입니다. 이렇게 옳고 그름이 거꾸로 되었는데, 그것을 스스로 밝힐 방법이 없으니 내 눈에 피눈물이 흐르는 것입니다." 하였다. 변화의 이런 이야기를 들은 문왕은 사람을 시켜 그 옥돌을 가져오게 하여 다시 감정을 하게 했다. 하지만 이번에는 과거 왕들과는 다르게 겉에 있는 돌을 걷어내고 감정을 하게 했는데, 돌처럼 보이는 겉면을 걷어내니 그 안에는 어떤 옥보다 아름다운 옥이 나왔고, 문왕은 변화에게 봉록을 내려 여생을 편히 살게 했다. 이런 연유로 이 옥돌의 이름을 변화의 이름을 따서 '화씨벽'이라 불렀다. 화씨벽은 들리는 전설에 의하면 어두운 곳에 있으면 신비한 빛을 내고, 먼지를 없애주며 나쁜 귀신을 쫓는다고 한다.

隨菴緣이 頌하되

世間無物可羅籠하니   세상의 어떤 물건으로도 가히 가둬놓을 수
                               없나니

獨有嵯峨萬仞峰이로다   홀로 우뚝 높이 솟은 만 길 봉우리만 있음이로다.

忽若有人猛推落하야도   만일 어떤 사람이 갑자기 밀어 떨어뜨려도

騰身雲外不留蹤이로다   구름 위로 몸을 날려 종적조차 없음이로다.

月堂昌이 頌하되

至道無難은   지극한 도는 어렵지 않다 함은

萬水千山이로다   만 가지 물이요, 천 개의 산이로다.

唯嫌揀擇은   오직 간택함을 꺼릴뿐이다 함은

鵠黑烏白이로다   고니는 검고, 까마귀는 희다는 것이로다.

纔有是非還護惜하고   옳고 그름이 있으면 애지중지하게 되니

不會不知全得力이로다   알지 못해야 온전한 힘을 얻는다.

明白裏頭如放行인댄   명백 속에서 마음대로 다닐진댄

腰金猶頌靑靑麥이로다   허리에 금대(金帶)를 차고 푸른 보리를
                               노래함이로다.

無菴全이 頌하되

亂撒明珠顆顆晶하야   야광주와 알알의 수정 구슬을 어지럽게 뿌려서
走盤應不貴金聲이로다   쟁반에 굴리는 소리가 종소리 못지 않음이로다.
誰家女子能針線하야   어느 집의 아낙이 바느질을 잘하여서
一串穿來不剩星고   한 꾸러미에 남김없이 옥구슬 꿸 수 있으리오.

禪門拈頌 413則 -「至道」

雪竇顯이 拈하되
「趙州倒退三千이로다」
설두현이 염하였다.
「조주가 3천 리나 뒤로 물러났음이로다.」

天童覺이 拈하되
「遮僧也如切如瑳나 不能見機而變이요 趙州也如琢如磨나 幾乎事不解
交로다 衆中이 只管道退身有分하고 殊不知盡力提持로다 還體悉得麼
아 焦甎打着連底凍이로다」
천동각이 염하였다.
「저 스님은 옥을 깎은 듯 간 듯[切瑳]했으나 능히 기틀을 보고도 변하지 못
했고, 조주도 옥을 쪼는 듯 간 듯[琢磨]했으나 거의 일의 실마리를 풀지 못
할 뻔했다. 대중들은 다만 몸을 물러나게 한 것에 명분이 있다고 말하고, 힘
을 다해 들이대어 준 것은 전혀 알지 못한다. 도리어 실체를 알겠는가?
달군 벽돌을 쳐서 잡으니 얼음 바닥까지 이어졌네.」

又小參에 僧問하되「趙州云키를『至道無難으로 至護惜也無아』●하니 趙
州가 旣不在明白裏인댄 向什麼處去也오」

師云하되「尋常無孔竅요 个處絶光芒이니라」

僧云하되「伊麼則處處踏着趙州鼻孔[202]이니이다」

師云하되「又是特地來하니 隔越三千里로다」

僧云하되「趙州意는 作麼生이닛고」

師云하되「無稜縫漢이라사 方知니라」

또 소참에 어떤 스님이 물었다.

「조주가 『지극한 도는 어렵지 않으나』부터 『애지중지하려느냐』까지 말하였
으니, 조주가 이미 명백함 속에 있지 않을진댄 어디를 향하여 간 것입니까?」

천동각이 말하였다.

「언제나 구멍도 없음이요, 가는 곳마다 빛조차 끊어졌다.」

「그렇다면 가는 자리마다 조주의 콧구멍을 밟게 됩니다.」

「모처럼 이야기했으나 3천 리나 떨어졌구나!」

「조주의 뜻은 무엇입니까?」

「모서리도 없고[無稜] 꿰맨 곳도 없는[無縫] 사람이라야 바야흐로 아느니라.」

● **至道無難으로 至護惜也無아**

공안에서 조주가 말한 부분을 줄인 문장이다. 다음과 같다.

「『至道無難하니 唯嫌揀擇이라』한대 纔有言語하니 是揀擇가 是明白가 老僧은
卻不在明白裏하니 是你還護惜也無아」
「『지극한 도는 어렵지 않으나, 오직 간택함을 꺼릴 뿐이다.』 했는데, 말로 표현을
했으니 이것은 간택(揀擇)인가? 명백(明白)인가? 나[老僧]는 도리어 명백함 속에
도 있지 않은데, 하물며 그대들이 애지중지하려느냐?」

僧云하되「時有僧이 出云하되『和尙이 旣不在明白裏인댄 護惜个什麼
니잇고』한대 州云하되『我亦不知로다』하니 此僧이 雖解伊麼問이나 大

---

202 '비공(鼻孔)'이란 본분의 마음자리, 공한 마음의 세계를 뜻한다.

似韓獹趁塊니이다」

師云하되「今日에 又添一个로다」

僧云하되「學人이 當時에 若作者僧이런들 但只拈起坐具云하되『某甲이 尋常不敢觸忤和尙이라』하리라」

師云하되「又是上門上戶로다」

「그때에 어떤 스님이 나와서 말하기를『화상께서는 이미 명백함 속에도 있지 않다면 무엇을 애지중지한다는 것입니까?』한대, 조주가 말하기를『나도 모른다』고 하니, 이 스님은 비록 이와 같이 질문할 줄 알지만 한나라 개가 흙덩이를 쫓는 격입니다.」

「오늘 또 하나를 보태는구나.」

「제가 당시에 만약 그 스님이었다면 다만 방석을 집어 들면서,『저는 평소에 감히 화상의 마음을 거역하지 않았습니다.』라고 하겠습니다.」

「또 이 집 저 집 방문해 보는구나.」[203]

僧云하되「者僧이 又道하되『和尙이 旣不知인댄 爲什麼하야 却道不在明白裏니잇고』한대 州云하되『問事卽得이라 禮拜了退하라』하니 趙州는 釘觜鐵舌이어늘 爲什麼하야 却懆懼而休니잇고」

師云하되「我也分踈不下로다」

僧云하되「到者裏하야 還有分踈處也無니잇가」

師云하되「莫道天童이 無分踈하라 洎乎趙州라도 也被靠倒로다」

「그 스님이 또 말하기를『화상께서 이미 모르신다면 어찌하여 명백함 속에도 있지 않다고 말씀하셨습니까?』한대, 조주가 말하기를『묻는 일은 됐으니, 절이나 하고 물러가라』고 했습니다. 조주는 못의 입에 무쇠의 혀이거늘 어찌하여 도리어 부끄러워하여 그만두었습니까?」

「나도 대답을 못 내리겠다.」

---

203 또는 '문 위에 문을 덧붙이는구나'.

「여기에 이르러서 도리어 대답하실 곳이 있으십니까?」
「내가 대답 못 한다고 말하지 마라. 대단한 조주라도 꺼꾸러져 넘어지리라.」

僧云하되「將謂胡鬚赤이러니 更有赤鬚胡니이다」
師云하되「只者一句가 却較些子로다」
僧云하되「只如和尙이 與趙州로 相去幾何닛고」
師云하되「天童은 却是隰州人이니라」
僧云하되「葵花는 向日하고 柳絮는 隨風이니이다」
師云하되「平常無事好어늘 特地作誵訛로다」
「달마의 수염이 붉다고 하더니 다시 붉은 수염의 달마가 있습니다.」
「다만 그 일구가 도리어 조금 낫다.」
「화상께서 조주(趙州)와 서로 거리가 얼마나 됩니까?」
「나[天童]는 습주(隰州) 사람이니라.」
「해바라기는 해를 향하고 버들솜은 바람을 따릅니다.」
「평소에 일없어 좋았거늘 일부러 난해하게 만드는구나.」

師乃云하되
衲僧이 做得到하야 放得穩自然인댄 步步踏着에 無虛弃底工夫요 句句
道着에 無虛弃底音이니라 所以로 趙州道하되「至道無難이라 至是汝還
護惜也無아」하니 若是至道無難이라 唯嫌揀擇인댄 直是沒一絲毫特地
底時節이라
천동각이 말하였다.
「납자가 공부를 하다가 평온히 벗어날진댄 걸음걸음 밟는 것마다 헛되지
않은 공부요, 구절구절 말하는 것마다 헛되지 않은 소리로다. 때문에 조주
가 말하기를 「지극한 도는 어려움이 없나니~네가 도리어 애지중지하려느
냐?」 한 것이다. 만약 지극한 도는 어려움이 없어서 오직 간택을 꺼릴 뿐일
진댄, 이것이야말로 털끝 하나만큼도 특별한 것이 없는 시절이다.

莫落揀擇하며 莫落明白하야 一切放得인댄 落有什麼如許多事리오 所以로 衲僧家가 纔有佛法禪道하면 便好喫痛棒하리라 者僧이 道하되「和尚이 旣不在明白裏인댄 護惜个什麼니잇고」한대 州云하되「我亦不知라」하니 你看他答話하라 元來着个知底道理不得이로다

간택에도 떨어지지 말 것이며 명백에도 떨어지지 말고서 일체를 놓을진댄, 무슨 허다한 일에 떨어짐이 있으리오? 그러므로 납승들에게 잠시라도 불법(佛法)이니 선도(禪道)니 하는 게 있을진댄, 바로 지독한 방망이를 맞을 일이로다. 그 스님이 말하기를「화상께서 이미 명백함 속에도 계시지 않다면 또 무엇을 애지중지한다는 것입니까?」한대, 조주가 말하기를「나도 모른다.」라고 했으니, 그대들은 이 문답을 잘 살펴보라. 원래 안다고 하는 도리를 붙일 수 없느니라.

者僧이 又道하되「和尚이 旣不知인댄 爲什麼하야 道不在明白裏니잇고」한대 州云하되「問事卽得이라 禮拜了退하라」하니 趙州가 到極則處하야 便能推過로다 者老漢이 尋常에 直然하야 無稜縫하고 絶芒角이러니 到此에 幾被者僧拶得上壁하야 似乎有稜縫하고 有芒角이로다

그 스님이 또 말하기를「화상께서 이미 모르신다면 어찌하여 명백함 속에도 있지 않다고 말씀하셨습니까?」한대, 조주가 말하기를「묻는 일은 됐으니, 절이나 하고 물러가라.」하니, 조주가 지극한 자리[極則處]에 이르자 바로 잘못을 떠넘겨버렸다. 이 노장이 평소에 곧아서 꿰맨 자국도 없고 뾰족한 끝도 없더니, 이에 이르러서 저 스님에게 궁지에 몰리고서는 마치 꿰맨 자국이 있는 듯하고 뾰족한 끝도 있는 듯하도다.

後來에 雪竇頌하되
「至道無難이라하니 言端語端으로 至君自看하라.」
나중에 설두가 송하되,
「지극한 도는 어려움이 없다 하니, 이런저런 말다툼의 단서가 됨이다'부터

'그대는 스스로 살펴야 함이로다'까지」하였다.

● 至道無難이라 하니 言端語端으로 至君自看하라
앞의 설두현(雪竇顯)의 게송을 줄여 말한 것이다. 다음과 같다.

至道無難이라 하니	지극한 도는 어려움이 없다 하니
言端語端이로다	이런저런 말다툼의 단서가 됨이로다.
一有多種하고	하나에는 많은 것들이 있고
二無兩般이로다	둘에는 두 개뿐만이 아님이로다.
天際日上月下하고	하늘가에 해가 뜨면 달이 지고
檻前山深水寒이로다	난간 앞엔 산이 깊고 물은 차갑도다.
髑髏識盡喜何立이오	해골이 식이 다했는데 기쁨이 어찌 있겠는가.
枯木龍吟消未乾이로다	고목에서 용이 울어도 하늘은 사라지지 않음이로다.
難難이라	어렵고 어렵도다.
揀擇明白君自看하라	간택과 명백을 그대는 스스로 살펴야 함이로다.

他道하되「難難이라 揀擇明白을 君自看하라」하니 者裏에 脫揀擇脫明白하면 要與趙州로 合去하리라 兄弟여 旣透過揀擇인댄 便道「天際에 日上月下하고 檻前에 山深水寒이로다」하고 旣透過明白인댄 便道「髑髏識盡喜何立고 枯木龍吟消未乾이로다」하니 者兩句는 却是洞下에 透明白時節이오 趙州做處라 直是摸稜이라

설두가 말하기를「어렵고 어렵도다! 간택과 명백을 그대는 스스로 살펴야 함이로다.」하니 그 속에서 간택을 벗어나고 명백함을 벗어날진댄 조주와 더불어 계합하리라. 형제들이여! 이미 간택을 투과했을진댄 바로 말하기를「하늘가에 해가 뜨면 달이 지고, 난간 앞엔 산이 깊으니 물은 차갑도다.」라 하였고, 이미 명백함을 투과했을진댄 바로 말하기를「해골이 식(識)이 다했는데 기쁨이 어디 있겠는가. 고목에 용이 울어도 하늘은 사라지지 않음이로다.」라 하였다. 이 두 구절은 도리어 동산의 문하[洞下, 조동종]에서는 명백을 투과한 시절이며, 조주가 지은 자리라 하나, 그야말로 모서리만 어루만지고[摸稜]• 있는 것이다.

● 모서리만 어루만지고 [摸棱]

'모릉(摸稜)'은 무슨 일에 대해서 시비를 결정하지 못하고 양쪽을 붙잡고 미적거리는 것을 가리킨다. 『구당서(舊唐書)』 「소미도열전(蘇味道列傳)」에 보인다. 당나라 때 소미도(蘇味道)가 7년 측천무후 재상으로 있으면서,

「處事不欲決斷明白이라 若有錯誤인댄 必貽咎譴하니 但摸稜以持兩端可矣리라」
「매사를 명백하게 결단해서는 안 된다. 만약 착오가 있을진댄 견책을 당하니,
다만 책상 모서리나 어루만지면서[摸稜] 양단(兩端)을 잡고 있는 것이 옳다.」

라고 하였다. 그래서 당시 사람들이 그런 이유로 그를 가리켜 '소모릉(蘇摸稜)'이라 불렀다.

所以로 僧問香嚴하되 「如何是道니잇고」한대 「枯木裏龍吟이니라」하고 「如何是道中人이닛고」한대 「髑髏裏眼睛이니라」하다 後來僧이 問石霜하되 「枯木裏龍吟意旨如何니잇고」한대 霜云하되 「猶帶喜在니라」하고 「髑髏裏眼睛意旨如何니잇고」한대 霜云하되 「猶帶識在니라」하다
때문에 어떤 스님이 향엄에게 묻기를,
「어떤 것이 도(道)입니까?」
「고목에 용이 운다.」
「어떤 것이 도 가운데 사람입니까?」
「해골의 눈동자니라.」
나중에 어떤 스님이 석상에게 묻기를,
「'고목에 용이 운다'는 의지는 무엇입니까?」
「오히려 기쁨에 매여 있구나.」
「'해골의 눈동자'의 의지는 무엇입니까?」
「오히려 식(識)에 매여 있구나.」

兄弟여 你去體看하라 放敎歇去하며 及得盡去하며 消息絶去하며 透得
徹去하라 所以道하되「轉一色功後看하라 自然便能向一切時中에 分分
曉曉하야 絶滲漏하고 透聲色하며 無處所하고 沒蹤跡이라」하다

형제들이여! 그대들은 근본[體]을 살펴보라. 놓아서 푹 쉬게 하며, 다하게
하며, 소식이 끊어지게 하며, 철저하게 꿰뚫어 가라. 때문에 말하기를「한
색[一色]이 되는 공부를 한 뒤에 살펴보라. 자연히 능히 일체 시간 가운데에
분명하고 밝아서, 새는 것[滲漏]이 없고 소리와 빛깔[聲色]을 투과하며, 머무
른 곳[處所]도 없고 자취[蹤跡]도 없을지니라.」하였다.

便知道할지니 兼中至也徹底伊麼至하며 兼中到也徹底伊麼到하야 只在
其間인댄 出沒俱盡이라 若是其間人인댄 知天童今夜에 大殺漏逗하야
咬牙嚙齒하야 殺佛殺祖去也니라
性燥漢²⁰⁴이 眞實識得者인댄 決定無本據니 者邊也無本據하며 那邊也
無本據니라 不分曉漢이 於一切言說에 又添一重去也로다 諸人分上에
合作麼生고 若是通方底人인댄 其間에 自有做處하리라

바로 알고 일러야 할지니, 겸중지(兼中至)*는 철저하게 이렇게 이르며, 겸중
도(兼中到)*도 철저하게 이렇게 도달하여, 다만 그 사이에 있을진댄 나타나
고 사라짐이 다해서, 만약 그 경지에 있는 사람일진댄 내[天童]가 오늘 밤에
크게 치부를 드러내어 어금니를 물고 이를 갈면서 부처를 죽이고 조사를 죽
이는 것임을 알리라.
예리한 사람[性燥漢]이 진실로 알았다면 결정코 아무런 근거가 없으리니, 이
쪽에도 근거가 없으며 저쪽에도 근거가 없거늘, 깨닫지 못한 자가 일체의 말
에 한 겹 더 보태는도다. 여러분들의 본분상에는 마땅히 어찌해야겠는가?
만약 사방에 통하는 사람일진댄 그 사이에 스스로 지을 자리가 있으리라.

204 영리한 사람. 예리한 사람. 눈치 빠른 사람.

● 겸중지(兼中至)·겸중도(兼中到)

'겸중지'와 '겸중도'는 조동종에서 이야기하는 편정오위(偏正五位) 가운데의 용어다. 동산 양개(洞山良介) 선사가 처음으로 제창했는데, 선사마다 용어가 약간씩 다르긴 하나 여기서 이야기하는 오위는 다음과 같다.

① 정중편(正中偏,●): 번뇌 속[暗]에서 지혜[明]가 자라남(과정)
② 편중정(偏中正,○): 지혜 속[明]에서 번뇌[暗]가 제거됨(과정)
③ 정중래(正中來,◉): 지혜 속에서 번뇌를 조복함(과정)
④ 겸중지(兼中至,◯): 정(正)과 편(偏)의 양변에 이름(완성), 완벽한 지혜(개인 완성)
⑤ 겸중도(兼中到,●): 정과 편이 완전함에 도달함(완성), 번뇌가 곧 지혜(중생 제도)

이 편정오위를 동산 선사의 「보경삼매가(寶鏡三昧歌)」에서는 다음과 같이 표현하였다.

重離六爻하니   리괘(離卦)를 겹쳐 육효를 만드니
偏正回互로다   편(偏, --)과 정(正, —)이 돌아가며 함께함이로다.
疊而爲三하고   쌓으면 세 쌍이 되고
變盡成五로다   변화를 다하면 다섯을 이룸이로다.

과학이 아무리 발전했더라도 다시 새로운 발명과 패러다임에 의해 과거의 것은 잠식되고 만다. 안목이 더 높은 사람에게는 허물이 드러나게 되어있다. 그러나 천고에 조주 스님이 말한 여기에는 어느 누구도 흠을 잡고 시비할 수가 없다. 이것을 능가할 수 있는 눈은 없다.

중생이 하는 일은 실수할 수 있고, 후회하게 되어있다. 나 자신을 바로 보고 바로 알아야 조주 스님처럼 천고에 허물이 잡히는 일을 하지도 않는다.

불경을 봤다 하더라도 깨닫지 못하면 뛰어난 말을 할 수가 없다. 불교에 대해 교리적으로 말한다 해도 허물투성이다. 허물이 잡히게 되어있다.

불교는 불생불멸이다. 승단(僧團)은 사람이 만든 것이기 때문에 완벽하지 못해서 흥망성쇠가 따른다.

경전이 없더라도 만인을 제도할 수 있는 것은 선(禪)이 있기 때문이다. 선은 언어 문자를 떠난 마음의 세계를 깨닫기 때문에 만인을 상대해서 진리를 말할 수 있다. 마음은 불로 태울 수 없고 절대 무너지지 않는다. 선이 있기 때문에 절대로 불교는 끊어지지 않는다. 그래서 공부하는 사람은 선이 중요하다는 것을 알아야 한다.

화두라는 것도 중국에 와서 말로 만들어진 것이다. 그런데 "고목 속에서 용이 울고, 해골 속의 눈동자다[枯木裏龍吟 髑髏裏眼睛]." 이 한 마디로 해결되어서 끝이 난다. 이게 중요한 거다.

그런데 "어떤 게 도냐?" 하면 학문적·논리적으로 풀어서 "도란 이런 거다." 해주면 들을 땐 그럴듯하고 이해가 가는 듯하다. 나중에 세월이 지난 뒤에 "도가 뭐냐?" 물으면 들은 대로 이야기한다. 그러나 그게 아니다. 도는 어느 문답에 속해있고 한정되어진 게 아니다.

그런데 중생들은 이론적·논리적으로 이야기해주면 그걸 지식으로 듣고 한정해서 '아! 이런 것을 도라고 하는구나!' 이러고 만다. 그러다 다른 데 가서 "도는 그런 게 아니다." 하는 말을 들으면 "그럼 뭐가 또 있단 말이냐?" 하면서 몰라라 한다.

그렇게 이론적·논리적으로 알아지는 게 아니라, 단박에 중생들의 막혀있는 부분을 '고목 속에서 용이 울고, 해골 속의 눈동자다.' 이런 한 마디에 무너지게 하는 것이다.

어떤 수좌가 진각 혜심 대사를 찾아와서 물었다.

"단하 천연 선사가 목불을 태웠다던데, 원주는 무슨 허물이 있어서 눈썹이 빠졌습니까?"

"원주는 부처만 보았느니라."

"그럼 단하는 어떻습니까?"

"단하는 나무토막만 보았느니라."

이런 말도 지식으로 담아놓으면 안 되고, 이런 말을 들을 때 깨달음이 중요하다. 그래서 언하대오(言下大悟)라고 한다. 이 말을 듣고 못 깨달으면 안 된다. 그래서 공부를 안 할 수가 없다.

拈頌說話 - 「至道」

【至道】

師示衆云하되「『至道無難하니 唯嫌揀擇이라』하거늘 纔有言語하니 是揀擇가 是明白가 老僧이 卻不在明白裏하니 是你還護惜也無아」

問하되「和尙이 旣不在明白裏인댄 又護惜箇什麽니잇고」

師云하되「我亦不知로다」

學云하되「和尙이 旣不知인댄 爲什麽하야 道不在明白裏니잇고」

師云하되「問事卽得이라 禮拜了退하라」

스님께서 대중에게 말씀하셨다.

「『지극한 도는 어렵지 않나니, 오직 간택함을 꺼릴 뿐이로다.』 했는데, 말로 표현을 했으니 이것은 간택인가? 명백인가? 나는 도리어 명백함 속에도 있지 않은데, 하물며 그대들이 애지중지하려느냐?」

학인이 물었다.

「스님께서는 이미 명백함 속에도 계시지 않다면 또 무엇을 애지중지한다는 것입니까?」

「나도 모른다.」

「스님께서 이미 모르신다면 어찌하여 명백함 속에도 있지 않다고 말씀하셨습니까?」

「묻는 일은 됐으니, 절이나 하고 물러가라.」

《至道至揀擇者》는 三祖信心銘文也라

《至道無難者》는 至於道가 無難耶오 至道는 則至極之道也요 無難은 則道無難易나 難易在於人이요 又易而無難이로다 亦得揀擇者는 智境揀擇과 惑境揀擇을 都擧也라 消釋已出上하고 明白도 亦然이로다

《지도무난(至道無難) ~ 간택(揀擇)》은 삼조의 『신심명』의 글이다.

《지도무난》은 도에 이르는 것이 어려움이 없다는 뜻인가? 지도(至道)란 지극한 도요, 무난(無難)은 도에는 어려움과 쉬움이 없으나 어려움과 쉬움이 사람에게 달려있다는 것이요, 또는 쉬워서 어려움이 없다는 뜻이기도 하다. 또한 간택한다는 것은 지혜 경계의 간택과 미혹 경계의 간택을 모두 든 것이다. 이에 대해 뜻을 다 푼 것이 이미 위에 나왔고 명백(明白)도 그러하다.

《才有語言是揀擇者》는 「唯嫌揀擇」이 是語言也어늘 則才有語言은 又一重揀擇也라

《是明白者》는 下云「老僧不在明白裏」故라 先云「是明白」은 此釋未穩이로다

《才有語言是揀擇云云者》는 「至道無難唯嫌揀擇」伊麽道인댄 有所去地揀擇하며 所取地明白이로다

《老僧不在明白裏云云者》는 明白도 亦不立也로다

《말로 표현을 했으니 이것은 간택인가?》는 「오직 간택함을 꺼릴 뿐이다.」가 벌써 말이거늘, 말로 표현을 했으니 거듭 간택을 한 것이 아니냐는 것이다.

《명백인가?》는 뒤에 말하기를 「나[老僧]는 명백 속에 있지 않다」고 했기 때문에 앞서 말하기를 「이것은 명백인가?」했다고 하는 이가 있는데, 이 해석은 온당치 못하다.

《말로 표현을 했으니 이것은 간택인가? 명백인가?》한 것은 「지극한 도는 어렵지 않으나, 오직 간택함을 꺼릴 뿐이다[至道無難, 唯嫌揀擇].」라고 한 것과 같이 말할진댄 버려야 할 바의 간택이 있으며 취해야 할 바의 명백이 있다는 뜻이다.

《나[老僧]는 명백함 속에도 있지 않다. 하물며 그대들이 애지중지하려느냐?》한 것은 명백조차도 세우지 않는다는 뜻이다.

古叢林云하되 「三祖時엔 立明白이나 如今엔 不立明白이라」하나 非也로다 三祖時에 旣立明白인댄 如今에 豈不立明白이리오? 若隨語生解인댄 不會三祖趙州意로다

옛 총림에서 말하기를 「삼조 때에는 명백을 세웠으나, 지금에는 명백을 세우지 않는다.」했으나 틀린 말이다. 삼조 때에 이미 명백을 세웠을진댄 지금인들 어찌 명백을 세우지 못할 것인가? 만약 말만 따라 알음알이를 낼진댄 삼조와 조주의 뜻을 이해하지 못할 것이다.

萬松云하되 「揀擇妨甚事하야 用免作麼이리오? 河裏失錢인댄 河裏攎이로다 不可離了揀擇憎愛하야 別有洞然明白也로다」

又云하되 「到這裏獨醒地하야는 直須餔[申時食也]其糟하며 而啜其醨하야 獨淸地로다 也須揚其波而鼓其浪이로다」

萬松伊麼道가 是則是也나 是未容無說이로다 若要翻轉面皮인댄 趙州何故不伊麼道하고 但敎禮拜了退리오? 須是會趙州意始得이로다

만송이 말하기를 「간택이 무슨 일을 방해하길래 면하려 해서 무엇 하겠는가? 강물에서 동전을 잃었을진댄 강물에서 찾아야 함이로다. 간택과 증애(憎愛)를 벗어나서 따로 텅 빈 명백이 있는 것이 아니다」라 하였다.

또 말하기를 「거기에 이르러서는 홀로 깨어서 바로 술지게미를 먹고[신시(申時, 오후 3~5시)에 먹는다] 묽은 술을 마셔도 홀로 깨끗함이라. 그렇게 하더라도 모름지기 파도를 드날리고 물결을 일으킬 수 있어야 하리라」고 하였다.

만송이 이와 같이 말한 것이 옳기는 옳으나 말이 없을 수는 없다. 만일 낮가죽을 뒤집어 바꾸려고 했을진댄 조주는 무슨 까닭에 그렇게 말하지 않고 다만 절이나 하고 물러가라 가르쳐주었겠는가? 모름지기 조주의 의지를 알아차려야 하리라.

《旣不在明白裏云云者》는 這僧意護惜地是明白故하야 伊麽問耶인고? 拶得上壁也로다

《我亦不知者》는 元來로 着箇知地道理不得也로다

《和尙旣不知云云者》는 轉轉推拶也로다

《問事卽得云云者》는 問事已畢인댄 禮拜了退也가 是常事耶인고? 到這裏只合禮拜로다

《이미 명백함 속에도 계시지 않다면 또 무엇을 애지중지한다는 것입니까?》라고 한 것은 저 스님의 뜻이 애지중지하는 것이 명백하기 때문에 그와 같이 물은 것인가? 절벽 위로 몰아붙이는 것이다.

《나도 모른다》는 것은 원래부터 안다는 도리로는 얻지 못한다는 것이다.

《화상께서 이미 모르신다면 어찌하여 명백 속에도 있지 않다고 말씀하셨습니까? 운운》한 것은 더욱더 몰아붙이는 것이다.

《묻는 일은 됐으니, 절이나 하고 물러가라 운운》한 것은 묻는 일을 마쳤으면 절하고 물러가는 것이 예삿일이기 때문인가? 여기에 이르러서는 다만 마땅히 절을 해야 하기 때문이다.

【雪竇】

至道無難이라하니　　　지극한 도는 어려움이 없다 하니

言端語端이로다　　　이런저런 말다툼의 단서가 됨이로다.

一有多種하고　　　　하나에는 많은 것들이 있고

二無兩般이로다　　　둘에는 두 개뿐만이 아님이로다.

天際日上月下하고　　하늘가에 해가 뜨면 달이 지고

檻前山深水寒이로다　난간 앞엔 산 깊고 물은 차갑도다.

髑髏識盡喜何立고　　해골에 식이 다했는데 기쁨이 어찌 있겠는가.

枯木龍吟消未乾이로다　고목에서 용이 울어도 하늘은 사라지지

　　　　　　　　　　않음이로다.

難難이라　　　　　　어렵고도 어렵도다.

揀擇明白君自看하라　간택과 명백을 그대는 스스로 잘 살펴보라.

二句는 言也端하고 語也端也로다

次二句는 一卽多요 多卽一也로다

《天際云云者》는 天童小參에 消釋也로다

《難難者》는 透揀擇明白也難也로다

《揀擇明白君自看者》는 當揀擇明白而透也

앞의 두 구절은 말씀도 옳고 말한 것도 옳다는 뜻이다.

다음 두 구절은 하나가 곧 많음이요 많음이 곧 하나라는 뜻이다.

《하늘가에 해가 뜨면 달이 진다 운운》한 것은 천동이 소참에서 다 풀어주었다.

《어렵고도 어렵도다》는 것은 간택과 명백을 투과하기가 어렵다는 것이다.

《간택과 명백을 그대는 스스로가 살필지니라》는 것은 간택과 명백을 정면으로 투과하라는 뜻이다.

至簡至易하니　　　　지극히 간단하고 지극히 쉬우니

同天同地로다　　　　하늘과 같고 땅과 같음이로다.

揀擇明白을　　　　　간택과 명백을

云何護惜고　　　　　어찌하여 애지중지하는고

口似椎眼如眉어늘　　입은 방망이 같고 눈은 눈썹 같거늘

涉語默蚿憐蘷로다　　말과 침묵을 다 건너면 지네가 기를

　　　　　　　　　　부러워함이로다.

堪笑卞和三獻玉하니　가히 우습구나 변화가 세 차례 옥을 바친 일

縱榮刖卻一雙足이로다　영화를 누리려다 두 발이 잘림이로다.

《至簡至易者》는 雖然人天彼此나 要且不與他合也로다

《同天同地者》는 在天同天하며 在地同地하며 在彼同彼하며 在此同此也

云云이로다

《護惜者》는 此亦揀擇明白云云也로다

《口似椎云云者》形狀叵測也

《지극히 간단하고 지극히 쉽다》는 것은 사람과 하늘이 이와 같고 저와 같다
하더라도 요컨대 다른 것과 합하지는 않는다는 뜻이다.

《하늘과 같고 땅과 같음이로다》는 것은 하늘에서는 하늘과 같아지며, 땅에
서는 땅과 같아지며, 저쪽에서는 저쪽과 같아지며, 이쪽에서는 이쪽과 같아
진다는 뜻이다.

《애지중지하는고》란 것은 이것조차 간택과 명백이라는 뜻이다.

《입은 방망이 같고 눈은 눈썹 같다 운운》한 것은 형상을 추측할 수 없다는
뜻이다.

---

205 '圓悟勤'과 동일 인물.

《涉語默云云者》蚿은 音賢하고 馬蚿蟲으로 一曰百足蟲이로다 蘷는 渠追切로 獨足蟲也로다 蘷는 龍也로 州名亦獸名이며 似牛一足無角이로다 聲如雷하야 皮可爲鼓로다 黃帝時出하고 隨語生解者로다 一向透揀擇明白處著眼인댄 是蚿憐蘷也로다

《堪笑卞和云云者》縱得官榮이나 刖却雙足이니 透揀擇明白處如是也로다 然則揀擇妨甚事하야 用免作麼이리오

《말[語]과 침묵[默]을 다 건너면 지네[蚿]가 기(蘷)를 부러워한다 운운》한 것은 '蚿(현)'은 '賢(현)'으로 소리내고, 마현충(馬蚿蟲, 노래기)으로 백족충(百足蟲)이라고도 한다. '蘷(기)'는 '渠(거)'와 '追(추)'의 반절[구: ㄱ+ㅠ]이며, 독족충(獨足蟲)이다. '蘷(기)'는 용(龍)으로, 땅 이름이면서 짐승 이름이다. 소 같이 생겼는데 외발로 뿔은 없다. 소리가 우레와 같아서 가죽은 북으로 만들기 좋다. 황제(黃帝) 때 세상에 출현했고 말을 듣고 이해할 줄 안다. 오로지 간택과 명백의 자리를 투과하는 자리에만 눈길을 둔다면 이는 '다리 많은 지네[蚿]가 외발 용[蘷]을 부러워하는 격'이라는 뜻이다.

《가히 우습구나 변화(卞化)가 세 차례 옥 바친 일 운운》한 것은 설령 관직과 영예를 얻었다 하더라도 두 발의 발꿈치를 잘렸으니 간택과 명백을 투과한 자리가 이와 같다는 것이다. 그렇다면 간택한들 무슨 방해가 있으며, 또 그것을 면해서 무엇 하겠는가 하는 뜻이다.

【雪竇】

雪竇顯이 拈하되
「趙州倒退三千이로다」
설두현이 염하였다.
「조주가 3천 리나 뒤로 물러났음이로다.」

透揀擇明白時엔 早是揀擇裏全身故也로다

간택과 명백을 투과했을 때에는 이미 간택 속에 온몸이 있기 때문이라는 뜻
이다.

【天童】

天童覺이 拈하되
「遮僧也如切如瑳나 不能見機而變이요 趙州也如琢如磨나 幾乎事不解
交로다 衆中이 只管道退身有分하고 殊不知盡力提持로다 還體悉得麼
아 焦甋打着連底凍이로다」
천동각이 염하되
「저 스님은 옥을 깎고 갈 듯했으나 능히 기틀을 보고도 변하지 못했고, 조주
도 옥을 쪼고 갈 듯했으나 거의 일을 풀지 못할 뻔했다. 대중들은 다만 몸을
물러나게 한 것에 명분이 있다고 말하고, 힘을 다하여 들이대어 준 것은 전
혀 알지 못한다. 도리어 실체를 알겠는가?
달군 벽돌을 쳐서 잡으니 얼음 밑바닥까지 이어졌네.」

《遮僧也云云者》는 一向拶到上壁也로다
《趙州也云云者》는 事亦不解交也로다
《焦甋打著云云者》는 衆中道地如是로다
《저 스님은 깎고 갈듯[切瑳]했으나 능히 기틀을 보고도 변하질 못했다 운
운》한 것은 절벽으로 몰아붙인다는 뜻이다.
《조주도 쪼고 갈듯[琢磨]했으나 거의 일을 풀지 못할뻔했다 운운》한 것은
일의 실마리를 풀지 못했다는 뜻이다.
《달군 벽돌을 쳐서 잡으니 얼음 밑바닥까지 이어졌네 운운》한 것은 사람들
이 말하는 것이 그렇다는 뜻이다.

鐵牛背上無蚊蚋 冶匠生種種之物

쇠소 등에는 모기가 뚫을 곳이 없고, 대장장이는 온갖 물건을 생산함이로다.

104則

師示衆云하되「法本不生이요 今則無滅이니 更不要道하되『才語是生이
요 不語是滅이다』하라 諸人이여 且作麼生是不生不滅底道理오」

問하되「早是不生不滅麼니잇고」

師云하되「者漢只認得箇死語로다」

스님께서 대중에게 말씀하셨다.

「법이란 본래 생(生)하지도 않았고, 이제 멸(滅)함도 없음이니,『말을 꺼내
면 생이요, 말을 하지 않으면 멸함이다.』라고 다시 말하지 말라. 여러분들이
여! 자, 어떤 것이 생하지도 멸하지도 않는 도리(道理)인가?」

학인이 물었다.

「이미 생하지도 멸하지도 않음이 아닙니까?」

「이놈은 그저 죽은 말만 알아채는구나.」

| 학산 대원 曰 |

一喝

白雲來往靑山外

嶺上寒松帶月高

악!

백운은 청산 밖에서 오고 가는데

고개 위에 찬 소나무는 높은 달을 두르고 있구나.

105則

問하되 「『至道無難하니 唯嫌揀擇이라』한대 纔有言語하면 是揀擇이니
和尙은 如何示人이닛고」

師云하되 「何不盡引古人語오」

學云하되 「某甲이 只道得到這裏니이다」

師云하되 「只這至道無難하니 唯嫌揀擇이니라」

학인이 물었다.

「『지극한 도는 어렵지 않나니, 오직 간택함을 꺼릴 뿐이다.』라는 말이 있
습니다. 말로 표현을 했으니 이것은 간택이 되는데, 화상께서는 어떻게 사람
들을 가르치시겠습니까?」

「어찌하여 옛 분의 말씀을 다 인용하지 않느냐?」

「저는 거기까지만 말씀드릴 뿐입니다.」

「그것이야말로『지도무난 유혐간택』이니라.」

禪宗頌古聯珠 -「爲人」

白雲端이 頌하되

驅山塞海也尋常하니	돌산으로 바다를 막는 일•은 늘 있는 일이니
所至文明始是王이로다	문명에까지 이르러야 비로소 왕이로다.
但見皇風成一片인댄	황제가 땅 한 편 만든 것을 볼진댄
不知何處有封疆이로다	어디가 국경인 줄 알지 못함이로다.

● **돌산으로 바다를 막는 일**

『태평광기(太平廣記)』에 나온 진시황의 고사를 말한다. 구체적인 내용은 다음과 같다.

진시황이 돌다리[石橋]를 만들어 바다를 건너 해가 뜨는 장소에 가려고 했었다. 당시의 이야기가 전해지며 말하기를, 이때에 신인(神人)이 있어서 바다로 돌들을 몰아갔다. 때문에 양성(陽城)의 산 11개가 지금 다 우뚝 솟아서 동쪽으로 기울어져 마치 달리는 모양을 하고 있는 것이다. 돌들이 빨리 가지 않자 신인이 번번이 채찍질을 하여 돌이 모두 피를 흘려 붉게 물들지 않은 것이 없었는데 그것이 지금까지도 전해진다.

진시황이 바다 가운데 돌다리를 지은 것을 어떤 이는 사람의 힘으로 만든 것이 아니라 해신(海神)이 기둥을 세워주었다고 말하기도 한다. 시황제가 그 은혜를 고맙게 여겨 신인에게 인사를 드리러 뵙고자 했다. 그러자 신인이 말하기를 "나는 형상이 추하니 내 형상을 그리지 않기로 약속한다면 응당 그대와 만나기로 하겠소." 하였다.

시황제가 이내 돌다리를 따라 30리를 들어가 신인과 만났다. 그런데 시황제 좌우의 교묘한 신하가 몰래 신인의 다리를 그렸다.

신인이 성내며 말하기를 "황제가 약속을 어겼으니 빨리 떠나가시오." 하였다.

시황제가 바로 말을 돌려 나오는데 말의 앞다리는 설 수 있었으나 뒷다리 쪽부터 돌다리가 무너지기 시작하여 간신히 해안가에 도착할 수 있었다.

佛鑑懃이 頌하되

針線工夫妙入神하니	바느질 솜씨 가히 신의 경지이니
沿情接意一何親고	정을 따라 뜻에 맞닿게 한들 한 번에 어찌 가까워지리오.
太平胡越無疆界하니	태평시대엔 북쪽의 호(胡)와 남쪽의 월(越)이 경계 없었나니
誰是南人與北人고	누가 남쪽 사람이고 누가 북쪽 사람인가.

龍門遠이 頌하되

紫綾紅錦靑絲線하야	자줏빛 비단과 붉은 비단을 푸른 실로 꿰매어
巧手織來成一片이로다	훌륭한 솜씨로 짜서 한 조각을 만듦이로다.

其中縫䁖不能無어늘　　그 가운데 꿰맨 자국이 없을 수가 없건마는
爭奈時人見不見고　　어찌 사람들은 보인다 보이지 않는다 하는가.

無菴全이 頌하되
日暖風和鶯囀新하고　　날은 따뜻하고 바람 부드러워 꾀꼬리는
　　　　　　　　　　　새봄을 지저귀고
柳垂金線繫東君이로다　수양버들은 금빛 가지 늘어뜨려 봄을 붙잡고
　　　　　　　　　　　있음이로다.
東君不惜無私力하니　　봄은 아낌없이 누구에게나 공평하니
一點花紅一點春이로다　한 떨기 꽃이 붉어지니 한 떨기 봄소식이로다.

禪門拈頌 416則 -「爲人」

雪竇顯이 頌하되
水灑不著하고　　　　　물을 뿌려도 묻지 않고
風吹不入이로다　　　　바람 한 자락도 스며들지 않음이로다.
虎步龍行하며　　　　　범이 걸어가고 용이 날아다니며
鬼號神泣이로다　　　　귀신이 소리치고 신령이 흐느낌이로다.
頭長三尺知是誰아　　　머리 길이가 석 자인 줄 누가 알리오.
相對無言獨足立이로다　마주하여 말없이 외발로 서있음이로다.

拈頌說話 - 「爲人」

【爲人】

問하되「『至道無難하니 唯嫌揀擇이라』한대 纔有言語하면 是揀擇이니
和尙은 如何示人이닛고」
師云하되「何不盡引古人語오」
學云하되「某甲이 只道得到這裏니이다」
師云하되「只這至道無難하니 唯嫌揀擇이니라」
학인이 물었다.
「『지극한 도는 어렵지 않나니, 오직 간택함을 꺼릴 뿐이다.』라는 말이 있습
니다. 말로 표현을 했으니 이것은 화상께서는 어떻게 사람들을 가르치시겠
습니까?」
「어찌하여 옛 분의 말씀을 다 인용하지 않느냐?」
「저는 거기까지만 말할 수 있을 뿐입니다.」
「그것이야말로『지도무난 유혐간택』이니라.」

此話는 亦無味之談로 塞斷人口로다 若伊麼會인댄 又却不是也로다
이 대화는 또한 맛이 없는 이야기로 사람들의 입을 다물게 만들었다. 허나
만약 이와 같이만 이해할진댄 또한 옳지 않음이로다.

【雪竇】

水灑不著하고   물을 뿌려도 묻지 않고
風吹不入이로다   바람 한 자락도 스며들지 않음이로다.
虎步龍行하며   범이 걸어가고 용이 날아다니며
鬼號神泣이로다   귀신이 소리치고 신령이 흐느낌이로다.

頭長三尺知是誰아   머리 길이가 석 자인 줄 누가 알리오.
相對無言獨足立이로다   마주하여 말없이 외발로 서있음이로다.

二句는 透揀擇明白處也요 次二句는 揀擇明白也요 下는 合而言之로다
처음 두 구절은 간택과 명백을 투과한 자리요, 다음 두 구절은 간택과 명백
이요, 그 밑의 구절은 합해서 말한 것이로다.

| 학산 대원 曰 |

至道無難 唯嫌揀擇
蚊子上鐵牛 佛眼覷不見
水底黃金鏡 天中素月輪
足下出日知是誰
石佛無言獨足立

지극한 도는 어렵지 않으나 오직 간택함을 꺼림이라.
쇠소 위에 모기가 있으니 불안으로 보아도 볼 수 없고
물 아래 황금 거울이요, 하늘 가운데 둥근 달이로다.
발밑에서 해가 나오니 누가 알겠는가.
석불은 말이 없이 외발로 서있다.

106則

上堂云하되「看經也在生死裏하고 不看經也在生死裏하니 諸人은 且作麼生出得去오」

僧便問하되「只如俱不留時엔 如何니잇고」

師云하되「實卽得이나 若不實인댄 爭能出得生死오」

스님께서 상당하여 말씀하셨다.

「경전을 보아도 생사 속에 있고, 경전을 보지 않아도 생사 속에 있으니, 그대들은 어떻게 벗어나겠는가?」

한 스님이 바로 물었다.

「다만 어디에도 머물지 않는다면 어떻습니까?」

「실제라면 얻을 수 있겠으나, 만약 실제가 아닐진댄 어찌 능히 생사를 벗어날 수 있겠는가?」

禪宗頌古聯珠 -「看經」

天童覺이 頌하되

看經也在生死裏는	경전을 보아도 생사 속에 있음은
飯蘿裏坐無喫底로다	밥통 속에 앉아서 먹지 못함이로다.
不看經也在生死裏는	경전을 보지 않아도 생사 속에 있음은
錦衣堆裏無著底로다	비단옷 무더기 속에서도 옷을 입지 못함이로다.
忽然烏鵲叫一聲에	홀연히 까막까치 우는 소리에
反身踊躍渾家喜로다	몸을 뒤집어 펄쩍 뛰니 온 집안이 기쁨이로다.

休擬議하라　　　　생각을 쉬어라.

如今抛向衆人前인댄　　지금처럼 대중들 앞에 있을진댄

千手大悲提不起로다　　천수보살의 대자비로도 구제하지 못함이로다.

| 학산 대원 曰 |

縱奪自在 智過君子로다.

心臟無價珍하니 文殊笑點頭로다.

놓고 뺏는 것을 마음대로 하니 지혜가 군자를 지나감이로다.

심장은 값이 없는 보배이거니 문수는 그저 웃고 고개를 끄덕일 뿐이로다.

107則

問하되 「利劍鋒頭가 快時엔 如何니잇고」
師云하되 「老僧是利劍이어늘 快在什麼處오」
학인이 물었다.
「날카로운 칼날이 잘 들 때는 어떻습니까?」
「내가 날카로운 칼이거늘 잘 드는 곳은 어디인가?」

| 학산 대원 曰 |

劍光燦燦蓋天地
血海滔滔沒近接
夜半不須敲玉戶
萬仞峰前卓五彩

검의 빛이 빛나서 천지를 덮으니
피바다가 넘쳐 가까이 가면 빠져서 없어진다.
한밤중에는 옥의 문을 두드려서는 안 되니
만 길이나 되는 봉우리 앞에 오채가 우뚝 솟았도다.

108則

間하되「大難到來엔 如何回避니잇고」
師云하되「恰好타」
학인이 물었다.
「큰 어려움이 닥쳐오면 어떻게 피해야 합니까?」
「마침 잘됐구나!」

| 학산 대원 曰 |

산승이라면 "상수래 상수거(相隨來 相隨去)라. 서로 따라오고 서로 따라간다."
하리라.

109則

上堂하고 良久云하되「大衆總來也未오」
對云하되「總來也니이다」
師云하되「更待一人來卽說話하리라」
僧云하되「候無人來면 卽說似和尙하노이다」
師云하되「大難得人토다」

상당하여 양구하고 말씀하셨다.

「대중이 다 왔는가?」
「다 왔습니다.」
「한 사람 더 오길 기다렸다가 그때 말하겠다.」
「기다렸다가 아무도 오지 않으면 스님께 말씀드리겠습니다.」
「사람 얻기가 참으로 어렵도다.」

| 학산 대원 曰 |

그러면 학인이 "불시갱도(不是更道)하소서(옳지 않으니 다시 한마디 하십시오)."라
고 했어야 했다. 그때 조주 스님이 입을 열려고 한다면[趙州纔口開卽] 박장대소
하고 나가야 한다[拍掌大笑出去].
또는 절을 한 번 하고 손을 모으고 서 있다가[一拜叉手已立], 조주가 입을 열기
전에 손뼉을 치고 나가면 된다[趙州口開以前 拍掌出去].

110則

師示衆云하되「『心生卽種種法生하고 心滅卽種種法滅이로다』•하니 你諸人은 作麼生고」

僧乃問하되「只如不生不滅時엔 如何니잇고」

師云하되「我許你者一問하노라」

스님이 대중에게 가르침을 내리며 말하였다.

「『마음이 생(生)하면 갖가지 법이 생하고, 마음이 멸(滅)하면 갖가지 법이 멸한다』고 하였는데, 여러분들은 어떠한가?」

한 스님이 물었다.

「그렇다면 생하지도 멸하지도 않을 때는 어떻습니까?」

「너의 그 물음 하나로 됐느니라.」

● 心生卽種種法生하고 心滅卽種種法滅이로다

『대승기신론(大乘起信論)』의 한 구절이다. 인용된 내용은 다음과 같다.

是故로 三界가 虛僞라 唯心所作이니 離心하면 則無六塵境界하리라
때문에 삼계(三界)는 거짓된 것이라. 오직 마음이 지은 것이니 마음을 여의면 육진(六塵)의 경계가 없어진다.

此義云何오
이 뜻은 무엇인가?

以一切法이 皆從心起하니 妄念而生이라 一切分別이 卽分別自心이니
心不見心하야 無相可得하니 當知하라
일체의 법이 모두 마음을 좇아 일어나니 망념(妄念)으로 생겨난다. 일체의 분별(分別)은 자신의 마음을 분별함이니, 마음은 마음을 보지 못하여 얻을 수 있는

상(相)이 없는 것이다. 마땅히 알라.

世間一切境界가 皆依衆生無明妄心하야 而得住持니라
세간의 일체 경계(境界)가 다 중생의 무명망심(無明妄心)에 의지하여 머물 수 있는 것이니라.

是故로 一切法이 如鏡中像하야 無體可得이며 唯心虛妄이니 以心生則種種法生하고 心滅則種種法滅故니라
이러므로 일체의 법이 거울 가운데의 형상과 같아서 실체를 얻을 수 없으며 오직 마음의 거짓되고 망령됨이다. 왜냐하면 마음이 일어나면 갖가지 법이 일어나고, 마음이 사라지면 갖가지 법이 사라지기 때문이다.

| 학산 대원 曰 |

如是如是
龜毛兎角 燈籠拊掌 露柱呵呵
不生不滅時如何 穿過髑髏
그러하고 그러함이라.
거북이털이요 토끼뿔인데, 등롱은 손바닥을 부비고, 노주는 하하 웃는다.
나지도 않고 없어지지도 않을 때는 어떠한고?
해골바가지를 뚫고 지나가는구나.

111則

師因參次에 云하되「明又未明과 道昏欲曉에 你在阿那頭아」

僧云하되「不在兩頭니이다」

師云하되「與麼卽在中間也니라」

云하되「若在中間인댄 卽在兩頭니이다」

師云하되「這僧多少時在老僧者裏하야 作與麼語話어늘 不出得三句•裏로다 然直饒出得도 也在三句裏니 你作麼生고」

僧云하되「某甲使得三句니이다」

師云하되「何不早與麼道아」

스님이 설법할 때 말하였다.

「밝다 하나 아직 밝지 않으며, 어둡다 하나 환해지려는데, 그대들은 어느 쪽에 있는가?」

한 스님이 말하였다.

「양쪽 어디에도 있지 않습니다.」

「그렇다면 중간에 있겠구나.」

「만약 중간에 있다고 할진댄 양쪽에 있는 것이 됩니다.」

「이 승(僧)이 얼마간 노승이 있는 이곳에 있더니 이와 같은 말을 하지만, 삼구(三句)를 벗어나지는 못했다. 비록 벗어났다 해도 또한 삼구 속에 있으니, 그대는 어떠한가?」

「저는 삼구를 부릴 수 있습니다.」

「왜 진작 그렇게 말하지 않았는가?」

● 三句

여기서 말하는 삼구(三句)란 백장 회해(百丈懷海) 선사의 '백장삼구(百丈三句)'를 말한다. 『백장광록(百丈廣錄)』에 다음과 같은 말이 있다.

(前略)

若是二乘僧, 他歇得貪瞋病去盡, 依住無貪將爲是, 是無色界. (中略) 旣不愛取, 依住不愛取將爲是, 是初善. 是住調伏心, 是聲聞人, 是戀筏不捨人, 是二乘道, 是禪那果.

만약 이승(二乘, 성문과 연각)이라면 탐진(貪瞋)의 병통을 다 쉬어버렸으나, 탐내는 마음이 없다는 것에 머무르는 것을 옳다고 여기니, 이는 무색계(無色界)이다. 이미 애착하지 않게 되고서 애착하지 않음에 머무르는 것을 옳다고 여기니, 이것을 초선(初善, 一句)이라 한다. 이는 조복된 마음[調伏心]에 안주하는 것이고, 성문(聲聞)이라 하며, 뗏목을 버리지 못하는 사람이고, 이승(二乘)의 도이며, 선나과(禪那果)이다.

旣不愛取, 亦不依住不愛取, 是中善. 是半字教, 猶是無色界, 免墮二乘道, 免墮魔民道, 猶是禪那病, 是菩薩縛.

애착하지도 않고 애착하지 않음에도 머물지 않으면, 이를 중선(中善, 二句)이라 한다. 이는 반자교(半字教, 소승불교)로서 아직은 무색계(無色界)이다. 이승에 떨어짐을 면하였고 마군의 도에 떨어짐은 면하였으나, 아직은 선나병(禪那病)이 있고 보살에 속박되었다.

旣不依住不愛取, 亦不作不依住知解, 是後善.

애착하지 않음에도 머물지 않고 머물지 않는다는 알음알이[知解]마저도 내지 않는다면, 이것을 후선(後善, 三句)이라 한다.

(中略)

若透得三句過, 不被三段管, 教家擧喻, 如鹿三跳出網. 喚作纏外佛, 無物拘繫得渠. 是屬然燈後佛, 是最上乘, 是上上智, 是佛道上立. 此人是佛有佛性, 是導師, 是使得無所礙風, 是無礙慧. 於後能使得因果福智自由, 是作車運載因果. 處於生, 不被生之所留, 處於死, 不被死之所礙.

만약 이 삼구(三句, 初善·中善·後善)를 꿰뚫어 세 단계에 얽매이지 않는다면 교학(教家)에서는 비유하기를 사슴이 그물을 세 번 뛰어넘어 달아났다고 한다. 또 번뇌 밖의 부처라 부르는데, 그를 구속할 것이라고는 아무것도 없기 때문이다. 이는 연등불(然燈佛) 뒤의 부처님에 속하며, 최상승(最上乘)이며, 상상지(上上智)이며 불도(佛道) 위에 선 것이다. 이 사람은 불성을 가진 부처이며, 스승이며, 한없는 바람과 한없는 지혜를 부린다. 후에는 능히 인과(因果)와 복(福)과 지혜(智慧) 그리고 자유(自由)를 부릴 수 있으니, 이는 수레에 인과를 실어 나르기 때문이다. 생(生)에 처하여도 머무르는 바 없고, 사(死)에 처하여도 거리끼는 바가 없다.

참고로 임제 선사의 '임제삼구'와 관련하여 『선가귀감』에서는 다음과 같이 말하였다.
제1구에는 상신실명(喪身失名)이라 (몸을 잃고 목숨을 잃는다).
제2구에는 미개구즉착(未開口卽錯)이라 (입을 열기도 전에 그르쳤다).
제3구에는 분기소추(糞箕掃帚)라 (오물을 까부르는 키요, 쓸어 없애는 빗자루와 같다).

| 학산 대원 曰 |

無滅無生眼中屑
古佛家風 靑天日月
白雲爲蓋 流泉作琴
一曲兩曲無人會
雨過夜塘秋水深
멸함도 없고 남도 없다 하니 눈 속의 금가루요
고불의 가풍은 푸른 하늘의 해와 달이라.
흰 구름은 보개(寶蓋)이고 흐르는 물은 비파 소리다.
한두 곡도 아는 사람이 없으니
비 개인 밤 못에는 가을 못이 깊더라.

三句裏 如何出得去?
喝 袖拂以出
삼구 안에서 어떻게 나갈 것인가?
악! 소매를 털고 나가리라.

112則

問하되 「如何是通方이닛고」
師云하되 「離卻金剛禪하라」
학인이 물었다.
「어떤 것이 시방에 통하는 것입니까?」
「금강선(金剛禪)[206]을 버려라!」

| 학산 대원 曰 |

一枝拄杖 穿過須彌
若知落處 一任橫行
주장자 하나 들고 수미산을 뚫고 지나가니
낙처를 바로 알아본다면 그대가 종횡으로 마음대로 하리라.

통저탈(桶底脫, 통 밑이 빠져서 아래위가 통함)이 되어야 모든 것에서 소통이 되고 임의자재하게 굴리고 쓸 수 있다. 그러면 새로운 눈이 열리는 것이다. 그러려면 방하착(放下着)이 되어야 한다.

---

206 어느 한 곳에 집착하여 생각을 굳히고 있는 선.

113則

師示衆云하되「衲僧家인댄 直須坐斷報化佛頭始得이니라」

問하되「坐斷報化佛頭는 是什麼人이닛고」

師云하되「非你境界니라」

스님께서 대중에게 가르치며 말하였다.

「납자라면 모름지기 앉아서 보신불과 화신불의 머리를 끊어야만 비로소 얻을 것이다.」

학인이 물었다.

「앉아서 보신불과 화신불의 머리를 끊는 것은 어떤 사람입니까?」

「그대의 경계가 아니다.」

| 학산 대원 曰 |

嘉州石佛 陝府鐵牛

瑞氣一千里 和風十萬家

가주에는 석불이요, 협부에는 철우라.

상서로운 기운이 천 리에 뻗치는데, 화창한 바람은 십만의 집마다 가득하더라.

114則

師示衆云하되「大道只在目前이어늘 要且難睹니라」
僧乃問하되「目前有何形段하야 令學人睹니잇가」
師云하되「任你江南江北하라」
學云하되「和尙豈無方便爲人이닛고」
師云하되「適來問什麼오」

스님께서 대중에게 말씀하셨다.
「큰 도는 다만 눈앞에 있거늘 보기가 어려울 뿐이다.」
한 스님이 물었다.
「눈앞에 무슨 형체가 있어서 학인들에게 보라고 하십니까?」
「강남이건 강북이건 자네 마음대로 해라.」
「화상께서 어찌 사람을 위하는 방편이 없으십니까?」
「방금 무엇을 물었느냐?」

| 학산 대원 曰 |

『조당집』에 이르길, 덕산 스님이 언젠가 말하였다.
"물으면 허물이 있고, 묻지 않으면 어긋난다."
어떤 스님이 예배하자, 덕산 스님이 그를 때렸다.
"제가 절을 하는데 어째서 때리십니까?"
"네가 입을 연다고 무슨 일을 감당하겠느냐?(네가 입을 열고 나서 때리면 이미 늦었느니라.)"

산승이 송하되,

人人鼻孔頭 豈是無消息

萬里無雲 千峯壁立

사람마다 있는 콧구멍에 어찌 소식이 없는가?

만 리에 구름이 없는데 천 개의 봉우리가 늘어서 있다.

115則

問하되「入法界來인댄 還知有也無니잇고」

師云하되「誰入法界아」

學云하되「與麼卽入法界不知去也니이다」

師云하되「不是寒灰死木이언정 花錦成現百種有로다」

學云하되「莫是入法界處用也無니잇고」

師云하되「有什麼交涉인고」

학인이 물었다.

「법계에 들어가는[入法界] 경지가 온다면 있음[有]을 알게 됩니까?」

「누가 법계에 들어가는가?」

「그렇다면 법계에 들어감[入法界]도 모르겠습니다.」

「식은 재나 죽은 나무가 아니라 꽃비단이 온갖 종류로 나타나는 것이다.」

「이것이 법계에 들어가는 자리를 쓰는 것 아니겠습니까?」

「무슨 관계가 있겠느냐?」

| 학산 대원 曰 |

억측의 분별지 따위는 참다운 입법계의 경계와는 관계가 없다는 뜻이다.

官不容針 私通車馬

潭中百種現 水淨自無言

相互不相離 分明在目前

법으로는 바늘 하나도 용납하지 않으나 사사로이는 수레와 말도 통과한다.

맑은 못에는 온갖 것이 나타나는데 물은 맑아 스스로 말이 없다.

서로가 떨어진 일이 없으니 분명히 목전에 있다.

116則

問하되 「若是實際理地인댄 什麼處得來니잇고」
師云하되 「更請闍黎宣一遍하라」
학인이 물었다.
「만일 실다운 이치라면 어디에서 얻을 수 있습니까?」
「그대가 한 번 더 말해보라.」

| 학산 대원 曰 |

쓸데없이 말장난하지 말라는 뜻이다.
『조당집』에서 이르되, 왕시랑이 삼평 스님에게 물었다.
"검정콩이 싹이 트지 않을 때는 어떠합니까?"
"부처님들도 모르신다."
삼평 스님이 이에 대해 송하였다.
菩提慧日朝朝照
般若凉風夜夜吹
此處不生聚雜樹
滿山明月是禪枝
보리의 지혜의 해는 아침마다 비치고
반야의 맑은 바람은 저녁마다 분다.
여기에는 잡된 나무가 나지 않으니
산에 가득한 명월이 바로 선(禪)의 가지[枝]로다.

산승이 송하되,

白雲無縫罅 山僧在過

흰 구름은 꿰맨 자국이 없으니 산승에게 허물이 있다.

117則

問하되「萬境俱起에 還有惑不得者也無니잇고」

師云하되「有니라」

學云하되「如何是惑不得者니잇고」

師云하되「你還信有佛法否아」

學云하되「信有佛法은 古人道了어니 如何是惑不得者니잇고」

師云하되「爲什麽不問老僧고」

學云하되「問了也니이다」

師云하되「惑也로다」

학인이 물었다.

「온갖 경계가 한꺼번에 일어남에도 미혹하지 않는 사람이 있습니까?」

「있다.」

「어떤 사람이 미혹하지 않는 사람입니까?」

「그대는 불법이 있음을 믿는가?」

「불법이 있음을 믿는 것은 옛사람이 벌써 말씀했습니다. 어떤 사람이 미혹하지 않는 사람입니까?」

「어찌하여 내게 묻지 않느냐?」

「벌써 물었습니다.」

「미혹했구나.」

| 학산 대원 曰 |

信則迷惑 不信則迷惑

畢竟如何

迷者賊過後張弓

銅睛一箭落雙鵰咦

믿으면 미혹이요, 믿지 않아도 미혹이라.

필경에 어떤 것인가?

미혹한 자는 도적이 지나간 후에 활을 당기고

눈 밝은 이는 화살 하나로 두 마리 수리를 떨어뜨리더라. 이(咦)!

118則

問하되「未審케이다 古人與今人還相近也니잇고」

師云하되「相近卽相近이나 不同一體니라」

學云하되「爲什麼不同이닛고」

師云하되「法身은 不說法이니라」

學云하되「法身이 不說法인댄 和尙爲人也니잇고」

師云하되「我向惠裏答話니라」

學云하되「爭道法身不說法이닛고」

師云하되「我向惠裏救你阿爺나 他終不出頭로다」

학인이 물었다.

「옛사람과 지금 사람이 서로 가까울 수 있습니까?」

「가깝다면 가까우나, 한 몸처럼 같지는 않다.」

「어찌하여 같지 않습니까?」

「법신은 법을 설하지 않는다.」

「법신이 법을 설하지 않는다면 스님께서는 사람들을 어떻게 위하십니까?」

「나는 자비로운 은혜 속에서 답하고 있다.」

「그런데 어찌하여 법신이 법을 설하지 않는다고 말씀하십니까?」

「나는 자비로운 은혜 속에서 자네 아비를 구하고자 하나, 그는 끝내 나오지 못하는구나.」

| 학산 대원 曰 |

無住人對萬境

處處應現變化
倒騎獅子座
踏跳上須彌
머무름이 없는 사람이 만 가지 경계를 대하니
처처에 몸을 나투어서 변화를 하네.
사자좌를 거꾸로 타고
한번 뛰매 수미산을 뛰어오른다.

119則

問하되「學人이 道不相見時에도 還回互也無니잇고」

師云하되「測得回互니라」

學云하되「測他不得인댄 回互個什麼니잇고」

師云하되「不與麼는 是你自己니라」

學云하되「和尙은 還受測也無니잇고」

師云하되「人卽轉近인댄 道卽轉遠也니라」

學云하되「和尙은 爲什麼自隱去니잇고」

師云하되「我今現共你語話니라」

學云하되「爭道不轉니잇고」

師云하되「合與麼著이니라」

학인이 물었다.

「학인이 서로 보지 못한다고 할 때도 서로 통할 수 있습니까?」

「헤아리면 서로 통할 수 있다.」

「헤아리지 못하면 어떻게 통하겠습니까?」

「그렇지 못한 것은 너 자신이니라.」

「스님의 경계를 남들이 헤아릴 수 있습니까?」

「사람이 가까이 다루려 하면 도(道)는 더욱 멀어진다.」

「화상께서는 어찌하여 스스로 숨으십니까?」

「나는 지금 너와 함께 이야기하고 있노라.」

「그런데 어찌하여 다투지 않는다고 하십니까?」

「그것이 당연한 일이야.」

| 학산 대원 曰 |

通身無障礙

來往任縱橫

몸 전체를 통해서 걸림이 없으니

가고 오는 것을 그의 뜻에 맡기리라.

120則

　　師示衆云하되「敎化得底人은 是今生事나 敎化不得底人은 是第三生冤이니라 若不敎化인댄 恐墮却一切衆生하고 敎化亦是冤이니라 是你還敎化也無오」

　　僧云하되「敎化니이다」

　　師云하되「一切衆生이 還見你也無오」

　　學云하되「不見이니이다」

　　師云하되「爲什麼不見고」

　　學云하되「無相이니이다」

　　師云하되「卽今에 還見老僧否아」

　　學云하되「和尙은 不是衆生이니이다」

　　師云하되「自知罪過卽得이니라」

　　스님께서 대중에게 말씀하셨다.

　　「교화시킬 수 있는 사람은 금생(今生)의 일이지만, 교화시킬 수 없는 사람은 삼생(三生, 전생·금생·내생)의 원수니라. 만약 교화하지 않는다면 일체중생을 (지옥으로) 떨어뜨리게 될까 두렵고, 교화한다고 하더라도 역시 원수이니, 그대들은 도리어 교화하겠는가 말겠는가?」

　　한 스님이 말하였다.

　　「교화하겠습니다.」

　　「일체중생이 도리어 그대를 보겠느냐?」

　　「보지 못합니다.」

　　「어찌하여 보지 못하느냐?」

　　「모양[相]이 없기 때문입니다.」

「지금 노승을 보느냐?」

「화상께서는 중생이 아닙니다.」

「스스로 죄과(罪過)를 안다니 됐느니라.」

| 학산 대원 曰 |

『임제록』에 '묵은 빚을 갚아야 한다[隨緣消舊業]'는 말이 있고, 『능엄경』에도 '숙업의 빚을 갚아야 한다[酬其宿債]'는 말이 있다. 교화해도 결국 자신들의 전생에 빚진 인과를 받아야 한다면 제도해야 소용이 없는 것이다.

교화에 상이 없으면[無相] 자국이 없는 참 교화[眞化]로서 무주상보시(無住相布施)다.

眼掛乾坤

隨處作主

눈을 하늘과 땅에 걸어놓으니

가는 곳마다 주인이로다.

121則

師示衆云하되 「龍女•心親獻은 儘是自然事니라」

問하되 「旣是自然인댄 獻時爲什麼니잇고」

師云하되 「若不獻인댄 爭知自然아」

스님께서 대중에게 말씀하셨다.

「용녀(龍女)가 마음으로 친히 바쳤던 것은 다 저절로 된 일이다.」

학인이 물었다.

「저절로 될진댄 무엇 때문에 바쳤습니까?」

「만약 바치지 않았다면 어찌 저절로 되는 줄 알겠느냐?」

● 龍女

『법화경』 「제바달다품(提婆達多品)」에 나오는 대목을 말한다.

이때에 용녀가 한 보배구슬이 있었으니 그 값어치가 삼천대천세계와 같았다. 이것을 부처님께 바치니 부처님께서 곧 이 보배구슬을 받으셨다.

용녀가 지적보살과 사리불 존자에게 말하였다.

『내가 지금 보배구슬을 부처님께 바치니 세존께서 받으셨거늘, 이 일이 빠릅니까, 빠르지 않습니까?』 대답하되, 『매우 빠르도다.』

용녀가 말하였다.

『당신들의 신통력으로 제가 성불하는 것을 보십시오. 이것보다 더 빠를 것입니다.』 당시에 모인 대중들이 모두 바라보는데 용녀가 홀연한 사이에 남자로 변하여 보살행을 갖추고, 곧 남방의 무구세계로 가서 보배로운 연꽃에 앉아서 등정각(等正覺, 높고 바른 깨달음)을 이루었다. 또 삼십이상과 팔십종호를 갖추어 두루 시방세계의 일체중생을 위하여 묘법(妙法)을 연설하였다.

이때에 사바세계의 보살과 성문과 하늘[天神]과 용 등 팔부(八部)와 사람과 사람 아닌 이들이 용녀가 성불하여 두루 그때 모인 사람과 하늘을 위하여 설법하는 것을 멀리서 보고, 마음이 크게 기뻐서 다들 멀리서 공경하고 예배하였다.

한량없는 중생들이 법을 듣고 깨달아 불퇴전의 경지를 얻고 한량없는 중생들이 도(道)의 수기(授記)를 받았으며, 무구세계가 여섯 번이나 반복하여 진동하였다. 또 사바세계의 삼천 대중은 불퇴지(不退地)의 경지에 머무르고 삼천 중생은 보리심(菩提心)을 발하여 수기를 받았다.

지적보살과 사리불과 모인 모든 대중들이 말없이 믿고 받아 지녔다.

| 학산 대원 曰 |

관계 지한(灌溪志閑, 미상~895) 화상이 말산 요연(末山了然) 비구니에게 물었다.

"어떤 것이 말산(末山)입니까?"

"꼭대기[頂上]를 드러내지 않습니다."

"어떤 것이 말산의 주인입니까?"

"여자의 모습도 아니고, 남자의 모습도 아닙니다."

관계 화상이 곧 할을 하고 말하였다.

"왜 변하지 않습니까?"

"신도 아니고 귀신도 아닌데, 무엇으로 변하겠습니까[變箇什麼]?"

관계 화상이 굴복하고 3년을 원두를 해주었다.

관계 화상이 거기까지밖에 소견이 없는 것이다. 거기서 한 발 더 나아가 물을 줄 알아야 한다.

산승이 송하되,

劫火洞然毫末盡

靑山依舊白雲中

겁화가 통연하여 털끝도 남지 않았으니

청산은 예전처럼 백운 가운데 있다.

122則

師示衆云하되「八百個作佛漢이나 覓一個道人難得이로다」
스님께서 대중에게 말씀하셨다.
「부처가 되려는 사람은 8백 명이나, 한 사람의 도인도 찾기 힘들다.」

| 학산 대원 曰 |

滿庭嘉氣合
匝地覺火開
뜰에 가득히 아름다운 서기가 합해 있으니
땅에 두루하게 깨달음의 꽃이 피는구나.

123則

問하되 「只如無佛無人處에도 還有修行也無니잇고」
師云하되 「除卻者兩個하야도 有百千萬億이니라」
學云하되 「道人來時에는 在什麼處니잇고」
師云하되 「你與麼卽인댄 不修行也로다」
其僧禮拜하니 師云하되 「大有處著你在로다」

학인이 물었다.
「부처도 없고 사람도 없는 곳에도 수행이 있습니까?」
「그 두 가지를 제외하더라도 백천만억의 수행이 있다.」
「도인이 왔을 때는 어느 곳에 있습니까?」
「네가 이와 같을진댄 수행하지 않음이니라.」
그 스님이 절을 하자 스님께서 말씀하셨다.
「네가 있어야 할 장소가 (지옥에) 크게 마련되어 있노라.」

| 학산 대원 曰 |

兩超脫吐 水流花開
양변을 벗어버리니, 물은 흐르고 꽃은 활짝 핌이로다.

124則

問하되「白雲不落時에는 如何니잇고」

師云하되「老僧不會上象이니라」

學云하되「豈無賓主이닛고」

師云하되「老僧은 是主요 闍黎는 是賓이어늘 白雲이 在什麼處아」

학인이 물었다.

「흰 구름이 떨어지지 않을 때는 어떻습니까?」

「노승은 기상은 잘 모른다.」

「어찌 주(主)와 객(客)이 없겠습니까?」

「나는 주요, 자네는 객이거늘, 흰 구름이 어디에 있느냐?」

| 학산 대원 曰 |

如是如是

諸法一家園消息

直往千峯萬峯去

이와 같고 이와 같음이여

제법은 한 집 동산의 소식이니

곧장 천봉 만봉으로 가고 온다.

125則

問하되 「大巧若拙●時에는 如何니잇고」
師云하되 「喪卻棟梁材로다」
스님이 물었다.
「크게 솜씨가 좋은 것이 마치 서툰 것과 같을 때에는 어떻습니까?」
「동량의 재목을 망가뜨리는구나.」

● **大巧若拙**
　『노자』제45장에 나오는 대목이다.

　　大成若缺이나 其用不弊로다
　　大盈若沖이나 其用不窮로다
　　大直若屈하고
　　大巧若拙하고
　　大辯若訥이로다
　　躁勝寒하고 靜勝熱하니
　　淸靜爲天下正이로다
　　크게 이루어진 것은 마치 부족한 듯하지만 그 쓰임이 다함이 없음이로다.
　　크게 가득 찬 것은 마치 비어있는 듯하지만 그 쓰임이 끝이 없음이로다.
　　크게 바른 것은 마치 굽은 것과 같고
　　크게 솜씨가 좋은 것은 마치 서툰 것과 같고
　　크게 말 잘하는 것은 어눌한 것과 같음이로다.
　　활발히 하면 추위를 이기고
　　고요히 하면 더위를 이기는 것과 같이,
　　맑고 고요한 것이 천하의 바름이 됨이로다.

126則

師示衆云하되「佛之一字를 吾不喜聞이니라」

問하되「和尙은 還爲人也無니잇고」

師云하되「爲人하니라」

學云하되「如何爲人이닛고」

師云하되「不識玄旨인댄 徒勞念靜이로다」

學云하되「旣是玄이어늘 作麼生是旨니잇고」

師云하되「我不把本이니라」

學云하되「者個是玄한대 如何是旨니잇고」

師云하되「答你가 是旨니라」

스님께서 대중에게 말씀하셨다.

「부처 불(佛) 자 한 글자를 나는 듣기 좋아하지 않는다.」

학인이 물었다.

「화상께서는 사람들을 위하시지 않습니까?」

「사람들을 위하니라.」

「어떻게 사람들을 위하십니까?」

「현묘한 도리[玄旨]를 알지 못할진댄 생각을 고요히 하여도 소용이 없느니라.」

「이미 현묘한 것[玄]이라 했는데, 어째서 다시 도리[旨]라 합니까?」

「나는 근본[本]을 붙잡지 않는다.」

「그것은 현묘한 것[玄]이고, 어떤 것이 도리[旨]입니까?」

「너에게 대답해 주는 것이 도리[旨]니라.」

- **不識玄旨 徒勞念靜**

삼조 승찬의 『신심명』 가운데 나오는 대목이다.

欲得現前인댄도가	앞에 나타나기를 바랄진댄
莫存順逆하라	따르지도 거스르지도 말라.
違順相爭이	거스르고 따름이 서로 싸우는 것이
是爲心病이로다	이것이 마음의 병이로다.
不識玄旨인댄	현묘한 도리[玄旨]를 알지 못할진댄
徒勞念靜이로다	생각을 고요히 하여도 소용이 없음이로다.

禪宗頌古聯珠 -「玄旨」

幻菴覺拈云하되	
諸人切忌恁麼會로다	모든 사람들이 이와 같이 알기를 꺼림이로다.
旣不恁麼會하니	이미 이와 같이 알지를 못하였으니
又作麼生會리오	다시 어떤 앎이 있으리오.

乃頌曰하되	
佛之一字不喜聞은	부처 불(佛) 자를 듣기 좋아하지 않음은
去年依舊今年春이로다	작년과 같은 올해의 봄이로다.
今年春間降大雪하니	올해 봄에 큰 눈이 내리니
陸墓烏盆變白盆이로다	묘지의 검은 봉분이 흰 봉분으로 바뀜이로다.

| 학산 대원 曰 |

一二三四五六七
七六五四三二一
須彌頂上獨足立

石林泥中出明月

1, 2, 3, 4, 5, 6, 7이요

7, 6, 5, 4, 3, 2, 1인데

수미 정상에 외발로 서 있고

돌숲 진흙 속에서 밝은 달이 솟아남이로다.

127則

　　師示衆云하되「各自有禪하고 各自有道니라 忽有人이 問你하되 作麼生是禪아 是道아인댄 作麼生祇對他오」

　　僧乃問하되「旣各有禪道한대 從上至今語話는 爲什麼니잇고」

　　師云하되「爲你遊魂이니라」

　　學云하되「未審如何爲人니잇고」

　　師乃退身하고 不語로다

　　스님께서 대중에게 말씀하셨다.

　　「각자에게 선(禪)이 있고, 각자에게 도(道)가 있다. 홀연히 어떤 사람이 『무엇이 선이고 무엇이 도냐?』고 물을진댄 어떻게 그에게 대답하겠느냐?」

　　한 스님이 물었다.

　　「이미 각자에게 선(禪)과 도(道)가 있다면, 예부터 지금까지 하신 말씀은 무엇을 위함입니까?」

　　「자네의 떠도는 혼을 위해서니라.」

　　「모르겠습니다. 어떻게 사람을 위하신다는 겁니까?」

　　조주 스님께서 몸을 뒤로 물리고는 말씀이 없었다.

| 학산 대원 曰 |

『조당집』에서 이르되, 운거 화상에게 어떤 이가 물었다.

"어떤 공부를 해야 외도가 마음을 숙여 항복합니까?"

"모든 것을 모두 쉬느니라."

"해지고 때 묻은 옷을 입은 소식은 무엇입니까?"

"더욱 높아지느니라."

"그렇다면 교화를 나타내어 여러 근기를 제도했겠습니다."

"그런 일이 있다고 여기지는 않느니라."

산승이 송하되,

退身無言 放大光明

眉如初月 眼似流星

몸을 뒤로 물러나 말이 없다고 하니 대광명을 놓음이요.

눈썹은 초승달 같고 눈은 유성과 같음이로다.

128則

師示衆云하되「不得閒過念佛念法하라」

僧乃問하되「如何是學人自己念이닛고」

師云하되「念者是誰아」

學云하되「無伴이니이다」

師叱하되「者驢인저」

스님께서 대중에게 말씀하셨다.

「한가로이 지내지 말고 염불(念佛)하고 염법(念法)하여라.」

한 스님이 물었다.

「어떤 것이 학인 자신의 염(念)입니까?」

「염하는 이가 누구인가?」

「짝이 없습니다.」

스님께서 꾸짖으며 말했다.

「이 당나귀야!」

禪門拈頌 480則 –「念佛」

雲門杲가 擧此話云하되

這僧雖然無伴이나   저 스님이 비록 짝이 없다고 말하였으나

成群作隊하야   패거리를 만들어서는

聒擾殺人이로다   몹시도 요란스럽게 함이로다.

趙州雖好一頭驢나   조주가 비록 좋은 한 마리 나귀이나

只是不會喫草로다　　다만 풀을 먹을 줄 모름이로다.

拈頌說話 - 「念佛」

【念佛】

師示衆云하되「不得閒過念佛念法하라」

僧乃問하되「如何是學人自己念이닛고」

師云하되「念者是誰아」

學云하되「無伴이니이다」

師叱하되「者驢인저」

스님께서 대중에게 말씀하셨다.

「한가로이 지내지 말고 염불하고 염법하여라.」

한 스님이 물었다.

「어떤 것이 학인 자신의 염입니까?」

「염하는 이가 누구인가?」

「짝이 없습니다.」

스님께서 꾸짖으며 말했다.

「이 당나귀야!」

《念佛念法者》는 念在於心이니 則更無第二念佛念法也로다 故問하되

「如何是學人自己念」이로다

《念者是誰者》는 亦須驗看也로다

《無伴者》는 既是自己念故로 獨一無伴也로다

《叱云這驢者》는 所見猶未得尊貴也로다

《염불이나 염법》은 염하는 것이 마음에 있으니, 다시 제2의 염불이나 염법

이 없다는 뜻이다. 그러므로 「어떤 것이 학인 자신의 염입니까?」 하고 물은
것이다.

《염하는 이가 누구인가》는 또한 모름지기 감정해보아야 한다는 것이다.

《짝이 없다》는 것은 이미 자신이 염하고 있는 고로 독립하여 하나의 짝도
없다는 것이다.

《꾸짖으면서 당나귀라고 말한 것》은 소견이 아직 존귀하지 못하기 때문이다.

【雲門】

這僧雖然無伴이나	저 스님이 비록 짝이 없다고 말하였으나
成群作隊하야	패거리를 만들어서는
聒擾殺人이로다	몹시도 요란스럽게 함이로다.
趙州雖好一頭驢나	조주가 비록 좋은 한 마리 나귀이나
只是不會喫草로다	다만 풀을 먹을 줄도 모름이로다.

《這僧雖無伴云云者》는 如云何偕來之多也로다

《趙州云云者》는 雖然更高一著이언정 不能逢草喫草로다

《저 스님이 비록 짝이 없다 운운》한 것은 『어찌하여 함께 온 자가 많은가?』
와 같다.

《조주 운운》한 것은 비록 다시 한 단계 높아진다 하더라도 풀을 만나거나
풀을 먹지 못한다는 것이다.

| 학산 대원 曰 |

짝이 없다[無伴]고 하면 벌써 짝이 있으니 혹을 붙인 것이다. 그러니 자기도 모
르게 계교하는 나귀가 되었다고 꾸짖었다.

劍鋒著下落 日光珊瑚枝

칼끝에 닿으면 모두 떨어져버린다. 햇빛이 산호 가지를 비추니 빛이 난다.

염자시수(念者是誰)는 사람이라는 한도 내에서 '염하는 자는 누구냐?' 하는 것이다.

이 뭣고는 사람이라는 한계를 지어놓고 '무엇이냐?' 하는 것이 아니다. 컵을 들면서도 '이것이 무엇인고?', 주장자를 들면서도 '이것이 무엇인고?' 한다. 이 뭣고는 한계가 지어진 게 없다.

孤月獨照 千江月印
無件者驢 早落第二
喝
人心難滿 溪壑易塡

외로운 달이 홀로 비치니 천강에 인(印)을 침이로다.

짝이 없다고 하는 나귀여! 벌써 제2에 떨어졌다.

악!

사람의 마음은 채우기 어렵지만, 계곡은 메우기 쉽도다.

129則

上堂示衆云하되「若是第一句인댄 與祖佛爲師하고 第二句인댄 與人天爲師하며 第三句인댄 自救不了로다」

有僧問하되「如何是第一句니잇고」

師云하되「與祖佛爲師니라」

師又云하되「大好從頭起로다」

學人再問하니 師云하되「又卻人天去也로다」

스님께서 대중에게 말씀하셨다.

「만약 제1구에서 알면 조사와 부처의 스승이 되고, 제2구에서 알면 인간과 천상의 스승이 되며, 제3구에서 알면 자신도 구하지 못한다.」

한 스님이 물었다.

「어떤 것이 제1구입니까?」

「조사와 부처의 스승이 되는 것이다.」

스님께서 다시 말씀하셨다.

「첫머리부터 제기한 것이 크게 좋도다.」

학인이 다시 묻자, 스님께서 말씀하셨다.

「다시 도리어 인간과 천상으로 가는구나.」

| 학산 대원 曰 |

一點黑水 兩處成龍
一箭透三 鐵林一紅
한 점 먹물이 두 곳에서 용을 이루니
한 화살이 삼관을 뚫고 지나가는데, 쇠로 된 수풀이 하나의 붉은 꽃이로다.

130則

師示衆云하되「是는 他不是不將來요 老僧不是不祗對로다」

僧云하되「和尙은 將什麼祗對니잇고」

師長吁一聲하니

(僧)云하되「和尙은 將這個祗對인댄 莫辜負學人也無니잇고」

師云하되「你適來肯我인댄 我卽辜負你이나 若不肯我인댄 我卽不辜負你니라」

스님께서 대중에게 말씀하셨다.

「이것은 다른 사람이 묻지 않은 것도 아니요, 노승이 대답해주지 않은 것도 아니다.」

한 스님이 말하였다.

「화상께서는 장차 무엇으로 대답하시렵니까?」

조주 스님께서 길게 한숨을 쉬자,

그 스님이 말하였다.

「화상께서 장차 이렇게 대답하신다면 학인을 저버리는 것이 아니겠습니까?」

「자네가 방금 나를 긍정했더라면 내가 자네를 저버린 것이나, 자네가 나를 긍정하지 않았다면 내가 자네를 저버린 것은 아니니라.」

| 학산 대원 曰 |

학승이 구체적인 이론으로 알려고 하지 이심전심(以心傳心)으로 알아차림이 없으니 조주는 한숨을 쉬었다. 눈앞에 보기 이전에 알아차려도 십만팔천 리로다[目前以前 卽知 十萬八千里].

彈指圓成八萬門
家家門前通長安
손가락을 튕기니 팔만법문이 원만히 이뤄지고
집집마다 문 앞은 장안으로 통한다.

131則

師示衆云하되「老僧今夜에 答話去也니 解問者出來하라」
有僧이 才出禮拜하니
師云하되「比來抛磚引玉이어늘 只得個墼子로다」

스님께서 대중에게 말씀하셨다.
「내가 오늘 저녁에는 대답을 해줄 것이니, 질문을 할 사람은 나오너라.」
한 스님이 바로 나와서 절을 하니, 스님께서 말씀하셨다.
「벽돌을 던져서 옥구슬을 얻으려고 했거늘, 다만 굽지도 않은 날벽돌을
얻었음이로다.」[207]

---

207 『선문염송』에는 본문에 이어지는 추가된 내용이 있다.
　　法眼이 擧問覺鐵觜하되「先師意作麼生고」
　　覺云하되「如國家拜將이니라」하고 乃問하되「甚人去得고」
　　時有人出云하되「某甲이 去得이니이다」
　　云하되「爾去不得이니라」
　　法眼云하되「我會也로다」
　　법안이 이 이야기를 들어서 각철취 스님에게 물었다.
　　「조주 선사의 뜻이 무엇입니까?」
　　각철취가 이르되「국가에서 장군에게 벼슬을 내리는 것과 같다.」하고는 이에
　　물었다.「어떤 사람이 가겠는가?」
　　그때 어떤 사람이 나와서 말했다.
　　「제가 가겠습니다.」
　　「너는 가지 못하느니라.」
　　(그러자) 법안이 말했다.
　　「나는 알았소이다.」

禪宗頌古聯珠 -「答話」

慈受深이 頌하되

探竿影草幾人知오　　　장대[探竿]와 도롱이[影草]로 살피는 줄•

　　　　　　　　　　　몇이나 알까

正似將軍一面旗로다　　바로 장군의 한 폭의 깃발과 같음이로다.

斬將安營都在我하니　　장수를 참하고 막사를 주둔함이 다 내게

　　　　　　　　　　　달렸음이니

倒騎鐵馬上須彌로다　　철마를 거꾸로 타고 수미산을 오름이로다.

● 장대와 도롱이로 살피다[探竿影草]

'탐간영초(探竿影草)'는『임제록』에 보이는 구절로 선가(禪家)의 스승이 학인의 기량을 시험하는 것을 의미한다. 본래 두 가지 의미가 있다. 다음과 같다.

① '탐간(探竿)'과 '영초(影草)'는 모두 어부의 도구이다. '탐간'은 긴 장대 끝에 가마우지 깃털을 묶어 물속을 쑤셔서 물고기들을 한 곳으로 유인하여 투망을 던지는 것을 말하며, '영초'는 풀을 베어 물속에 던져놓고 고기 떼가 그 풀 더미 속에 숨기를 기다려서 고기를 잡는 것을 말한다.

② '탐간'과 '영초'는 모두 도둑의 도구이다. '탐간'은 장대를 창문이나 벽 등의 구멍으로 넣고 흔들어 방의 사람이 깨어있는지 살피는 것을 말하며, '영초'는 도둑이 몸을 감추기 위해 볏짚 등으로 만든 도롱이를 입는 것을 말한다.

『임제록』의 내용은 다음과 같다.

師問僧하되

「有時一喝은 如金剛王寶劍이요

有時一喝은 如踞地金毛獅子요

有時一喝은 如探竿影草요

有時一喝은 不作一喝用이니 汝作麼生會오」

僧擬議한대 師便喝하다.

임제 스님이 한 스님에게 물었다.

「어떤 때의 할은 금강왕의 보검과 같음이요,

어떤 때의 할은 땅에 웅크린 금빛털의 사자와 같음이요,

어떤 때의 할은 장대와 도롱이를 가지고 살피는 것과 같음이요,

어떤 때의 할은 할의 작용을 하지 않는다.

너는 어떻게 하겠는가?」

그 스님이 헤아려서 말하려 하자 임제 스님이 바로 할 하였다.

圓悟勤이 頌하되

千年田八百主니   천 년 된 밭에는 임자도 8백 명이니●

誰當機辨來處오   누가 근기와 분별해 오는 자리를 감당하리오.

趙州要答話하니   조주가 대답을 해주겠다고 하니

抛磚引璧子로다   구운 벽돌을 던져서 날벽돌만 얻음이로다.

覺老話端倪가   각철취 노인 이야기의 실마리는

如拜將相似로다   장군에게 벼슬을 내리는 것과 같음이로다.

去得去不得이라하니   간다고도 하고 가지 못한다고도 하니

言下分緇素로다   말끝에 검은 것과 흰 것이 나뉨이로다.

箇裏高於萬仞峰이라   그곳은 만 길 봉우리보다 높아서

不動纖毫擒佛祖로다   털끝만큼 움직이지 않고도 부처와 조사를
                                       사로잡음이로다.

崇寧效古所作하야   내[崇寧, 원오근의 고향]가 옛사람의 흉내를 내어

答話去也로다   대답을 해주는 것이로다.

或有个出來하면   누군가가 나서는 자가 있다면

只向伊道了로다   그에게 대답을 마쳤다고 하겠노라.

● **천 년 된 밭에 임자도 8백 명이니**

천 년 된 밭이라는 것은 상고(上古)시대에 시행했던 토지제도인 정전법(井田法)에서 쓰인 밭을 이야기한다. 정전법이란 사방(四方)으로 1리(里, 400미터)의 토지를 '우물 정(井)' 자 모양으로 9등분하여, 주위의 8구획은 8호(戶)의 집에서 각기 사전(私田)으로서 경작하고, 중심의 1구획은 공전(公田)으로서 8호가 공동으로

경작하여 정부에 바치는 조세로 할당하였다. 정전법을 시행하면 8가구의 주인이 생기는 셈이 되니, 천 년이라고 치면 땅 임자도 8가구가 매 10년마다 한 번씩 바뀌면 도합 8백 번이나 바뀌게 된다.

| 학산 대원 曰 |

靑天不變
白雲千形
日月沈海
天地明朗

푸른 하늘은 변하지 않고
흰 구름은 온갖 모양으로 나투네.
해와 달은 바다에 잠기고
천지는 밝고 밝도다.

禪門拈頌 433則 - 「答話」

長慶이 問覺上座하되
「這僧이 才出禮拜어늘 爲甚麼하야 便收伊爲礐子오」
覺云하되「適來那邊에 亦有人恁麼問이니라」
慶云하되「向伊道什麼오」
云하되「也向伊恁麼道니라」

장경이 각철취 상좌에게 물었다.
「저 스님이 바로 나와서 절을 했거늘, 어찌해서 곧장 그에게 받은 것을 날벽돌이라 했습니까?」
「방금 여기에서도 어떤 사람이 그렇게 묻더군.」

「그에게 무엇이라고 말씀하셨습니까?」

「그에게도 그렇게 말해주었다.」

玄覺이 徵하되

「什麼處却成墼子去오 叢林中에 道하되『才出來에 便成墼子라』하니 只
如每日出入하고 行住坐臥어늘 不可惣成墼子也니 且道하라 這僧出來
가 具眼가 不具眼가」

현각이 징(徵, 질문을 던짐)하되,

「어느 자리에서 도리어 날벽돌이 되었다는 것인가? 총림 가운데 말하기를
『바로 나오자마자 곧 날벽돌이 되었다.』라고 하는데, 예컨대 매일 출입하고
다니고 멈추고 앉고 눕고 하는 것이거늘, 모든 행동이 날벽돌이 되지는 않
을 것이다. 자, 일러보아라. 저 스님이 나온 것이 안목을 갖춘 것인가? 안목
을 갖추지 못한 것인가?」

保壽가 拈하되 「射虎不眞하야 徒勞沒羽니라」

보수가 염하되,

「범을 쏘았으나 진짜가 아니라서● 헛되이 화살만 낭비했음이로다.」

● **범을 쏘았으나 진짜가 아니라서[射虎不眞]**

한(漢)의 장수인 이광(李廣)의 고사(故事)를 말한다. 『사기』「이장군열전(李將軍列
傳)」에 보인다. 다음과 같다.

廣이 出獵할새 見草中石하고 以爲虎而射之하니 中石沒鏃한대 視之하니 石也
라. 因復更射之나 終不能復入石矣러라

이광이 사냥을 나갔다가 풀 속의 돌을 보고 범인 줄 착각하고 활을 쏘았더니, 돌
에 명중하여 화살촉까지 돌 속에 박혀 들어갔다. 자세히 살펴보니 돌이었다. 그
래서 다시 쏘아 보았으나 끝내 화살촉을 돌에 꽂을 수 없었다.

雪竇顯이 拈하되

「令利漢은 聞擧하고 便知落處하리라 然雖如此나 放過覺鐵觜로다 夫宗師는 語不虛發이라 出來인댄 必是作家어늘 因什麼하야 拋塼引甎오 諸禪德아 要識趙州麼아 從前汗馬를 無人見하고 只要重論蓋大功이로다」

설두현이 염하되,

「영리한 사람은 제시한 것을 듣자마자 바로 낙처를 알리라. 비록 이와 같을지라도 각철취를 놓아 지나쳤음이로다. 무릇 종사(宗師)는 말을 헛되이 하지 않는다. 나왔을진댄 반드시 작가이거늘, 어찌하여 벽돌을 던져서 날벽돌을 얻었다 했는가? 여러 선덕(禪德)들아! 요컨대 조주를 알아야 할지니라. 이전에 땀 흘린 말[馬]은 아무도 쳐다보지 않고 다만 세상을 덮을 큰 공[大功]만을 거듭 논함이로다.」

| 학산 대원 曰 |

말처럼 실지 체험한 것은 버리고 모르면서, 실지 체험이 없는 논공행상만 한다는 것이다.

蔣山勤이 拈하되

「諸方이 盡道하되『趙州는 得逸群之用이라 一期閒에 施設이 不妨自在어늘 遮僧은 要擊節扣關하야는 閃電光中에 卒着手脚不辦이요 覺鐵觜는 能近取譬하니 不墜家聲이요 法眼이 有通方鑑하야 便知落處라』한대 敢問하노니 旣是宗師인댄 爲什麼하야 拋塼只引得箇甎子오 試參詳看하라」

장산근이 염하되,

「제방에서 모두 말하기를,『조주는 무리 중에 뛰어난 쓰임을 얻어서 일생 동안 베푼 것이 대단히 자재로웠건만, 저 스님은 박자를 맞추고[擊節] 관문을 두드리다가[扣關] 번개가 번쩍하는 순간에 끝내는 손발을 쓰지도 못했다. (그러나) 각철취는 능히 가까운 데서 비유를 취했으니 집안의 명성을 떨어뜨리지 않았음이요, 법안은 사방에 통하는 견식이 있어서 바로 낙처(落處)를 알았도다.』라고 하는데, 감히 묻노니, 이미 종사일진댄 어찌하여 벽돌을 던져서 다만 날벽돌만 얻었는가? 참구하고 자세히 살펴보라.」

拈頌說話 – 「答話」

【答話】

師示衆云하되「老僧今夜에 答話去也니 解問者出來하라」
有僧이 才出禮拜하니
師云하되「比來抛磚引玉이어늘 只得個墼子로다」
法眼이 擧問覺鐵觜하되「先師意作麼生고」
覺云하되「如國家拜將이니라」하고 乃問하되「甚人去得고」
時有人出云하되「某甲이 去得이니이다」
云하되「爾去不得이니라」
法眼云하되「我會也로다」

스님께서 대중에게 말씀하셨다.
「내가 오늘 저녁에는 대답을 해줄 것이니, 질문을 할 사람은 나오너라.」
한 스님이 바로 나와서 절을 하니, 스님께서 말씀하셨다.
「벽돌을 던져서 옥구슬을 얻으려고 했거늘, 다만 굽지도 않은 날벽돌을 얻었을 뿐이로구나.」
법안이 이 이야기를 들어서 각철취 스님에게 물었다.
「조주 선사의 뜻이 무엇입니까?」
각철취가 이르되「국가에서 장군에게 벼슬을 내리는 것과 같다.」하고는 이에 물었다. 「어떤 사람이 가겠는가?」

그때 어떤 사람이 나와서 말했다.

「제가 가겠습니다.」

「너는 가지 못하느니라.」

(그러자) 법안이 말했다.

「나는 알았소이다.」

《今夜答話去云云者》는 古叢林에서 引德山『今夜에 不答話問話者는 三十棒이라』하고 相爲表裏者나 非也라 此答話는 彼不答話言과 雖異나 其實義一也라

《오늘 저녁에 대답해줄 것이니 운운》한 것은 옛 총림에서 덕산 선사가『오늘 저녁에 묻는 말에 대답하지 못하는 사람은 몽둥이 서른 방이다.』한 것을 인용하고 서로 표리가 된다고 했으나, 그렇지 않다. 저 대답한 것[答話]이 대답하지 못한 것[不答話言]과 비록 다르지만 그 실제 뜻은 하나이다.

《有僧이 出禮拜者》는 具眼不具眼也로다
《比來抛塼引玉云云者》는 花而不實하야 不能濟事耶아
擧唱之談은 亦只要重論蓋大功故로 覺云하되「國家拜將云云」은 非但答話絶斷也어니와 亦有辨他明昧得失也로다 法眼云하되「我會也로다」는 會得此義也로다
《한 스님이 나와서 절을 한 것》은 「안목을 갖춘 것인가? 아니면 안목을 갖추지 못한 것인가?」에 해당하는 대목이다.
《벽돌을 던져서 옥구슬을 얻으려고 했더니 운운》한 것은 꽃은 피었으나 열매를 맺지 못하여 일을 이루지 못했다는 뜻인가?
선문답[擧唱之談]은 또한 세상을 덮을만한 큰 공[大功]인가를 신중히 논해야만 한다. 때문에 각철취가「국가에서 장군에게 벼슬을 내리는 것과 같다 운운」한 것은 비단 대답을 끊은 것뿐만 아니라 저 공안의 밝음과 어두움,

득과 실을 분별함이 있는 것이다. 법안이 「나는 알았소이다.」한 것은 이 의미를 알았다는 뜻이다.

【圓悟】

圓悟勤이 頌하되

千年田八百主니	천 년 된 밭에는 임자도 8백 명이니
誰當機辨來處오	누가 근기와 분별해 오는 자리를 감당하리오.
趙州要答話하니	조주가 대답을 해주겠다고 하니
抛磚引擊子로다	구운 벽돌을 던져서 날벽돌을 얻음이로다.
覺老話端倪가	각철취 노인 이야기의 실마리는
如拜將相似로다	장군에게 벼슬을 내리는 것과 같음이로다.
去得去不得이라하니	간다고도 하고 가지 못한다고도 하니
言下分緇素로다	말끝에 검은 것과 흰 것이 나뉨이로다.
箇裏高於萬仞峰이라	그곳은 만 길 봉우리보다 높아서
不動纖毫擒佛祖로다	털끝만큼 움직이지 않고도 부처와 조사를 사로잡음이로다.
崇寧效古所作하야	내가 옛사람의 흉내를 내어
答話去也로다	대답을 해주는 것이로다.
或有个出來하면	누군가 나서는 자가 있다면
只向伊道了로다	그에게 대답을 마쳤다고 하겠노라.

《千年田者》는 中間公田은 千年不易이나 要答話地는 時節也라
《八百主者》는 八家가 皆私百畝하며 同養公田하니 故云八百主也로다
喻單複四句也로다 則索得解問的之意也로다 故云하되 「誰當機云云」하고 下云하되 「趙州要答話云云」하니 不其然乎아
《천 년 된 밭》은 중간의 공전(公田)은 천 년 동안 주인이 바뀌지 않았으나,

요컨대 대답하는 경지는 시절마다 주인이 다르다는 뜻이다.

《밭 임자가 800명》은 8가구가 모두 사전(私田) 100묘를 소유하며 함께 공전(公田)을 경작했기 때문에 밭 임자가 800명이라고 말한 것이다. 비유하기를 단사구(單四句)와 복사구(複四句)*의 관계와 같이한 것이니, 즉 질문에 적중(的中)하는 뜻을 찾은 것이다. 그렇기 때문에 말하기를 「누가 근기를 감당하겠는가 운운」 하였고, 아래에 말하기를 「조주가 대답을 해주겠다고 하니 운운」 한 것이다.

그렇지 아니한가?

● **단사구(單四句)와 복사구(複四句)**

  단사구(單四句)와 복사구(複四句)는 사구(四句) 가운데 일부이다. 영명 연수 선사의 『종경록』에 따르면 단사구·복사구·구족사구(具足四句)·절언사구(絶言四句)로 이루어져 나가는 형식이다. 정전법(井田法)이 공전(公田)을 중심으로 구성된 것처럼 단사구를 중심으로 계속 글자를 중첩해나가는 형식으로 이루어져 있다. 『종경록』에서 인용된 부분은 다음과 같다.

  單四句者는
  一 「有」요
  二 「無」요
  三 「亦有亦無」요
  四 「非有非無」로다
  단사구는
  첫째 「있음」이요
  둘째 「없음」이요
  셋째 「있기도 하고 없기도 함」이요
  넷째 「있는 것도 아니고 없는 것도 아님」이로다.

  複四句者는
  一 「有有하며 有無」요
  二 「無有하며 無無」요
  三 「亦有亦無有하며 亦有亦無無」요
  四 「非有非無有하며 非有非無無」로다

복사구는

첫째 「'있음'이 있으며 '있음'이 없음」이요

둘째 「'없음'이 있으며 '없음'이 없음」이요

셋째 「'있기도 하고 없기도 함'이 있으며 '있기도 하고 없기도 함'이 없음」이요

넷째 「'있는 것도 아니고 없는 것도 아님'이 있으며 '있는 것도 아니고 없는 것도 아님'이 없음」이로다.

而言複者는 四句之中皆說有無로다

겹친다고 말한 것은 사구 가운데 모두 '있음'과 '없음'을 말하기 때문이다.

《覺老話云云者》爲他趙州辨白也로다 上所言「辨來處」也로다 故云「言下分緇素」也로다

《각철취 노인 이야기 운운》한 것은 저 조주를 위하여 변명해준 것이다. 위에서 말한 「분별해 오는 자리[辨來處]」이다. 때문에 「말끝에 검은 것과 흰 것이 나뉜다.」라고 말하였다.

《箇裏至佛祖者》重明答話之意也로다

《그곳은 ~ 부처와 조사를 사로잡음이로다》는 대답의 의미를 거듭 밝힌 것이다.

《了者》答話了也로다 一字法門이 海墨書而不盡이러니 有答話意하며 有辨白意也로다

《마쳤다》는 것은 대답을 마쳤다고 한 것이다. 한 글자의 법문이 바다를 먹으로 삼아 글을 쓰더라도 다하지 않나니, 대답하는 뜻도 있으며 변명하는 뜻도 있다.

【長慶】

長慶이 問覺上座하되

「這僧이 才出禮拜어늘 爲甚麼하야 便收伊爲塹子오」

覺云하되「適來那邊에 亦有人恁麼問이로다」

慶云하되「向伊道什麼오」

云하되「也向伊恁麼道로다」

장경이 각철취 상좌에게 물었다.

「저 스님이 바로 나와서 절을 했거늘, 어찌해서 곧장 그에게 받은 것을 날벽돌이라 했습니까?」

「방금 여기에서도 어떤 사람이 그렇게 묻더군.」

「그에게 무엇이라고 말씀하셨습니까?」

「그에게도 그렇게 말해주었다.」

《這僧至塹子者》는 非問是道得也로다 非趙州謂這僧伊麼出來便成塹子也로다 覺答은 通對此意也로다

《저 스님이 ~ 날벽돌이라 했습니까?》는 이것에 대해 말해줄 것이라고 질문한 것이 아니다. 조주는 저 스님이 이와 같이 나오자마자 날벽돌이 되었다고 말한 것이 아니다. 각철취의 대답은 이런 뜻에 대하여 두루 통한 것이다.

【玄覺】

玄覺이 徵하되

「什麼處却成塹子去오 叢林中에 道하되『才出來에 便成塹子라』하니 只如每日出入하고 行住坐臥어늘 不可惣成塹子也니 且道하라 這僧出來가 具眼가 不具眼가」

현각이 징하되,

「어느 자리에서 도리어 날벽돌이 되었다는 것인가? 총림 가운데 말하기를 『바로 나오자마자 곧 날벽돌이 되었다.』라고 하는데, 예컨대 매일 출입하고 다니고 멈추고 앉고 눕고 하는 것이거늘, 모든 행동이 날벽돌이 되지는 않

을 것이다. 자, 일러보아라. 저 스님이 나온 것이 안목을 갖춘 것인가? 안목을 갖추지 못한 것인가?」

亦是長慶問覺上座意也로다
이것도 장경이 각철취 상좌에게 질문한 의미이다.

【保壽】

保壽가 拈하되
「射虎不眞하야 徒勞沒羽니라」
보수가 염하되,
「범을 쏘았으나 진짜가 아니라서 헛되이 화살만 낭비했음이로다.」

不辨來機를 是「射虎不眞」也로다 趙州乃是眞射虎者也로다
오는 근기[來機]를 분별하지 못함을 두고 「범을 쏘아도 진짜 범이 아니다[射虎不眞].」라고 하였다. 조주는 이에 진짜로 범을 쏘았음이로다.

【雪竇】

雪竇顯이 拈하되
「剱利漢은 聞擧하고 便知落處하리라 然雖如此나 放過覺鐵觜로다 夫宗師는 語不虛發이라 出來인댄 必是作家어늘 因什麽하야 抛塼引塹오 諸禪德아 要識趙州麽아 從前汗馬를 無人見하고 只要重論蓋大功이로다」
설두현이 염하되,
「영리한 사람은 제시한 것을 듣자마자 바로 낙처를 알리라. 비록 이와 같을지라도 각철취를 놓아 지나쳤음이로다. 무릇 종사는 말을 헛되이 하지 않는다. 나왔을진댄 반드시 작가이거늘, 어찌하여 벽돌을 던져서 날벽돌을 얻었다 했는가? 여러 선덕들아! 요컨대 조주를 알아야 할지니라. 이전에 땀 흘린 말은 아무도 쳐다보지 않고 다만 세상을 덮을 큰 공만을 거듭 논함이로다.」

《剱利云云者》는 雪竇도 亦不放過覺鐵觜也로다 亦似趙州手段也.

《宗師語不云云者》는 趙州는 非徒謂這僧不具眼伊麼道也로다

《從前汗馬云云者》는 弄見這僧出來禮拜功也로다

《영리한 사람 운운》한 것은 설두 역시도 각철취를 놓치지 않았다는 것이다. 또한 조주의 수단과도 같다.

《종사는 말을 헛되이 운운》한 것은 조주가 다만 저 스님이 안목을 갖추지 못하여 그렇게 말한 것이 아니라는 뜻이다.

《이전에 땀 흘린 말은 운운》한 것은 저 스님이 나와서 절한 공로를 장난으로 나타낸 것이다.

【蔣山】

蔣山勤이 拈하되

「諸方이 盡道하되『趙州는 得逸群之用이라 一期間에 施設이 不妨自在어늘 遮僧은 要擊節扣關하야는 閃電光中에 卒着手脚不辦이요 覺鐵觜는 能近取譬하니 不墜家聲이요 法眼이 有通方鑑하야 便知落處라』한대 敢問하노니 旣是宗師인댄 爲什麼하야 抛塼只引得箇塹子오 試參詳看하라」

장산근이 염하되,

「제방에서 모두 말하기를,『조주는 무리 중에 뛰어난 쓰임을 얻어서 일생 동안 베푼 것이 대단히 자재로웠건만, 저 스님은 박자를 맞추고 관문을 두드리다가 번개가 번쩍하는 순간에 끝내는 손발을 쓰지도 못했다. (그러나) 각철취는 능히 가까운 데서 비유를 취했으니 집안의 명성을 떨어뜨리지 않았음이요, 법안은 사방에 통하는 견식이 있어서 바로 낙처를 알았도다.』라고 하는데, 감히 묻겠노니, 이미 종사일진댄 어찌해서 벽돌을 던져서 다만 날벽돌만 얻었는가? 참구하고 자세히 살펴보라.」

諸方商量이 不道不是나 只是未免得失이러니 須知宗師有辨得失之意로다 故囑云「參詳看」이로다

제방에서 헤아리는 것이 옳지 않다 말하지 못하나 다만 득실(得失)을 면치 못했을 뿐이니, 모름지기 종사일진댄 득실을 분별하는 뜻이 있음을 알아야만 한다. 때문에 당부하여 이르되「참구하고 자세히 살펴보라[參詳看]」하였다.

| 학산 대원 曰 |

王手中劍任殺活
何人免得手中劍
闍梨銅睛破王宮
踢出首級賀太平

왕의 수중의 검으로 마음대로 죽이고 살리니
어떤 사람이 수중의 검을 면하겠는가?
눈 밝은 이가 왕궁을 부수어버리고
왕의 수급(首級)을 밟고 뛰어나니 그야말로 태평일세.

132則

問하되「狗子還有佛性也無니잇고」

師云하되「無니라」

學云하되「上至諸佛로 下至螘子러니 皆有佛性이어늘 狗子爲什麼無니
잇고」

師云하되「爲伊有業識性在니라」

학인이 물었다.

「개에게도 불성이 있습니까, 없습니까?」

「없다.」

「위로는 모든 부처님과 아래로는 개미에 이르기까지 모두 불성이 있다고
했는데, 개는 어찌하여 없습니까?」

「개는 업식(業識)의 성품이 있기 때문이니라.」[208]

---

208 『선문염송』에는 본문에 이어지는 추가된 내용이 있다.

趙州因僧問하되「狗子還有佛性也無니잇고」

師云하되「有니라」

僧云하되「旣有인댄 爲什麼하야 却撞入者个皮袋니잇고」

師云하되「爲他知而故犯이니라」

조주에게 어떤 스님이 물었다.

「개에게도 불성이 있습니까, 없습니까?」

「있다.」

「이미 있다고 할진댄 어찌하여 저 가죽 주머니에 들어갔습니까?」

「저가 알면서도 고의로 범했기 때문이니라.」

禪宗頌古聯珠 - 「佛性」

佛印元이 頌하되

大用全機得自由하야   큰 활용과 모든 기틀에 자유자재함을 얻어서
有無雙放却雙收로다   있고 없음을 모두 놓고 도리어 모두 거둠이로다.
幾多業識逢人犬고   얼마나 많은 업식들이 사람과 개를 만났으리오
從此時時憶趙州로다   이로 좇아 때때로 조주를 생각함이로다.

圓通秀가 頌하되

少年學解昧宗途러니   소년 시절 알음알이로 공부하여 종문의 길에
                   어둡더니
老倒依還滯有無로다   늙어져서도 여전히 있다, 없다에 막힘이로다.
古佛純金誰辨色고   오래된 불상이 순금인 줄 누가 분별하려는고
惑爲機智競躊躇로다   미혹하여 기지로만 경쟁하며 주저함이로다.
莫躊躇하라   주저하지 말라.
話有談無須是渠로다   있다 말하고 없다 말함은 모름지기 그대뿐이로다.

普融平이 頌하되

有無雙放復雙收하니   있다, 없다를 쌍으로 놓고 다시 쌍으로 거두니
趙老機關世莫儔로다   조주 노인 기틀의 관문은 세상에 짝이
                   없음이로다.
試上海門高處望하니   시험 삼아 바다 어귀 높은 곳에서 바라보니
千江萬派盡東流로다   천 개의 강과 만 개의 파도 모두 동쪽으로
                   흐름이로다.

慈受深이 頌하되

趙州口裏有雌黃한대　조주의 입 안에 자황(雌黃)²⁰⁹이 있는데

句下誰人見短長고　말귀 밑에 어느 누가 길고 짧음을 보리오.

堪笑幾多逐塊狗여　우습도다, 얼마나 많은가! 진흙을 쫓는 개들이여

夜深無故吠虛堂이로다　밤이 깊은데 연고 없이 빈 사당을 보고
　　　　　　　　　　　짖어댐이로다.

成枯木이 頌하되

道有道無無剩語하니　있다고 말하고 없다고 말해도 군더더기가 없으니

千呼萬喚不回頭로다　천 번 부르짖고 만 번 불러도 돌아보지
　　　　　　　　　　않음이로다.

尋香逐氣隨他去하면　냄새 찾고 기운 쫓아 저를 따라간다면

空使流光暗度秋로다　헛되이 시간만 보내고 모르는 새 가을만
　　　　　　　　　　지나감이로다.

正覺逸이 頌하되

有佛性無佛性이라하니　불성이 있다고도 하고 불성이 없다고도 하니

正却倒倒却正이로다　바른 건 뒤집어지고, 뒤집힌 건 도리어 바로
　　　　　　　　　　됨이로다.

踏破澄潭水하고　맑은 못물을 밟아 문지르고

坳折無星秤이로다　눈금 없는 저울을 꺾어버림이로다.

火熱水面紅이요　불이 활활 타오르니 수면이 붉어지고

橛從空裏釘이로다　허공 속에 말뚝을 박음이로다.

---

209 비소(砒素)와 유황(硫黃)의 화합물로 외과에 쓰이는 약의 한 가지. 독(毒)의 일종이다. 맑고 고운 누런 빛깔이 난다. 옛날 글씨를 고칠 때 자황을 사용하였다. 때문에 후에 시문(詩文)의 첨삭이나 변론(辯論)의 시비(是非)를 뜻하게 되었다.

肯類盲龜嚼死蛇하니　눈먼 거북이가 죽은 뱀을 먹으니
一對牙關緊咬定이로다　한 쌍의 어금니 굳게 다물고 있어야 하리라.

此師擧錄에
僧問趙州하되「狗子還有佛性也無니잇고」로 至「爲有業識在니라」하고
又僧問興善하되「狗子還有佛性也無니잇고」
善云하되「有니라」
僧云하되「和尙은 還有否아」
善云하되「我無니라」
僧云하되「一切衆生이 皆有佛性이어늘 和尙은 因何獨無니잇고」
善云하되「我非一切衆生이니라」
이것은 선사가 다음에 나오는 기록에 근거한 것이다.
어떤 스님이 조주에게 묻기를「개에게도 불성이 있습니까, 없습니까?」부터
「업식이 있기 때문이다」까지 하고,
또 어떤 스님이 흥선(興善) 선사에게 물었다.
「개에게도 불성이 있습니까?」
「있다.」
「화상께서는 도리어 있습니까?」
「나는 없느니라.」
「일체중생이 모두 불성이 있거늘 화상께서는 어찌하여 홀로 없다 하십니까?」
「나는 일체중생이 아니니라.」

地藏恩이 頌하되
趙州古佛言言中的하니　조주 고불은 말마다 과녁에 적중하니
話有話無燕金趙璧이로다　있다 말하고 없다 말함이 연나라 금과
　　　　　　　　　　　조나라 옥•이로다.
更有布衫重七斤하니　　다시 무명 적삼의 무게가 일곱 근•이라고 하니

天上人間無價直이로다　　천상과 인간의 모든 사람이 값을 정할 수 없음이로다.

● **연나라 금과 조나라 옥**

　　연나라의 황금대(黃金臺)와 조나라의 화씨벽을 말한다. 둘 다 값을 매길 수 없는 보물, 즉 무가지보(無價之寶)를 뜻한다.

　　연금(燕金)은 연나라의 소왕(昭王)이 어진 선비들을 불러모으기 위해 누각을 지었는데 이름을 '초현대(招賢臺)'라 하였다. 이후 누각 위에 선비들을 위해 황금을 쌓아놓자, 천하의 현자들이 모여들어 나라의 치세가 이루어졌다.

　　조벽(趙璧)은 조나라 혜문왕(惠文王)이 지니고 있던 변화의 옥을 말한다. 한때 강국인 진(秦)나라의 소양왕(昭襄王)이 성(城) 열다섯과 화씨벽을 맞바꾸자고 요청하였을 때, 난처한 상황을 명신 인상여(藺相如)의 기지로 무사히 가지고 돌아왔다.

● **무명 적삼의 무게가 일곱 근**

　　『조주록』 222칙에 나오는 구절이다. 다음과 같다.

　　問하되「萬法歸一한대 一歸何所니잇고」
　　師云하되「我在靑州作一領布衫한대 重七斤이니라」
　　학인이 물었다.
　　「만법이 하나로 돌아가는데, 하나는 어디로 돌아갑니까?」
　　「내가 청주에서 한 벌의 무명 적삼을 지었는데, 무게가 일곱 근이었느니라.」

瞎堂遠이 頌하되

佛性分明脫有無하니　　불성은 분명하게 있고 없음을 벗어난 것이니
醋酸何用挂葫蘆리오　　식초를 어디에 쓰려고 호리병에 걸어두는고．
薄霧輕煙留不住하고　　엷은 안개와 가벼운 연기는 머물지 않고
扁舟已過洞庭湖로다　　조각배는 이미 동정호를 지나감이로다.

● **식초를 어디에 쓰려고 호리병에 걸어두는고**

　　식초의 맛을 결정하는 데에는 호리병의 종류나 모양과는 상관이 없다는 말이다.

월강(月江) 선사의 게송에 다음과 같은 구절이 있다.

酒美從來無僻巷하고   술맛이 좋은 건 옛날부터 외진 골목과 상관이 없고
醋酸不在大葫蘆로다   식초의 맛은 큰 호리병에 있는 것이 아님이로다.

本覺一이 頌하되
狗子佛性無하고   개에게 불성이 없다고도 하고
狗子佛性有하니   개에게 불성이 있다고도 하니
從來只向兩頭走로다   지금까지 다만 양 끝을 향하여 달림이로다.
未能一鏃破雙關하고   한 화살로 두 관문을 깨뜨리지 못하고
業識依前還作狗로다   업식이 이전과 같아 도리어 개를 만듦이로다.

正堂辯이 頌하되
狗子佛性有라하니   개에게 불성이 있다 하니
毗盧愛飮彌勒酒로다   비로자나가 미륵의 술을 마시기 좋아함이로다.
狗子佛性無이라하니   개에게 불성이 없다 하니
文殊醉倒普賢扶로다   문수가 취해 넘어지니 보현이 부축함이로다.
扶到家中全酩酊하야   부축하여 집에 오는 중에 완전히 술에 취하여
胡言漢語罵妻奴로다   횡설수설로 처와 종을 꾸짖음이로다.

石菴珆가 頌하되
無여   없다 함이여
直路却縈紆하니   곧은 길이 도리어 굽으니
趙州東壁上에   조주는 동쪽 벽 위에
依舊挂葫蘆로다   예전처럼 호리병을 걸어두었음이로다.·
有여   있다 함이여
張公喫村酒한대   장씨가 마을에서 술 마셨는데

李公醉不醒하고　　　　이씨가 취하여 깨지 못하고
面南看北斗로다　　　　남쪽을 향하여서 북두성을 바라봄이로다.

● 조주는 동쪽 벽 위에 호리병을 걸어두었네
　『조주록』274칙에 나오는 구절이다. 다음과 같다.

　問하되「如何是祖師西來意니잇고」
　師云하되「東壁上挂葫蘆多少時也오」
　학인이 물었다.
　「어떤 것이 조사가 서쪽에서 오신 뜻입니까?」
　「동쪽 벽에다 호리병을 걸어둔지 얼마나 되었느냐?」

| 학산 대원 曰 |

一路入烟草
千山啼子規
南北無關係
手中弄靈珠
한 길로 안개 가득한 풀숲에 들어가니
천 산에 두견새가 운다.
남북에는 관계가 없으니
손안에 신령한 구슬을 희롱한다.

無菴全이 頌하되
狗子佛性無는　　　　개에게 불성이 없다 함은
斫額路上逢子湖로다　이마에 손을 얹고는 길 위에서 자호(子湖)•를
　　　　　　　　　　만남이로다.

業識性在遭一口하니   업식의 성품은 하나의 입을 만남에 달려있으니
大地全無碧眼胡로다   대지에 푸른 눈의 달마는 전혀 없음이로다.
狗子佛性有는   개에게 불성이 있다 함은
春風吹動千株柳로다   봄바람이 불어 천 그루의 버드나무를
                        움직이게 함이다.
知而故犯可憐生이여   알면서도 고의로 범한 가련한 중생이여
一一面南看北斗로다   하나같이 남쪽을 향하고는 북두성을
                        바라봄이로다.

● **자호(子湖)**

구주(衢州) 자호암(子湖巖) 이종(利蹤, 800~880) 선사를 말한다. 조주와 마찬가지로 남전 보원(南泉普願) 선사의 제자이다.『경덕전등록(景德傳燈錄)』제10권을 살펴보면 개[狗]를 비유하여 가르침을 내린 기록이 있다. 다음과 같다.

어느 날 상당하여 대중에게 가르침을 보이며 말했다.
「나[子湖]에게 개 한 마리가 있는데, 위로는 사람의 머리를 취하고, 중간으로는 사람의 심장을 취하고, 아래로는 사람의 발을 취하니, 헤아릴진댄 곧 몸을 잃고 목숨을 잃는다.」
이에 어떤 스님이 물었다.
「어떤 것이 자호의 한 마리 개입니까?」
「멍! 멍!」
임제 문하에 두 스님이 뵈러 와서 바야흐로 발[簾]을 걸려는데 선사가,「개 조심하라.」하니, 두 스님이 고개를 돌리자, 선사가 방장으로 돌아가버렸다.

無門開가 頌하되
狗子佛性이여   개의 불성이여
全提正令이로다   올바른 명령을 온전히 드러냄이로다.
纔涉有無하면   잠깐이라도 있음과 없음을 관계하려 한다면
喪身失命이로다   몸을 상하고 목숨을 잃음이로다.

眞淨文이 頌하되

言有業識在라하니　　　업식이 있기 때문이라고 말을 하니
誰云意不深고　　　　　누가 뜻이 깊지 못하다고 말하는가.
海枯終見底나　　　　　바닷물은 마르면 마침내 바닥을 볼 수 있으나
人死不知心이로다　　　사람은 죽어도 마음을 알 수 없음이로다.

五祖演이 頌하되

趙州露刀劒하니　　　　조주가 칼날을 드러내니
寒霜光燄燄이로다　　　찬 서릿발 같은 빛이 번쩍거림이로다.
更擬問如何하면　　　　다시 헤아려 어떠한가를 묻는다면
分身作數段이로다　　　몸이 여러 토막으로 쪼개지리로다.

寶峰祥이 頌하되

力壯年高膽更雄하야　　힘세고 나이 많고 담대하고 웅걸스러우니
淸風隨虎雲從龍이로다　맑은 바람은 범을 따르고 구름은 용을
　　　　　　　　　　　쫓음이로다.
喡喋無限尋聲跡이나　　개가 으르렁거리며 끝없이 소리와 자취
　　　　　　　　　　　찾으려 해도
挂角羚羊不見蹤이로다　나무에 뿔 걸고 있는 영양의 자취를 찾지
　　　　　　　　　　　못함이로다.

鼓山珪가 頌하되

宣德門前過라가　　　　선덕문(宣德門, 궁궐의 문) 앞을 지나다가
回頭便招禍로다　　　　고개를 돌려 화를 부름이로다.
若要無事時인댄　　　　만약 아무 일 없기를 바랄진댄
且歸堂裏坐하라　　　　돌아가 집안에 앉아있을지어다.

徑山杲가 頌하되

有問狗佛性하니	개에게 불성이 있는지 물으니
趙州答曰無로다	조주는 없다[無]고 대답함이로다.
言下滅胡族이라도	말이 떨어지자마자 오랑캐를 없애더라도
猶爲不丈夫로다	오히려 대장부가 못 됨이로다.

| 학산 대원 曰 |

四顧無依支 賊身已露

사방을 돌아봐도 의지함이 없는데, 도적의 몸이 벌써 드러났다.

疏山如가 頌하되

狗子無佛性은	개에게 불성이 없다 한 것은
慈悲似海深이로다	자비가 바다와 같이 깊음이로다.
尋言逐句者는	말만 찾고 글귀만 좇는 사람은
埋沒丈夫心이로다	장부의 마음을 묻어버리는 것이로다.

楚安方이 頌하되

狗子佛性無는	개에게 불성이 없다 함은
寶劍出規模로다	보검이 규모를 드러냄이로다.
落在將軍手하야	장군의 손에 있어서
橫按立當途로다	옆으로 차고서 길 위에 서있음이로다.

大潙智가 頌하되

問頭旣實答亦堪誇하니	묻는 것이 진실하고 답하는 것 또한 자랑할 만하니
洛陽雖好爭似我家리오	낙양이 비록 좋다 하나 어찌 내 집만 같으리오.

趙州苦口太饒舌이나　　조주가 쓴소리로 말을 많이 하나

儂家信手摘楊花로다　　나는 손길 닿는 대로 버들꽃을 땀[摘楊花]*이로다.

● **버들꽃을 딴다[摘楊花]**
　　버들꽃은 한자로 '유서(柳絮)', '양화(楊花)' 또는 '유화(柳花)'라고 표현하는데, '적
　　양화(摘楊花)'는 눈송이처럼 날아다니는 버들꽃을 따는 것을 말한다.
　　『조주록』에도 두 번이나 공안으로 등장한다. 다음과 같다.

問하되「學人이 擬向南方學些子佛法去한대 如何니잇고」
師云하되「你去南方이어든 見有佛處에 急走過하고 無佛處에 不得住하라」
云하되「與麼卽學人無依也니이다」
師云하되「柳絮 柳絮로다」**210**
학인이 물었다.
「제가 남방에 가서 조금이나마 불법을 배우고자 하는데, 어떻겠습니까?」
「그대가 남방에 가거든 부처가 있는 곳을 보면 급히 지나가고 부처가 없는 곳에
도 머물지 말라.」
「그렇다면 제가 의지할 데가 없습니다.」
「버들꽃, 버들꽃이로다.」
－『조주록』282칙

問新到하되「從什麼處來아」
云하되「南方來니이다」
師云하되「三千裏外逢인댄 莫戲하라」
云하되「不曾이니이다」
師云하되「摘楊花하라 摘楊花하라」**211**
새로 온 납자에게 물었다.
「어디서 왔는가?」
「남방에서 왔습니다.」
「3천 리 밖에서 사람을 만나거든 희롱하지 말라.」
「그런 적이 없습니다.」

210 『선문염송』에는 '摘楊花 摘楊花'로 되어 있다.

211 『조당집』에는 '柳絮 柳絮'로 되어 있다.

「버들꽃을 딴다. 버들꽃을 딴다.」
- 『조주록』457칙

南堂興이 頌하되

趙州狗子無佛性을   조주가 개에게 불성이 없다고 한 것을

七佛如來合掌聽이로다   칠불 여래가 합장하고 들음이로다.

須彌岌嶪舞三臺하고   수미산 높디높은 곳에서 삼대춤을 추고

海水騰波行正令이로다   바닷물 튀는 파도 위에서 바른 영을 행함이로다.

| 학산 대원 曰 |

조주(趙州)는 자비무적(慈悲無敵)이로다.

稠巖贊이 頌하되

趙州狗子無佛性은   조주가 개에게 불성이 없다고 한 것은

萬疊靑山藏古鏡이로다   겹겹이 끝없는 청산에 옛 거울을 감춤이로다.

赤脚波斯入大唐하고   맨발의 파사국 왕자[달마]가 당나라에 들어오고

八臂那吒行正令이로다   여덟 팔의 나타[212]가 올바른 명령을 행함이로다.

---

212 사천왕 중 북방 비사문천왕(毗沙門天王)의 다섯 아들 중 맏아들. 그의 얼굴은 셋이며, 팔이 여덟이
고, 힘이 매우 센 신이었다고 전한다. 나타 태자는 살을 깎아서 어머니에게 드리고, 뼈는 아버지
에게 드린 뒤 본래 몸을 나타내고서 큰 신통을 부리며 부모를 위해 설법하였다고 전한다. 그 나타
태자가 사찰 곳곳에서 만날 수 있는 얼굴, 귀면상(鬼面相)의 주인공이라는 설이 있다.

| 학산 대원 曰 |

짐새가 날아 지나간 곳에는 살진소탕(殺盡掃蕩)이나
자고새 우는 곳에 백 가지 꽃이 만발함이로다.

南巖勝이 頌하되

乙己大人丘여	상대인구을기(上大人丘乙己)•여
叢林爲寇讎로다	총림이 원수가 됨이로다.
利牙如劍戟하고	날카로운 이빨은 칼과 창 같고
生殺有來由로다	살리고 죽임에는 이유가 있음이로다.

● **상대인구을기**(上大人丘乙己)

　'상대인구을기(上大人丘乙己)'는 아이들이 서예 연습을 위하여 만든 글자 연습용 법첩에 쓰인 글자들이다. 즉 묘홍지(描紅紙, 붉은색 글씨로 인쇄한 종이) 위에 임서(臨書)할 수 있도록 적힌 연습용 한자들의 나열인 것이다. 당나라 말기부터 청나라 때까지 쓰였다. 공자와 제자에 대한 내용으로 구성되었고, 글자들은 간단한 필획으로 짜인 대부분 특별한 뜻이 없는 조합으로 구성되었다.
　온전한 문장은 다음과 같다.

　　上大人 丘乙己 化三千 七十二 爾小生 八九子 佳作仁 可知禮也

典牛游가 頌하되

至道無難하니	지극한 도는 어렵지 않나니
言端語端이로다	이런저런 말다툼의 단서로다.
趙州開口하야	조주가 입을 열어서
露出心肝이로다	심장과 간까지 드러내어 주었음이로다.

| 학산 대원 日 |

무자일언(無字一言)에 전체를 드러냄이로다.

中菴空이 頌하되

連馬連人劈一刀하니　　　말과 사람을 연달아 한칼에 쪼개버리니

虗空迸血湧波濤로다　　　허공에 날리는 피가 파도치듯 함이로다.

千千萬萬人爭看이나　　　천만의 사람들 보려고 다투지만

誰解分開蓋膽毛로다　　　누가 풀어헤쳐 덮개를 열어본들 쓸개에 난
　　　　　　　　　　　　　털뿐이로다.

| 학산 대원 日 |

白日炎雪下粉粉

대낮 뜨거운 열기에 흰 눈이 날린다.

尼無著總이 頌하되

鐵壁銀山을　　　　　은산 철벽을

一箭穿過로다　　　　한 대의 화살로 뚫음이로다.

潦倒趙州는　　　　　처량한 조주는

口能招禍로다　　　　입으로 화를 부름이로다.

| 학산 대원 日 |

平地風波

露結日校

평평한 땅에 바람과 파도가 일어나고
이슬이 맺혀 해와 만난다.

潛菴光이 頌하되
狗子無佛性은   개에게 불성이 없다한 것은
全提摩竭令이로다   마갈타(인도의 왕국)의 법령을 온전히 드러냄이로다.
纔擬犯鋒鋩하야   잠깐이라도 헤아리면 칼끝을 범하니
喪却窮性命이로다   몸이 상하고 목숨이 다함이로다.

| 학산 대원 曰 |

함께 좋은 경치를 보고도 모른다고 하는 것은 눈 감은 봉사와 동행하는 것과 같다.

或菴體가 頌하되
貧無所依한대   가난하여 의지할 곳이 없는데
兩親相擊이로다   부모가 서로 싸우고 있음이로다.
旱地雷聲하고   메마른 대지에 우렛소리 들리고
靑天霹靂이로다   마른하늘에 날벼락이 침이로다.

| 학산 대원 曰 |

兩劍相擊
海底生烟
두 칼이 서로 부딪히니

바다 밑에서 연기가 남이로다.

文殊道가 頌하되

狗子佛性無은   개에게 불성이 없다고 한 말은

老蚌吐明珠로다   늙은 조개가 밝은 구슬을 토해냄이로다.

西川鳴杜宇요   서천(西川)에서 우는 것은 두견새요

江南啼鷓鴣로다   강남(江南)에서 우는 것은 자고새로다.•

● **서천의 두견새와 강남의 자고새**

서천(西川)은 서촉(西蜀)의 옛 지명이다. 옛날 서촉에 이름은 '두우(杜宇)', 제호(帝號)는 '망제(望帝)'라고 불린 왕이 있었다. 어느 날 망제가 역심(逆心)의 신하에 의하여 폐위당하고 타국으로 쫓겨났다. 이후 망제는 촉나라로 돌아가지 못하는 자기 신세를 한탄하며 온종일 울기만 했다. 마침내 망제는 울다가 지쳐서 죽었는데, 한맺힌 그의 영혼은 두견이라는 새가 되어 밤마다 불여귀(不如歸, 돌아가고 싶다는 뜻)를 부르짖으며 목구멍에서 피가 나도록 울었다고 한다. 훗날 사람들은 이 두견새를 망제의 죽은 넋이 변하여 된 새라 하여 '촉혼(蜀魂)'이라 불렀으며, '원조(怨鳥)'·'두우(杜宇)'·'귀촉도(歸蜀途)'·'망제혼(望帝魂)'이라고도 불렀다.

자고(鷓鴣)는 꿩과에 속한 새로, 주로 강남 등 남방에 서식한다. 특징으로는 그 울음소리가 '제 곁을 떠나면 안 돼요.'라는 의미의 '행불득야가가(行不得也哥哥)'로 들린다 하며, 시문(詩文) 중에 쓰일 때에는 주로 강남에 있는 고향을 그리워하는 촉매가 된다.

| 학산 대원 曰 |

流星落下變黑石

女人後頭有金釵

유성이 떨어지니 검은 돌로 변하고

여인의 뒷머리에는 금비녀가 있다.

誰菴演이 頌하되

趙州狗子無佛性은   조주가 개에게 불성이 없다고 한 것은

當空掘出秦時鏡이로다   허공에서 진나라 때의 거울●을 꺼내는 것이로다.

光明渾不見星兒나   빛이 흐려서 별도 보이지 아니해도

上下四維俱徹映이로다   상하 사방을 다 훤히 꿰뚫어 비춤이로다.

● **진나라 때의 거울[秦鏡]**

  『서경잡기(西京雜記)』에 의하면 '진경(秦鏡)'이란 진시황이 함양궁(咸陽宮)에 두
  었던 거울이다. 이 거울은 앞뒤 모두 밝게 빛나는 거울로, 자신의 모습을 비추면
  오장육부까지 또렷하게 비쳐 볼 수 있었다. 병이 있는 사람은 병을 알 수 있고,
  착하거나 혹은 사심(邪心)이 있으면 그것도 환히 드러났다. 진시황은 궁인들에게
  비추게 하여 심장이 빨리 뛰는 자는 죽이도록 하였다.

密菴傑이 頌하되

狗子無佛性이라하니   개에게 불성이 없다고 하였으니

殺人便償命이로다   사람을 죽였거든 곧바로 목숨으로써 갚아야
                 함이로다.

苦痛萬千般이나   고통이 천만 가지이나

因邪却打正이로다   삿된 것으로 도리어 바름을 타파함이로다.

| 학산 대원 曰 |

乾屎橛裏生黃金

須彌頂上掛月明

마른 똥막대기 속에서 황금이 나오고

수미산 꼭대기에 밝은 달을 걸어놓았더라.

禪門拈頌 417則 -「佛性」

大洪恩이 頌하되

有有有路上에는   있다 있다 있다 하는 그 길 위에는

有花兼有酒로다   꽃도 있고 겸하여 술도 있음이로다.

一程分作十程行하니   하룻길을 열흘길로 나누어 다니다가

坐看南星懸北斗로다   앉아서 바라보니 남쪽 별이 북두칠성에

                 매달렸음이로다.

又頌하되

無無無匣中에는   없다 없다 없다 하는 그 상자 속에는

無劒又無書로다   검도 없고 또한 책도 없음이로다.

三入洛陽人不識하니   세 번이나 낙양에 들어가도 사람들이

                 알아보지 못하니

翻身飛過洞庭湖로다   몸을 뒤집어 동정호를 날아 지나감이로다.

又頌하되

有復無無復有하니   있다고 했다가 다시 없다 하고, 없다고 했다가

                 다시 있다 하니

百年妖怪虛開口로다   백 년 묵은 요괴가 헛되이 입을 엶이로다.

一句當風震若雷인데   한 구절이 바람을 맞아 진동함이 우레와 같은데

井蛙半夜同哮吼로다   우물 안 개구리가 한밤중에 같이 울어댐이로다.

又頌하되

無復有有復無하니   없다고 했다가 다시 있다 하고, 있다고 했다가

                 다시 없다 하니

何事人來訪子湖오   무슨 일로 사람들은 자호(子湖) 스님을

                 방문하려는가.

千里同風無足道어늘   천 리가 같은 바람이라 발이 없어도 이르거늘

一條杖子兩人扶로다   한 주장자를 두 사람이 붙들고 있음이로다.

天童覺이 頌하되

狗子佛性有하고	개에게 불성이 있다 하고
狗子佛性無로다	개에게 불성이 없다 함이로다.
直鉤는	곧은 낚시 바늘[直鉤]은
元求負命魚로다	본래 목숨을 돌보지 않는 고기[負命魚]를*
	잡으려 함이로다.
逐氣尋香雲水客이	기운을 쫓고 향기를 찾는 운수객들이
嘈嘈雜雜作分疎로다	시끄럽게 재잘거리며 설명을 함이로다.
平展演大鋪舒하니	넓게 펼쳐놓고 크게 베풀어놓았으니
莫怪儂家不愼初하라	내[儂家]가 처음부터 신중하지 못하다고
	괴이하다 여기지 말라.
指點瑕疵還奪璧하니	티가 있다고 지적하여 도리어 옥을 뺏어오니
秦王不識藺相如로다	진왕은 인상여(藺相如)*를 알아채지
	못했음이로다.

● **곧은 낚시 바늘[直鉤]과 부명어(負命魚)**

『종용록(從容錄)』18칙 「조주구자(趙州狗子)」에 이에 대한 설명이 자세하다. 『종용록』은 천동 정각(天童正覺)이 100개의 공안에 송(頌)을 붙인 것을 만송노인(萬松老人)이 평창(評唱)을 덧붙인 책이다. 내용은 다음과 같다.

응천진은 말했다.
「곧은 낚시 바늘로는 용을 낚고, 굽은 낚시 바늘로는 두꺼비를 낚는다.」
조주가 마음이 진실하고 말이 곧바른 것이 곧은 낚시 바늘[直鉤]로 본래 목숨을 돌보지 않는 고기[負命魚]를 찾는 격이다.
주(周)의 문왕(文王)이 사냥을 나가서 반계(磻溪)의 계곡에서 강자아(姜子牙, 강태공)를 만났다. (강태공이) 물에서 세 자 떨어진 곳에서 곧은 낚시 바늘로 고기를 낚고 있었다. 문왕은 이상해서 물었다. 「곧은 낚시 바늘로 어떻게 고기를 낚는단 말인가?」 강자아가 말했다. 「다만 목숨을 돌보지 않는 고기를 찾고 있을 뿐입니다.」

● **인상여(藺相如)의 고사**

『사기』「염파인상여열전(廉頗藺相如列傳)」에 나오는 고사로『종용록』에도 인용
되었다. 내용은 다음과 같다.

조(趙)의 혜왕(惠王)이 변화의 옥을 얻었는데, 강대국인 진(秦)의 소왕(昭王)이 성
(城) 15개와 바꾸자고 하였다. 그리하여 인상여(藺相如)가 옥을 가지고 진나라로
갔다. 진왕이 기뻐하며 미녀들과 좌우 신하들에게 전하여 보여주니 모두 만세를
불렀다. 인상여는 왕이 성을 나누어줄 뜻이 없음을 알아채고 왕 앞에 나아가서
말했다.

「옥에 흠이 있으니 청컨대 보여주십시오.」

왕이 옥을 주자, 인상여가 품고 일어나서는 기둥에 기대어 머리에 쓴 관이 들썩
거릴 정도로 화를 내며 말했다.

「조왕께서는 목욕재계를 5일 동안 하셨습니다. 그러고서 신으로 하여금 옥을 받
들게 하고 진나라 조정에 칙서를 보낸 것은 대국의 위엄을 존중하고 공경을 표
하고자 하셨기 때문입니다. 지금 보자니 진왕께서는 예의범절이 심히 거만하십
니다. 옥을 얻고는 미녀들에게 주어 구경시켜서 신을 희롱하고 15개의 성을 나
누어줄 뜻이 없으셨습니다. 그래서 신이 다시 옥을 가져온 것입니다. 만약 저를
핍박하신다면 머리와 구슬 모두 기둥에 부딪혀 깨뜨려버릴 것입니다.」

진왕은 지도를 보여주며 15개의 성을 주겠다고 말로 달래고 5일간 목욕재계를
하였다. 그렇게 시간을 번 인상여는 수행하는 이를 시켜서 옷을 허름하게 입히
고 옥을 숨겨서 지름길로 조나라로 돌려보냈다.

5일이 지난 후 진왕은 구빈대례라는 큰 예를 갖추어 인상여를 다시 접견했는데,
화씨벽이 이미 조나라로 간 것을 알고 진노하여 인상여를 처형하려고 하였다.

인상여는 자신이 진나라에서 죽게 되면 진왕의 탐욕이 온 세상에 알려질 것이
고, 진나라는 믿을 수 없는 나라로 낙인찍힐 것이라고 침착하게 말했다. 진왕은
그 말을 듣고 인상여를 조나라로 돌려보낼 수밖에 없었고, 다시는 화씨벽에 대
해 말을 꺼내지 않았다.

又頌하되

趙州道有하고   조주는 있다고도 말하고

趙州道無로다   조주는 없다고도 말함이로다.

狗子佛性을   개의 불성을

天下分疎로다   천하가 분별함이로다.

面赤不如語直하니　얼굴 붉히는 것이 솔직하게 말하는 것만 못하니
心眞莫怪言麤하라　마음이 참되거든 말이 거친 것은 개의치 말라.
七百甲子老禪伯이　7백 갑자(120세)를 산 늙은 선사(조주)가
驢糞逢人換眼珠로다　나귀 똥을 만나는 사람의 눈동자와 바꿈이로다.

育王諶이 頌하되
千尋浪底魚生角하고　천길 물 밑의 물고기에 뿔이 나고[魚生角]**213**
萬仞崖頭虎嘯風이로다　만 길 벼랑 끝에서 범이 울어 바람을 일으킴이로다.
却笑趙州無佛性이니　도리어 우습도다. 조주가 불성이 없다 함이여
猶能向月吠晴空이로다　오히려 능히 달을 향해 맑은 하늘에 짖어댐이로다.

無爲子가 頌하되
佛性明言狗子無어늘　불성이 개에게는 없다고 분명히 말하였거늘
諸方何事强名摸리오　제방에서 무슨 일로 억지로 이름 붙여서
　　　　　　　　　찾으려는고.
尙猶趂塊尋香氣하니　오히려 아직도 흙덩이를 쫓고 냄새를 찾고 있으니
豈有威風助紫胡리오　어찌 위풍이 있어서 자호(紫胡. 子湖 스님)를
　　　　　　　　　돕겠는가.

悅齋居士가 頌하되
趙州倒用司農印하니　조주가 사농의 인장[司農印]을 뒤집어
　　　　　　　　　찍어놓으니●
日暮途窮且逆行이로다　날이 저물고 길이 막히자 또한 거슬러 감이로다.
射虎不眞徒沒羽하고　범을 쏘았으나 진짜가 아니라서 헛되이
　　　　　　　　　화살만 없앴고

---

213 물고기가 뿔과 같이 생겼으므로 '물고기는 뿔이다' 또는 '물고기에 뿔이 났다'로 해석하기도 한다.

忽然誤點却成蠅이로다 홀연히 잘못 찍은 점이 도리어 파리가 됨*이로다.

● **사농의 인장을 뒤집어 찍다[倒用司農印]**

사농(司農) 벼슬의 인장을 남들이 알아보지 못하게 거꾸로 찍었다는 말로, '도용 사농인(倒用司農印)'은 훗날에는 비상 상황에서 임기응변을 잘한 것을 비유하게 되었다. 『구당서(舊唐書)』「단수실전(段秀實傳)」에 그 고사가 나온다.

주자(硃泚)라는 인물이 궁궐을 빼앗고는 장수 한민(韓旻)을 시켜 임금의 행차를 쫓게 하였다. 이때 충신인 단수실이 종묘사직이 위기에 처하여 경각에 달렸다고 여기고는 사람을 시켜 부하인 기령악을 설득시켜 반란군 요령언의 인장을 훔치도록 하였으나 실패했다. 이에 자신의 인장인 사농의 인장을 거꾸로 찍어 부절을 가지고 군대를 쫓게 했다. 한민이 낙역에 이르러 부절을 얻었으나 군인들이 인장의 글자를 제대로 분간하지 못하였다. 이에 당황하여 한민은 급히 회군하게 되었다.

● **잘못 찍은 점이 파리가 됨[點却成蠅]**

『오록(吳錄)』이라는 책에 실린 낙필점승(落筆點蠅)의 고사를 말한다. 다음과 같다.

삼국시대 오(吳)나라에 조불흥(曹不興)이라는 그림을 잘 그리는 화가가 있었다. 하루는 임금인 손권(孫權)이 병풍에다 그림을 그리게 했는데, 실수로 붓을 떨어뜨려 빈자리에 점이 찍혔다. 이에 바로 파리 한 마리를 그렸다. 그리고 임금에게 바치니, 손권이 파리가 살아있다고 여기고는 손을 들어서 파리를 튕겼다.

翠嵒芝가 拈하되
「說有說無하니 兩彩一賽로다 如今에 作麼生道오」
취암지가 염하였다.
「있다고도 말하고 없다고도 말하니, 한 주사위에 두 가지 색채로다. 지금에 와서는 무엇이라고 말하겠는가?」

廣靈祖가 上堂하야 擧此話에 至「有業識在」하야 師云하되
「此箇公案에 叢林批判이 甚多하니 或云하되『狗子에 討甚佛性이리오

問者는 無佛性이라』하며 或云하되 『是冷語對伊라』하며 或乃展開兩手로다

광령조가 상당하여 이 이야기에서 「업식이 있기 때문이다」고 한 구절까지 이르고 말하였다.

「이 공안에 총림의 비판이 매우 많으니, 혹은 이르되 『개에게서 무슨 불성을 찾는가? 물어보는 사람은 불성이 없다.』라고 하며, 혹은 이르되 『이것은 쌀쌀맞게 대꾸해준 것이다.』라고 하며, 혹은 바로 두 손을 펴보이기도 한다.

又有僧이 問修山主하되 『狗子還有佛性也無니잇고』 主云하되 『有至知而故犯이라』하니 大衆아 問旣一般이어늘 趙州爲甚答無며 山主는 爲甚答有오

또 어떤 스님이 수산주(修山主) 선사에게 『개에게도 불성이 있습니까?』 물으니, 수산주가 『있다.』하였다. 그 스님이 『이미 있다면 어째서 개가죽을 뒤집어 썼습니까?』 하니, 『알면서 고의로 범했기 때문이다.』 하였다. 대중들아! 질문은 이미 하나이거늘 조주는 어째서 없다고 대답하고, 수산주는 어째서 있다고 대답했는가?

衆中이 道하되 『宗師家出語가 臨時應用이라 說無也得하며 說有也得이라』하며 或云하되 『不落有無하고 在有無中間이라』하며 或云하되 『『涅槃經』에 佛이 自說有性하며 又說無性이라』하고 或云하되 『汝但承當取인댄 自作主宰라』하니라.

대중들 중에는 『종사(宗師)들이 하는 말은 때에 임하여 맞춰 쓴 것이니, 없다고 말한 것도 좋고, 있다고 말한 것도 좋다.』 하며, 혹은 이르되 『있다, 없다에 떨어지지 않고, 있다와 없다 중간에 있다.』 하며, 혹은 이르되 『『열반경』에서 부처님 스스로 불성이 있다고도 말씀하시고, 또 불성이 없다고도 말씀하셨다.』 하고, 혹은 이르되 『그대가 다만 알아차릴진댄 스스로 주인이 되리라.』 하니라.

若惣如此解會인댄 盡是情存聖量이오 識附法塵이라 說無時에 着無하
고 說有時에 着有니 不若都盧撥在一邊이라 正法眼藏을 若伊麽商量인
댄 祖師西來가 大殺無補하며 亦乃屈他趙州老人 山主和尚이라 且如何
卽是오」하고 良久云하되「面赤이 不如語直이니라」하다

만약 모두 이와 같이 이해할진댄, 모두 마음[情]에 성인의 가르침[聖量]이
남아있음이요, 식(識)에 법의 티끌[法塵]이 붙은 것이다. 없다 말했을 때에
는 없다에 붙고, 있다 말했을 때에는 있다에 붙나니, 전부 떼어내어 한쪽으
로 치워버리는 것만 못하다. 정법안장(正法眼藏)을 만약 이와 같이 헤아릴
진댄 조사가 서쪽에서 온 뜻이 크게 삭감되고 보탬이 없으며, 또한 저 조주
노인과 수산주 화상을 욕되게 하는 것이다. 그렇다면 어떻게 하는 것이 옳
겠는가?」하고는 양구하고 말했다.
「(아는 체하고) 얼굴 붉히는 것은 (모른다고) 솔직하게 말하는 것만 못하다.」

白雲演이 上堂하야 擧此話云하되
「大衆아 你諸人이 尋常에 作麽生會오 老僧은 尋常에 只擧無字하야 便
休라 你若透得這一个字인댄 天下人이 不奈你何하리라 你諸人은 作麽
生透오 還有透得徹底麽아 有則出來道看하라 我也不要你道有하며 也
不要你道無하며 也不要你道不有不無니 你作麽生道오 珍重하라」
백운연이 상당하여 이 이야기를 들며 말하였다.
「대중들아! 여러분들은 평소에 어떻게 이해하였는가? 노승은 평소에 다만
무(無) 자만을 들고는 바로 쉬느니라. 여러분들이 만약 이 한 글자를 꿰뚫을
수 있을진댄 천하 사람들이 그대를 어찌하지 못하리라. 여러분들은 어떻게
꿰뚫으려는가? 도리어 철저하게 꿰뚫은 이가 있는가? 있다면 나와서 말해
보라. 나는 그대들이 있다고 말하는 것도 바라지 않고, 없다고 말하는 것도
바라지 않으며, 있는 것도 아니고 없는 것도 아니라고 말하는 것도 바라지
않노라. 그대들은 무어라고 말하겠는가? 진중[珍重, 헤어질 때 인사]하라.」

育王智가 上堂擧此話云하되「一滴混千江이오 一鎚開衆竅로다 若向聲前薦得하면 不但趙州老人이라 一大藏敎를 一時明破로다 其或未然인댄 更向雪上加霜하야 重爲注破하리라」하고 乃云하되

육왕지가 상당하여 이 이야기를 들어 말하였다.

「한 방울로 천 개의 강을 혼탁하게 함이요, 한 망치로 모든 구멍을 뚫음이로다. 만약 말하기 이전에 깨친다면 다만 조주 노인뿐만이 아니라, 일대장교(一大藏敎, 부처님의 모든 가르침)를 한 번에 분명히 타파할 것이로다. 혹시 그렇지 못할진댄 다시 눈 위에 서리를 보태듯 거듭 주석을 달아주리라.」

그러고는 송하였다.

育王智가 頌하되

狗子佛性有하니	개에게 불성이 있다고 하니
海底麒麟大哮吼로다	바다 밑의 기린이 크게 울부짖음이로다.
狗子佛性無하니	개에게 불성이 없다고 하니
舌頭堅着須彌盧로다	혀끝으로 수미산을 막아버림이로다.
任使雪花封岳頂이라도	아무리 눈송이가 산봉우리를 뒤덮었어도
碧天依舊月輪孤로다	푸른 하늘엔 여전히 둥근 달만 홀로 떠있음이로다.
月輪孤여	둥근 달이 홀로 떠있음이여
天台栵㮝長珊瑚로다	천태의 즐률나무 주장자가 산호보다 나음이로다.

竹庵珪가 上堂에 僧이 擧問此話하되
「意旨如何니잇고」한대
師云하되「一度着蛇咬하면 怕見斷井索이니라」

죽암규가 상당했을 때 어떤 스님이 이 이야기를 들어 질문하였다.

「이 의지가 무엇입니까?」

「한번 뱀에게 물리면 끊어진 두레박줄만 봐도 놀라느니라.」

拈頌說話 –「佛性」

【佛性】

趙州因僧問하되「狗子還有佛性也無니잇고」
師云하되「有니라」
僧云하되「旣有인댄 爲什麼하야 却撞入者个皮袋니잇고」
師云하되「爲他知而故犯이니라」
問하되「狗子還有佛性也無니잇고」
師云하되「無니라」
學云하되「上至諸佛로 下至螘子러니 皆有佛性이어늘 狗子爲什麼無니
잇고」
師云하되「爲伊有業識性在니라」

조주에게 어떤 스님이 물었다.
「개에게도 불성이 있습니까, 없습니까?」
「있다.」
「이미 있다고 할진댄 어찌하여 저 가죽 주머니에 들어갔습니까?」
「저가 알면서도 고의로 범했기 때문이니라.」
학인이 물었다.
「개에게도 불성이 있습니까, 없습니까?」
「없다.」
「위로는 모든 부처님과 아래로는 개미에 이르기까지 모두 불성이 있다고
했는데, 개는 어찌하여 없습니까?」
「개는 업식의 성품이 있기 때문이니라.」

禪和家가 商量紛紜한대 有云하되「趙州無字는 天下衲僧이 話頭로 穿鑿
無分이로다」하니 不道不是니라 大凡本分宗師所發言句라 ——如無孔

鐵鎚하니 豈有穿鑿分이리오

납자들이 헤아리는 것이 어지러운데, 누가 이르되 「조주의 무자(無字)는 천하 납승이 화두로 천착하여 분별할 수 없는 것이다.」라고 한 것이 옳지 않다고 말할 수는 없다. 대체로 본분의 종사가 말한 구절들은 하나하나가 구멍 없는 쇠망치[無孔鐵鎚]와 같으니, 어찌 천착하여 분별할 수 있으리오?

諸餘言句且置라도 無字一般公案은 又無數也니라 豈徒公案一般이리오 語勢亦無異地頗多니라 如潙山云하되 「一切衆生이 本無佛性이니라」하고 又古德因僧問하되 「如何是學人佛性이닛고」한대 云하되 「去去하라 汝無佛性이니라」하고 又有古德因僧問하되 「如何是眞如佛性이닛고」한대 答云하되 「誰有아」하다

다른 나머지 언구들은 차치하고라도 무자(無字) 같은 공안은 또한 무수하다. 어찌 공안 같은 것만 그러하겠는가? 말투까지도 다르지 않은 것이 매우 많다. 예컨대 위산이 이르되 「일체의 중생이 본래 불성이 없다.」라고 한 것이다. 또 고덕에게 어떤 스님이 질문하되 「어떤 것이 학인의 불성입니까?」하니 「가거라! 너는 불성이 없느니라.」라고 하였고, 또 고덕에게 어떤 스님이 질문하되 「어떤 것이 진여불성입니까?」하니 답하기를 「누가 가졌느냐?」라고 하였다.

於彼에는 胡說亂說이어늘 於此에는 爲什麼穿鑿不得인저 旣於此에 穿鑿不得인댄 於彼에 還曾解穿鑿得麼오

다른 공안에서는 이러쿵저러쿵 이야기하면서, 이 공안[無字]에서는 어찌하여 천착하여 얻을 수 없다는 것인가? 이미 이 공안[無字]을 천착하여 얻을 수 없을진댄 다른 공안은 도리어 일찍이 천착하여 얻는 것을 해결했다는 것인가?

又有知識은 自謂하되 「知有니라」하며 對學人云하되 「趙州道無는 是一柄吹毛니라」하고 遂高聲云 「無라」하고 隨後又云하되 「直下會取好하라」

하다

또 어떤 선지식은 스스로 이르되 「있음을 알고 있다.」 하며 학인들에 대하여 이르되 「조주가 말한 무자(無字)는 바로 한 자루의 취모검이다.」 하고 곧바로 큰 소리로 이르되 「없다[無].」 하고는 뒤이어 또 이르되 「바로 알아차리면 좋으리라.」라고 하였다.

是則也是나 是隔靴搔痒이니 且沒交涉이니라 自餘駁雜之說은 何足掛齒牙間哉리오

옳기는 옳으나 이것은 신을 신고 가려운 데를 긁는 것이니, 또한 전혀 관계가 없다. 그 밖의 뒤섞이고 잡다한 말들은 어찌 족히 입에 올릴만한 것이겠는가?

然則如之何리오 古人豈不云乎아 「驢糞逢人換眼珠라」하니 若會得無인댄 便會得道箇有리라 古人은 到這時節道하되 斫却月中桂하면 淸光應更多로다

그러한즉 어찌해야 하리오? 옛사람이 어찌 이르지 않았으리오? 「나귀 똥으로 만나는 사람의 눈알을 바꿔치기 한다.」 하였으니, 만약 없다[無]고 말한 뜻을 알아차릴진댄 곧 있다[有]고 말한 뜻도 알아차릴 수 있으리라. 옛사람들은 이러한 시절에 도달하면 말하였다.

달 속의 계수나무를 베어버린다면
밝은 달빛이 응당 더욱 많아지리라.

| 학산 대원 曰 |

중생이 본고향을 등지고 나온 지가 너무나 오래되었다.

그래서 본고향 소식을 전혀 모르고, 누가 소식을 알려줘도 처음 듣는 것처럼 못 알아듣는다.

무자(無字) 소식을 알아들어야 정지정견(正知正見)이라. 바로 알고 바로 본다. 그럼 어찌해야 바로 알고 바로 볼 수 있는가? 실지로 무자를 깊이 참구해서 깨달아서 말해야 하는데, 사량분별로 해석해서 알면 천만년이 지나도 무자와는 거리가 멀다. 불수사지사견(不隨邪知邪見)하라. 헤아려서 알고 이치를 따져서 아는 것은 삿되게 아는 것이요, 삿된 견해이니 따르지 말라. 마치 모기가 쇠소[鐵牛] 위에 앉아서 부리를 내리는 것과 같다.

송하되,

直觀回頭關
破銀山鐵壁
日日用日月
堆裏靈珠光

바로 머리를 돌이켜보라.
은산과 철벽을 부수라.
나날이 해와 달을 굴리고 쓰니
쓰레기 더미에서 신령한 구슬이 빛난다.

【大洪】

有有有路上에는	있다 있다 있다 하는 그 길 위에는
有花兼有酒로다	꽃도 있고 겸하여 술도 있음이로다.
一程分作十程行하니	하룻길을 열흘길로 나누어 다니다가
坐看南星懸北斗로다	앉아서 바라보니 남쪽별이 북두칠성에 매달렸음이로다.

《有有云云者》는 有句로 有有有無하니 所謂「有花有酒」니라 故云하되 「一程分作十程行」이니라 然則有佛性外요 無無佛性也니라

《있다 있다 운운》한 것은 있다는 구절이다. 있음도 있고 없음도 있으니, 이

른바 「꽃도 있고 술도 있다.」 하였다. 때문에 이르되 「하룻길을 열흘길로 나
누어 다닌다.」라고 하였다. 그러한즉 불성 있다는 것 바깥에 불성이 없음도
없다는 것이다.

無無無匣中에는	없다 없다 없다 하는 그 상자 속에는
無劍又無書로다	검도 없고 또한 책도 없음이로다.
三入洛陽人不識하니	세 번이나 낙양에 들어가도 사람들이 알아보지 못하니
翻身飛過洞庭湖로다	몸을 뒤집어 동정호를 날아 지나감이로다.

《無無無者》는 無句로 無有無無하니 所謂「無劍無書」니라 故「三入洛陽
人不識」云云은 則無佛性外요 無有佛性이니라

《없다 없다 없다》는 것은 없다는 구절이다. 있음도 없고 없음도 없으니, 이
른바 「검도 없고 책도 없다.」 하였다. 때문에 「세 번이나 낙양에 들어가도 사
람들이 알아보지 못한다.」 운운한 것이다. 그런즉 불성이 없다는 것 바깥에
불성이 있음도 없다는 것이다.

《三入洛陽》陽文公『談苑』云하되 「呂洞賓有劍術한대 年百餘歲에 貌如
嬰兒하고 行步徑疾이니라」하고 有『自詠』云하되

《세 번 낙양에 들어갔다》는 것은 양문공(陽文公, 북송 시대의 시인)이 쓴 『설
원』이라는 책에서 이르되 「여동빈은 검술을 갖추었는데 나이 100살이 넘
어서도 모습이 어린아이와 같았고 다니고 걷는 것이 재빨랐다.」 하고 「자영
시(自詠詩, 자신을 읊은 시)」가 있어 이르되

| 朝辭百越暮三吳하고 | 아침에 월나라를 떠나서 저녁에는 오나라에
다다르네. |

袖裏靑蛇膽氣麤로다　　소매 속에는 청사검[靑蛇劍]이요, 담대한
　　　　　　　　　　　　기운이 크도다.

三入洛陽人不識하니　　세 번이나 낙양에 들어가도 사람들이
　　　　　　　　　　　　알아보지 못하니

翻身飛過洞庭湖로다　　몸을 뒤집어 동정호를 날아 지나감이로다.

| 학산 대원 曰 |

의지함이 없는 본성을 깨닫기만 하면 무의도인(無依道人)이라.
진여법계(眞如法界)에 여실히 오고 가는 것이 여래(如來)인데, 이를 입처개
진(立處皆眞)이라고 한다. 무주무심(無住無心)이라, 의지하되 의지한 바가
없는 것이다.

有復無無復有하니　　있다고 했다가 다시 없다 하고, 없다고 했다가
　　　　　　　　　　　다시 있다 하니

百年妖怪虛開口로다　백 년 묵은 요괴가 헛되이 입을 엶이로다.

一句當風震若雷하니　한 구절이 바람을 맞아 진동함이 마치
　　　　　　　　　　　우레와 같은데

井蛙半夜同哮吼로다　우물 안 개구리가 한밤중에 같이 울어댐이로다.

《有復無無復有者》는 中間也니 下「無復有有復無」도 亦同也니라
《百年至口者》는 有無是妖怪開口也니라
《一句云云者》는 不涉有無底一句也니라
《井蛙云云者》는 有句無句隨逐而出이니 此雙照雙遮也니라
《있다고 했다가 다시 없다 하고 없다고 했다가 다시 있다 한다》는 것은 가

운데[中間]라는 뜻이니, 밑에 「없다고 했다가 다시 있다 하고 있다고 했다가 다시 없다 한다.」도 또한 같다.

《백 년 ~ 입을 열다》는 있다 하거나 없다 하는 것이 요괴가 입을 여는 것이라는 뜻이다.

《한 구절 운운》한 것은 있다 없다에 상관없는 일구라는 뜻이다.

《우물 안 개구리 운운》한 것은 '있다는 구절'과 '없다는 구절'을 따라서 좇아 나왔다는 뜻이니, 이것은 양변을 비추고[雙照] 양변을 막는[雙遮] 것이다.

無復有有復無하니	없다고 했다가 다시 있다 하고, 있다고 했다가 다시 없다 하니
何事人來訪子湖오	무슨 일로 사람들은 자호 스님을 방문하려는가.
千里同風無足道어늘	천 리가 같은 바람이니 발이 없어도 이르거늘
一條杖子兩人扶로다	한 주장자를 두 사람이 붙들고 있음이로다.

《何事人來訪子湖者》는 未免喪身失命也이리니 然則不須訪也니라

《무슨 일로 사람들은 와서 자호 스님을 방문하려는가》라는 것은 몸을 상하고 목숨을 잃는 것을 면치 못할 것이니, 그러한즉 모름지기 방문해서는 안 된다는 뜻이다.

| 학산 대원 曰 |

천하 만민이 뭔가를 내세우는 게 있다. 천하의 종교, 학자, 성인 모두 내세우는 게 있다. 응무소주(應無所住)를 깨닫고 나면 자아(自我)도 철저하게 부정한다. 그러면 무엇인가?

九九八十二

自發花 百億世界任自在

구구는 팔십이인데,

스스로 꽃을 피우고 백억세계를 자유롭게 오고 간다.

【天童】

狗子佛性有하고   개에게 불성이 있다 하고

狗子佛性無로다   개에게 불성이 없다 함이로다.

게송① 中

指點瑕疵還奪璧하니   티가 있다고 지적하여 도리어 옥을 뺏어오니

秦王不識藺相如로다   진왕은 인상여를 알아채지 못했음이로다.

게송② 中

七百甲子老禪伯이   7백 갑자를 산 늙은 선사가

驢糞逢人換眼珠로다   나귀 똥을 만나는 사람의 눈동자와 바꿈이로다.

二頌은 道有道無가 皆是「還奪璧」이요 「驢糞換眼珠」니라

두 게송은 있다를 말하고 없다를 말한 것이 모두 「도리어 옥을 뺏어온다.」
요, 「나귀 똥으로 눈알을 바꿔치기 한다.」라는 것이다.

【竹庵】

「宣德門」者는 禁門也니라

「선덕문」은 금문(禁門, 임금이 사는 궁궐의 문)이다.

【育王】

千尋浪底魚生角하고   천길 물 밑의 물고기에 뿔이 나고

萬仞崖頭虎嘯風이로다　만 길 벼랑 끝에서 범이 울어 바람을
　　　　　　　　　　　일으킴이로다.

却笑趙州無佛性이니　　도리어 우습도다. 조주가 불성이 없다 함이여

猶能向月吠晴空이로다　오히려 능히 달을 향해 맑은 하늘에 짖어댐이로다.

《一句》는 有佛性到底也니라

《二句》는 無佛性到底也니라

《三句》는 趙州無佛性은 對有佛性言也니라 故有佛性은 還是無佛性이며
有無未能絶對故라 可笑也니라

《吠晴空者》는 古云하되「中秋犬吠요 春日鷄鳴로다」

《1구》는 불성이 있음이 끝까지 도달한 것이다.

《2구》는 불성이 없음이 끝까지 도달한 것이다.

《3구》는 조주가 불성이 없다 한 것은 불성이 있다는 것에 상대되도록 말한
것이다. 그러므로 불성이 있다 함은 도리어 불성이 없다는 것이며, 있다와 없
다는 것이 능히 절대적일 수 없기 때문에 우습다고 한 것이다.

《맑은 하늘에 짖어댄다》는 것은 옛날에 이르되「한가을에는 개가 짖고 봄날
에는 닭이 운다」는 뜻이다.

【悅齋】

射虎不眞徒沒羽하고　　범을 쏘았으나 진짜가 아니라서 헛되이
　　　　　　　　　　　화살만 없앴고

忽然誤點却成蠅이로다　홀연히 잘못 찍은 점이 도리어 파리가 됨이로다.

《誤點成蠅者》는 曹丕爲孫權畫扇에 誤點成蠅한대 權以爲生蠅하고 擧手
拂之하니라

《잘못 찍은 점이 파리가 되었다》는 것은 조비가 손권을 위해 부채에 그림을

그리다 잘못 점을 찍어 파리가 되었는데, 손권이 파리가 살아있다고 여기고
는 손을 들어 털어냈다는 뜻이다.

【翠巖】

翠嵓芝가 拈하되
「說有說無하니 兩彩一賽로다 如今에 作麼生道오」
취암지가 염하였다.
「있다고도 말하고 없다고도 말하니, 한 주사위에 두 가지 색채로다. 지금에
와서는 무엇이라고 말하겠는가?」

卽有無而道耶오 離有無而道耶오
있다와 없다에 즉하여 말한 것인가? 있다와 없다를 떠나서 말한 것인가?

| 학산 대원 曰 |

左三右五로다.
喝!
좌삼우오로다.
할!
舌落三分 肚高三尺이라.
혀가 세 조각으로 떨어지고, 배 높이는 석 자다.

【廣靈】

「若惣如此解會인댄 盡是情存聖量이오 識附法塵이라 說無時에 着無하

고 說有時에 着有니 不若都盧撥在一邊이라 正法眼藏을 若伊麼商量인
댄 祖師西來가 大殺無補하며 亦乃屈他趙州老人 山主和尙이라 且如何
卽是오」하고 良久云하되 「面赤이 不如語直이니라」하다

「만약 모두 이와 같이 이해할진댄, 모두 마음에 성인의 가르침이 남아있음
이요, 식에 법의 티끌이 붙은 것이다. 없다를 말했을 때에는 없다에 붙고, 있
다를 말했을 때에는 있다에 붙나니, 전부 떼어내어 한쪽으로 치워버리는 것
만 못하다. 정법안장을 만약 이와 같이 헤아릴진댄 조사가 서쪽에서 온 뜻이
크게 삭감되고 보탬이 없으며 또한 저 조주 노인과 수산주 화상을 욕되게 하
는 것이다. 그렇다면 어떻게 하는 것이 옳겠는가?」 하고는 양구하고 말했다.
「(아는 체하고) 얼굴 붉히는 것은 (모른다고) 솔직하게 말하는 것만 못하다.」

天童二頌과 同義니라
천동의 두 게송과 뜻이 같다.

【白雲】

白雲演이 上堂하야 擧此話云하되
「大衆아 你諸人이 尋常에 作麼生會오 老僧은 尋常에 只擧無字하야 便
休라 你若透得這一个字인댄 天下人이 不奈你何하리라 你諸人은 作麼
生透오 還有透得徹底麼아 有則出來道看하라 我也不要你道有하며 也
不要你道無하며 也不要你道不有不無니 你作麼生道오 珍重하라」
백운연이 상당하여 이 이야기를 들며 말하였다.
「대중들아! 여러분들은 평소에 어떻게 이해하였는가? 노승은 평소에 다만
무 자만을 들고는 바로 쉬느니라. 여러분들이 만약 이 한 글자를 꿰뚫을 수
있을진댄 천하 사람들이 그대를 어찌하지 못하리라. 여러분들은 어떻게 꿰
뚫으려는가? 도리어 철저하게 꿰뚫은 이가 있는가? 있다면 나와서 말해보
라. 나는 그대들이 있다고 말하는 것도 바라지 않고, 없다고 말하는 것도 바

라지 않으며, 있는 것도 아니고 없는 것도 아니라고 말하는 것도 바라지 않노라. 그대들은 무어라고 말하겠는가? 진중하라.」

道有道無와 道不有不無가 皆是情識邊事요 枝蔓上更加枝蔓이니 離此如何透得이리오

있다고 말하거나[道有], 없다고 말하거나[道無], 있는 것도 아니고 없는 것도 아니라고 말하는 것[道不有不無]이 다 분별하는 마음[情識] 변두리의 일이요, 가지와 덩굴 위에 다시 가지와 덩굴을 더하는 격이니, 이것을 여의고서 어떻게 꿰뚫을 수 있겠는가라는 뜻이다.

【育王】

育王智가 上堂擧此話云하되 「一滴混千江이오 一鎚開衆竅로다 若向聲前薦得하면 不但趙州老人이라 一大藏敎를 一時明破로다 其或未然인댄 更向雪上加霜하야 重爲注破하리라」하고 乃云하되

육왕지가 상당하여 이 이야기를 들어 말하였다.
「한 방울로 천 개의 강을 혼탁하게 함이요, 한 망치로 모든 구멍을 뚫음이로다. 만약 말하기 이전에 깨친다면 다만 조주 노인뿐만이 아니라, 일대장교를 한 번에 분명히 타파할 것이로다. 혹시 그렇지 못할진댄 다시 눈 위에 서리를 보태듯 거듭 주석을 달아주리라.」 그러고는 송하였다.

育王智가 頌하되
狗子佛性有하니　　　　　개에게 불성이 있다고 하니
海底麒麟大哮吼로다　　　바다 밑의 기린이 크게 울부짖음이로다.
狗子佛性無하니　　　　　개에게 불성이 없다고 하니
舌頭堊着須彌盧로다　　　혀끝으로 수미산을 막아버림이로다.
任使雪花封岳頂이라도　　아무리 눈송이가 산봉우리를 뒤덮었어도

碧天依舊月輪孤로다　　　푸른 하늘엔 여전히 둥근 달만 홀로 떠있음이로다.

月輪孤여　　　　　　　　둥근 달이 홀로 떠있음이여

天台榔㮋長珊瑚로다　　　천태의 즐률나무 주장자가 산호보다 나음이로다.

《一滴混千江者》는 有佛性也니라

《一鎚開衆竅者》는 無佛性也니라

《狗子至哮吼者》는 海는 則智之海요 麒麟은 即瑞物로 亦雌雄也니라 他
處에 云하되「忘知於覺하면 覺則佛性이로다」니라 大哮吼는 則甚可怖畏
니 不可犯奸也니라

《한 방울로 천 개의 강을 혼탁하게 한다》는 것은 불성이 있다는 뜻이다.

《한 망치로 모든 구멍을 뚫는다》는 것은 불성이 없다는 뜻이다.

《개에게 ~ 기린이 울부짖는다》는 바다[海]는 지혜의 바다요, 기린(麒麟)은
상서로운 물건으로 또한 암컷[麒]과 수컷[麟]이다. 다른 곳에서는 이르되
「깨달음을 잊어버린다면 깨달아 바로 불성이로다.」하였다. 크게 울부짖는
다[大哮吼]는 것은 매우 두려움을 주는 것이니 범할 수 없다는 뜻이다.

《狗子至彌盧者》는「舌頭堅著須彌」는 則智之山前에 所出佛性也니라

「堅著」은 則不存也니라

《雪花封嶽頂者》는 高危峭峻하며 寒威威地하니 即無佛性也니라

《任使者》는 復起下文也라

《碧天云云者》는 依前是佛性更分明也니라

《天台云云者》는「天台」는 則無佛性요「珊瑚」는 則有佛性也니라

怖畏하니 不可犯干也니라

《개에게 ~ 수미산》은 혀끝으로 수미산을 막는다는 것은 지혜의 산 앞에 나타
난 불성이라는 뜻이다. 막는다[堅著]는 것은 존재하지 않게 하겠다는 뜻이다.

《눈송이가 산꼭대기에 쌓인다》는 것은 산이 높고 험준하며 추위가 맹위를
떨친다는 것이니, 즉 불성이 없다는 뜻이다.

《아무리》는 밑의 문장을 다시 일으키는 뜻이다.

《푸른 하늘 운운》한 것은 예전대로 이 불성이 더욱 분명하다는 뜻이다.

《천태 운운》한 것은「천태」는 불성이 없음이요,「산호」는 불성이 있다는 뜻이다.

【竹庵】

竹庵珪가 上堂에 僧이 擧問此話하되

「意旨如何니잇고」한대

師云하되「一度着蛇咬하면 怕見斷井索이니라」

죽암규가 상당했을 때 어떤 스님이 이 이야기를 들어 질문하였다.

「의지가 무엇입니까?」

「한 번 뱀에게 물리면 끊어진 두레박줄만 봐도 놀라느니라.」

有佛性處에 有疑인댄 無佛性處에도 亦不無疑也니라 若有佛性處에 無疑하면 可得無佛性하리라

불성이 있다고 한 데에 의심이 있을진댄 불성이 없다고 한 데에도 역시 의심이 없을 수 없다. 만약 불성이 있다고 한 데에 의심이 없다면 불성은 없다는 도리를 알게 될 것이다.

| 학산 대원 曰 |

無字意旨如何?

破野狐窟 金獅突出

무자의 의지가 어떤 것인가?

여우의 굴을 부수니 금사자가 튀어나온다.

無字十種病無礙一句如何?

眼掛長空 手握靈劍

무자 십종병에 걸리지 않는 일구는 어떤 것인가?

눈은 멀리 허공에 걸고, 손에는 신령스러운 칼을 잡았음이로다.

133則

問하되 「如何是法身이닛고」

師云하되 「應身이니라」

云하되 「學人不問應身이니이다」

師云하되 「你但管應身이로다」

학인이 물었다.

「어떤 것이 법신(法身)²¹⁴입니까?」

「응신(應身)²¹⁵이다.」

「저는 응신을 물은 것이 아닙니다.」

「너는 다만 응신만 아는구나.」

| 학산 대원 曰 |

양귀비가 소옥을 부르는 뜻은 소옥에게 있지 않고 안록산에게 있음을 알아야
한다.

---

214 부처의 진신(眞身)으로 자성신(自性身)이라고도 한다. 즉 모든 부처님이 증득한 진여법성(眞如法性)의 몸이다.

215 중생을 제도하기 위하여 중생의 근기에 맞는 모습으로 나툰 부처.

134則

問하되 「朗月當空²¹⁶時엔 如何니잇고」
師云하되 「闍黎名什麼오」
學云하되 「某甲이니이다」
師云하되 「朗月當空하야 在什麼處아」
학인이 물었다.
「밝은 달이 허공에 떴을 때는 어떻습니까?」
「자네 이름이 무엇인가?」
「아무개입니다.」
「밝은 달이 허공에 떠서 어느 곳에 있느냐?」

| 학산 대원 曰 |

當人朗月 不別處住在
如何是眞實體?
春夏秋冬
본인이 밝은 달이니 별다른 곳에 머물지 않는다.
어떤 것이 진실한 본체인가?
봄·여름·가을·겨울이라.

---

216 '밝은 달이 허공에 뜨다'. 『분양어록(汾陽語錄)』에 다음과 같이 쓰였다.
「一切衆生本源佛性이 譬如朗月當空이나 只爲浮雲遮障하야 不得顯現이니라」
「일체중생 본원의 불성이 비유하자면 밝은 달이 허공에 떠있으나 다만 뜬 구름에 가려서 나타나
지 못하는 것과 같다.」

135則

問하되「正當二八時如何?」

師云하되「東東西西니라」

學云하되「如何是『東東西西』니잇고」

師云하되「覓不著이니라」

학인이 물었다.

「이팔시(二八時)가 되었을 때는 어떻습니까?」

「동쪽으로 가고, 서쪽으로 가느니라.」

「어떤 것이 『동쪽으로 가고 서쪽으로 가는 것』입니까?」

「찾으려고 해도 붙일 수 없느니라.」

禪門拈頌 426則 -「二八」

蔣山泉이 頌하되

東東西西하며	동쪽으로 가고 서쪽으로 가며
自高自低로다	스스로 높고 스스로 낮음이로다.
雲生大華하고	구름은 화산(華山)에서 생겨나오고
月照寒溪로다	달은 차가운 개울에 비침이로다.
春色已隨風雨散한대	봄빛은 이미 비바람을 따라 흩어졌는데
老鶯猶戀葉間啼로다	늙은 꾀꼬리는 아직도 그리워하며 잎 사이에서 욺이로다.

【二八】

問하되「正當二八時如何?」
師云하되「東東西西니라」
學云하되「如何是『東東西西』니잇고」
師云하되「覓不著이니라」

학인이 물었다.
「이팔시가 되었을 때는 어떻습니까?」
「동쪽으로 가고, 서쪽으로 가느니라.」
「어떤 것이『동쪽으로 가고 서쪽으로 가는 것』입니까?」
「찾으려고 해도 붙일 수 없느니라.」

《正當二八時者》는 運逢二八은 不恒厥居라 則舍父逃逝하야 流落他鄕
也니라
《東西云云》은 東馳西走也니라
《覓不着者》는 伊麽時에 摸不着也니라

《이팔시가 되었을 때》라는 것은 운수(運數)에서 2와 8을 만나면 그 거처가
항구하지 않다. 즉 (아들이) 아버지를 버리고 달아나 타향을 떠돌아다닌다
는 뜻이다.
《동으로 서로 운운》한 것은 동쪽으로 쫓고 서쪽으로 달린다는 뜻이다.
《찾으려고 해도 붙일 수 없다》는 것은 이와 같을 때는 더듬어도 붙일 수 없
다는 뜻이다.

又錢昭度「嘗梨」詩云하되「東西片月隨刀落하고 二八飛泉繞齒寒이로
다」하니 則井字也니라「正當二八時」者는 古井無波時也니라 又二八은

二月八月이니 春秋也니라 則「當二八時」者는 偏正中間也니라 又十六夜
月이 圓滿無虧地時節也니라 未知孰是니라

또 전소도(錢昭度)의 「배를 맛보다[嘗梨]」라는 시(詩)•에 이르되, 「동에서
서로 조각달은 칼을 따라 떨어지고, 우물[二八]에서 솟는 샘물은 이를 시리
게 함이로다.」라고 하였으니, 즉 (이팔(二八)은) 우물 정(井) 자이다. 그러하니
「이팔이 되었을 때」라는 것은 옛 우물에 물결이 일지 않는 때라는 뜻이 있다.
또 이팔은 2월과 8월이니 봄과 가을이다. 즉 「이팔이 되었을 때」라는 것은
편위(便位)와 정위(正位)의 중간이라는 뜻이 있다.
또 열엿새 날의 달이 원만하여 이지러짐 없는 시절이라는 뜻도 있으니, 어
느 것이 옳은지 알지 못하겠다.

● **전소도(錢昭度)의 「배를 맛보다[嘗梨]」라는 시(詩)**
여기서 전소도의 시를 인용한 것은, 시 구절인 '二八'이 우물의 의미로 쓰였기 때
문이다. 원래 이 시는 송나라의 소박(邵博)이 지은 『소씨견문후록(邵氏聞見後錄)』
에 인용되었다. 다음과 같다.

錢昭度有「食梨」詩云하되「西南片月充腸冷하고 二八飛泉繞齒寒이로다」하니
予讀『樂府解題』와 『井謎』에 雲하되「二八과 三八이요 飛泉仰流니라」하니 蓋
二八三八은 爲五八이고 五八은 四十也러니 四十은 爲井字니라
전소도의 「배를 먹다」라는 시가 있어 이르되,
서남쪽의 조각달은 배를 차게 하고
우물에서 솟는 샘물은 이를 시리게 함이로다.
라고 했다. 내가 읽은『악부해제』와 『우물 수수께끼』에 이르되「이팔(二八)과 삼
팔(三八)이요, 솟는 샘물이 위로 흐른다.」라고 하였다. 대개 이팔과 삼팔은 오팔
(五八)이 되고 오팔은 40이 됨이니, 40[十十十十]은 우물 정(井) 자가 된다.

《東東西西者》는 淮니라 上二八消釋이러니 其意亦別이나 大意는 自由
自在也니라
《覓不着者》는 不落東西耶오 「東東西西」時에 摸不着也니라
《동쪽으로 가고 서쪽으로 간다》는 것은 (중국 대륙의 동서를 가르며 흐르는) 회

수(淮水)와 같다. 위에서 이팔(二八)의 뜻을 풀이한 것처럼 그 뜻은 또한 다르나 큰 뜻으로는 자유자재하다는 의미이다.

《찾으려고 해도 붙일 수 없다》는 것은 동서에 떨어지지 않는다는 것인가? 「동쪽으로 가고 서쪽으로 가는」 때에는 찾을 수 없다는 뜻이다.

【蔣山】

東東西西하며	동쪽으로 가고 서쪽으로 가며
自高自低로다	스스로 높고 스스로 낮음이로다.
雲生大華하고	구름은 화산에서 생겨나오고
月照寒溪로다	달은 차가운 개울에 비침이로다.
春色已隨風雨散한대	봄빛은 이미 비바람을 따라 흩어졌는데
老鷪猶戀葉間啼로다	늙은 꾀꼬리는 아직도 그리워하며 잎 사이에서 욺이로다.

《四句》는 「東東西西」也하고 下는 「覓不着」也니라
《네 구절》은 「동쪽으로 가고 서쪽으로 간다」는 뜻이고, 아래 구절은 「찾으려고 해도 붙일 수 없다」는 뜻이다.

| 학산 대원 曰 |

이팔(二八)은 격 밖의 소식이다. 격 밖의 소식을 이론적으로 해석하고 이해해서 알려고 하면 천리만리 어긋난다. 이것은 알아차릴 뿐이다.

相逢不相識
君東我向西
서로 만났지만 서로 알지 못하니
그대는 동쪽이요, 나는 서쪽으로 향함이라.

136則

問하되「學人이 全不會時에는 如何니잇고」

師云하되「我更不會니라」

云하되「和尙이 還知有也無니잇고」

師云하되「我不是木頭러니 作麼不知리오」

云하되「大好不會니이다」

師가 拍掌笑之하다

학인이 물었다.

「제가 아무것도 모를 때에는 어떻습니까?」

「나는 더욱 모른다.」

「화상께서는 도리어 있음을 알지 않으십니까?」

「내가 나무토막이 아닌데 어찌 모르겠느냐?」

「『모른다[不會]』는 것이 정말 좋습니다.」

스님께서 손뼉을 치면서 웃었다.

| 학산 대원 曰 |

창천(蒼天) 창천(蒼天)이로다.

137則

問하되「如何是道人이닛고」
師云하되「我向道是佛人이니라」
학인이 물었다.
「어떤 것이 도인(道人)입니까?」
「나는 불인(佛人)이라고 부르느니라.」

| 학산 대원 曰 |

雁陣鳴飛 傳報冬節
기러기가 떼를 지어 날아가며 우니
추운 겨울이 왔음을 전해주는 소식이로다.

138則

問하되 「凡有言句와 擧手動足이 盡落在學人網中이니이다 離此外하고 請師道하소서」

師云하되 「老僧齋了나 未吃茶니라」

학인이 물었다.

「무릇 말을 하는 것과 손을 들거나 발을 움직이는 것들이 다 저의 그물 가운데 떨어집니다. 이것을 여의고서 청컨대 스님께서 말씀해주십시오.」

「노승이 공양을 마쳤으나 아직 차를 마시지 않았느니라.」

| 학산 대원 曰 |

湖水連天碧 山花映日紅

호수의 물은 푸른 하늘에 이어져 있고

산과 꽃에는 붉은 해가 비춘다.

139則

馬大夫問하되「和尙도 還修行也無니잇고」

師云하되「老僧이 若修行인댄 卽禍事니이다」

云하되「和尙이 旣不修行한대 敎什麼人修行이닛고」

師云하되「大夫는 是修行底人이니이다」

云하되「某甲이 何名修行이닛고」

師云하되「若不修行인댄 爭得撲在人王位中이리오 餒得來하고 赤凍紅地에 無有解出期니이다」

大夫가 乃下淚拜謝하다

마대부(馬大夫)가 물었다.

「화상께서도 도리어 수행을 하십니까?」

「노승이 만약 수행한다면 화(禍)가 됩니다.」

「화상께서 수행을 하지 않으시면 어떻게 사람들에게 수행하라 가르치십니까?」

「대부217야말로 수행하신 분입니다.」

「제가 어떻게 수행했다고 이름하겠습니까?」

「만약 수행하지 않았다면 어떻게 인왕(人王)의 자리에 있을 수 있겠습니까? 굶주림이 닥쳐오고 얼어붙은 불모지에서 풀려나올 기약이 없었을 것입니다.」

대부가 이에 눈물을 흘리며 감사의 뜻을 표하였다.

---

217 왕 밑의 제후를 말한다. 당나라 말기에는 왕과 같은 존재였다.

| 학산 대원 曰 |

趙州 內無一物 外無所求

天富永用 無有增減

馬大夫 修行作福 得有漏福

조주는 안으로는 한 물건도 없고 밖으로 구하는 것도 없다.

하늘이 내린 부자는 영원히 써도 늘고 줄어듦이 없도다.

마대부는 수행하여 복을 지어서 유루의 복을 얻었음이로다.

140則

師示衆云하되「闍黎가 不是不將來*요 老僧이 不是不祗對니라」
又云하되「闍黎아 莫擎拳合掌하라 老僧도 不將禪床拂子對니라」
스님이 대중에게 말하였다.

「그대들이 (한 물건도) 가져오지 않는 것도 아니고, 내가 대답해주지 않는 것도 아니다.」

그러고는 또 말하였다.

「그대들아! 합장하지 마라. 나도 선상(禪床)과 불자(拂子)를 가지고 대답하지 않겠노라.」

● **不是不將來**
   『조주록』382칙에 비슷한 구절이 나온다. 다음과 같다.

   問하되「一物도 不將來時에는 如何니잇고」
   師云하되「放下著하라」
   학인이 물었다.
   「아무것도 가져오지 않았을 때는 어떻습니까?」
   「놓아버려라.」

| 학산 대원 曰 |

同住故鄕人 相逢故鄕人 不問自故鄕消息
烏飛兔走
고향에 함께 사는 사람이 서로 만나면 자기 고향 소식을 묻지 않는다.
까마귀는 날고 토끼는 달린다.

141則

問하되 「思憶不及處如何니잇고」

師云하되 「過者邊來하라」

云하되 「『過者邊來라』하면 即是及處러니 如何是思不及處니잇고」

師豎起手云하되 「你喚作什麼오」

云하되 「喚作手니이다 和尙喚作什麼니잇고」

師云하되 「百種名字를 我亦道니라」

云하되 「不及和尙百種名字인댄 且喚什麼니잇고」

師云하되 「與麼即你思憶不及處니라」

僧禮拜하니 師云하되 「教你思憶得及者니라」

云하되 「如何是니잇고」

師云하되 「釋迦敎와 祖師敎가 是你師니라」

云하되 「祖與佛은 古人道了也니이다 如何是思憶不及處니잇고」

師再擧指云하되 「喚作什麼오」

僧良久하니 師云하되 「何不當頭道著하고 更疑什麼오」

학인이 물었다.

「생각으로 미치지 못하는 곳은 무엇입니까?」

「이리로 오너라.」

「『이리로 오라』고 하시면 곧 미치는 곳입니다. 어떤 것이 생각이 미치지 못하는 곳입니까?」

스님이 손을 들어 세우고는 말하였다.

「너는 (이것을) 뭐라고 부르느냐?」

「손이라고 부릅니다. 화상께서는 뭐라고 부르십니까?」

「나는 온갖[百種] 이름으로 부른다.」

「화상의 온갖 이름들에 미칠 수 없으면 어떻게 부릅니까?」

「그것이 바로 너의 생각이 미치지 못하는 곳이다.」

학인이 절을 올리자, 스님이 말하였다.

「너에게 생각이 미칠 수 있는 것을 가르쳐주겠노라.」

「어떤 것입니까?」

「석가의 가르침과 조사의 가르침이 너의 스승이다.」

「조사와 부처는 고인(古人)들이 다 말했습니다. 어떤 것이 생각이 미치지 못하는 곳입니까?」

스님께서 다시 손가락을 들고는 말하였다.

「뭐라고 부르겠느냐?」

학인이 양구하자, 스님이 말하였다.

「선뜻 말하지 못하고 다시 무엇을 의심하느냐?」

| 학산 대원 曰 |

시심마에 대한 걸 주로 말씀하신 걸로 드러나 있다.

화두에는 신비한 보주(寶珠)가 감추어져 있다. 그걸 누설을 하면 가짜 도둑놈만 무성해져서 부처님의 지혜종자가 끊어진다. 그래서 설파를 하지 않는다. 그렇지만 이만큼 해주면 깨닫게 되어 있다. 거기서 깨닫지 못하면 깊이 생각해봐야 한다.

深寐語兀兀惺惺
寤後依舊見山河
깊이 잠들어 잠꼬대하는 속에서 정신이 오뚝하고 선명하니
깬 뒤에는 예전처럼 산하를 봄이로다.

雲外聳修理峰
蜂蝶雙飛花叢
구름 밖에는 수리봉이 우뚝 솟았는데
벌과 나비는 쌍쌍이 꽃이 핀 곳으로 낢이로다.

142則

問하되「如何是和尙家風이닛고」

師云하되「老僧耳背하니 高聲問하라」

僧再問하니 師云하되「你問我家風하야 我卻識你家風하니라」

학인이 물었다.

「어떤 것이 화상의 가풍입니까?」

「나는 귀가 어두우니 큰 소리로 물어라.」

학인이 다시 물으니, 스님이 말하였다.

「그대가 나의 가풍을 물으니 내가 도리어 너의 가풍을 알겠구나.」

| 학산 대원 曰 |

어떤 선사는 가풍에 대하여 구우불청(久雨不晴, 비가 오래 와서 날이 맑지 못하다)이
라고 대답했다.

산승에게 어떤 것이 가풍이냐고 묻는다면,

食後喫茶 金繡銀香囊

밥을 먹고 차를 마시니 금실로 수놓은 은향 주머니라네.

143則

問하되 「萬境俱起時에는 如何니잇고」

師云하되 「萬境俱起니라」

云하되 「一問一答是起이어늘 如何是不起니잇고」

師云하되 「禪床是不起底니라」

僧繞禮拜次에 師云하되 「記得問答고」

云하되 「記得이니이다」

師云하되 「試舉看하라」

僧擬舉하니 師問하다

학인이 물었다.

「온갖 경계[萬境]가 같이 일어날 때는 어떻습니까?」

「온갖 경계가 같이 일어난다.」

「한 번 묻고 한 번 대답한 것이 일어난 것입니다. 어떤 것이 일어나지 않는 것입니까?」

「선상(禪床)이 일어나지 않는 것이다.」

학인이 바로 절을 올리려는 차에 스님께서 말하셨다.

「문답을 기억하겠느냐?」

「기억하고 있습니다.」

「어디 한번 들어보아라.」

학인이 말을 꺼내려는데 스님께서 물으셨다.

| 학산 대원 曰 |

海底塵風起 水底寂不動

바다 밑에는 티끌 바람이 일어나고

물밑은 고요하여 움직이지 않는다.

조주 스님이 마지막에 무엇을 물으셨을까? 그걸 알아차려야 한다.

"무엇인고[什麼]?"라고 했을 것이다.

144則

問하되「如何是目前佛이닛고」
師云하되「殿裏底니라」
云하되「者個는 是相貌佛이니이다 如何是佛이닛고」
師云하되「卽心是니라」
云하되「卽心은 猶是限量이니이다 如何是佛이닛고」
師云하되「無心是니라」
學云하되「有心無心을 還許學人揀也無니잇고」
師云하되「有心無心이 總被你揀了也하니 更敎老僧道什麼卽得고」

학인이 물었다.
「어떤 것이 눈앞의 부처입니까?」
「법당 안에 계신다.」
「그것은 겉모양만 부처입니다. 어떤 것이 부처입니까?」
「마음[卽心]이 그것이다.」
「마음이라면 한정된 것입니다. 어떤 것이 부처입니까?」
「무심[無心]이 그것이다.」
「유심[有心]과 무심을 제가 가려내도 되겠습니까?」
「유심과 무심을 이미 그대가 다 가렸는데, 다시 내가 무엇을 말해야 할 것
이 있겠느냐?」

| 학산 대원 曰 |

如何是佛

鐵鎚無空 水流花開

어떤 것이 부처인고?

쇠뭉치는 구멍이 없고 물은 흐르고 꽃은 활짝 피었네.

禪宗頌古聯珠 –「殿裏」

保寧勇이 頌하되

酸甜滋味本天然이라	시고 단 맛은 본래 천연 그대로라
帶葉連枝顆顆圓이로다	잎을 두르고 가지마다 열매가 꽉 참이로다.
南贍部洲人未識하니	남섬부주 사람들 알지도 못하면서
菴摩羅果信虛傳이로다	암마라과● 이야기만 헛되이 전함이로다.

● **남섬부주와 암마라과 이야기**

'남섬부주'는 염부제(閻浮提)를 가리킨다. 염부나무가 무성한 땅이라는 뜻으로 수미사주(須彌四洲)의 하나다. 수미산(須彌山)의 남쪽 바다 가운데에 있는 섬이다. 후에는 인간세계의 총칭, 즉 사바세계 의미를 가지게 되었다.

'암마라과'는 인도의 과일 중 하나이다. 그 맛이 처음에 시고 떫으나 나중에는 단맛이 남는다고 하여 '여감자(余甘子)'라고도 부른다.

『능엄경』에 보면 다음과 같은 내용이 있다.

「佛告阿難吾今問汝하노라 (中略) 而阿那律이 見閻浮提호대 如觀掌中菴摩羅果하며 諸菩薩은 等見百千界하며 十方如來는 窮盡微塵淸淨國土無所不願이어늘 衆生洞視不過分寸이라」

「부처님이 아난에게 말하였다. (中略) (천안제일인) 아나율이 염부제 보기를 마치 손 가운데 암마라과를 보는 듯하며, 모든 보살들은 백천세계를 두루 보며, 시방의 여래들은 티끌처럼 많은 청정국토를 원하는 대로 다 보거늘, 중생들은 꿰뚫어 보더라도 분촌(分寸, 한 치)에 지나지 않는다.」

雪堂行이 頌하되

不立孤危機本峻하니 　고고하고 험준함을 세우지 아니해도 기틀이
　　　　　　　　　　본래 준엄하니

趙州老子玉無瑕로다 　조주 노인은 흠집이 없는 옥이로다.

當頭指出殿裏底하니 　맞닥뜨려서 법당 안에 있는 것이라고 가르쳐
　　　　　　　　　　주었으니

剗盡茫茫眼裏花로다 　아른거리는 눈 안의 허깨비 꽃을 다 없애줌이로다.

月林觀이 頌하되

如何是佛殿裏底하니 　어떤 것이 부처냐는 물음에 법당 안에 있는
　　　　　　　　　　것이라 대답하니

世出世間難可比로다 　세간에도 출세간에도 비교하기 어려움이로다.

萬國同歌河海淸하니 　만국이 다 같은 노래요, 강에서 바다까지 다 맑으니

稽首拜手元是你로다 　머리를 조아리고 손을 모아 절하는 이가 원래
　　　　　　　　　　너 자신이로다.

蒙菴聰이 頌하되

一尊殿裏佛이 　　　　한 분의 법당 안에 계신 부처님이

兩度放毫光이로다 　　두 번이나 백호 광명 놓음이로다.

準擬酬高價하고 　　　법도만 흉내 내어 높은 값을 주고

無疑亂度量이로다 　　의심도 없이 어지러이 헤아리고 있음이로다.

禪門拈頌 432則 - 「殿裏」

雪竇寧이 頌하되

問佛明明酬殿裏하니 　부처를 묻는데 분명하게 법당 안이라고 대꾸하니

言思不到妙難陪로다　　말도 생각도 이르지 못하는 묘(妙)함은 따르기
　　　　　　　　　　　　어려움이로다.

而今多少顢頇者가　　　지금도 얼마나 많은 멍청한 사람들이
却肯粧成箇土堆로다　　도리어 흙덩이를 (부처로) 꾸미고 만들고 있는가.

悅齋居士가 頌하되
見得精明用得麤하니　　보는 것은 정묘하고 밝으나 쓰는 것은 거칠으니
尙何雙眼有偏枯오　　　오히려 어찌하여 두 눈 중에 한 쪽만 치우치는고?
雖然信口無差擇하야　　비록 마음대로 말하여도 간택하는 것은 없어서
終不呼郎喚作奴니라　　끝내 서방님을 종이라고 부르지는 않음이로다.

拈頌說話 -「殿裏」

【殿裡】

問하되「如何是目前佛이닛고」
師云하되「殿裏底니라」
云하되「者個는 是相貌佛이니이다 如何是佛이닛고」
師云하되「卽心是니라」
云하되「卽心은 猶是限量이니이다 如何是佛이닛고」
師云하되「無心是니라」
學云하되「有心無心을 還許學人揀也無니잇고」
師云하되「有心無心이 總被你揀了也하니 更敎老僧道什麼卽得고」
학인이 물었다.
「어떤 것이 눈앞의 부처입니까?」
「법당 안에 계신다.」

「그것은 겉모양만 부처입니다. 어떤 것이 부처입니까?」
「마음이 그것이다.」
「마음이라면 한정된 것입니다. 어떤 것이 부처입니까?」
「무심이 그것이다.」
「유심과 무심을 제가 가려내도 되겠습니까?」
「유심과 무심을 이미 그대가 다 가렸는데, 다시 내가 무엇을 말해야 할 것이 있겠느냐?」

此話는 本分答話也니 「吾今色身이 卽是常身法身云云」하니라
이 공안은 본분에 관한 문답이니, 「나의 지금 색신이 곧 상신이요 법신이요 라고 운운」 하는 것과 같다.

【保寧】

酸甜滋味本天然이라	시고 단 맛은 본래 천연 그대로라
帶葉連枝顆顆圓이로다	잎을 두르고 가지마다 열매가 꽉 참이로다.
南贍部洲人未識하니	남섬부주 사람들 알지도 못하면서
菴摩羅果信虛傳이로다	암마라과 이야기만 헛되이 전함이로다.

人人이 具足하고 箇箇가 圓成하며 塵塵爾하고 法法爾니라 菴摩羅果는 云하되 「似桃非桃요 似柰非柰라」하니 是剩法也니라
사람마다 구족하였고, 물건마다 원만히 이루어졌으며, 티끌마다 이와 같고, 법마다 이렇다는 뜻이다. 암마라과는 이르되 「복숭아 같으면서 복숭아는 아니요, 배 같으면서 배는 아니다.」라고 하니, 이것은 나머지 법이라는 뜻이다.

見得精明用得麤하니　보는 것은 정묘하고 밝으나 쓰는 것은 거칠으니
尙何雙眼有偏枯오　오히려 어찌하여 두 눈 중에 한 쪽만
　　　　　　　　　치우치는고?

雖然信口無差擇하야　비록 마음대로 말하여도 간택하는 것은 없어서
終不呼郎喚作奴니라　끝내 서방님을 종이라고 부르지는 않음이로다.

《見得精明用得麤云云者》는 言趙州用得也니라
《보는 것은 정묘하고 밝으나 쓰는 것은 거칠다 운운》한 것은 조주가 쓰는
것을 말한 것이다.

| 학산 대원 曰 |

人人脚下淸風拂
箇箇面前明月白
사람마다 발밑에는 맑은 바람을 떨치고
각자 면전에는 밝은 달이 빛을 놓는구나.

心心名字知 實體無見 虛名持誦
마음이라는 글자는 알지만 실체는 볼 수 없고 헛된 이름만 가지고 말할 뿐
이네.

眼放電光 足下聳蓮
눈빛에는 번갯불이 서려있고
발밑에는 연꽃이 솟아남이로다.

145則

問하되「遠遠投師한대 未審家風如何니잇고」
師云하되「不說似人이니라」
學云하되「爲什麼不說似人이닛고」
師云하되「是我家風이니라」
學云하되「和尙旣不說似人한대 爭奈四海來投이닛고」
師云하되「你是海나 我不是海니라」
學云하되「未審케이다 海內事如何니잇고」
師云하되「老僧釣得一個니라」

학인이 물었다.

「멀리서 스님께 귀의하온데, 가풍이 어떤 것입니까?」

「사람들에게는 말해주지 않는다.」

「어찌하여 사람들에게 말해주지 않습니까?」

「이것이 나의 가풍이니라.」

「화상께서 이미 사람에게 말해주지 않는데, 어찌하여 사해 바다[四海, 온 나라]에서 귀의해옵니까?」

「너는 바다[海]일지라도 나는 바다가 아니니라.」

「바닷속[海內]의 일이 어떻습니까?」

「내가 고기 한 마리를 낚았느니라.」

| 학산 대원 曰 |

指物傳心莫妄想

動與不動是二種境

還是無依道人

用動用不動

물건을 가리켜서 마음을 전해주노니 망상하지 말라.

움직임과 움직이지 않음은 두 가지 경계이니

도리어 의지함이 없는 도인을 아는가?

움직임도 쓰고 움직이지 않음도 쓰느니라.

146則

問하되「祖佛近不得底是什麼人이닛고」

師云하되「不是祖佛이니라」

學云하되「爭奈近不得何이닛고」

師云하되「向你道하되『不是祖佛이요 不是衆生이요 不是物이라』인댄 得麼아」

學云하되「是什麼니잇고」

師云하되「若有名字인댄 卽是祖佛이요 衆生也니라」

學云하되「不可只與麼去也니이다」

師云하되「卒未與你去在니라」

학인이 물었다.

「조사와 부처를 가까이할 수 없는 이는 어떤 사람입니까?」

「조사와 부처가 아니니라.」

「어찌하여 가까이할 수 없습니까?」

「너에게 이르되『조사도 부처도 아니요, 중생도 아니요, 물건도 아니다.』라고 하면 무얼 얻겠느냐?」

「그럼 무엇입니까?」

「이름을 붙일 수 있다면 조사거나 부처거나 중생이니라.」

「다만 그렇게만 해서는 안 됩니다.」

「결국 너하고는 이야기가 안 되겠구나.」

| 학산 대원 曰 |

一千聖人總不知 畢竟如何

南斗七北斗八

일천성인도 모두 알지 못하니, 필경에 어떤 것인가?

남쪽 별은 일곱이요 북쪽 별은 여덟이다.

147則

問하되「如何是平常心이닛고」
師云하되「狐狼野干이 是니라」
학인이 물었다.
「어떤 것이 평상심입니까?」
「여우, 이리, 승냥이가 그것이다.」

| 학산 대원 曰 |

夕陽牛歸家 夜中鵂飛鳴
석양에 소는 집으로 돌아가고
밤중에 부엉이가 날며 운다.

148則

問하되「作何方便하면 即得聞于未聞이닛고」
師云하되「未聞且置하고 你曾聞個什麼來오」
학인이 물었다.
「어떤 방편을 써야만 이제껏 들어보지 못한 것을 바로 들을 수 있습니까?」
「아직 들어보지 못한 것은 그만두고, 네가 일찍이 무엇을 들어왔느냐?」

| 학산 대원 曰 |

惺惺着 是什麼
성성히 무엇인지 참구하라.

149則

問하되「承教有言에『隨色摩尼珠』²¹⁸•라 하니 如何是本色이닛고」

師召僧名하자 僧應諾하다

師云하되「過者邊來하라」

僧便過하고 又問하되「如何是本色니잇고」

師云하되「且隨色走인저」

학인이 물었다.

「부처님의 말씀에『색이 변하는 마니주』라 하니, 어떤 것이 본래의 색입니까?」

스님이 학인의 이름을 부르자, 학인이「네!」하고 대답하였다.

「이리로 오너라.」

학인이 바로 다가가서는 또 물었다.

「어떤 것이 본래의 색입니까?」

「또 색을 따라서 가는구나!」

● 隨色摩尼珠

　『선문염송』12칙에 색이 변하는 마니주 공안이 있다. 다음과 같다.

　世尊이 一日示隨色摩尼珠하고 問五方天王하사「此珠作何色고」
　時에 五方天王이 互說異色이어늘

218　마니주는 주옥(珠玉)·보주(寶珠) 등 모든 보배 구슬을 말한다. 악을 물리치고, 흐린 물을 맑게 하며, 화를 없앤다고 한다. 수색마니주는 본질이 투명하여 자신의 색을 갖지 않고 상대의 색에 따라 색을 나타낸다. 즉 물에 던지면 물색을 따르고 푸른 데 있으면 푸른 것을 비친다.

世尊이 復藏珠入袖하고 却攤手云「此珠作何色고」

天王이 云하되「佛手中에 無珠어늘 何處有色이리오」

世尊이 歎云「汝何迷倒之甚고 吾將世珠示之에 便各强說有靑黃赤白黑이러니 吾將眞珠示之에 便摠不知로다」

時에 五方天王이 悉皆悟道하다

어느 날 세존이 색이 변하는 마니주[隨色摩尼珠]를 오방(五方)의 천왕들에게 보이며 말하였다.

「이 구슬이 무슨 색이냐?」

이때에 오방의 천왕들은 제각기 다른 색을 말하였다. 세존이 다시 구슬을 소매 속에 감추고는 도리어 손을 들며 말하였다.

「이 구슬은 무슨 색이냐?」

천왕들이 말하였다.

「부처님의 손안에 구슬이 없거늘 어디에 색이 있겠습니까?」

세존이 탄식하며 말하였다.

「너희들은 어찌하여 미혹됨이 심한고? 내가 세간의 구슬을 가지고 보여주니 바로 각자 억지로 이름 붙이기를 청색·황색·적색·백색·흑색이라고 하더니, 내가 참된 구슬[眞珠]을 보여주니 바로 전혀 알지를 못하는구나.」

이때에 오방의 천왕들이 다들 도를 깨쳤다.

| 학산 대원 曰 |

摩訶大法王 無短亦無長

本來非緇白 隨處顯靑黃

마하대법왕이여! 짧은 것도 긴 것도 없는데

본래 희고 검은 것도 아니나 따르는 곳마다 청황을 나타낸다.

黑白未分時如何?

天高地厚

黑白分後如何?

日暖月凉

흑백을 나누기 전에는 어떠한가?

하늘은 높고 땅은 두텁도다.
흑백을 나눈 후에는 어떠한가?
해는 따뜻하고 달은 서늘하도다.

相珠物珠 千萬不見
非相非物 靈明現相
모양의 구슬이나 물건의 구슬로는 천만 사람도 보지 못한다.
모양도 아니고 물건도 아닌 이 구슬이 항상 밝게 빛난다.

150則

問하되「平常心底人도 還受敎化也無니잇고」
師云하되「我不歷他門戶니라」
學云하되「與麼則 莫沉卻那邊人麼니잇고」
師云하되「大好平常心이니라」
한 스님이 물었다.
「평상심인 사람도 도리어 교화를 받습니까?」
「나는 다른 집안을 겪어보지 않았느니라.」
「이와 같이 말씀하신다면 저쪽 사람들[那邊人]을 물에 빠뜨리는 것이 아닙니까?」
「아주 훌륭한 평상심이니라.」

| 학산 대원 曰 |

중생의 살림살이를 바로 볼 줄 알아야 한다. 중생의 살림살이를 확실히 알면, '이것은 아니구나!' 생각하게 된다. 공부를 하다 보면 조작을 해서 깨닫는 것이 아니라는 걸 알게 된다.

別處莫求特別心
飢來喫飯困來睡
此是平常心
별다른 곳에서 특별한 마음을 구하지 말라.
주리면 먹고 피곤하면 잠을 자니
이것이 평상심이다.

151則

問하되「如何是學人保任底物이닛고」
師云하되「盡未來際에도 揀不出이니라」
학인이 물었다.
「어떤 것이 제가 보임해야 할 물건입니까?」
「미래제(未來際)가 다하여도 가려내지 못한다.」

| 학산 대원 曰 |

一聲聲徹九重天
手中珠弄來弄去
一切處無障礙
只底是莫思量

한 소리가 구중천을 뚫고
손안의 구슬을 가지고 놀며 오고 가도
일체 처에 걸림이 없다.
다만 이것이니 사량하지 말라.

152則

問하되「如何是大修行底人이닛고」
師云하되「寺裏綱維²¹⁹是니라」
학인이 물었다.
「어떤 것이 크게 수행하는 사람입니까?」
「절 안의 유나(維那)이다.」

| 학산 대원 曰 |

破鐵山 開碧眼이로다.
쇠로 된 은산을 부수고 푸른 눈이 열린다.

---

219 '강유(綱維)'란 지금의 유나(維那)를 말하기도 하며, 생사를 초탈한 수행자를 말하기도 한다.

153則

問하되「學人纔到어늘 總不知門戶頭事如何니이다」
師云하되「上座名什麼오」
學云하되「惠南이니이다」
師云하되「大好不知로다」
학인이 물었다.
「제가 이제 막 왔기 때문에 이 집안의 일이 어떤지 전혀 모릅니다.」
「상좌의 법명이 무엇이냐?」
「혜남입니다.」
「모른다는 그것이 참으로 좋구나!」

| 학산 대원 曰 |

不知卽眞知
모른다는 것이 곧 참으로 아는 것이다.

154則

問하되「學人欲學인댄 又謗于和尙이어늘 如何得不謗去니잇고」

師云하되「你名什麽오」

學云하되「道皎니이다」

師云하되「靜處去하라 者米囤子²²⁰아」

학인이 물었다.

「제가 배우고자 하면 그것은 화상을 비방하는 것이 되는데, 어떻게 해야 비방하지 않을 수 있습니까?」

「네 이름이 무엇이냐?」

「도교입니다.」

「조용한 곳이나 가라! 이 쌀통 같은 놈아!」

| 학산 대원 曰 |

조주 스님이 이름이 무엇이냐 물었을 때, "화상께서 이름을 하나 지어주십시오."라고 했더라면 조주 스님이 뭐라고 하겠는가?

---

220 '미돈자(米囤子)'란 쌀통이나 쌀뒤주를 말한다.

155則

問하되「如何是和尙大意니잇고」

師云하되「無大無小니라」

學云하되「莫便是和尙大意麼니잇고」

師云하되「若有纖毫인댄 萬劫不如니라」

학인이 물었다.

「어떤 것이 화상의 큰 뜻입니까?」

「큰 것도 없고 작은 것도 없다.」

「바로 이것이 화상의 큰 뜻입니까?」

「만약 터럭만큼이라도 있으면 만겁토록 같지 못하다.」

| 학산 대원 曰 |

無大無小 未免三十棒

畢竟如何?

靑山水上去 水通虛空

크고 작은 것이 없다고 해도 서른 방을 면하지 못한다.

필경에는 어떠한가?

청산은 물 위로 흘러가는데 물은 허공을 통과하는구나.

156則

問하되「『萬法本閑而人自鬧라』•하니 是什麽人語니잇고」

師云하되「出來便死니라」

학인이 물었다.

「『만법은 본래 한가롭거늘 사람들이 스스로 시끄럽다.』라고 하니, 이것이
어떤 분의 말씀입니까?」

「나오면 바로 죽는다.」

● **萬法本閑而人自鬧**

남양 혜충(南陽慧忠) 국사의 말이다. 다음과 같다.

忠國師上堂에

靑蘿夤緣하고 直上寒松之頂이로다

白雲淡泞하고 出沒太虛之中이로다

萬法本閑而人自鬧로다

혜충 국사가 상당하여 말하였다.

청라는 덩굴을 뻗어서 찬 소나무 꼭대기에 곧바로 오름이로다.

흰 구름은 담담하게 떠있고 태허의 가운데 나타났다 사라짐이로다.

만법은 본래 한가롭거늘 사람들이 스스로 시끄러움이로다.

| 학산 대원 曰 |

生卽滅滅卽生 生滅本虛 實相常住

何人如此?

雪峰南趙州北 南山打鼓北山舞

생이 곧 멸이요, 멸이 곧 생이라. 생멸이 본래 헛되니, 실상은 상주함이라.
어떤 사람이 이와 같은가?
설봉은 남쪽이요 조주는 북쪽인데, 남산에서 북을 치니 북산에서 춤을 춘다.

한마디 해본들 천리만리 어긋나서 진여본성하고 관계없는 말이 되니까 바로
죽는다고 했다고 해석할 수 있으나, 그건 교리적인 것이다. 실질적으로 조주 스
님의 말을 바로 알아듣고 계합을 하느냐가 중요하지, 교리적으로 하는 말을 듣
고 '그런 뜻이구나.' 이렇게만 생각하면 또한 어긋난다. 말에 따라다니지 말고
말하는 낙처를 바로 볼 줄 아는 안목이 필요하다.

157則

問하되「『不是佛이요 不是物이요 不是衆生이라』하니 這個是斷語러니 如何是不斷語니잇고」

師云하되「天上天下에 唯我獨尊이니라」

학인이 물었다.

「『부처도 아니요, 물건도 아니요, 중생도 아니다.』라는 것은 부정하는 말[斷語]이니, 어떤 것이 부정하지 않는 말[不斷語]입니까?」

「천상천하에 오직 내가 홀로 존귀하니라.」

| 학산 대원 曰 |

이 학인은 '불시불 불시물 불시중생(不是佛 不是物 不是衆生)'을 단견(斷見)으로 생각한 것이 탈이다. 그것이 진여를 이른 것인 줄 모르고 '부정하지 않는 말[不斷語]'을 물었다. 조주는 그것과 같은 의미의 '천상천하 유아독존'을 '부단어(不斷語)'라는 말을 쓰지 않고 그냥 말한 것이다. '唯我獨尊'의 '我'가 무아(無我), 진아(眞我)로서 '불시불'이요 '불시물'이요 '불시중생'이라는 뜻이다.

已言名字 又著名字 雪上加霜

因果歷然

非言有言兩句外一句道將來

初三十一 中九下七

이미 이름을 말하고 또다시 이름을 붙이니 설상가상이라.

인과가 분명하구나.

말 아님[非言]과 말 있음[有言]의 양구(兩句) 밖의 일구를 이른다면,
초하루와 31일이요, 중간은 아홉이고 아래는 일곱이다.

158則

問하되「如何是毗盧圓相이닛고」
師云하되「老僧自小出家하고 不曾眼花니라」
學云하되「和尙還爲人也無니잇고」
師云하되「願你長見毗盧圓相이니라」
학인이 물었다.
「어떤 것이 비로자나불의 원만한 모습입니까?」
「내가 어려서 출가하여 아직까지 눈병[眼花]에 걸린 적이 없다.」
「화상께서는 다른 사람을 위해주십니까?」
「바라건대 너는 비로자나불의 원만한 모습을 오래도록 보아라.」

| 학산 대원 曰 |

본성지혜안(本性智慧眼)을 바로 가르쳐주었는데 학인이 못 알아차리니, 지혜
원만상(智慧圓滿相)을 바로 보지 못하고 있으니 스스로 바로 보도록 하라고
했다.

作麼生得不欺你去?
代云 趙州南 石橋北
어떻게 해야 그대가 속지 않겠는가?
대신 대답하니, 조주는 남쪽이요 돌다리는 북쪽이다.

應庵華가 拈하되

大小趙州가 語上偏枯로다 若有問天童하되 「如何是毗盧頂相고」하면 只對伦道하되 「大底大하고 小底小라」하리라

응암화가 염하되

대단하다는 조주가 말한 것이 한쪽에 치우쳤도다. 만약 어떤 이가 나[天童]에게 묻기를 「어떤 것이 비로자나불의 정수리 모습입니까?」 한다면 다만 그에게 대답하여 이르되 「큰 것은 크고 작은 것은 작다.」라고 하리라.

密庵傑이 舉此話에 連舉應庵拈하고 師云하되

「若向趙州語下見得하면 坐殺天下衲僧이요 若向天童語下見得하면 走殺天下衲僧이로다 忽有問華藏하되 『如何是毗盧頂相고』하면 只對伦道하되 『礫塼이니라』하리라」

밀암걸이 이 이야기를 듣고는 이어서 응암의 염(拈)을 들은 후 이르되

「만약 조주의 말끝에 보아 얻는다면 천하의 납승들을 좌선만 죽도록 하게 하는 것[坐殺]이요, 만약 천동의 말끝에 보아 얻는다면 천하의 납승들을 행각만 죽도록 하게 하는 것[走殺]이로다. 홀연히 어떤 이가 나[華藏]에게 묻기를 『어떤 것이 비로자나불의 정수리 모습입니까?』 한다면, 다만 그에게 대답하여 이르되 『벽돌이다.』라고 하리라.」 하였다.

| 학산 대원 曰 |

如何是毗盧圓相?

---

221 『선문염송』에서는 '毘盧圓相[비로자나불의 원만한 모습]'이 '毘盧頂相[비로자나불의 정수리 모습]'으로 바뀌었다.

瓮盆
어떤 것이 비로자나의 원만한 상호인가?
물동이라.

拈頌說話 –「毘盧」

【毘盧】

___

問하되「如何是毗盧頂相이닛고」
師云하되「老僧自小出家하고 不曾眼花니라」
學云하되「和尙還爲人也無니잇고」
師云하되「願你長見毗盧頂相이니라」
학인이 물었다.
「어떤 것이 비로자나불의 정수리 모습입니까?」
「내가 어려서 출가하여 아직까지 눈병에 걸린 적이 없다.」
「화상께서는 도리어 다른 사람을 위해주십니까?」
「바라건대 너는 비로자나불의 정수리 모습을 오래도록 보아라.」

___

《毘盧頂者》는 無見頂上이며 眞俗不二하고 極妙窮玄處니 敎家極則也
니라
《老僧自少云云者》는 病眼은 空花也니 則趙州踏着上頭關也니라
《비로자나불의 정수리》라는 것은 보이지 않는 정수리이며, 진(眞)과 속(俗)
이 둘이 아니고, 묘함이 지극하고 현묘함이 다한 자리니, 교가(敎家)의 최고
의 법칙이다.
《내가 어려서 운운》한 것은 병든 눈은 헛꽃을 보는 것이니, 곧 조주가 최상
의 관문을 밟았다는 뜻이다.

【應庵】

應庵華가 拈하되

大小趙州가 語上偏枯로다 若有問天童하되「如何是毗盧頂相고」하면 只對伊道하되「大底大하고 小底小라」하리라

응암화가 염하되

대단하신 조주가 말한 것이 한쪽에 치우쳤도다. 만약 어떤 이가 나에게 묻기를「어떤 것이 비로자나불의 정수리 모습입니까?」한다면 다만 그에게 대답하여 이르되「큰 것은 크고 작은 것은 작다.」라고 하리라.

《語上偏枯者》는 趙州意가 雖不在此限이언정 所出語偏於向上也니라
《大底大云云者》는 千差萬別也니라

《말한 것이 한쪽에 치우쳤도다》는 것은 조주의 뜻이 비록 여기에 제한을 두지 않았을지언정 내뱉은 말이 향상(向上)하는 것에 치우쳤다는 뜻이다.
《큰 것은 크다 운운》한 것은 천차만별이라는 뜻이다.

【密庵】

密庵傑이 舉此話에 連舉應庵拈하고 師云하되

「若向趙州語下見得하면 坐殺天下衲僧이요 若向天童語下見得하면 走殺天下衲僧이로다 忽有問華藏하되『如何是毗盧頂相고』하면 只對伊道하되『碌磚이니라』하리라」

밀암걸이 이 이야기를 듣고는 이어서 응암의 염(拈)을 들은 후 이르되

「만약 조주의 말끝에 보아 얻는다면 천하의 납승들을 좌선만 죽도록 하게 하는 것이요, 만약 천동의 말끝에 보아 얻는다면 천하의 납승들을 행각만 죽도록 하게 하는 것이로다. 홀연히 어떤 이가 나에게 묻기를『어떤 것이 비로자나불의 정수리 모습입니까?』한다면, 다만 그에게 대답하여 이르되

『벽돌이다』라고 하리라.」 하였다.

《坐殺·走殺者》는 亦未免此病也니라

《礫塼者》는 沒道理底니라

《좌선만 죽도록 하게 하고 행각만 죽도록 하게 한다》는 것은 또한 이런 병을 면하지 못했다는 뜻이다.

《벽돌이다》는 것은 도리가 없다는 뜻이다.

159則

問하되「佛祖在日에는 佛祖相傳한대 佛祖滅後에는 什麽人傳이닛고」

師云하되「古今總是老僧分上이니라」

學云하되「未審케라 傳個什麽니잇고」

師云하되「個個總屬生死니라」

云하되「不可埋沒卻祖師也니이다」

師云하되「傳個什麽오」

학인이 물었다.

「부처와 조사가 계실 때에는 부처와 조사가 서로 전하지만, 부처님과 조사가 돌아가신 후에는 누가 전합니까?」

「옛날이나 지금이나 모두 나의 분상이니라.」

「그 전한다는 것이 무엇입니까?」

「그것들도 모두 생사에 속하는 것들이다.」

「조사스님들을 매몰시키지 마십시오.」

「그럼 무엇을 전하는가?」

| 학산 대원 曰 |

水不水洗 金復金不還

千里同風 萬里同空

傳無所傳 三月櫻花九月菊花 咦!

물은 물을 씻을 수 없고 금은 금과 바꿀 수 없다.

천 리를 가도 한 바람이요, 만 리를 가도 한 허공이다.

전했으나 전해진 것이 없으니, 3월에는 벚꽃, 9월에는 국화가 핌이로다. 이(咦)!

160則

問하되「凡聖俱盡時에는 如何니잇고」
師云하되「願你作大德하라 老僧是障佛祖漢이니라」
학인이 물었다.
「범인과 성인이 다 사라졌을 때에는 어떻습니까?」
「너는 부디 대덕이 되거라. 나는 불조께 폐나 끼치는 사람이니라.」

| 학산 대원 曰 |

山寒露骨 水淺見沙
雨後依舊靑山 萬草萬花自開
차가운 겨울 산에 나뭇가지 드러나고
물이 얕아지니 모래를 볼 수 있고
비 온 후에 예전처럼 산은 푸른데
온갖 풀과 꽃이 스스로 활짝 피어난다.

161則

問하되「遠聞趙州하야 到來어늘 爲什麼不見니잇고」

師云하되「老僧罪過니라」

학인이 물었다.

「멀리까지 조주의 소문이 들려와 찾아와 뵀거늘, 어찌하여 보이지 않습
니까?」

「노승의 허물이니라.」

| 학산 대원 曰 |

노승의 허물이라고 한 의지를 알겠는가?

一千聖人含口 佛祖千里退去

擧起分明 速禮退去

일천 성인도 입을 다물고 부처와 조사도 천 리나 물러남이라.

들고 일어남이 분명하니 속히 절을 하고 물러남이라.

162則

問하되「朗月當空에 未審케라 室中事如何니잇고」

師云하되「老僧自出家에 不曾作活計니라」

學云하되「與麼卽和尙不爲今時也니이다」

師云하되「自疾不能救한대 焉能救得諸人疾이리오」

學云하되「爭奈學人無依何니잇고」

師云하되「依卽踏著地하고 不依卽一任東西니라」

학인이 물었다.

「밝은 달이 허공에 떠있을 때, 방안의 일은 어떻습니까?」

「나는 출가하고부터 일찍이 살아갈 궁리를 해본 적이 없느니라.」

「이와 같다면 화상께서는 지금을 위해서 하시는 것이 없으십니다.」

「내 병도 못 고치면서 어찌 남의 병을 고치겠느냐?」

「제가 의지할 곳이 없게 되는 건 어찌합니까?」

「의지할진댄 땅을 밟고, 의지하지 않을진댄 동서를 마음대로 다닌다.」

| 학산 대원 曰 |

明珠內外透明 照耀乾坤衆生

莫思量無疲勞 應對千般無動用

밝은 구슬은 안팎으로 투명하여 하늘과 땅의 중생을 밝게 비친다.

사량하지 않는 곳에 피로함도 없으니 천 가지를 대하여 움직임 없이 쓰노라.

163則

問하되「在心心不測時에는 如何니잇고」

師云하되「測阿誰아」

學云하되「測自己니이다」

師云하되「無兩箇니라」

학인이 물었다.

「마음이 마음을 헤아리지 않을 때는 어떻습니까?」

「누구를 헤아리는가?」

「제 자신을 헤아립니다.」

「둘은 없느니라.」

| 학산 대원 曰 |

九九八十一 六六三十六

구구는 팔십일이요, 육육은 삼십육이다.

무심(無心)으로 헤아림은 헤아림이 아니다.

日光月光 飽柴飽水

해 뜨고 달 뜨니 나무도 가득하고 물도 가득하다.

164則

問하되「不見邊表˙時에는 如何니잇고」

師指淨瓶云하되「是什麼아」

學云하되「淨瓶이니이다」

師云하되「大好不見邊表인저」

학인이 물었다.

「가장자리와 겉이 보이지 않을 때는 어떻습니까?」

스님이 물병을 가리키며 말하였다.

「이게 뭐냐?」

「물병입니다.」

「아주 훌륭하다. 가장자리와 겉을 보지 않음이로다.」

● **不見邊表**

　　『신심명』에서 인용한 구절이다. 다음과 같다.

極小同大하야	지극히 작은 것은 큰 것과 같아서
忘絶境界로다	모든 경계가 다 끊어짐이로다.
極大同小하야	지극히 큰 것은 작은 것과 같아서
不見邊表로다	가장자리와 겉이 보이지 않음이로다.

| 학산 대원 曰 |

水晶圓珠無內外

眞空心性亦如是

萬境對像處處現

五箇餬餅三箇䭔

수정으로 만든 둥근 구슬은 안팎이 없으니

진공과 심성도 또한 이와 같다.

만 가지 경계를 상대하여 곳곳에 나투니

호떡 다섯 개요 둥근 떡 세 개다.

傳心法要에 云하되,

非大非小 超過一切限量名言縱跡對待

『전심법요』에서 말하길,

큰 것도 아니고 작은 것도 아니며, 일체 한량과 이름과 말과 종적과 상대적인

것을 뛰어넘었다.

165則

問하되「如何是 歸根●이닛고」
師云하되「擬卽差니라」
학인이 물었다.
「어떤 것이 근본으로 돌아가는 것입니까?」
「헤아리면 바로 어긋나느니라.」

● 歸根
『신심명』에서 인용한 구절이다. 다음과 같다.

歸根得旨하고	근본으로 돌아가면 뜻을 얻고
隨照失宗이로다	비추는 것을 따르면 종지(宗旨)를 잃음이로다.
須臾返照하면	잠깐이라도 돌이켜서 비춘다면
勝却前空이로다	목전에 공함보다 뛰어남이로다.

| 학산 대원 曰 |

擬思量何劫悟
人人自有光明在
看時不見暗昏昏
머뭇거리고 헤아리면 어느 세월에 깨달으리오.
사람마다 스스로 광명을 가지고 있어서 비치는데
볼 때에는 어두움을 보지 않음이로다.

육조 스님이 마지막 법문하신 후 제자들이 묻기를 "지금 가시면 언제 돌아오십니까?" 하니 "엽락귀근(葉落歸根) 내시무구(來時無口), 나뭇잎이 떨어져 뿌리로 돌아가니, 올 때는 입이 없다."라고 하셨다.

악! 구구는 뒤집어도 팔십일이다[九九翻成八十一].

166則

問하되「不離言句하야 如何得獨脫이닛고」

師云하되「離言句是獨脫이니라」

學云하되「適來無人教某甲來이니이다」

師云하되「因什麽到此오」

學云하되「和尙何不揀出이닛고」

師云하되「我早箇揀了也니라」

학인이 물었다.

「말씀들을 여의지 않고서 어떻게 하면 해탈할 수 있습니까?」

「말을 여읜 것이 바로 해탈한 것이니라.」

「조금 전에 아무도 저를 오라고 하지 않았습니다.」

「그렇다면 왜 여기 왔느냐?」

「화상께서 어찌하여 가려내질 못하십니까?」

「나는 벌써 가려냈느니라.」

| 학산 대원 曰 |

조주는 빠르기가 번갯불도 미치지 못한다.

신두귀면 삼두육비(神頭鬼面 三頭六臂)로다.

167則

問하되「非心不卽智한대 請和尙一句니이다」
師云하되「老僧落你後니라」
학인이 물었다.
「마음이 아니면 지혜에 나아가지 못합니다. 화상께 한마디를 청합니다.」
「나는 너에게 뒤떨어졌음이라.」

| 학산 대원 曰 |

事不孤起 鷰飛隨春
趙州老僧落你後
趙州好快一句道道
모든 일이 혼자 일어나지 않으니 제비가 날면 봄이 따라온다.
조주가 너에게 뒤떨어졌다 함이여.
조주는 좋게 한마디를 잘 일렀음이로다.

168則

問하되「如何是畢竟이닛고」

師云하되「畢竟이니라」

學云하되「那箇畢竟是니잇고」

師云하되「老僧是畢竟한대 你不解問者話니라」

學云하되「不是不問이니이다」

師云하되「畢竟在什麼處인저」

학인이 물었다.

「어떤 것이 필경(畢竟, 구경의 귀결점)입니까?」

「필경이다.」

「어느 필경 말입니까?」

「내가 이미 필경이거늘, 너는 질문을 할 줄 모르는구나.」

「묻지 못하는 것이 아닙니다.」

「필경이 어디에 있느냐?」

| 학산 대원 曰 |

"필경이 어디에 있느냐[畢竟在什麼處]?"는 조고각하(照顧脚下) 회광반조(廻光返照)를 말한다. 또한 구경(究竟)의 귀결점을 말한다.

眞卽實 實卽眞

참된 것은 실다운 것이요, 실다운 것은 참된 것이다.

169則

問하되「不掛寸絲時에는 如何니잇고」

師云하되「不掛什麼오」

學云하되「不掛寸絲니이다」

師云하되「大好不掛寸絲인저」

학인이 물었다.

「실오라기도 걸치지 않았을 때는 어떻습니까?」

「무엇을 걸치지 않았다는 것이냐?」

「실오라기 하나 걸치지 않았습니다.」

「실오라기도 걸치지 않았다니 아주 좋구나!」

| 학산 대원 曰 |

실오라기 하나 걸치지 않은 경계는 어떠하냐?

鳥喃喃 花灼灼하니

當空明月 竹林淸風이로다.

赤裸裸 淨灑灑하니

眞空無相 相中無佛이요 佛中無相이로다. 喝!

새는 지저귀고 꽃은 무성하게 피니

구름 없는 하늘에 밝은 달이요, 대나무 숲에는 맑은 바람이 분다.

발가벗은 듯 맑고 깨끗하니

진공은 모양이 없고, 모양에는 부처가 없고, 부처에는 모양이 없음이로다. 악!

170則

問하되「如救頭燃底人은 如何니잇고」

師云하되「便學하라」

學云하되「什麼處니잇고」

師云하되「莫占他位次하라」

학인이 물었다.

「머리에 붙은 불을 끄는 것 같은 사람은 어떻습니까?」

「바로 배워라.」

「어디를 말씀입니까?」

「저 사람의 입장을 생각하지 마라.」

| 학산 대원 曰 |

전후좌우를 돌아볼 겨를이 없다.

신속히 생사대해(生死大海)를 뛰쳐나가야 한다.

틈이 없이 용맹정진해서 생사번뇌(生死煩惱)의 불길을 꺼야 한다.

171則

問하되「空劫²²²中에 阿誰爲主니잇고」

師云하되「老僧在裏許坐니라」

學云하되「說甚麼法이닛고」

師云하되「說你問底니라」

학인이 물었다.

「공겁 가운데 누가 주인입니까?」

「내가 그 속에 앉아있노라.」

「무슨 법을 설하십니까?」

「그대가 묻는 것을 설하느니라.」

---

222 우주의 생성 변화를 성겁(成劫)·주겁(住劫)·괴겁(壞劫)·공겁(空劫)으로 설명할 때의 마지막 단계. 겁(劫)은 시간 단위로 무한한 시간을 가리킨다. 세계는 언젠가는 파괴될 것인데, 성겁·주겁·괴겁 의 단계를 거쳐 마지막으로 세계가 완전히 파괴되어 아무것도 없는 시기를 말한다.

172則

問하되「承古有言하되『虛明自照』•라하니 如何是自照니잇고」

師云하되「不稱他照니라」

學云하되「照不著處如何니잇고」

師云하되「你話墮也니라」

학인이 물었다.

「옛 말씀에『텅 비고 밝아서 스스로 비춘다.』라고 했는데, 어떤 것이 스스로 비추는 것입니까?」

「남이 비추는 것이 아니다.」

「비추는 것이 닿지 않는 곳은 어디입니까?」

「네가 말[話]에 떨어졌구나.」

● **虛明自照**

『신심명』에서 인용한 구절이다. 다음과 같다.

狐疑盡淨하면	의심이 다 맑아지면
正信調直이로다	바른 믿음이 고르게 세워짐이로다.
一切不留하고	모든 것들이 남아 있지 않고
無可記憶이로다	기억할 것들도 없음이로다.
虛明自照하니	텅 비어 밝아 스스로 비추니
不勞心力이로다	마음의 힘을 쓸 것도 없음이로다.
非思量處러니	생각으로 이르는 자리가 아니러니
識情難測이로다	정식(情識)으로는 헤아리기 어려움이로다.

| 학산 대원 曰 |

默然自光明

黙地裏點頭

虛空裏揚眉

孤舟載明月

말없이 스스로 광명을 비추니

말 없는 속에서 고개를 끄덕인다.

허공 속에서 눈썹을 드날리고

외로운 배에 밝은 달을 싣는다.

衆生根識은 隔障暗黑이라. 隨著語頭하면 天地懸隔이라.

중생의 육근육식은 막히고 캄캄한 것이다. 말에 집착해 따라가면 천지 차이로
벌어진다.

173則

問하되「如何是的이닛고」
師云하되「一念未起時니라」
학인이 물었다.
「무엇이 명확한 것[的]입니까?」
「한 생각도 일어나지 않은 때니라.」

| 학산 대원 曰 |

一念未起時
無孔鐵鎚盲人無口
石人進一步回頭看
青山不礙白雲飛
夜深方見把針人
還知麼?
玉石立聳 內玉瑔瑔
한 생각도 일어나지 않은 때여!
구멍 없는 쇠뭉치요, 눈 감은 봉사가 입까지 없다.
돌사람이 한 걸음 나아가 머리를 돌이켜보면
청산은 날아가는 흰 구름에 걸리지 않고
깊은 밤이 되어야 바늘 잡은 사람을 본다.
도리어 알겠는가?
옥돌은 우뚝 솟았지만, 안에는 잔잔한 옥이 진귀하다.

174則

問하되「如何是法王이닛고」
師云하되「州裏大王是니라」
云하되「和尙不是니잇고」
師云하되「你擬造反去하야 都來一箇王不認이니라」
학인이 물었다.
「어떤 것이 법왕입니까?」
「나라 안의 대왕이다.」
「화상이 아니신지요?」
「자네는 모반을 일으켜서 한 사람의 왕을 인정하지 않는구나.」

| 학산 대원 曰 |

긍정과 불긍정, 세간과 출세간의 양변을 뛰어난 법왕을 말한다.
우주 만물의 모든 낱낱이 절대자이고 절대 법왕이라는 것이다.

泥牛呑巨浪이요 木馬踐紅塵이로다.
진흙소가 큰 물결을 삼키고, 목마는 붉은 진세를 밟는다.

175則

問하되「如何是佛心?」

師云하되「你是心이요 我是佛이니 奉不奉自看하라」

學云하되「師卽不無나 還奉得也無니잇고」

師云하되「你敎化我看하라」

학인이 물었다.

「어떤 것이 부처의 마음[佛心]입니까?」

「그대가 마음[心]이고 내가 부처[佛]이니, 받들든지 말든지 스스로 살펴라.」

「스승이 없는 것은 아니나 받들어 모실 수 있습니까?」

「그대가 나를 교화해보아라.」

| 학산 대원 曰 |

頭頭物物皆是佛

乾坤總是非他物

大地載物無差別

圓天虛空無所依

두두물물이 부처이니

하늘 땅의 모든 것이 별다른 것이 아니라

대지는 모두를 싣고도 차별이 없으니

둥근 하늘과 허공은 의지하는 곳이 없다.

心心難可尋
心地現種物
마음 마음이여! 찾기 어려우나
마음이 온갖 것을 드러냄이라.

176則

問하되「三身°中에 那箇是本來身이닛고」
師云하되「闕一不可니라」
학인이 물었다.
「삼신 가운데 어느 것이 본래의 몸입니까?」
「하나도 빠뜨려서는 안 된다.」

● 三身
    '삼신(三身)'이란 법신(法身)·화신(化身)·보신(報身)을 말한다. '불신(佛身)'이라
    고도 한다. 법신은 우주만유의 근본진리, 보신은 석가모니불이 깨친 진리, 화신
    은 중생 교화를 위해서 갖가지 모습으로 나투신 몸을 말한다.

| 학산 대원 曰 |

動卽三身 不動卽一身 只者是
움직이면 삼신이요, 움직이지 않으면 일신이니, 그저 이것이다.

동산 양개 선사에게 학인이 물었다.
"삼신 중에 어느 몸이 많은 수에 떨어지지 않습니까?"
"나는 항상 여기에서 절실하네."

자기 생각이 확실치 못해서 못 알아듣는데, 못 알아듣는 걸 설명을 하면 점점
더 멀어지고 어긋나게 만든다. 가문에서 장자에게 전해 내려오는 중요한 기밀

을 다른 식구에게 누설할 수가 없다. 누설을 하면 중요한 기밀을 보존하지 못하기 때문이다. 군대의 암호도 누설을 하면 안 된다. 그와 같이 조주 스님의 말씀 가운데 누설을 할 수 없는 부분이 있다. 그것은 스스로 바로 보고 바로 알아차려야 한다.

혜충 국사에게 물었다.
"어떤 것이 본래불입니까?"
"시자야! 물병을 가져오너라."
시자가 물병을 가져오고 나서 다시 물었다.
"어떤 것이 부처입니까?"
"물병을 도로 갖다 놓아라."
"왜 대답을 안 하십니까?"
"고불이 지나간 지 오래니라."

어떤 것이 부처인가?
산승이 답하되,
喫鹽添得渴
月印千江月
소금을 먹을수록 갈증은 더하고
달이 일천 강에 비침이로다.
又曰
着衣喫飯
鐵鎚無孔
옷을 입고 밥을 먹음이요
쇠뭉치에 구멍이 없음이로다.

177則

問하되「未審케라 此土에 誰爲祖師니잇고」
師云하되「達磨來하야 這邊總是니라」
學云하되「和尙是第幾祖니잇고」
師云하되「我不落位次니라」
學云하되「在什麼處니잇고」
師云하되「在你耳裏니라」

학인이 물었다.
「이 땅에는 누가 조사입니까?」
「달마대사께서 오신 이래 모두가 다 조사니라.」
「화상께서는 몇 번째 조사입니까?」
「나는 순서에 떨어지지 않는다.」
「어느 곳에 계십니까?」
「자네 귓속에 있지.」

| 학산 대원 曰 |

須彌頂上獨存立
當空頂上照明月

수미산 꼭대기에 홀로 서 있고
머리 위 허공에서 밝은 달이 비춘다.

178則

問하되 「不棄本하고 不逐末한대 如何是正道니잇고」

師云하되 「大好出家兒니라」

學云하되 「學人從來不曾出家니이다」

師云하되 「歸依佛이요 歸依法이라」

學云하되 「未審케라 有家可出也無니잇고」

師云하되 「直須出家니라」

學云하되 「向什麽處安排他니잇고」

師云하되 「且向家裏坐하라」

학인이 물었다.

「근본을 버리지 않고 지말도 좇지 않으니, 어떤 것이 정도입니까?」

「아주 훌륭한 출가자로다.」

「저는 이제까지 출가한 적이 없습니다.」

「부처님께 귀의하고[歸依佛] 가르침에 귀의하여라[歸依法].」

「나가야 할 집이 있습니까?」

「곧장 집을 나가야 한다.」

「그에게 어디를 마련해줘야 하겠습니까?」

「집안에 앉아있거라.」

| 학산 대원 曰 |

石人拄杖破兩頭

夜深方見把針人

此是出家
돌사람이 주장자로 두 머리를 깨버리고
깊은 밤에 바늘 잡은 사람을 보나니
이 사람이 출가인이다.

一念定座回頭觀
眼中瞳子面前人
深秋簾幕千家雨
落日樓臺一笛風
일념으로 정좌하여 머리를 돌이켜보니
눈동자 속에 나타난 면전의 사람이로다.
깊은 가을에 발을 걷으니 많은 집들에 비가 내리고
해 지는 누대에 피리 소리가 바람을 타고 오는구나.

179則

問하되「明眼人見一切한대 還見色也無니잇고」
師云하되「打卻著하라」
學云하되「如何打得이닛고」
師云하되「莫用力하라」
學云하되「不用力如何打得이닛고」
師云하되「若用力卽乖니라」

학인이 물었다.

「눈 밝은 사람은 일체를 본다는데, 도리어 색(色)도 봅니까?」

「쳐서 내버려라.」

「어떻게 쳐내야 합니까?」

「힘을 쓰지 마라.」

「힘을 쓰지 않고서 어떻게 쳐낼 수 있습니까?」

「만약 힘을 쓴다면 바로 어긋나느니라.」

| 학산 대원 曰 |

힘을 쓰지 말고[莫用力] 살아가야 한다.

그러나 중생은 처처의 만나는 경계, 하는 일에서 해결을 하지 못해서 얼마나 마음으로 고심을 하고 얼마나 힘을 들이는가! 부모 자식간, 부부간, 형제간, 친구간, 사회의 모든 사람들 속에서도 많은 힘을 들인다. 에너지 소모가 크고 신경을 많이 써서 좋지 못한 병이 많이 온다. 일체 만 가지 병이 하는 곳마다 에너지를 많이 소모하고 힘을 들이고 살아가기 때문에 생긴다. 그런데 조주 스님은 그렇지 않고 일체 모든 만 가지 경계를 닥쳐서 힘을 들이지 않는다는 거다.

망상하지 마라[莫妄想]. 망상 때문에 많은 힘을 들이고 하는 일마다 어려움을 겪어야 하고, 일을 하고 나서 보면 실수한 거라서 후회하는 등 많은 문제점을 안고 살면서 편안하게 다리 뻗고 잠을 자지 못한다.

망상을 하면 천지현격이다[妄想卽天地懸隔].

망상이 없는 대무심 경계에서는 힘들이지 않고 무한히 써도 항상 마음이 편안하고 즐겁고, 아무리 어려운 것이 앞에 닥쳐도 아무런 걸림이 없다.

중생은 마음이 움직이고 쓰는 것만 보고 알지 다른 건 모른다. 겉모양만 보고 따라가니까 모르는 거다. 모르는 그것의 역반응이 일어나서 심장도 상하고 신경도 곤두서고 여러 가지를 당하게 되어 있다.

현실 생활이 뜻과 같이 안 되는 원인은 망상 때문에 그렇다.

모든 경계를 대하고 움직여도 한 발짝도 움직이지 않는 것을 볼 줄 알아야 한다. 움직이지 않는 것을 바로 보는 사람은 천 가지 만 가지 움직이고 써도 조금도 마음 상할 일이 없고 힘들 일이 없다.

송하되,

鳥啼無漏濕 花笑不聞聲

새는 울어도 눈물로 젖는 일이 없고

꽃은 웃어도 소리가 나지 않는다.

180則

問하되「祖佛大意合爲什麼人이닛고」

師云하되「只爲今時니라」

學云하되「爭奈不得何니잇고」

師云하되「誰之過오」

學云하되「如何承當이닛고」

師云하되「如今無人承當得이니라」

學云하되「與麼卽無依倚也니이다」

師云하되「又不可無卻老僧이니라」

학인이 물었다.

「부처와 조사의 큰 뜻에 계합하는 사람은 누구입니까?」

「다만 지금을 위할 뿐이다.」

「얻지 못하는 것을 어찌해야 합니까?」

「누구의 잘못이냐?」

「어떻게 알아야 합니까?」

「지금과 같아선 아무도 알아들을 자가 없다.」

「그렇다면 의지할 데가 없겠습니다.」

「그렇다고 노승도 없다고 하지는 말아라.」

| 학산 대원 曰 |

학인이 조주 스님의 가르침을 받고 있으면서 의지할 곳이 없다고 하니, 조주 스님이 자신이 없다고는 말하지 말라 하였다.

白雲無心 青天有日

鼻孔遼天 水透三江

흰 구름은 무심하고 푸른 하늘에는 해가 떠있다.

콧구멍이 하늘을 향하니 물은 세 강을 뚫고 지나간다.

181則

問하되「了事底人은 如何니잇고」

師云하되「正大修行이니라」

學云하되「未審케라 和尙還修行也無니잇고」

師云하되「著衣吃飯이니라」

學云하되「著衣吃飯尋常事어늘 未審케라 修行也無니잇고」

師云하되「你且道하라 我每日作什麼인저」

학인이 물었다.

「일을 마친 사람은 어떻습니까?」

「바른 큰 수행을 하느니라.」

「화상께서도 수행을 하십니까?」

「옷 입고 밥 먹는다.」

「옷 입고 밥 먹는 것은 일상사인데 수행이랄 것이 있습니까?」

「그럼 말해보아라. 내가 매일 무엇을 하더냐?」

| 학산 대원 曰 |

趙州無依拄杖子 無依他人 好爲著衣吃飯

조주는 주장자를 의지함이 없고, 다른 사람도 의지함이 없어서, 밥을 잘 먹고 옷을 잘 입는다 함이라.

任徑霜與雪 不改舊時容

서리와 눈이 있는 길을 마음대로 지나면서도 예전 얼굴을 고치지 않는다.

182則

崔郎中問하되「大善知識도 還入地獄也无니잇고」
云하되「老僧末上入이니라」
崔云하되「旣是大善知識이어늘 爲什麼入地獄이닛고」
師云하되「老僧若不入인댄 爭得見郎中아」
최낭중(崔郎中)이 물었다.
「대선지식도 지옥에 들어갑니까?」
「내가 맨 먼저 들어가지.」
「대선지식이신데 어찌하여 지옥에 들어갑니까?」
「내가 들어가지 않으면 어떻게 낭중과 만나겠는가?」

| 학산 대원 曰 |

水體入萬物中 淸風去無蹤跡
一氣無私 萬靈合湊
물은 만물 중에 들어가고 맑은 바람은 불어도 자취가 없네.
한 기운이 사사로움이 없으니 온갖 신령스러움이 함께 다 모여 있다.

견성한 명안종사라면 어느 곳을 사양하겠는가?
만나고 가는 곳마다 훤칠히 통하여 제도하리라.
극락 천당을 가고자 하는 것은 범부중생이 바라는 것이고, 견성대각자는 이르
는 곳마다 연화대니 어느 곳에 가는 것을 사양하겠는가?

183則

問하되「毫釐有差時에는 如何니잇고」

師云하되「天地懸隔이니라.」●

云하되「毫釐無差時에는 如何니잇고」

師云하되「天地懸隔이니라」

학인이 물었다.

「털끝만큼이라도 어긋났을 때는 어떻습니까?」

「하늘과 땅만큼 벌어진다.」

「털끝만큼이라도 어긋나지 않았을 때는 어떻습니까?」

「하늘과 땅만큼 벌어진다.」

● **毫釐有差 天地懸隔**

　『신심명』에서 인용한 구절이다. 다음과 같다.

毫釐有差하면	털끝만큼이라도 어긋나면
天地懸隔이로다	하늘과 땅만큼 벌어짐이로다.
欲得現前인댄	도가 앞에 나타나길 바라거든
莫存順逆하라	따름과 거스름을 두지 말라.

| 학산 대원 曰 |

무엇이 어긋난다는 것인가?

일체 모든 법에 있어서 조금도 막힘이 없이 통해서 계합이 되어야 된다. 그러면 살아가는 일상생활 모든 것에서 막힘이 없고 거리가 멀어질 일이 없다. 그러나

중생은 살아가는 현실 눈앞의 모든 걸 상대해서 서로 어긋나는 것이 많다.
최상의 진리에 대해서도 마찬가지다. 털끝만큼이라도 어긋나면 하늘땅만큼 거리가 멀어진다. 최상의 진리의 법을 바로 투과해서 계합을 한다면 거기에는 멀어질 것이 없다. 털끝만큼이라도 잘못 보면 천지현격이니, 모든 것을 어떻게 바로 보느냐가 참으로 중요하다.
그런데 털끝만큼도 어긋남이 없는데 어찌 천지현격인가?
어긋남이 있든지 없든지 모조리 부정한 것은 천지현격인 잘못된 안목을 쓸어 없애서 진리를 바로 보여주는 것이다.

禪宗頌古聯珠 -「毫釐」

長靈卓이 頌하되
毫釐有差天地隔이오 　　　털끝만큼 어긋남이 있으면 하늘과 땅만큼
　　　　　　　　　　　　　벌어짐이요
毫釐無差天地隔이로다 　　털끝만큼 어긋남이 없어도 하늘과 땅만큼
　　　　　　　　　　　　　벌어짐이로다.
隔不隔俱端的이라 　　　　벌어지고 벌어지지 않음이 모두 분명함이라.
但能信手摘楊花하고 　　　다만 손길 닿는 대로 버들꽃을 따고
須會風生庭前栢이라 　　　뜰 앞의 잣나무에서 바람이 읾을 알아야
　　　　　　　　　　　　　함이로다.
趙州關好標格이라 　　　　조주의 관문은 훌륭한 표적이라.
曹溪路上沒蹤跡이로다 　　조계의 길 위에는 종적이 없음이로다.

掩室開가 頌하되
一道如弦直하야 　　　　　하나의 도로가 활줄처럼 곧아서
長安信已傳이로다 　　　　장안의 소식 이미 전해짐이로다.

萬邦皆入貢하니   만방에서 모두 조공을 들여오니
四海息狼烟이로다   사해에서 봉화 연기 그침이로다.

禪門拈頌 427則 - 「毫釐」

眞淨文이 上堂擧하되「古人道하되『毫釐有差하면 天地懸隔이라』하니
且道하라 毫釐不差하면 又如何오」
良久云하되「僧堂裏喫茶하라」
진정문이 상당하여 들어 말하였다.
「옛사람이 말하기를『털끝만큼이라도 어긋나면 하늘과 땅만큼 벌어진다.』
라고 하니, 일러보아라. 털끝만큼도 어긋나지 않으면 또 어떻게 되겠는가?」
양구하고 이르되,「승당 안에서 차를 마셔라.」

雲門杲가 上堂擧此話云하되「諸人要識趙州麼오」
慣從五鳳樓前過하고 手握金鞭賀大平이로다
운문고가 상당하여 이 이야기를 들어 말하였다.
「여러분들은 조주를 알고자 하는가?」
평상시에 오봉루[223] 앞을 지나가다가
손에 금채찍을 들고 태평성대를 하례함이로다.

---

223 당나라 때 낙양에 지어진 누각. 당나라 현종이 일찍이 그 아래서 술을 마시면서 3백 리 안의 현령
과 자사들에게 명하여 노래 부르는 이와 악사들을 불러 모았다. 후에 양(梁)나라 태조 주온(朱溫)
이 즉위하여 오봉루를 다시 만들었다. 그 높이가 백 장이고, 높이 올라갈수록 건물의 반이 허공에
떠있도록 하였으며, 그 위에 봉황 다섯 마리의 날개가 달려있었다. 이후부터 오봉루는 보통 임금
이 있는 곳을 의미한다.

拈頌說話 – 「毫釐」

【毫釐】

問하되 「毫釐有差時에는 如何니잇고」
師云하되 「天地懸隔이니라」
云하되 「毫釐無差時에는 如何니잇고」
師云하되 「天地懸隔이니라」

학인이 물었다.
「털끝만큼이라도 어긋났을 때는 어떻습니까?」
「하늘과 땅만큼 벌어진다.」
「털끝만큼이라도 어긋나지 않았을 때는 어떻습니까?」
「하늘과 땅만큼 벌어진다.」

毫釐有差하면 迷時요 毫釐無差하면 悟時也어늘 皆云하되 「天地懸隔者」라고 하니 有差望無差 「天地懸隔」耶아 無差望有差 「天地懸隔」耶아 有差無差가 皆不立耶아 有差也도 天地懸隔이요 無差也도 天地懸隔이니 隔不隔이 俱端的也니라

털끝만큼이라도 어긋남이 있으면 미혹한 때요, 털끝만큼이라도 어긋남이 없으면 깨달은 때이다. 그런데 모두 「하늘과 땅만큼 벌어진다.」라고 말했으니, 어긋남이 있어서 어긋남이 없음을 바라고 「하늘과 땅만큼 벌어진다.」 하는가? 어긋남이 없어서 어긋남이 있음을 바라고 「하늘과 땅만큼 벌어진다.」 하는가? 어긋남이 있음과 어긋남이 없음을 모두 인정하지 않는 것인가? 어긋남이 있어도 하늘과 땅만큼 벌어지고, 어긋남이 없어도 하늘과 땅만큼 벌어지니, 벌어지고 벌어지지 않음이 모두 분명하다.

【長靈】

毫釐有差天地隔이오　　　　털끝만큼 어긋남이 있으면 하늘과 땅만큼
　　　　　　　　　　　　　벌어짐이요

毫釐無差天地隔이로다　　　털끝만큼 어긋남이 없어도 하늘과 땅만큼
　　　　　　　　　　　　　벌어짐이로다.

隔不隔俱端的이라　　　　　벌어지고 벌어지지 않음이 모두 분명함이라.

但能信手摘楊花하고　　　　다만 손길 닿는 대로 버들꽃을 따고

須會風生庭前栢이라　　　　뜰 앞의 잣나무에서 바람이 앎을 알아야
　　　　　　　　　　　　　함이로다.

趙州關好標格이라　　　　　조주의 관문은 훌륭한 표적이라.

曹溪路上沒蹤跡이로다　　　조계의 길 위에는 종적이 없음이로다.

《隔不隔者》는 有差無差義니 下文現하니라

《벌어지고 벌어지지 않음》은 어긋남이 있고 어긋남이 없다라는 뜻이다. 그 아래 문장들에 드러나 있다.

【眞淨】

眞淨文이 上堂擧하되「古人道하되『毫釐有差하면 天地懸隔이라』하니 且道하라 毫釐不差하면 又如何오」

良久云하되「僧堂裏喫茶하라」

진정문이 상당하여 들어 말하였다.

「옛사람이 말하기를『털끝만큼이라도 어긋나면 하늘과 땅만큼 벌어진다.』 라고 하니, 일러보아라. 털끝만큼도 어긋나지 않으면 또 어떻게 되겠는가?」

양구하고 이르되,「승당 안에서 차를 마셔라.」

《僧堂裏喫茶者》步步踏着也니라 如長年床上有粥有飯也.

《승당 안에서 차를 마셔라》는 걸음마다 잘 딛으라는 것이다. 마치 나이 많은 이의 밥상 위에는 죽도 있고 밥도 있다는 것과 같다.

【雲門】

雲門杲가 上堂擧此話云하되「諸人要識趙州麼오」

慣從五鳳樓前過하고 手握金鞭賀大平이로다

운문고가 상당하여 이 이야기를 들어 말하였다.

「여러분들은 조주를 알고자 하는가?」

평상시에 오봉루 앞을 지나가다가

손에 금채찍을 들고 태평성대를 하례함이로다.

快活無事也니라 五鳳樓는 梁太祖建하니라 韓浦·韓洎가 能爲古文한대 洎常輕浦曰하되「吾兄爲文이 如繩樞草舍하고 聊庇風雨而已나 予之文은 造如五鳳樓手也니라」하니 浦聞之하고 作詩寄曰하되「十樣蠻牋出益州한대 寄來新自浣溪頭로다 老兄得此全無用하니 助爾添修五鳳樓하라」

쾌활하여 일이 없다는 뜻이다. 오봉루는 양 태조가 지은 것이다. 한포와 한계가 고문(古文)을 잘 지었는데, 한계가 항상 한포를 가볍게 여기며 말하였다. 「우리 형은 글을 짓는 것이 새끼줄로 문을 단 초가집과 같아서 겨우 비바람을 가릴 뿐이지만, 나의 글은 오봉루를 만드는 솜씨와 같다.」

한포가 그 말을 듣고 시를 지어 보내며 이르되,

열 가지 종류의 종이가 익주에서 나는데

새로이 완계로부터 종이를 보내옴이로다.

나는 이걸 얻어도 전혀 쓸모가 없으니

오봉루 짓는 데나 보태도록 하여라.

| 학산 대원 曰 |

順逆妙用自在
石裏明月出照
火中蓮花滿發
超出順逆無障礙
따르고 거스름에 묘용이 자재하니
돌무더기 속에서 밝은 달이 나와 비춘다.
불 속에서 연꽃이 활짝 피니
따르고 거스름을 뛰어넘어 거리낌이 없다.

差不差都放下
流水透過山村里
鳳凰徹天飛
어긋남 있음과 없음을 모두 놓음이여
흐르는 물은 산과 마을을 흘러 지나가고
봉황새는 하늘을 뚫고 난다.

184則

問하되 「如何是不睡底眼이닛고」
師云하되 「凡眼肉眼이니이다」
又云하되 「雖未得天眼이나 肉眼力如是니라」
學云하되 「如何是睡底眼이닛고」
師云하되 「佛眼法眼是睡底眼이니라」

학인이 물었다.

「어떤 것이 잠자지 않는 눈입니까?」

「범안(凡眼)과 육안(肉眼)이다.」

또 말하였다.

「비록 아직 천안(天眼)을 얻지는 못했다 하더라도, 육안의 힘이 이와 같다.」

「어떤 것이 잠자는 눈입니까?」

「불안(佛眼)과 법안(法眼)이 잠자는 눈이다.」

| 학산 대원 曰 |

『신심명』의 '안약불수 제몽자제(眼若不睡 諸夢自除)', '눈이 잠자지 않으면 모든 꿈이 저절로 사라진다'라는 구절로 물은 것이다.

범부의 육안(肉眼)은 번뇌망상의 삶 안에서 편히 잠잘 수 없다. 번뇌화택(煩惱 火宅)에서 대해탈(大解脫) 대안심입명처(大安心立命處)를 얻어 상락아정(常樂我 淨)을 수용자재(受用自在)하신 분은 불조뿐이다.

범안(凡眼)과 육안(肉眼)에 따라가면 조주의 의지낙처(意旨落處)를 모른다. '범안과 육안이다'라고 답한 의지를 바로 보라.

泥中發蓮花

土中黃金出

진흙 속에서 연꽃이 피고

흙 속에서 황금이 나온다.

185則

問하되「大庾嶺頭●趁得及에 爲什麼提不起니잇고」

師拈起衲衣云하되「你甚處得者個來오」

學云하되「不問者個니이다」

師云하되「與麼卽提不起니라」

학인이 물었다.

「대유령 꼭대기까지 쫓아갔으나 어찌하여 (의발을) 들어 올리지 못했습니
까?」

스님께서 가사를 들어 올리면서 말하였다.

「그대는 어디서 이것을 얻어왔는가?」

「이것을 물은 것이 아닙니다.」

「그렇다면 들어 올리지 못하겠구나.」

● **大庾嶺頭**

육조 혜능과 혜명 상좌의 고사를 말한다.

六祖因明上座가 趁至大庾嶺하야 祖見明至하고 卽擲衣鉢於石上云하되「此
衣表信이니 可力爭耶오 任君將去하라」明遂擧之나 如山不動이라 踟蹰悚慄
하며 明曰하되「我來求法이어니와 非爲衣也니이다 願行者開示하소서」祖云
하되「不思善하고 不思惡하는 正與麼時에 那箇是明上座의 本來面目인저」
明當下大悟하고 遍體汗流하다

육조 대사는 혜명 상좌가 쫓아와 대유령 꼭대기까지 왔으므로, 육조는 혜명이
온 것을 보고 의발을 반석 위에 던져놓고 말하였다.

「이 옷은 믿음을 나타내는 것이니, 힘으로 다툴 수 있겠는가? 그대 마음대로 가
져가보라.」

혜명이 들고자 했으나 산처럼 움직이지 않았다. 혜명은 주저하며 떨면서 말하였다.

「저는 법을 구하러 온 것이지 옷 때문이 아닙니다. 원컨대 행자시여! 가르침을 주소서.」

「선을 생각지 않고 악도 생각지 않는 바로 이와 같은 때에 어느 것이 혜명 상좌의 본래면목인가?」

그러자 혜명 상좌가 그 자리에서 크게 깨닫고 온몸으로 땀을 흘렸다.

| 학산 대원 曰 |

這箇道理 取也不得 放也不得 放擧總不得

良久 喝

風也過透林

流水子正住

이 도리는 취할 수도 없고, 놓을 수도 없고, 놓고 드는 것을 모두 할 수 없도다.

(잠시 침묵한 후) 악!

바람은 수풀을 뚫고 지나가지만

흐르는 물은 자정에는 멈춤이로다.

186則

問하되「不合하고 不散에는 如何辨이닛고」

師云하되「你有一個하고 我有一個니라」

云하되「者個是合이니이다 如何是散이닛고」

師云하되「你便合이니라」

학인이 물었다.

「합하지도 않고 흩어지지도 않는 것은 어떻게 구분합니까?」

「그대도 한 개가 있고 나에게도 한 개가 있다.」

「이것은 합하는 것입니다. 어떤 것이 흩어지는 것입니까?」

「그대가 합하였구나.」

| 학산 대원 曰 |

言中有骨 笑中有劍

你便合 徹底散散

合卽散 散卽合

不合不散 如何辨

二步 始從一步

會也麼?

一條拄杖 觸處 能用自在 變化無窮

말속에 뼈가 있고 웃음 속에 검이 있다.

그대가 합해졌다 함이여, 철저히 흩어지고 흩어짐이다.

합해지면 흩어지고 흩어지면 합해짐이라.

합하지도 않고 흩어지지도 않을 때는 어떻게 판단하겠는가?

두 걸음은 한 걸음에서 시작하네.

알겠는가?

주장자 하나가 닿는 데마다 자재하게 쓰여서 변화가 끝이 없네.

187則

問하되 「如何是不錯路이닛고」

師云하되 「識心과 見性이 是不錯路니라」

학인이 물었다.

「어떤 것이 길을 잘못 들지 않는 것입니까?」

「마음을 알고[識心] 성품을 보는 것[見性]이 길을 잘못 들지 않는 것이다.」

| 학산 대원 日 |

如何是不錯路?

糞堆裏月出

泥波中日照 喝

무엇이 길을 잘못 들지 않는 것인가?

똥무더기 속에서 달이 뜨고

진흙 물결 속에서 해가 비춘다. 악!

如何是識心見性?

蚊子上鐵牛

石人脊汗通流

무엇이 식심견성(識心見性)인가?

모기가 쇠소 등 위에 앉아 있고

돌사람의 등에서는 땀이 흐른다.

禪門拈頌 467則 - 「識心」

雲門杲가 上堂擧此話云하되「棒打石人頭하니 嘿嘿論實事로다 不用作禪會하고 不用作道會하라 若要不錯路인댄 須是識心見性始得이니라 且那箇是識底心이며 那个是見底性고? 有般底에 聞伊麼道하면 便道하되『有水皆含月이요 無山不帶雲이로다』하니 伊麼見解가 正是鄭州에 出曹門이로다」

운문고가 상당하여 이 이야기를 들어 말하였다.

「몽둥이로 돌사람의 머리를 때리니, 드문드문 사실을 이야기함이로다. 선을 알 필요도 없고, 도를 알 필요도 없다. 만약 길을 잘못 들지 않으려면 모름지기 마음을 알고[識心] 성품을 봐야만[見性] 한다. 그러면 어떤 것이 알아야 할 마음[心]이고, 어떤 것이 보아야 할 성품[性]인가? 어떤 이는 이런 말을 들으면 바로 말하기를『물이 있으면 다 달을 머금고, 산이 없으면 구름이 걸리지 않음이로다.』하는데, 이와 같은 견해는 바로 정씨의 마을에서 조씨 문중이 나오는 격이로다.」

| 학산 대원 曰 |

一地
百千萬種出産
地一寸下無種
識心見性頓破
石人木女歌平

한 땅에서
백천만 종자가 생겨나지만
한 마디 아래만 가도 아무런 종자가 없다.
식심(識心)과 견성(見性)을 한거번에 타파하면

석인(石人)과 목녀(木女)가 태평가를 부른다.

拈頌說話 -「識心」

【識心】

問하되「如何是不錯路이닛고」
師云하되「識心과 見性이 是不錯路니라」
학인이 물었다.
「어떤 것이 길을 잘못 들지 않는 것입니까?」
「마음을 알고 성품을 보는 것이 길을 잘못 들지 않는 것이다.」

《不錯路者》는 不錯下脚地路耶아 面前一路如絃直地也니라
《識心見性云云者》는 宗師之言은 非苟爲大而已니라 若不深原하고 其意詳究하면 其實未嘗不以爲迂者也니라 切莫隨語生解하고 會取趙州意하면 始得이니라
《길을 잘못 들지 않는다》는 것은 길에 발을 잘못 딛지 말라는 것인가? 바로 마주친 하나의 길이 악기 줄처럼 곧다는 것이다.
《마음을 알고 성품을 본다 운운》한 것은 종사의 말씀은 진실로 크게 되고자 한 것은 아니다. 만약 근원을 깊이 알려 하지 않고, 그 뜻만 자세히 알려 한다면 실제로도 아닌 게 아니라 멀어지게 마련이다. 그러하니 절대로 말만 좇아 견해를 내지 말고 조주의 뜻을 알아차려야만 비로소 괜찮다.

【雲門】

雲門杲가 上堂擧此話云하되「棒打石人頭하니 嚗嚗論實事로다 不用作

禪會하고 不用作道會하라 若要不錯路인댄 須是識心見性始得이니라 且
那箇是識底心이며 那个是見底性고? 有般底에 聞伊麽道하면 便道하되
『有水皆含月이요 無山不帶雲이로다』하니 伊麽見解가 正是鄭州에 出曹
門이로다』

운문고가 상당하여 이 이야기를 들어 말하였다.

「몽둥이로 돌사람의 머리를 때리니, 드문드문 사실을 이야기함이로다. 선
을 알 필요도 없고, 도를 알 필요도 없다. 만약 길을 잘못 들지 않으려면 모
름지기 마음을 알고 성품을 봐야만 한다. 그러면 어떤 것이 알아야 할 마음
이고, 어떤 것이 보아야 할 성품인가? 어떤 이는 이와 같은 말을 들으면 바
로 말하기를『물이 있으면 다 달을 머금고, 산이 없으면 구름이 걸리지 않음
이로다.』하는데, 이와 같은 견해는 바로 정씨의 마을에서 조씨 문중이 나오
는 격이로다.」

若有識地心見地性인댄 則便不是了也니라

만약 알아야 할 마음과 보아야 할 성품이 있다고 할진댄, 즉 바로 공부를 마
친 것이 아니라는 뜻이다.

《有水皆含月云云者》는 如云하되「一切衆生이 無不具有心性也로다」니
라 伊麽會則是認著也니라 故云하되「鄭州出曹門」이니라

《물이 있으면 다 달을 머금는다 운운》한 것은 마치 말하기를「일체중생이
다 성품을 갖추지 않음이 없다.」하는 것과 같다. 이와 같이 이해한다면 즉
앎에 집착하는 것이다. 때문에 말하기를「정씨 마을에서 조씨 문중이 나왔
다.」한 것이다.

| 학산 대원 曰 |

인식과 사량으로 알면 정씨 마을에서 조씨 문중이 나오는 격이라는 것이다.
"본래 성품이 갖춰져 있고 본래 성불이 되어 있는데, 왜 수행을 한다고 망상

하나?" 이런 말을 하는 사람도 있다. 그때 공부해서 안목 있는 사람이, "본래 성품을 갖춰있고 본래 성불이라고 해도 서른 봉이다. 여기에서 한마디 일러라!" 이러면 입이 열 개라도 말을 못한다. 어떻게 하겠나?

188則

問하되「明珠在掌에도 還照也無니잇고」
師云하되「照卽不無나 喚什麼作珠오」
학인이 물었다.
「밝은 구슬이 손바닥에 있을 때에도 도리어 비춥니까?」
「비추는 것이 없지는 않으나, 무엇을 구슬이라고 부르는가?」

| 학산 대원 曰 |

兩珠相照 北白頭南漢拏
喚什麼作珠?
女人拜以立 和尙休休了
退步出門去 迢迢十萬餘
두 구슬이 서로 비추나, 북쪽에는 백두산이요, 남쪽에는 한라산이다.
무엇을 구슬이라고 하는가?
여인이 하는 절[女人拜]을 하고 서서 "화상께서는 쉬십시오." 하고 뒤로 물러나
문을 열고 나가니, 멀리 뻗치기를 십만 여나 됨이라.

잉어가 용문폭포를 올라가 용이 되려고 하지만, 튀어나온 바위에 부딪혀 그저
이마에 점만 찍고 내려온다. 결국 몸을 뒤집어 튀어나온 바위를 뛰어 올라가야
용이 된다.
이무기가 용이 되려고 3천 년을 도를 닦는데, 천 년은 물에서, 천 년은 육지에
서, 천 년은 인가(人家) 중에서 살아야 한다. 3천 년 동안 살생을 하지 않고 사람

눈에 띄지 않아야 한다.

그리고 마지막에 몸을 나퉈서 처음 보는 사람이 "용이다!" 하는 한마디를 얻어야 용이 되어 승천을 한다. 그런데 "뱀이다!" 하는 말을 들으면 다시 3천 년을 닦아야 한다.

중생이 부처가 되어야 하는데, "보살님!", "성불하십시오." 이런 말을 들었을 때 이무기가 "용이다!" 하는 말을 들은 것과 같다는 것이다. 무상의 보리심을 발하는 이를 보살이라고 하는데, 일체중생을 위해서 이로운 일을 다 하면서 항상 편안하다.

우리 중생들도 용과 같은 여의주가 있는데 쓰지를 못하고 있다. 쓸 수 있으려면 보살이 되어야 한다. 보살심을 내면 여의주를 쓰는 사람이 된다. 무상보리심이 곧 여의주다. 중생의 육근·육식의 의식은 여의주가 아니다. 여러분이 중생으로 살아서야 되겠는가? 뜻과 같이 되는 여의주가 있으니 공부를 안 할 수가 없다.

189則

問하되 「靈苗無根時에는 如何니잇고」

師云하되 「你從什麼處來오」

云하되 「太原來니이다」

師云하되 「大好無根이니라」

학인이 물었다.

「신령스런 싹에 뿌리가 없을 때에는 어떻습니까?」

「그대는 어디에서 왔는가?」

「태원(太原, 산서성)에서 왔습니다.」

「좋다. 뿌리가 없구나.」

| 학산 대원 曰 |

태원에서 왔다고 대답한 사람은 아직 공부가 먼 데 있는 사람이다. 그래서 조주 스님이 또 바로 한마디 일러준 것이다.

여기에 산승이 송하되,

靈苗無根 不在別求

剔起眉毛 分明目前

신령스런 싹이 뿌리가 없다고 하니 별다른 곳에서 있다고 구하지 말라.

눈썹을 치켜뜬 그 자리가 분명 목전이다.

190則

問하되「學人이 擬作佛時에는 如何니잇고」

師云하되「大煞費力生이니라」

云하되「不費力時에는 如何니잇고」

師云하되「與麽卽作佛去也하라」

학인이 물었다.

「제가 부처가 되고자 할 때는 어떻게 합니까?」

「몹시도 힘을 들이는구나.」

「힘을 들이지 않는 것은 어떤 것입니까?」

「이미 부처가 된 걸세.」

| 학산 대원 曰 |

자신이 부처인 것을 바로 보라는 것이다.

부처가 부처를 찾으면 도리어 거리가 멀어지고 힘만 들이게 됨이다. "몹시도 힘을 들이는구나." 하는 대목에서 학인이 알아차리면 되는데, 알아차리지 못하고 다시 물으니 그렇다면 부처가 된 것이라고 다시 대답해주셨다. 여기서 달리 의심할 일이 없다.

중생의 의식으로는 십바라밀을 행할 수 없다. 일체 모든 경계에 닥쳐서 머뭇거림도, 두려움도, 아낌도 없어야 하는데 그것이 능하지 못하다. 이 뭣고만 바로 투과해서 깨달으면 십바라밀은 누구나 행할 수 있다. 십바라밀을 행할 수 있다면 중생이 아니고 보살이다. 선(禪)에서는 그 부분을 백척간두진일보(百尺竿頭

進一步)로 해결한다.

송하되,

六耳不同謀 牛兒不識虎

香風吹葳花 更雨新好者

여섯 귀로는 함께 도모할 수 없으니

송아지는 호랑이를 알아보지 못한다.

향기로운 바람이 둥글레꽃에 불고

다시 내리는 비가 새롭고 좋도다.

191則

問하되 「學人이 昏鈍하야 在一浮沉한대 如何得出이닛고」
師只據坐하니 云하되 「某甲은 實問和尙이니이다」
師云하되 「你甚處에 作一浮一沉고」

학인이 물었다.

「저는 어둡고 둔하여 떴다 가라앉았다 하는데, 어떻게 해야 벗어날 수 있습니까?」

스님께서 아무 말 없이 앉아 있으니, 학인이 말하였다.

「저는 화상께 진실로 여쭌 것입니다.」

「그대는 어디에서 떴다 가라앉았다 하는가?」

| 학산 대원 曰 |

趙州據坐意旨如何
舌柱梵天 勘破了也
寒生水面 日上天心
會也麼?
萬里無雲 淸香遍界

조주 스님이 아무 말 없이 앉아 있는 의지는 무엇인가?
혀가 범천을 버티니 바로 감파해 모두 안다.
차가움은 수면에서 생기고 해는 하늘에서 뜬다.
알겠는가?
만 리에 구름이 없고 맑은 향기는 법계에 두루하다.

192則

問하되「不在凡하며 不在聖인데 如何免得兩頭路니잇고」

師云하되「去卻兩頭來하면 答你니라」

僧이 不審하니

師云하되「不審이 從什麼處起오 在者裏에는 從老僧起나 在市里時에는 從什麼處起오」

云하되「和尙은 爲什麼不定이닛고」

師云하되「我敎你하리니 何不道『今日好風!』인저」

학인이 물었다.

「범(凡)에도 있지 않으며 성(聖)에도 있지 않는데, 어떻게 두 갈래 길을 면할 수 있겠습니까?」

「두 갈래를 없애고 온다면 그대에게 대답해주리라.」

그 스님이 알지 못하여 다시 묻자, 조주 스님이 말하였다.

「그 알지 못함은 어디에서 일어났느냐? 여기에 있을 때는 나를 좇아 일어난다 하지만, 시장에 있을 때는 어디를 좇아 일어나겠느냐?」

「화상께서는 어찌하여 정해주지 않으십니까?」

「내가 그대에게 가르쳐주마. 어째서『오늘은 바람이 좋습니다.』라고 말하지 못하는가?」

| 학산 대원 曰 |

불심(不審)[224]은 양면을 벗어나지 못한 중생의 미(迷)한 것을 드러냄이다. 오늘은 '바람이 좋다[今日好風]'라는 대답이 양면을 뛰어난 말이다.

두 갈래를 없애고 오면 대답해준다는 의지는 어떤 것인가?

雪裏梅花火裏開

井底紅塵已滔天

눈 속의 매화는 불 속에서 피고

우물 밑의 붉은 먼지는 하늘에 넘친다.

---

224 ① 잘 이해되지 않아 질문함. ② 만났을 때의 인사말. 참고로 '미심(未審)'이란 '확실하지 못한 일에 대하여 늘 마음이 놓이지 아니함'을 의미한다.

193則

問하되 「如何是大闡提底人이닛고」

師云하되 「老僧答你면 還信否아」

云하되 「和尙重言을 那敢不信이닛고」

師云하되 「覓個闡提人難得이니라」

학인이 물었다.

「어떤 것이 대천제(大闡提, 성불하기 힘든 사람)입니까?」

「내가 그대에게 대답해주면 믿겠는가?」

「화상의 중한 말씀을 어찌 감히 믿지 않겠습니까?」

「천제인(闡提人)은 찾으려야 찾을 수 없다.」

| 학산 대원 曰 |

애당초 성불한다는 것을 전혀 믿지 않는 사람[闡提人]이 어떤 사람이냐고 학인이 조주 스님께 물은 것이다.

사회에서 박사가 되는 것도 말할 수 없이 심혈을 기울이고 뼛골을 깎으며 열심히 한 결과로 되는 거지만, 사회에서 최고의 학위를 얻었다 하더라도 깨닫는 성불의 길하고는 거리가 멀다. 서양의 학자들도 바깥의 외형을 보고 발명하고 이렇다 저렇다 이야기했지, 마음의 세계를 깨닫는 것은 꿈에도 모른다.

과거에 선방에 있을 때 대강백이고 참선하는 스님이 하는 말이 "지금 이 시대에는 아무리 참선해도 육조 스님이나 부처님 같은 분은 될 수 없다."라고 했다. "그럼 왜 참선을 하느냐?" 하니 "수행을 하는 것도 좋은 것이기 때문에 천상이나 극락에 갈 수 있다. 성불한다는 건 환상이다."라고 했다.

대강백이라는 스님이 이런 말을 하니 일반사회 신도들은 더 말할 것이 없다. 염불이나 하다가 극락세계 가면 된다고 하지, 깨달아 성불하겠다는 사람은 드물다.

『법화경』도 부처님이 "너희는 부처다!" 하시니, '우리 보고 부처라고 하니 이상하다.' 하고 도망을 가고 남은 제자들에게 가르친 것이다.

원력을 분명히 세워야 한다. '허공이 끝이 있다고 해도 나의 깨달음의 길은 끝이 없다. 이생에 깨닫지 못하면 다음 생에도 또 하리라. 바닷물은 마를 수 있지만 나의 원력은 끝이 없다.' 하는 원력이 중요하다.

그런 원력 없이 선방에 들어와서 금방 뭐가 되어서 행세하려고 하는데, 그러면 도로 퇴보한다. 그 마음을 쉬고 헐떡거리는 생각이 없어야 한다. 일체를 놓아버리고 초연히 '이생에 하다 안 되면 다음 생에 또 하리라.' 이러고 정진하면 그 사람한테는 아무 문제가 없다. 부처님도 그런 원력으로 인행시(忍行時)에 공부해 나오셔서 결국에 대각을 이루셨다.

사회에서 박사학위를 따는 것도 뼛골이 물러앉는 힘을 들이는데, 하물며 대각을 이뤄 성불한다는 것은 쉽기로 말하면 세수하다 코 만지는 것보다 쉽고, 어렵기로 말하면 이 세상에서 최고로 어렵다. 그러나 어렵다고 해서 아예 하지 않고 '좋은 일이나 하다가 천당이나 극락 가면 되지, 뭘 어렵게 성불한다고 하나.' 이러면 영원히 깨달음과 거리가 멀어진다. 그런 걸 천제(闡提)라고 한다.

그런데 조주 스님은 천제인(闡提人)을 찾을 수가 없다고 했다. 어째서 그랬을까?

擧起分明 對牛彈琴
들고 일어남이 분명하니 소를 상대하여 거문고를 탄다.

194則

問하되「大無慚愧底人을 什麼處著得이닛고」

師云하되「此間에는 著不得이니라」

云하되「忽然出頭하면 爭向이닛고」

師云하되「將取去하라」

학인이 물었다.

「전혀 부끄러움이 없는 사람을 어디에서 찾을 수 있습니까?」

「여기에는 찾을 수 없다.」

「갑자기 나타난다면 어찌하시겠습니까?」

「데리고 가거라.」

| 학산 대원 曰 |

조주 스님이 "여기에는 찾을 수 없다." 한 것은 불조의 대각(大覺)의 차원에서
답한 것이다.

直下無私處 觸目盡光

곧바로 사사로움이 없는 곳에서는 눈에 닿는 곳마다 광명이다.

195則

問하되「用處不現時에는 如何니잇고」
師云하되「用卽不無나 現是誰아」
학인이 물었다.
「작용한 자리가 나타나지 않을 때는 어떻습니까?」
「작용이 없지는 않겠으나, 나타나는 것은 누구인가?」

| 학산 대원 曰 |

'자네는 작용한 것은 좋으나, 그 무작(無作)의 작용을 나타내는 중요한 주인공을 알아차리지 못하고 있네.'라는 뜻이다.

새가 날아간 후에 공중에 자취가 없듯이 도인의 작용은 자취가 없는 법이라, 인연을 형성할 누(漏)란 결코 나타나지 않는 것인데, 이 학승은 이 사실을 잘 모르고 있는 처지이다. 그리하여 조주 스님이 작용한 자국이 보이지 않는다고 하여 작용이 없는 것은 아니며, 그보다도 그러한 아무 자국도 없는 작용을 하는 그 주인공의 존재와 정체를 알아차려야 한다고 하는 문답이다.

중생의 마음 작용은 새가 날면 깃이 떨어지고 물고기가 간 뒤에 흙탕물이 일어나듯이[鳥飛毛落 魚行水濁], 항상 옳고 그른 시비를 내고, 끊임없이 마음에서 일어나는 파도에 의한 불협화음이 일어난다. 그런 작용에서 행동한 것은 역력히 의식에 저장되어 있다. 무한히 저장해놓은 업이 무거운 건데, 중생은 무거운 줄을 모른다. 실지로 무거운 것을 아는 것은 억울하게 배신을 당했을 때, 중상모략을 당했을 때, 명예가 실추될 때, 사업하다가 실패할 때 등 여러 가지로 자기가 하는 일이 뜻대로 안 되고 실패하고 고초를 당할 때 아는 것이다. 업이 쌓여서 그런 줄 모르고 그게 무거운 줄도 모른다. 그런데 도인은 자취가 없다.

現是誰?

非凡非聖 無垢無染

淸風滿座 脚跟下看 咦!²²⁵

나타나는 것은 누구인가?

범부도 아니요 성인도 아니요, 더러움도 없고 물듦도 없다.

맑은 바람 가득한데, 옮기는 발밑에서 보라. 이(咦)!

---

225 질책해서 꾸짖음을 뜻하며, 선(禪)에서 할(喝)과 같은 의미로 쓰인다.

196則

問하되「空劫中에도 還有人修行也無니잇고」

師云하되「喚什麼作空劫고」

云하되「無一物是니이다」

師云하되「者個始稱修行한대 喚什麼作空劫인저」

학인이 물었다.

「공겁(空劫) 가운데서도 수행하는 사람이 있습니까?」

「무엇을 공겁이라고 하는가?」

「한 물건도 없는 것입니다.」

「이것을 비로소 수행이라고 하겠는데, 무엇을 공겁이라고 하겠느냐?」

| 학산 대원 曰 |

학인이 공겁에 한 물건도 없다는 단견(斷見)에 머물러있는 것을 타파해주신 것이다. 단견에 떨어지면 불조가 말씀한 진리와 십만팔천 리로 거리가 멀고 어리석은 범부다.

일착자(一著子)의 도리는 서로 따라가고 서로 따라온다[相隨來相隨去].

송하되,

莫謂春殘花落盡

峯前昨夜一枝開

向遮裏偶儻分明

便能獨步大方露

남은 봄에 꽃이 떨어져 다한다고 하지 말라.

봉우리 앞에는 간밤에 한 가지의 꽃이 피었다.
이 자리에서 기개가 분명하니
문득 능히 홀로 대방로를 걸음이로다.

197則

問하되「如何是出家이닛고」
師云하되「不履高名하고 不求垢壞니라」
학인이 물었다.
「어떤 것이 출가입니까?」
「높은 명성도 따라가지 않고, 더럽거나 허물어짐도 구하지 않는 것이다.」

| 학산 대원 曰 |

처염상정(處染常淨)으로 세상의 부귀, 명예, 권력을 버리는 것이 아니라 거기
물들지 않는 것이 있다. 그걸 깨달은 사람은 벼슬을 해도 집착이 없기 때문에
공심을 잘 쓴다. 들어가고 나올 때가 한결같다.
어떤 것이 출가인가?

蟬皮脫飛空 兒鳥出巢飛
매미가 허물을 벗고 허공을 날고
아기 새가 둥지에서 벗어나 난다.

이 소식을 아느냐?

不用狐疑 金獅出窟
여우의 의심을 쓰지 않고
황금 사자가 굴에서 뛰어나온다.

198則

問하되「不指一法하고 如何是和尙法이닛고」

師云하되「老僧은 不說茆山法이니라」

云하되「旣不說茆山法한대 如何是和尙法이닛고」

師云하되「向你道不說茆山法이니라」

云하되「莫者個便是也無니잇고」

師云하되「老僧은 未曾將者個示人이니라」

학인이 물었다.

「한 법도 가리키지 않고서 어떤 것이 스님의 법이라 하겠습니까?」

「나는 묘산(茆山)[226]의 법은 설하지 않는다.」

「묘산의 법은 설하지 않으신다니, 어떤 것이 스님의 법입니까?」

「그대에게 묘산의 법은 설하지 않는다고 말했느니라.」

「그게 바로 스님의 법입니까?」

「나는 아직까지 이것으로 사람들을 가르친 적이 없다.」

| 학산 대원 曰 |

"나는 묘산의 법은 설하지 않는다." 했을 때 학인이 그 의지를 알아차려야 하는데, 학인이 못 알아듣고 또 묻자, 조주 스님은 또다시 발을 빼면서 해결을 한다. 조사스님들은 실지로 바로 가르쳐준다. '어떤 것이 부처냐?' 하면 경(經)에서는

---

226 도교의 성지 중의 하나. '몽산(蒙山)'이라고도 한다. 도교의 분파 중 무법(巫法)의 대표적인 성지인 여산(閭山), 횡산(橫山)과 함께 3대 성지 중 하나이다.

'깨달은 각자'라고 설명하지만, 조사스님들은 눈을 끔쩍하든지, 주장자로 때린다든지, 여러 말을 안 하고 바로 가르쳐준다.

'나는 묘산의 법은 설하지 않는다.' 이런 한 마디가 비방약과 같아서 사람의 눈을 바로 열게 해준다. 가장 가깝고 쉽게 가르쳐주는데, 중생들은 가까운 속눈썹을 못 보는 것처럼 멀게 느낀다. 거기에 계합이 되어서 알아들을 수 있는 사람은 대기대용(大機大用)을 갖춘 사람이고 금모사자(金毛獅子)이다. 그렇게 해결된 사람은 역대조사의 살림살이와 다르지 않다. 그걸 '한 방 안의 사람', '한 이불 속의 사람'이라고 한다.

還有知音者麼?
水底金烏天上日
眼中瞳子面前人

지음자가 있느냐?
물 밑의 금까마귀는 하늘 위의 해요
눈동자 속에 나타난 면전의 사람이로다.

199則

問하되「如何是目前獨脫一路니잇고」

師云하되「無二하고 亦無三이니라」

云하되「目前有路면 還許學人進前也無니잇고」

師云하되「與麼卽千里萬里니라」

학인이 물었다.

「어떤 것이 눈앞에서 홀로 벗어나는 하나의 길입니까?」

「둘도 없고 셋도 없다.」

「눈앞에 길이 있으면 제가 앞으로 나아가도 되겠습니까?」

「그러면 천리만리 어긋난다.」

| 학산 대원 曰 |

鎔鑛爐一切燒却

雪山雲外獨露峰

용광로는 일체를 태워버리고

설산은 구름 밖에 홀로 드러나 있다.

200則

問하되 「如何是毗盧向上事니잇고」
師云하되 「老僧은 在你脚底니라」
云하되 「和尙은 爲什麼在學人脚底니잇고」
師云하되 「你元來不知有向上事니라」
학인이 물었다.
「어떤 것이 비로자나불의 위로 향하는 일[向上事]입니까?」
「나는 그대의 발밑에 있다.」
「화상께서 어찌하여 저의 발밑에 계십니까?」
「그대는 원래부터 위로 향하는 일[向上事]이 있음을 알지 못하는구나.」

| 학산 대원 曰 |

'나는 그대 발밑에 있다.' 했을 때 물은 이가 바로 알아차려야 한다.
세상사에서도 부부간, 부모 자식간에 계합이 잘되어야 편안하고 즐거운 집안
이다. 세상인심(世上人心)이 불여아심(不如我心)이라. 세상 사람의 마음은 나의
마음과 같지 않다는 말이 있다. 계합이 안 된다는 말이다. 그러나 자기 문제, '이
뭣고'를 확실히 깨달아 알면 모든 만물이 둘이 아니라서 계합이 된다.
송하되,
古符常照夜堂明 東西南北上下四維
옛 부적이 항상 비추니 밤에 집이 항상 밝음이요, 동서남북과 상하사유로다.

201則

問하되 「如何是合頭니잇고」

師云하되 「是你不合頭니라」

云하되 「如何是不合頭니잇고」

云하되 「前句辨取하라」

학인이 물었다.

「어떤 것이 이치에 맞는 것[合頭]입니까?」

「이것이 그대가 이치에 맞지 않는 것[不合頭]이다.」

「어떤 것이 이치에 맞지 않는 것[不合頭]입니까?」

「앞 구절에서 알아차리도록 하라.」

| 학산 대원 曰 |

如何是合頭?

어떤 것이 이치에 맞는 것인가?

將軍兵卒護侍中

皇帝行列動天地

一國地裏同存立

正月初旬在萬曆

장군과 병졸이 호위하여 모시는 가운데

황제가 행렬하니 하늘땅이 움직인다.

한 나라의 땅속에는 똑같이 존립하니

정월 초순은 만세력에 있다.

202則

問하되「如何是和尙的的意니잇고」
師云하되「止止하라 不須說이니라 我法은 妙難思니라」•
학인이 물었다.
「어떤 것이 스님의 명확한 뜻입니까?」
「그만두어라, 그만두어라! 모름지기 말할 것이 아니다. 나의 법은 미묘하여 헤아리기 어렵느니라.」

● **止止하라 不須說이니라 我法은 妙難思니라**
『묘법연화경(妙法蓮華經)』「방편품 제2(方便品 第二)」에 나오는 구절이다. 사리불이 부처님의 설법을 듣기를 원하자 부처님이 대답한 대목을 인용한 것이다.

이때에 사리불이 이 뜻을 거듭 펴고자 하여 게송으로 말하였다.

法王無上尊이시여	법왕이시며 위 없는 세존이시여.
唯說願勿慮하소서	오직 말씀에 원컨대 염려치 마소서.
是會無量衆은	여기 모인 한없는 대중은
有能敬信者이나이다	능히 공경하고 믿는 이들만 있나이다.

부처님이 「그만두어라. 사리불아! 만약 이 일을 설한다면 일체 세간의 하늘, 사람, 아수라가 모두 응당 놀라고 의심하며, 깨달았다고 자만하는[增上慢] 비구는 장차 지옥[大坑]에 떨어지리라.」

이때에 부처님이 거듭하여 게송으로 말씀하였다.

止止不須說하라	그만두어라, 그만두어라! 모름지기 설할 것이 아니다.
我法妙難思니라	나의 법은 미묘하여 헤아리기 어렵느니라.

諸增上慢者가   깨달았다고 자만하는[增上慢] 이들이
聞必不敬信하리라   들으면 반드시 공경하지 않고 믿지 않으리라.

| 학산 대원 曰 |

사의(思議)도 언전(言詮)도 미치지 못하는 체험의 지극히 묘한 경계[至妙境]라
는 것을 경의 말씀을 빌려 말한 것이다.

昨日有人聞我

直得杜口退去

어제 어떤 사람이 나에게 물었는데,

곧바로 입을 다물고 물러갔다.

203則

問하되 「澄澄絶點時에는 如何니잇고」

云하되 「墮坑落塹이니라」

云하되 「有什麼過이닛고」

師云하되 「你屈著與麼人이니라」

학인이 물었다.

「맑고 맑아서 티끌 한 점도 없을 때는 어떻습니까?」

「구덩이에 떨어지고 도랑에 빠진다.」

「무슨 허물이 있어서 그렇습니까?」

「자네가 그렇게 사람을 몰아넣기 때문이다.」

| 학산 대원 曰 |

학인이 '맑고 맑아서 티끌 한 점 없을 때'를 물은 학인이 벌써 풍진파도(風塵波濤)요, 청천기운(青天起雲)이라. 먼지바람과 파도를 일으키고, 맑은 하늘에 구름을 일으킨 것이다.

조주 스님이 구덩이에 떨어지고 도랑에 빠진다고 한 의지를 바로 보라. 알겠는가?

雨晴金殿冷

風暖帝城春

비가 개니 궁궐이 차가우나

바람이 따듯하니 임금 계신 성안이 봄이로다.

204則

問하되「未審케이다 出家하야 誓求無上菩提時에는 如何니잇고」
師云하되「未出家에는 被菩提使나 旣出家에는 使得菩提니라」
학인이 물었다.
「출가하여 위없는 보리를 구하겠다고 서원할 때는 어떻습니까?」
「아직 출가하지 않았을 때는 보리의 부림을 받지만, 이미 출가하고 나서
는 보리를 부릴 수 있다.」

| 학산 대원 曰 |

生死涅槃等空華
求名菩提亦是邪
畢竟如何?
良久曰
三日一風 五日一雨
생사와 열반이 모두 허공의 꽃이다.
보리라는 이름을 구하는 것도 삿된 것이다.
필경에는 어떤 것일까?
양구하고 말하였다.
3일은 한 바람이요, 5일은 한 비이더라.

205則

有秀才하야 見師手中拄杖하고 乃云하되
「佛不奪衆生願이라하시니 是否니잇고」
師云하되「是니라」
秀才云하되「某甲이 就和尙乞取手中拄杖하리니 得否니잇고」
師云하되「君子는 不奪人所好니라」
秀才云하되「某甲은 不是君子이니이다」
師云하되「老僧도 亦不是佛이니라」

한 선비가 조주 스님 손에 있는 주장자를 보고는 말하였다.

「부처님은 중생의 소원을 빼앗지 않는다는데, 그렇습니까?」

「그렇습니다.」

「제가 화상의 손에 있는 주장자를 얻고자 하는데 괜찮겠습니까?」

「군자는 남이 좋아하는 것을 빼앗지 않는 법입니다.」

「저는 군자가 아닙니다.」

「노승도 부처가 아닙니다.」

| 학산 대원 曰 |

조주 스님이 앞질러 치고 나가는 지혜는 어느 누구도 능가할 수 없다. 묻는 선비가 주장자를 빼앗고 싶었지만 빼앗지 못했다. 조주 스님이 상대의 뜻을 먼저 간파하고 방비를 하니 선비도 어쩌지 못하고 당하고 말았다.

한 주장자에 두 사람이 넘어지도다. 알겠는가?

須彌頂上浪滔天

大洋海底紅塵起

是何道理 參

수미산 정상에는 물결이 하늘에 흘러넘치고

큰 바다 밑에는 붉은 티끌이 일어난다.

이것은 무슨 도리인가? 참!

대처비구 정화 시절, 함양 포교당에서 어느 대처승이 포교사로 있으면서 비구 스님이 객스님으로 가면 뭘 물어보고 모르면 무식하다고 밥도 안 주고 쫓아버린다는 소문이 났다.

금오 스님께서 그 소문을 듣고 벼르고 걸망을 가볍게 해서 짊어지고 그 포교당에 갔다. 그날 관음재일이라 그 포교사가 법문을 하길,

"부처님께 와서 기도를 열심히 하시면 모든 소원을 다 들어주십니다."

그래서 금오 스님이 포교사에게 물었다.

"정말 부처님은 소원을 다 들어주십니까?"

"아, 다 들어주지요."

"내가 화상의 목을 끊고 싶은데, 그 소원을 들어주시겠소?"

포교사가 아무 말을 못했다. 금오 스님이 법상을 엎어버리고 힘 좋은 팔로 몇 대 때리니 나가 떨어졌다.

"나쁜 놈! 아무것도 모르는 놈이 스님이 오면 내쫓고 박대를 해?"

그래서 포교사가 혼이 났다고 한다.

禪宗頌古聯珠 - 「拄杖」

石菴珌가 頌하되

當機轉處不躊躇하고　　기틀을 굴리는 곳에서는 주저하지 말고

琉璃盤裏走明珠로다　　유리 쟁반에서 밝은 구슬을 굴림이로다.

趙州老子村校書하고　　조주 노인은 마을에서 책을 검열하고

一條拄杖兩人舁로다　　하나의 주장자를 두 사람이 들어 맴이로다.

| 학산 대원 曰 |

"주장자를 주시겠습니까?" 했을 때 달리 말할 수가 있다.

"자기 주장자는 어디 두고 남의 주장자를 탐해 가져 어디에 쓰려고 그러는

가? 쓸데없는 노릇을 그만두게!"라고 하여도 된다.

이것은 무엇과 같은가?

賣金須是買金人이로다

금을 판 사람이 모름지기 다시 금을 사는 사람이다.

206則

師因出外에 見婆子插田하고 云하되

「忽遇猛虎作麼生고」

婆云하되「無一法可當情이니이다」

師云하되「喝」

婆子云하되「喝」

師云하되「猶有者個在니라」

조주 스님이 밖에 나왔을 때 노파가 밭에서 모종 심는 것을 보고 말하였다.

「갑자기 사나운 범을 만나면 어떻게 하겠소?」

「마음 쓸 법이 아무것도 없습니다.」

스님께서 「훼!」 하니

노파도 「훼!」 하였다.

스님이 말하였다.

「아직도 그게 남아 있구나.」

| 학산 대원 曰 |

明眼衲僧 分明記取

他不受謾 超然絶侶

눈 밝은 납승이 분명하게 바로 보면

다른 이의 속임을 받지 않고 초연히 생각이 끊어지리라.

평소에 한 생각이 아무 문제가 없는 걸로 무관심하게 생각을 일으키고 말을 하지만, 그 한 생각 일으키는 것이 아주 중요하다.

『화엄경』에 나오듯이, 보리에 회향하는 마음, 깨달음을 향하는 마음, 일체중생과 함께 성불하겠다는 마음, 이런 무한대한 대승의 큰마음을 내는 사람이 있다. 그런데 중생들은 그런 생각이 아닌 개인의 욕심을 충족하려는 생각을 항상 내고 산다.

생각을 일으키고 나면 그냥 없어지느냐? 일으킨 생각이 즉시 되심어져서 자꾸 불어난다. 거기에 의해서 또 일으키고 되심어지고 하는 것이 끊임이 없다.

그래서 한 생각이 아주 무서운 것을 아는 사람은 생각을 일으켰더라도 '아차! 이건 아니지.' 하고 다시 되돌려서 좋은 생각의 마음으로 바꿀 것이다. 참 마음 자리를 돌이켜서 안다면 생각이나 처신하는 게 그때부터 달라진다. 달라지지 않은 것은 아직 몰라서 그렇다.

207則

有秀才辭去하고 云하되

「某甲이 在此에 括撓和尙多時어늘 無可報答和尙이라 待他日作一頭驢
하야 來報答和尙이니이다」

師云하되 「教老僧爭得鞍하라」

한 선비가 떠난다는 인사를 하며 말하였다.

「제가 오랫동안 여기 있으면서 화상께 폐만 끼치고 보답하지 못했습니다.
훗날 한 마리 나귀가 되어 화상께 보답하러 오겠습니다.」

「나에게 안장 매는 법을 가르쳐주게.」

禪門拈頌 481則 - 「久在」

淨嚴遂舉此話하고 云하되 「秀才當時에 但作驢叫니라」

因成頌曰하되

정엄수가 이 공안을 들고는 말하였다.

「서생이 당시에 나귀 울음소리를 내었어야 했다.」

그러고는 게송을 지어 말하였다.

作驢報答爭得鞍고	나귀가 되어 보답한다니 어떻게 안장을 얻을 것인가.
當時便好作驢叫로다	당시에 바로 나귀 울음소리를 내었어야 좋으리라.
若能解向異中行인댄	만약 능히 이류중행을 할 줄 알았을진댄
免使趙州添草料로다	조주가 꼴을 먹으라 하는 것을 면했을 것이로다.

拈頌說話 -「久在」

【久在】

有秀才辭去하고 云하되
「某甲이 在此에 括撓和尙多時어늘 無可報答和尙이라 待他日作一頭驢하야 來報答和尙이니이다」
師云하되「教老僧爭得鞍하라」
한 선비가 떠난다는 인사를 하며 말하였다.
「제가 오랫동안 여기 있으면서 화상께 폐만 끼치고 보답하지 못했습니다. 훗날 한 마리 나귀가 되어 화상께 보답하러 오겠습니다.」
「나에게 안장 매는 법을 가르쳐주게.」

《久在此間云云者》는 事上也合하고 理上也合也니라 事上則可知어니와 理上則若不傳法度衆生인댄 畢竟無能報佛恩者니라 則久在和尙此間이 是聒撓也니라 須是異類中行이어사 報答和尙恩也니라
《教老僧云云者》는 異類中行眼目點檢也라
《오랫동안 여기 있으면서 운운》 한 것은 일 위에서도 합당한 말이고 이치 위에서도 합당한 말이다. 일 위에서는 알 수 있거니와, 이치 위에서는 만약 불법을 전하고 중생을 제도하지 않을진댄 필경에 능히 부처님의 은혜를 갚지 못하는 것이다. 때문에 오랫동안 화상에게 있었던 것이 폐를 끼치는 것이다. 모름지기 이류중행이어야만 화상의 은혜에 보답하는 것이다.
《나에게 가르쳐달라 운운》 한 것은 이류중행의 안목을 점검한 것이다.

【淨嚴】

淨嚴遂擧此話하고 云하되「秀才當時에 但作驢叫니라」

因成頌曰하되

정엄수가 이 공안을 들고는 말하였다.

「서생이 당시에 나귀 울음소리를 내었어야 했다.」

그러고는 게송을 지어 말하였다.

作驢報答爭得鞍고	나귀 되어 보답한다니 어떻게 안장 얻을 것인가.
當時便好作驢叫로다	당시에 바로 나귀 울음소리를 내었어야 좋으리라.
若能解向異中行인댄	만약 능히 이류중행을 할 줄 알았을진댄
免使趙州添草料로다	조주가 꼴을 먹으라 하는 것을 면했을 것이로다.

《但作驢叫》는 則全於異類也니라

頌亦此意也니라

《다만 나귀 울음소리를 내었어야 했다》는 이류중행에서는 온전했을 것이라는 뜻이다.

게송 또한 이런 뜻이다.

| 학산 대원 曰 |

근본지와 차별지를 투득(透得)한 자는 이류중행을 무애자재하게 행할 수 있지만, 서생은 출입이 자재하지 못하니 나귀가 되어 끌려다니는 것을 면치 못한다.

조주 스님이 안장 매는 법을 가르쳐달라고 했을 때, 넙죽 엎드려서 나귀 행세를 취했더라면 조주 스님과 응대하여 계합했을 것이다.

중생들은 실지로 몸을 당나귀로 바꾸어 갖는 줄로만 착각하나, 조사들은 사람 몸 이대로 당나귀 행세로 바꾸는 심자재(心自在)로 한다.

이류중행이 참 중요한 것이다. 한번 중생의 업보에 빠지면 다시 거기서 헤어나기 어렵다. 더구나 개나 소나 말이나 나귀의 몸에 빠지면 어떻게 헤어나겠는가?

이것 하나 해결하려고 수행 정진하는 것인데, 그 의미가 무엇하고도 바꿀 수 없이 깊고 가치가 있다.

자기의 좋지 못한 업보 보따리의 의식을 그냥 놓으려 하면 아무리 해도 놓아지지 않는다. 그런데 일념으로 화두를 아주 골똘히 생명을 던져서 애쓰고 애쓰면 중생의 업보가 서릿바람에 잎이 몽땅 떨어져서 나무둥치만 드러나듯이 소멸된다.

중생의 업보의 의식이 녹아서 없어진 걸 부처님 6년 고행상에 뼈만 앙상히 남은 걸로 표현했다. 그렇게까지 되어야 중생의 생사 고통에서 벗어날 수 있다. 그렇지 않고는 영원히 수레바퀴 돌듯이 그런 생각을 일으키고 다시 심고, 그게 싹이 되어 태어나서 과보를 받으며 헤어날 길이 없다.

여러분은 화두를 하다가 망상이 들어오면 화두가 끊어졌다고 하는데, 망상이 탁 들어왔을 때 깨닫는 거다. 그런데 깨닫지 못하고 망상을 안 일으키려고 애쓰고 망상에 따라가서 생각하고 한다면 참 기가 막히는 것이다. 망상 일으키면 그게 즉시 다시 심어져서 거기에 이자가 붙는다. 그걸 아는 사람은 급한 줄을 안다. '중생의 업보의 의식 보따리 이게 참 삼생의 원수로다!' 하고 정말 피눈물 나는 정진을 한다.

사람의 몸에 떨어져도 마음대로 벗어나는 게 안 되는데, 하물며 말이나 소 몸에 떨어졌다고 하면 어떻게 나오겠는가? 이 얼마나 답답한 일인가! 그런데 조사스님들은 이류(異類)에 마음대로 들어갔다 나오는 걸 할 줄 안다 했다.

여러분이 자신에 대한 문제를 확실히 알면, 급한 줄 알고 공부를 열심히 안할 수가 없게 되고, 찰나라도 헛되이 시간을 보낼 수가 없다.

208則

師到道吾處하야 才入僧堂할새

吾云하되「南泉一隻箭來로다」

師云하되「看箭하라」

吾云하되「過也로다」

師云하되「中也로다」

조주 스님께서 도오(道吾)● 스님의 처소에 도착하여, 승당에 들어가자마자 도오 스님이 말하였다.

「남전의 화살 한 발이 왔구나.」

「화살을 보시오!」

「지나갔다.」

「맞았다.」

● **도오(道吾)**

도오 원지(道吾圓智, 769~835)는 약산 유엄(藥山惟儼)의 법사(法嗣)이다.

『선문염송』에는 이 공안에서 도오 대신에 같은 남전(南泉) 스님의 법사인 수유(茱萸) 선사로 나온다. 내용은 다음과 같다.

趙州訪茱萸하야 才上法堂할새	조주 스님이 수유 스님을 방문해서, 승당에 올라가자마자 수유 스님이 말하였다.
萸云하되「看箭하라」	「화살을 봐라!」
師亦云하되「看箭하라」	「화살을 봐라!」
萸云하되「過也로다」	「지나갔다.」
師云하되「中也로다」	「맞았다.」

禪門拈頌 419則 − 「看箭」

知非子가 頌하되

馬祖一箭°鹿一群이요	마조는 화살 한 발로 사슴 한 무리를 쏘았고
石鞏張弓°人半箇로다	석공은 활을 당겨서 사람 반쪽을 얻었도다.
爭如敵面逢作家리오	어찌 얼굴 마주하여 작가를 만나는 것과 같으리오.
一云中也一云過로다	하나는 맞았다고 하고 하나는 지나갔다고 함이라
明眼人見笑呵呵하니	눈 밝은 사람이 본다면 껄껄 웃을 것이니
趙州茱萸爭什麽오	조주와 수유는 무엇을 그리 다투는가.

| 학산 대원 曰 |

참 멋진 게송이다. 이런 게송을 들으면 오뉴월 삼복더위에 시원한 에어컨 바람을 맞는 것과 같아서 정말 너무 환희에 넘치는 것이다.

그런데 이런 게송을 들어도 '그런가?' 하고 대침을 놓아도 아픈 줄 모르고 감각이 없으면 어찌하는가.

● **馬祖一箭**

마조 스님과 석공 스님의 고사를 말한다. 『전등록』권6의 내용은 다음과 같다.

석공 혜장 선사는 본래 사냥으로 생업을 삼아서 스님들 보는 것을 꺼려했다. 사슴 무리를 쫓다가 마조의 암자 앞을 지나가게 되었는데, 마조가 이에 그를 맞이하자 혜장이 물었다.

「화상께서는 사슴이 지나가는 것을 보셨습니까?」

「자네는 뭐 하는 사람인가?」

「사냥꾼입니다.」

「활을 쏠 줄 아는가?」

「쏠 줄 압니다.」

「화살 한 대로 몇 마리나 맞히는가?」
「화살 한 대로 한 마리를 맞힙니다.」
「활을 쏠 줄 모르는구나.」
「화상께서는 쏠 줄 아십니까?」
「쏠 줄 안다.」
「화상께서는 화살 한 대로 몇 마리나 맞히십니까?」
「화살 한 대로 한 무리를 맞힌다.」
「이쪽이나 저쪽이나 다 생명인데, 어찌하여 저 한 무리를 쏠려고 하십니까?」
「자네가 이미 이와 같이 알고 있을진댄 어찌하여 자신을 쏘지 않는가?」
「만약 저보고 제 자신을 쏘라고 하시더라도 손을 쓸 곳이 없습니다.」
「이 사람의 오랜 세월의 무명과 번뇌가 오늘 몰록 쉬었구나.」
혜장이 당시에 지난 세월의 화살을 꺾고, 자신이 칼로 머리를 자르고는 마조에
의지하여 출가하였다.

● **石鞏張弓**

석공(石鞏) 스님과 의충(義忠) 스님의 고사를 말한다. 『전등록』 권14의 내용은 다
음과 같다.

장주(漳州) 삼평(三平) 의충 선사는 복주(福州) 사람으로 성은 양(楊)씨이다. 처음
에 석공을 찾아뵈었는데, 석공은 항상 활시위를 당겨 화살을 메기고 학인을 기
다렸다.
삼평이 법석(法席)에 이르니, 석공이 소리쳤다. 「화살을 보라[看箭]!」 그러자 삼평
이 가슴을 풀어헤치며 말했다. 「이것은 사람을 죽이는 화살입니까, 사람을 살리
는 화살입니까? 무엇입니까?」 석공이 이내 활줄을 세 번 튕기자, 삼평이 바로 절
을 하였다. 석공이 말했다. 「30년 동안에 한번 활시위를 당겨 화살 두 대를 메겼
으나, 다만 반쪽의 성인만 맞히게 되었구나.」 그리고는 활과 화살을 꺾어버렸다.
나중에 삼평이 이 이야기를 대전(大顚)에게 말하니, 대전이 말하였다. 「이미 사람
을 살리는 화살일진대 어찌하여 활줄 위에서 분별하였는가?」 삼평이 대답이 없었
다. 이에 대전이 말했다. 「30년 뒤에는 사람들에게 이 이야기를 거론하기도 어려
우리라.」 그 후 대전을 참문하고 장주(漳州)에 가서 삼평산(三平山)에 주석하였다.

雪竇顯이 拈하되

「二俱作家라 蓋是茱萸趙州가 二俱不作家인댄 箭鋒不相拄●니 直饒齊

發齊中이라도 也只是个射垛漢이니라」

설두현이 염하였다.

「두 사람이 다 작가로다. 대개 수유와 조주가 둘 다 작가가 아니라고 할진댄 화살촉이 서로 맞부딪치지 못했을 것이다. 설사 나란히 쏴서 나란히 맞혔다 하더라도 다만 이것은 화살받이나 쏘는 놈이로다.」

● **箭鋒相拄**
'화살촉이 서로 맞부딪친다'는 것은 스승과 제자가 서로 상합함을 말한다. 『열자』「탕문(湯問)」에 다음과 같다.

활의 대가인 비위가 기창을 제자로 삼았는데, 기창이 스승을 죽이고 최고가 되려 하였다.
스승인 비위는 어느 날 활쏘기를 하다가 제자가 자기를 해치려는 것을 알아채고, 같이 활을 겨눴다. 두 사람이 동시에 화살을 쏘았는데, 서로 쏜 두 대의 화살이 공중에서 서로 부딪쳐 땅에 떨어졌다.
그러자 두 사람은 서로를 죽이려는 마음을 뉘우치고는 부자의 의를 맺기로 하고, 피로 맹세하고는 이후로 궁술을 남에게 전하지 않기로 하였다.

法眞一이 擧此話에 連擧雪竇拈하고 師云하되「大凡作家相見이 此如鬪將出陣하야 弓箭을 豈可虛發이리오 雖然兩不相傷이나 爭奈遭人點檢이리오 趙州當時에 才上法堂하야 待茱萸云『看箭』한대 州便好與一坐具런들 茱萸設別有勇略奇謀라도 更作麼生出手리오」

법진일이 이 공안을 들고는 이어서 설두의 염을 들고 말하였다.

「대개 작가가 서로 만나는 것이 마치 양쪽의 장수가 싸움터에 나아가는 것과 같은 것이니 활을 어찌 헛되이 쏘겠는가? 비록 양쪽이 서로 다치지 않았다고 하더라도 남에게 점검받는 것을 어찌하리오? 조주가 당시에 법당에 올라가서는 수유가 『화살을 봐라!』하였을 때 얼른 방석 하나를 내주었더라면 수유가 아무리 용기나 지략, 기묘한 꾀가 많다 하더라도 무슨 수단을 더

부리겠는가?」

曹溪明이 上堂擧此話云하되

「此二老宿이 正是亂世英雄이요 大平姦賊이로다 雖然箭鋒相拄나 如何
用處兩般이리오 若是杜波斯이언정 難窺佗縫罅하리라 曹溪門下에 賓主
歷然하야 不動神精하고 見成活計라 彼此에 和顏悅色으로 大家問訊起
居인댄 向玆大平盛時러니 切忌無風浪起하라 若然則劍戟鑄爲農器好오
干戈藏向虎皮休니라」

조계명이 상당하여 이 공안을 들고는 말하였다.

「이 두 노숙은 바로 난세에는 영웅이요, 태평에는 간적이로다. 비록 화살촉
이 서로 맞부딪치더라도 어찌하여 쓰이는 자리는 두 가지인가? 꽉 막힌 페
르시아의 달마[杜波斯]²²⁷일지라도 저 틈새를 엿보기 어려우리라. 조계문하
에는 손님[賓]과 주인[主]이 뚜렷해서 특별히 신경을 쓰지 않고도 살림살이
가 이루어짐을 보게 된다. 서로가 온화한 얼굴과 기쁜 기색으로 다 함께 인
사와 문안을 나누니, 이런 태평한 때에 바람도 없는데 파도를 일으키지 마
라. 만약 그렇다면 검과 창[戟]을 녹여서 농기구를 만들고, 창[戈]과 방패는
범의 가죽 속에 숨겨두는 것이 좋으리라.」

石門雅가 到子湖하야 上堂擧此話云하되

「茱萸和尙이 有萬般謀略과 千里威風하야 架箭當絃하고 願逢作家요 趙
州도 亦能出生入死하야 展陣開旗하고 將一張弓箭하야 天下橫行이로
다 百步穿楊하고 千尋落鴈이라 百發百中하야 更無有失이니라 大衆아

---

227 달마 대사의 출신지는 전하는 문헌에 따라 파사국(波斯國, 페르시아), 남천축국(인도) 등으로 나온
다. 『석씨계고략』에서는 "서천이십팔조, 동토초조 보리 달마는 남천축국 향지왕의 셋째아들로 이
름은 살제리이다."라 하고, 『낙양가람기』에서는 "당시에 서역사문인 보리 달마라는 사람이 있었
는데, 페르시아국의 호인(胡人)이다. 황예(荒裔, 먼 외국)에서 중토(中土, 중국)로 왔다."라 하고 있다.

茱萸趙州가 旣然如是인댄 及乎對手하야 爲什麼中過不等고 且道하라 饒訛가 在什麼處오」

석문아가 자호 스님에게 가서 상당하여 이 공안을 들고는 말하였다.

「수유 화상은 만 가지의 꾀와 천 리의 위풍이 있었기에 화살을 활시위에 메기고서 작가를 만나기를 원했던 것이요. 조주도 능히 삶과 죽음을 넘나들면서 진을 치며 깃발을 걸고서 활시위를 당겨 화살 한 대를 메기고는 천하를 마음대로 돌아다녔다. 백 걸음 밖에서 버들잎을 맞히고 천 길 높이의 기러기를 떨어뜨려 백 번 쏘아 백 번 맞혀 실수가 있지 않았다. 대중들이여! 수유와 조주가 이미 이와 같았을진댄 마주하여 수를 쓰는 데 이르러서 어찌하여 『맞았다!』와 『지나갔다!』가 같지 않은가? 자, 일러보아라! 잘못이 어디에 있는가?」

復云하되

「二老宿이 直饒弩牙齊發하고 箭鋒相拄라도 也未免干戈相對니 若是石門인댄 與子湖로 今日相見에 不施弓箭하며 不用玄謀하고 但只擧手和南하며 低頭不審이라하니 且道하라 與古人相去多少오」

良久云하되

「春蘭이 雖馥馥이나 秋菊이 更馨香이로다」

다시 말하였다.

「두 노숙이 설사 쇠뇌를 나란히 쏘아 화살촉이 서로 맞부딪쳤다 하더라도 방패와 창으로 서로 상대하는 것을 면하지는 못하였다. 만약 나[石門]일진댄 자호로 더불어 오늘 서로 만남에 활과 화살을 쏘지도 않고 잔꾀도 쓰지 않고 다만 손을 들어 합장하며[和南] 고개 숙이며 인사[不審]만 하리라. 자, 일러보아라! 옛사람과 거리가 얼마나 되는가?」

양구했다가 말하였다.

「봄 난초가 비록 향기롭기는 하나 가을 국화가 더 향기로움이로다.」

【看箭】

趙州訪茱萸하야 才上法堂할새

萸云하되「看箭하라」

師亦云하되「看箭하라」

萸云하되「過也로다」

師云하되「中也로다」

조주 스님이 수유 스님을 방문해서, 승당에 올라가자마자 수유 스님이 말하였다.

「화살을 봐라!」

「화살을 봐라!」

「지나갔다.」

「맞았다.」

《看箭者》는 一鏃那羅延箭也니라 此云堅固니라

「過也者」는 權智照俗也하고 「中也者」는 實智照眞也耶아?

「過也者」는 念念蹉過也하고 「中也者」는 步步蹋着也耶아?

皆非是也니라

《看箭者》는 賓主兩箇가 互相放箭相見也러니 萸云「看箭」者는 主箭也요

師云「看箭」者는 賓箭也니라

《過也者》은 茱萸謂『趙州箭非中, 某甲已蹉過』也니라

《中也者》는 趙州謂『非蹉過, 茱萸已被中』也니라 所謂로 始終主요 始終賓也니라

《화살을 봐라》의 화살은 한 촉의 나라연[金剛力士][228] 화살이다. 이것은 견고하다는 뜻이다.

「지나갔다」는 것은 방편 지혜로 속됨을 비춘 것이고, 「맞았다」는 것은 진실한 지혜로 참됨을 비춘다는 뜻인가?

아니면 「지나갔다」는 것은 생각마다 어긋난다는 것이고, 「맞았다」는 것은 걸음마다 잘 밟는다는 뜻인가?

모두가 옳지 않다.

《화살을 보라》는 것은 빈(賓)과 주(主)가 서로 화살을 날려 상대를 만나는 것이니, 수유가 말한 「화살을 봐라」는 주인[主]의 화살이고, 조주가 말한 「화살을 봐라」는 손님[賓]의 화살이다.

《지나갔다》는 것은 수유가 『조주의 화살은 맞히지 못했고, 나는 이미 비켜 지나갔다』고 말한 것이다.

《맞았다》는 것은 조주가 『비켜 지나가지 않았고, 수유가 이미 맞았다』고 말한 것이다. 이른바 처음부터 끝까지 주인이었고, 처음부터 끝까지 손님이었다는 뜻이다.

【知非】

馬祖一箭鹿一群이요	마조는 화살 한 발로 사슴 한 무리를 쏘았고
石鞏張弓人半箇로다	석공은 활을 당겨서 사람 반쪽을 얻었도다.
爭如敵面逢作家리오	어찌 얼굴 마주하여 작가를 만나는 것과 같으리오.
一云中也一云過로다	하나는 맞았다고 하고 하나는 지나갔다고 함이로다.
明眼人見笑呵呵하니	눈 밝은 사람이 본다면 껄껄 웃을 것이니

---

228 힌두교 비슈누 신의 다른 이름으로, 산스크리트 '나라야나(Nārāyana)'의 음역이다. 불교에 수용되면서 천상의 역사(力士)이자 불법의 수호신이 되었다. '나라연나(那羅延那)', '나라연천(那羅延天)', '인왕(仁王)'으로도 불린다. '나라연금강(那羅延金剛)'이라는 별칭이 있으며, 그 힘의 세기가 코끼리의 백만 배나 된다고 한다. 두 금강역사 중 하나인 밀적금강(密迹金剛)과 함께 사찰 양쪽에 서서 수문장 역할을 한다.

趙州茱萸爭什麼오   조주와 수유는 무엇을 그리 다투는가.

《二句》는 接得全機也니라
《明眼人見云云者》는 雖然如是나 未免傍觀者哂니라
《두 번째 구절》은 온전한 기틀[全機]을 맞이하여 얻었다는 뜻이다.
《눈 밝은 사람이 본다면 운운》한 것은 비록 이와 같더라도 옆에서 보는 이의 웃음거리를 면하지 못한다는 뜻이다.

【曹溪】

曹溪明이 上堂擧此話云하되
「此二老宿이 正是亂世英雄이요 大平姦賊이로다 雖然箭鋒相拄나 如何用處兩般이리오 若是杜波斯이언정 難窺佗縫罅리라 曹溪門下에 賓主歷然하야 不動神精하고 見成活計라 彼此에 和顏悅色으로 大家問訊起居인댄 向玆大平盛時러니 切忌無風浪起하라 若然則劒戟鑄爲農器好오干戈藏向虎皮休니라」
조계명이 상당하여 이 공안을 들고는 말하였다.
「이 두 노숙은 바로 난세에는 영웅이요, 태평에는 간적이로다. 비록 화살촉이 서로 맞부딪치더라도 어찌하여 쓰이는 자리는 두 가지인가? 꽉 막힌 페르시아 달마일지라도 저 틈새를 엿보기 어려우리라. 조계문하에는 손님과 주인이 뚜렷해서 특별히 신경을 쓰지 않고도 살림살이가 이루어짐을 보게된다. 서로가 온화한 얼굴과 기쁜 기색으로 다 함께 인사와 문안을 나누니, 이런 태평한 때에 바람도 없는데 파도를 일으키지 마라. 만약 그렇다면 검과 창을 녹여서 농기구를 만들고, 창과 방패는 범의 가죽 속에 숨겨두는 것이 좋으리라.」

一賓一主가 互相爭鋒이어늘 猶未得無事니 不如賓主和顏悅色하야 免

見無風起浪也니라

하나의 손님[賓]과 하나의 주인[主]이 서로 칼끝을 겨루었으나 오히려 일 없음[無事]을 얻지 못하였으니, 손님과 주인이 온화한 얼굴과 기쁜 기색으로 바람도 없는데 파도를 일으키는 것을 면하는 것만 같지 못하다는 뜻이다.

【石門】

石門雅가 到子湖하야 上堂擧此話云하되
「茱萸和尙이 有萬般謀略과 千里威風하야 架箭當絃하고 願逢作家요 趙州도 亦能出生入死하야 展陣開旗하고 將一張弓箭하야 天下橫行이로다 百步穿楊하고 千尋落鴈이라 百發百中하야 更無有失이니라 大衆아 茱萸趙州가 旣然如是인댄 及乎對手하야 爲什麼中過不等고 且道하라 謔訛가 在什麼處오」

석문아가 자호 스님에게 가서 상당하여 이 공안을 들고는 말하였다.
「수유 화상은 만 가지의 꾀와 천리의 위풍이 있었기에 화살을 활시위에 메기고서 작가를 만나기를 원했던 것이요, 조주도 능히 삶과 죽음을 넘나들면서 진을 치며 깃발을 걸고서 활시위를 당겨 화살 한 대를 메기고는 천하를 마음대로 돌아다녔다. 백 걸음 밖에서 버들잎을 맞히고 천 길 높이의 기러기를 떨어뜨려 백 번 쏘아 백 번 맞혀 실수가 있지 않았다. 대중들이여! 수유와 조주가 이미 이와 같았을진댄 마주하여 수를 쓰는데 이르러서 어찌하여 『맞았다!』와 『지나갔다!』가 같지 않은가? 자, 일러보아라! 잘못이 어디에 있는가?」

復云하되
「二老宿이 直饒弩牙齊發하고 箭鋒相拄라도 也未免干戈相對니 若是石門인댄 與子湖로 今日相見에 不施弓箭하며 不用玄謀하고 但只擧手和南하며 低頭不審이라하니 且道하라 與古人相去多少오」

良久云하되

「春蘭이 雖馥馥이나 秋菊이 更馨香이로다」

다시 말하였다.

「두 노숙이 설사 쇠뇌를 나란히 쏘아 화살촉이 서로 맞부딪쳤다 하더라도 방패와 창으로 서로 상대하는 것을 면하지는 못하였다. 만약 나일진댄 자호로 더불어 오늘 서로 만남에 활과 화살을 쏘지도 않고 잔꾀도 쓰지 않고 다만 손을 들어 합장하며 고개 숙이며 인사만 하리라. 자, 일러보아라! 옛사람과 거리가 얼마나 되는가?」

양구했다가 말하였다.

「봄 난초가 비록 향기롭기는 하나 가을 국화가 더 향기로움이로다.」

曹溪義同이나 據箇什麼伊麼道아 別行一路耶아 更高一著耶아 扶現茱萸趙州意耶아

《穿楊者》는 史記云하되「由基가 百步外穿楊葉하니 百發百中也니라」하다

조계의 뜻과 같으나 무엇을 근거로 하여 이와 같이 말한 것인가? 또 다른 하나의 길을 간 것인가? 다시 한 수를 높이 둔 것인가? 수유와 조주의 뜻을 북돋아 드러낸 것인가?

《버들잎을 뚫었다》는 것은 사기에서 말한 「유기가 백보 밖에서 화살로 버들잎을 뚫었는데, 백 번 쏘면 백 번 적중했다」는 의미이다.

| 학산 대원 曰 |

두 대사가 화살을 쏘는 솜씨는 좋으나, 화살을 뺄 줄을 모르는구나. 누가 화살을 빼줄 사람이 있는가?

(주장자를 한 번 치고)

이 화상의 등 뒤의 화살 한 발로 두 사람을 관통했도다.

화두를 참구할 때, '깨달아야 되겠다', '일념이 되어야겠다'는 생각을 가지고

하면 안 된다. 일념이 되어야겠다는 생각도 없어야 하고 얼른 깨달아야 되겠다는 생각도 없어야 한다. 단지 내가 알지 못하는 화두를 지극하게 해결해야 한다. 그걸 해결할 때 쇠로 된 밤송이를 입으로 부수는 것과 같고, 저울추를 부수어서 즙을 내는 것과 같은 힘을 들여야 그 질기고 질긴 무수겁으로 익힌 중생의 업식이 해결된다. 이런 말을 듣고 언하에 해결되는 분도 있는데, 그분은 업식이 많이 정리가 된 사람이다. 해결이 안 되는 것은 그만큼 중생의 업식이 두텁고 큰 것이다.

209則

問하되「百骸俱潰散이어늘 一物이 鎭長靈時如何니잇고」
師云하되「今朝에 又風起로다」
학인이 물었다.
「백골이 썩어 흩어져도 한 물건이 길이 신령스러울 때는 어떻습니까?」
「오늘 아침에 다시 바람이 이는구나!」

禪門拈頌 469則 –「百骸」

雲門杲가 頌하되
今朝又風起라 하니   오늘 아침에도 바람이 인다 하니
閙處莫揷觜하라   시끄러운 곳에서는 주둥이를 내밀지 말라.
觸着閻羅王하고   염라대왕을 건드리게 되고
帶累陰司鬼로다   명부의 귀신들에게 말려들게 됨이로다.

拈頌說話 –「百骸」

【百骸】

問하되「百骸俱潰散이어늘 一物이 鎭長靈時如何니잇고」
師云하되「今朝에 又風起로다」

학인이 물었다.

「백골이 썩어 다 흩어져도 한 물건이 길이 신령스러울 때는 어떻습니까?」

「오늘 아침에 다시 바람이 이는구나!」

《百骸俱潰散云云者》는 丹霞가 『翫珠吟』文에 云하되 「百骸潰散하야 歸火歸風이어늘 一物長靈하야 蓋天蓋地」也니라

《今朝又風起者》는 他處云하되 「廓然透過法身하니 一陣毘嵐風起로다」 하고 又他處云하되 「明年에 更有新條在云云」也니라

《백골이 썩어 다 흩어져도 운운》한 것은 단하가 『완주음』의 글에서 말한 「모든 뼈마디가 흩어져서 불로 돌아가고 바람으로 돌아가거늘, 한 물건이 길이 신령스러워 하늘을 덮고 땅을 덮는다.」한 것이다.

《오늘 아침에 다시 바람이 이는구나!》라고 한 것은 다른 곳에서 말하기를 「확연하게 법신을 뚫고 지나가니, 한바탕 비람풍(毘嵐風, 폭풍)[229]이 일어남이로다.」라고 하였고, 또 다른 곳에서 말하기를 「내년에 다시 새 가지가 있을 것이다 운운」하였다.

【雲門】

今朝又風起라 하니	오늘 아침에도 바람이 인다 하니
鬧處莫揷觜하라	시끄러운 곳에서는 주둥이를 내밀지 말라.
觸着閻羅王하고	염라대왕을 건드리게 되고
帶累陰司鬼로다	명부의 귀신들에게 말려들게 됨이로다.

「今朝又風起」處는 是鬧啾啾地니라 於此에 著得眼睛인댄 未免業識이니

---

229 '비람(毘嵐)'은 산스크리트 vairambhake의 음사로 신맹(迅猛)이라 번역. 우주가 성립될 때나 파괴되어 끝날 때 맹렬하게 휘몰아친다는 폭풍.

라 故「觸著閻羅王云云」이니라

「오늘 아침에 다시 바람이 이는구나!」라고 한 곳은 시끄럽게 짹짹거린 자리이다. 여기에 눈동자를 붙이려 할진댄 업식을 면치 못하리라. 때문에 「염라대왕을 건드리게 된다 운운」한 것이다.

| 학산 대원 曰 |

타인의 구속보다 자신의 구속에서 벗어나야 한다. 밖에서의 압박, 시비, 구속은 자신의 구속에서 벗어나지 못하면 끝없이 이어진다.

到處接形物 額頭汗出

呵呵 雪上加霜 加泥塚上 喝!

이르는 곳마다 온갖 물건을 접하니 이마에서 땀이 흐른다.

우습다. 눈 위에 서리를 더함이요, 진흙으로 무덤 위를 덧칠하는 격이다.

악!

210則

問하되「三乘과 十二分敎를 卽不問이어니와 如何是祖師西來意니잇고」

師云하되「水牯牛가 生兒也러니 好看取하라」

云하되「未審케이다 此意如何니잇고」

師云하되「我亦不知로다」

학인이 물었다.

「삼승과 십이분교는 묻지 않겠습니다만, 어떤 것이 조사가 서쪽에서 오신 뜻입니까?」

「물소가 새끼를 낳았으니 잘 돌봐주거라.」

「잘 모르겠습니다. 그 뜻이 무엇입니까?」

「나도 모른다.」

| 학산 대원 曰 |

一心不生 萬法無咎

不知여 千年鐵鎚에 좀이 슬었다.

驢年會麼? 喝!

일심이 나지 않으면 만법에 허물이 없다 하는데

알지 못함이여, 천 년 된 쇠뭉치에 좀이 슬었다.

당나귀해를 여러분은 아느냐? 악!

211則

問하되「萬國來朝時에는 如何니잇고」
師云하되「逢人不得喚하라」
학인이 물었다.
「만국의 사신들이 와서 조공을 올릴 때는 어떻습니까?」
「사람이 와도 그를 향하여 말을 하지 말라!」

| 학산 대원 曰 |

말없이 응할 뿐, 말이 필요 없다는 것이다.
옳지 않음이라[不然].
산승이라면, "모두 안녕들 하신가? 차나 한 잔 하고 가시오!"라고 하리라.

彩鳳翱翔下九宵
台星影散臨淸汴
아름다운 봉황이 날개를 펴고 먼 하늘에서 내려오니
삼태성의 그림자가 흩어져 맑은 물에 내려온다.

212則

問하되「十二時中에 如何淘汰니잇고」
師云하되「奈河水濁하고 西水流急이니라」
云하되「還得見文殊也無니잇고」
師云하되「者蒙瞳漢아 什麼處去來인저」
학인이 물었다.
「하루 종일 가운데 어떻게 깨끗이 씻어냅니까?」
「내하(奈河)[230]의 물은 흐리고, 서수(西水)는 급하게 흘러간다.」
「도리어 문수보살을 뵐 수 있습니까?」
「이 눈뜬장님아! 어디를 갔다 왔느냐?」

| 학산 대원 曰 |

선재동자가 53선지식을 찾아서 가르침을 얻는 중 맨 나중에 문수보살을 만나기 위해 급류를 건너간다는 『화엄경』의 이야기에 기초를 둔 말씀이다. 본인 자신이 지혜의 문수라는 것을 깨닫지 못한 것을 조주 스님이 질책한 것이다.

證佛妙心

含容萬法

明佛知見

---

230 망자가 죽은 지 14일이 되면 건너게 되는 큰 강으로, 초입에 관청을 세우고 망자가 강을 건너는 것을 감시하는 이가 바로 열 명의 지옥왕 중 하나인 초강대왕(初江大王)이다.

統攝萬方

부처를 증득한 오묘한 마음은
만법을 머금는다.
밝은 부처님의 지견은
모든 방향을 통섭한다.

213則

問하되 「如何是道場이닛고」

師云하되 「你從道場來하고 你從道場去니라 脫體是道場이어늘 何處更不是아」

학인이 물었다.

「어떤 것이 도량입니까?」

「그대가 도량에서 왔다가 도량으로 가느니라. 전체가 도량이거늘, 어디가 그렇지 않은 곳이겠는가?」

| 학산 대원 曰 |

내가 지리산 칠불암에서 안거를 지낼 때, 그 밑 대밭에 내려오다가 나이 사십 대여섯 살 된 젊은 스님을 만났다. 내가 묻길,

"결제 중에 웬 객이 이렇게 공부 안 하고 돌아다니느냐?"

"우주 대천세계가 다 결제거늘 어느 곳이 결제가 아니란 말입니까? 결제 중에 어째서 스님은 이 길을 내려온단 말이오?"

"그렇다면 고봉정상의 일구가 무엇인지 이르시오."

"고봉정상의 일구는 그만두고, 십자거리의 일구는 왜 묻지 않습니까?"

"십자거리의 일구는 무얼 가지고 말하는 것이오?"

그러자 서서 손으로 대나무를 가리키면서 말하길,

"대나무가 빽빽이 서서 청풍에 전체가 흔들거리니, 그대는 흔들리는 나뭇잎을 하나로 봅니까? 둘로 봅니까?"

"내가 오늘 일진이 안 좋은가, 스님 같은 이를 만나서 입장이 난처한데, 어디서

온 누구시길래 그런 말을 하시오?"

"내가 특별한 사람이 있다 해서 한번 만나보려고 왔더니, 완전하게 익지 않은 것 같기도 하고, 어떻게 보면 된 것 같기도 하고."

내가 되지도 않은 망상하지 말라고 하며 할을 했더니, 허허 웃으면서 손가락으로 가리키며 저기를 보라는 것이었다. 그래서 보고 나니 갑자기 그 사람이 없었다. 그래서 '여기에 젊은 문수보살이 나타난다더니 문수보살의 화신이구나.' 생각한 일이 있었다.

여기 학림사도 묘한 자리이다.

여기도 내가 처음 왔을 때, 새벽 4시에 예불하고 내려왔는데, 단발머리의 서른 대여섯 살쯤 되어 보이는 여자가 내 방에 척 들어왔다.

"법당에 참배하고 가지, 내 방에 왜 들어오느냐?"

"스님은 그 위가 법당이라고 생각하시오?"

"그럼 위가 법당이지 어디가 법당이라고 하느냐?"

"그렇게 생각하시면 오늘 내가 잘못 찾아왔는데."

"잘못 찾아왔다니 무슨 소리냐?"

"스님은 위에만 법당이라고 생각하시오?"

"그럼 어디가 법당이란 말이오?"

그러니 가부좌를 하더니, "스님은 아시겠습니까?"

그래서 내가 "어디서 요망한 게 왔구나." 하고 장군죽비로 한 대 때리니 맞는 소리가 안 나는데, "상대할 사람이 못 되는구나." 하고 슬며시 나가는 것이었다. 그래서 내가 또 때리려고 쫓아가니 번개같이 달아나는데, 대문을 열고 나가보니 흔적이 없었다. 여기는 그런 기연이 여러 차례 많이 나타났는데 말로 다 할 수 없다.

『유마경』「보살품」에서 광엄보살이 유마에게 물었다.

"거사는 어디에서 오는가?"

"저는 도량에서 왔소이다."

"도량이 어떤 곳이오?"
"직심(直心)이 곧 도량이오."

산승이 송하되,
四威儀擧手動容處
眞道場
如何是眞道場
壺中日月物外山川
행주좌와와 일상의 움직임 있는 곳이
참된 도량이라.
무엇이 참된 도량인가?
단지 속의 해와 달이요
세상 물건 바깥의 산천이다.

214則

問하되「萌芽未發時에는 如何니잇고」
師云하되「嗅著卽腦裂이니라」
云하되「不嗅時에는 如何니잇고」
師云하되「無者閑工夫니라」
학인이 물었다.
「싹이 아직 트지 않았을 때는 어떻습니까?」
「냄새만 맡아도 곧 머리통이 찢어진다.」
「냄새를 맡지 않았을 때는 어떻습니까?」
「그런 한가로운 공부는 없다.」

| 학산 대원 曰 |

싹이 트지 않았다는 것은 무얼 말하는가?

한 생각을 일으키면 일체가 따라 일어나는 것인데, 한 생각이 일어나지 않았을 때는 어떤 것이냐, 싹이 트지 않았을 때는 어떤 것이냐, 이것을 잘 생각해봐야 한다.

왜 냄새를 맡으면 머리가 찢어진다고 했을까?

일체 모든 법에서 확연해서 막힐 것도 의심할 것도 없어야 한다.

그러기 위해서 법문을 듣고 정진하는 것인데, 이런 대목에서 내가 하는 화두 공부에 진전이 있었는지 점검이 된다.

학인이 '냄새만 맡아도 머리통이 찢어진다'는 말을 알아들었다면 다시 묻지를 않았을 것이다. 그런데 못 알아듣고 냄새를 맡고 안 맡고 하는 그런 데로 생각

이 흘러가서 "냄새를 맡지 않았을 때는 어떻습니까?" 질문하니, 조주 스님이
"그런 한가로운 공부는 없다." 하고 한 마디로 해결해주셨다.

산승이 송하되,

口著卽團火燒口
淡水流海裏中
淡水看尋無痕跡
何人莫論莫妄想

입을 대면 벌건 불덩어리에 입이 다 타고
민물이 바닷속으로 들어가니
민물은 찾아도 흔적이 없다.
누구를 막론하고 망상하지 말라.

215則

問하되「如何數量이닛고」

師云하되「一・二・三・四・五」

云하되「數量不拘的事는 如何니잇고」

師云하되「一・二・三・四・五」

학인이 물었다.

「무엇이 숫자입니까?」

「일, 이, 삼, 사, 오.」

「숫자로 구속되지 않는 일은 무엇입니까?」

「일, 이, 삼, 사, 오.」

| 학산 대원 曰 |

水中裏魚隱

虛空裏藏骨

蜂蝶雙雙飛花叢

香裏採密不異事

물속에는 물고기가 숨어 있고

허공 속에는 뼈를 감추었다.

벌나비가 쌍쌍이 꽃밭을 날아다니니

향기 속에 꿀을 채취하는 것은 다른 일이 아니다.

'일, 이, 삼, 사, 오'에 무서운 비상(砒霜)이 들어있다.

이 말을 알아듣는 사람은 자기 집 소식을 아는 사람이다.

자기 집 소식을 알지 못하는 사람은 일생을 산다 하더라도 눈 감은 봉사로 사는 거다. 아무리 대통령, 장관을 하고, 재벌을 했다 하더라도 이 말을 알아듣지 못한다면, 일생이 뜬구름과 같고 모래 위에 집을 지은 거와 같다. 달팽이 뿔 위에 궁궐 같은 집을 지어본들 얼마나 가겠는가?

216則

問하되 「什麼世界가 卽無晝夜니잇고」
師云하되 「卽今이 是晝아 是夜아」
云하되 「不問卽今이니다」
師云하되 「爭奈老僧何리오」

학인이 물었다.

「어떤 세계가 밤낮이 없습니까?」

「바로 지금이 낮인가? 밤인가?」

「지금을 물은 것이 아닙니다.」

「나를 어찌하겠느냐?」

| 학산 대원 曰 |

"바로 지금이 낮인가? 밤인가?" 하고 조주 스님이 물었을 때, 할을 한 번 했어야 하는데, 학인은 그렇지 못했다.

"나를 어찌하겠느냐?"는 "바로 지금이 낮인가? 밤인가?" 하고 묻는 나를 어떻게 취급할 것인가, 무애도인인 나를 어떻게 할 방도가 없을 것이라는 말이다. 해가 지고 뜨는 걸로 낮과 밤을 구분한다면, 올빼미나 박쥐는 왜 밤을 낮이라고 할까? 해가 지고 뜨는 데에 낮과 밤이 있는 게 아니다. 진면목의 세계에는 낮과 밤이 본래 없는데, 중생들의 업의 눈에 따라서 낮과 밤이 있는 것이다.

(주장자를 한번 치고 세워 보이고)

이것이 낮인가 밤인가?

바로 여기서 알아들으면 된다.

시간과 공간을 초월한 절대 무위진인의 세계에서는 나날이 좋은 날

이고 항상 대광명을 비치는 세계라.

송하되,

石人正午打三更

直至如今覓不得

돌사람이 한낮에 삼경 종을 치고

지금까지 찾아도 찾을 수 없다.

217則

問하되「迦葉上行衣는 不踏曹溪路이어늘 什麼人得披니잇고」
師云하되「虛空不出世러니 道人都不知로다」
학인이 물었다.
「가섭의 가사는 조계의 길을 밟지 않았거늘, 어떤 사람이 입을 수 있겠습니까?」
「허공은 세상에 나오지 않았고, 도인은 전혀 알지 못함이로다.」

| 학산 대원 曰 |

가섭 존자가 부처님께 부촉을 받길, "내가 열반한 이후로 56억 7천만 년 이후에 미륵불이 이 세상에 나와 중생을 제도할 것이니라. 그때에 부처와 부처는 서로 전하는 것이 있으니[佛佛相傳], 내가 입었던 이 가사와 발우를 네가 잘 가지고 있다가 미륵불에게 전해주거라."

그래서 가섭 존자가 부처님의 가사와 발우를 받아서 계족산 속으로 들어가서 56억 7천만 년 후 미륵불이 출현할 때까지 기다리고 있다고 한다.

가섭 존자가 부처님 의발을 받아서 계족산에 가 계신데, 부처님의 의발이 다시 33조사로 다시 전해져 내려왔다는 것에 대해서 학인이 묻는 것이다.

염화미소에 대한 것도 중국의 송대 이후로 나온 이야기로, 그전에는 어느 책에도 나온 바가 없다고 한다. 대체로 중국 선림에서 만들어낸 우화로 보는 학자가 많다. 그러나 그렇게 생각하면 전부 불신해서 신심이 다 떨어지게 되는 거다. 역사적인 사실만을 따지면 부처님의 진리를 모르는 사람이고 신심 떨어지게 만드는 사람이다. 중생의 의식으로 미칠 수 없는 세계가 분명히 있다. 그걸 전혀 모르고 하는 소리다.

218則

問하되 「如何是混而不雜이닛고」

師云하되 「老僧菜食長齋[231]니라」

云하되 「還得超然也無니잇고」

師云하되 「破齋也니라」

학인이 물었다.

「어떤 것이 뒤섞여도 잡스럽지 않은 것입니까?」

「나는 채식만 하며 오후불식을 해왔느니라.」

「도리어 초연함을 얻을 수 있습니까?」

「공양을 다 마쳤느니라.」

| 학산 대원 曰 |

'파재(破齋)'는 초연(超然)을 말한 의지가 있다.

이 세상에서 언어 문자로 가르치고 배우지만, 지금까지 인류가 현실화해 놓은 학문 외에는 모른다. 그것은 배움이 있는 유학(有學)의 세계이고, 언어 문자를 떠난 무학(無學)의 세계는 배움이 없는 배움이다.

본성은 모양이나 글자로 한계가 지워지는 게 아니다. 학문이나 말로써 배울 수 있는 것이 아니다. 그럼 어떻게 알아야 하는가가 중요하다.

그런데 참 묘하게 간화선이란 게 나왔다. 말로 가르칠 수 없는 걸 말로 가르쳤

---

231 불교에서 재(齋)는 원래 오후불식(午後不食)을 말하는 것이었으나 나중에는 고기를 먹지 않는 소식(素食)을 뜻하게 되었다. '장재(長齋)'는 오후불식의 계율을 오랫동안 굳게 지키는 것 또는 오랫동안 채식만 하는 것을 말한다.

다. 그래서 참 중요하다.

"어떤 것이 부처입니까?" 하니, "마른 똥막대기니라[乾屎橛]."라고 말로써 가르쳤다. 말과 문자, 생각으로 헤아릴 수 없는 걸 바로 알게끔 바로 가르친 것이 간화선이다. 그걸 알아듣는 사람이 있다. 그런데 그렇게 못 알아듣는 사람한테 조사들이 차선책으로 깊이 일념으로 참구해보라, 왜 그랬을까 참구해보면 그 말한 의지를 투과할 수가 있다고 한 것이다.

219則

問하되「如何是古人之言이닛고」
師云하되「諦聽 諦聽하라」
학인이 물었다.
「어떤 것이 옛분들의 말씀입니까?」
「잘 들어라, 잘 들어라!」

| 학산 대원 曰 |

고인의 말이라면 확실히 마음으로 들으란 뜻이다.

현재 목전에서 쓰고 있는 과학, 철학, 예술 등 모든 학문이 옛날보다 발전해 나
왔지만, 현실에 나와 있는 모든 것은 다 거짓말이다. 그게 거짓말이란 걸 안다
면 자기 마음의 세계를 어느 정도 아는 사람이다.

220則

問하되「如何是學人本分事니잇고」

師云하되「與麼嫌什麼오」

학인이 물었다.

「어떤 것이 학인의 본분사입니까?」

「그렇다면 무엇을 싫어할 것이 있겠는가?」

| 학산 대원 曰 |

본분사라고 하는 절대의 세계에서는 뭔가 이질적인 것을 선별해서 치워버릴
필요가 없다는 것이다.

본분사라고 하면서 그것만을 추구하는 것은 벌써 도에 어긋나는 이야기이다.
절대 평등의 경지를 차별 상대의 세계에서 떼어놓고 파악하려는 것은 분별의
경지를 벗어나지 못한 것이므로, 평등과 차별은 둘도 아니고 하나도 아닌 것으
로 직각(直覺)하는 수밖에 없다. 그래서 '그러나 본분사 외의 것을 싫어할 것이
없지 않는가?' 하고 대답한 것이다.

산승이 송하되,

日用之事什麼?

空手把鋤頭

步行騎水牛

매일 생활하는 일이 무엇인가?

빈손에 호미를 들고

걸으면서 물소를 탄다.

221則

問하되「萬法이 歸一하니 一歸는 何所니잇고」•
師云하되「我在靑州[232]하야 作一領布衫하니 重七斤이니라」
학인이 물었다.
「만법이 하나로 돌아간다고 하는데, 하나는 어디로 돌아갑니까?」
「내가 청주에 있을 때 한 벌의 베옷을 지었는데 무게가 일곱 근이었다.」

● 萬法歸一 一歸何所
『벽암록』「45칙」공안에는 '萬法歸一 一歸何處'로 나온다.

| 학산 대원 曰 |

1,700공안이 한 공안이라 다르지 않다. 다만 이것 하나 해결하기 위해서 1,700
공안이 나온 것이다. 이것 하나만 해결하면 1,700공안이 와르르 무너지고 의심
할 것이 없다.

"하나는 어디로 돌아갑니까?" 이 물음에 말을 할 수 없는 데서 조주 스님은 말
을 했다. 답한 여기에는 일체중생의 의식으로 미칠 수가 없다. 신이 있다 해도
미치지 못하고 범부와 성인도 미칠 수가 없다. 말과 학문이나 이론으로 알려고
하면 안 된다. 그런 것을 뛰어난 세계이다.

---

232 중국 산동성(山東省) 청주(靑州)를 말한다. 『송고승전(宋高僧傳)』에 의하면 조주의 고향이다.

禪宗頌古聯珠 - 「萬法」

雪竇顯이 頌하되

編辮曾挨老古錐가   오래된 송곳[조주]에게 편벽된 질문으로
     다그쳤으나

七斤衫重幾人知오   일곱 근 옷 무게를 몇 사람이나 알리오?

而今抛向西湖裏하야   지금 서호(西湖) 속으로 던져버렸으니

下載淸風付與誰오   아래에 실은 맑은 바람, 누구에게 전해주리오?

白雲端이 頌하되

七斤衫重豈難提오   일곱 근 옷 무게를 어찌 들기 어려우리오?

日出東方定落西로다   해는 동쪽에서 떴다가 반드시 서쪽으로 짐이로다.

一擊珊瑚枝粉碎하니   산호 가지를 한 번에 쳐서 부수니

轟轟雷雨滿山溪로다   우르릉 울리는 천둥과 비가 산골에 가득함이로다.

保寧勇이 頌하되

獨坐獨行眞竭斗요   홀로 앉고 홀로 행하니 참으로 용량(容量)을
     다한 사람이요

無規無矩老禪和로다   규칙도 없고 법규도 없는 늙은 선객이로다.

四方八面難拘檢하니   사방 팔면에서도 구속하기 어려우니

天下誰能奈你何오   천하에 그 누가 그대를 어찌하리오?

照覺總이 頌하되

問來親切布衫酬하니   물어온 것에 친절하게 베옷이라고 대답하니

指出青州是舊游로다   청주는 옛적에 노닐던 곳을 가리킴이로다.

皓月當空澄巨浸하니   밝은 달 하늘에 돋아서 바다가 맑아졌어도

鯨鯢無奈不吞鉤로다   고래가 낚시바늘 물지 않음은 어찌하지 못함이로다.

文殊道가 頌하되

趙州布衫重七斤은　　조주가 베옷 무게가 일곱 근이라 함은
問處分明答處親이로다　질문도 분명하고 대답도 친절함이로다.
大地山河都蓋却하야도　산하대지를 다 덮어버린다 하더라도
誰是當機裁剪人이리오　그 누가 근기에 맞게 사람을 재단하리오?

普融平이 頌하되

七斤衫重絶纖埃하니　　일곱 근 옷의 무게는 티끌만큼도 없나니
妙手何人解剪裁오　　묘한 솜씨의 어떤 사람이 재단할 수 있으리오?
堪笑東村王大伯이여　　우습구나. 동쪽 마을의 왕씨 아저씨여
滿身風雨入門來로다　온몸에 비바람 맞으며 문으로 들어옴이로다.

徑山杲가 頌하되

青州七斤衫을　　　청주의 일곱 근 베옷을
盡力提不起로다　　힘을 다해도 들지 못함이로다.
打破趙州關인댄　　조주의 관문을 깨뜨릴진댄
總是自家라　　　모두가 내 집이로다.

龍牙言이 頌하되

趙州老對에　　　조주 노인의 대답에도
面人難曉로다　　마주한 이는 깨닫기 어려움이로다.
一歸何處에　　　하나는 어디로 돌아가냐는 질문에
青州布襖하니　　청주의 베옷이라 대답하니
金銀琉璃요　　　금은과 유리요
硨磲碼磁로다　　자거와 마노로다.•

● 금·은·유리·자거·마노

칠보(七寶)를 말한다. 『묘법연화경』에 금(金)·은(銀)·유리(琉璃)·마노(瑪瑙)·자거(硨磲)·진주(眞珠)·매괴(玫瑰)가 칠보라고 나온다.

鼓山珪가 頌하되

夜半墨漆黑인데	칠흑같이 어두운 한밤중에
捉得一箇賊하야	도둑 하나를 붙잡았는데
點火照來看하니	불을 켜고 비추어보니
元是王大伯이로다	원래 왕씨 아저씨로다.

運菴巖이 頌하되

等閒提起七斤衫인댄	부질없이 일곱 근의 옷 이야기를 꺼내서
多少禪流著意參이로다	많은 선객들이 뜻에 집착하여 참구함이로다.
盡向靑州作窠窟하니	모두가 청주를 향하여서 소굴을 지으니
不知春色在江南이로다	봄빛이 강남에 있음을 알지 못함이로다.

或菴體가 頌하되

鑊湯無冷地요	확탕(鑊湯)은 냉기 없는 땅이요
黃河輥底流로다	황하는 굽이굽이 흘러감이로다.
金剛難揷觜요	금강에는 부리를 내리기 어려움이요
腦後掛燈毬로다	머리 뒤에 등불을 걺이로다.

石菴珝가 頌하되

捱到懸崖撒手時에	낭떠러지에 몰려 손을 놓았을 때에
七斤衫重有誰知오	일곱 근 옷의 무게를 누가 알리오?
寒來暑往渾無用하고	추위가 오고 더위가 가니 모두 쓸모없으니
挂在趙州東院西로다	조주 동원의 서쪽에 걸려있음이로다.

| 학산 대원 曰 |

青天空萬古不動
白雲淸空自去來
푸른 하늘과 허공은 만고에 움직이지 않는데
흰 구름은 맑은 하늘에서 스스로 오고 감이로다.

北磵簡이 頌하되

當機覿面提함이여	기틀을 당하여 얼굴을 맞대고 제기함이여
覿面當機疾이로다	얼굴을 맞대고 기틀을 당함이 빠름이로다.
開眼放癡頑인댄	눈을 열고 어리석음과 고집을 놓으려면
鞭逼人上壁이로다	사람을 다그쳐 절벽까지 밀어붙여야 한다.

斷橋倫이 頌하되

趙老七斤衫이	조주 노인의 일곱 근 옷이란 대답이
提來用恰好로다	끌어와서 쓰는 것이 알맞음이로다.
若更問如何인댄	만약 다시 어떤 것이냐고 물을진댄
且去靑州討하라	청주에 가서 찾으라 하겠다.

| 학산 대원 曰 |

茶盌破散 千片萬片
會也麽?
西天斬頭截臂
者裏自領出去
다기를 깨부수니 천 조각 만 조각이다.
대중은 알겠는가?

서천에서는 머리를 끊고 팔을 자르니
이 자리에서 스스로를 벗어나게 한다.

禪門拈頌 408則 -「萬法」

大洪恩이 頌하되

趙州布衫이	조주의 베옷이
七斤八斤이로다	일곱 근, 여덟 근이로다.
袖頭打領하고	소매 끝에 깃을 달았고
腋下剜襟이로다	겨드랑이 밑으로는 앞섶을 틈이로다.
千手大悲提不起하고	천수대비(千手大悲) 관음도 들지 못하고
無言童子笑欣欣이로다	말 없는 동자가 기뻐하며 웃음이로다.

金山元이 頌하되

誰向天河塞水源고	누가 은하수의 물줄기를 막았는가.
百川從此一時乾이로다	백 갈래 냇물이 이로부터 한 번에 말랐음이로다.
張騫欲下無迴路하니	장건(張騫)*이 내려오려 해도 돌아갈 길 없으니
抛却枯査側面看이로다	마른 뗏목 버려놓고 옆에서 바라만 봄이로다.

● **장건(張騫)**

한나라 때 사람으로, 흉노(匈奴)를 협공하기 위해 동맹차 월지(月支)에 사신으로 갔다가 돌아오는 길에 흉노에 붙잡혀 10여 년을 보낸 뒤 도주하여 돌아왔다. 서역에 사신으로 다녀오기도 했는데, 포도 종자를 가져왔으며, 이로부터 비단길이 개척되었다.

전해지는 이야기로 뗏목을 타고 황하(黃河)를 거슬러 올라가다 은하수에 도착하여 직녀(織女)를 만났으며 직녀의 지기석(支機石, 베틀을 괴는 돌)을 가져왔다고 한다.

天章楚가 頌하되

萬法歸一一歸何오　　　만법이 하나로 돌아가는데 하나는 어디로
　　　　　　　　　　　　돌아가나?

靑州布衫七斤麻로다　　청주의 베옷은 일곱 근의 삼이로다.

剪裁長短宜相稱하니　　가위질하고 마름질하여 길고 짧음이 알맞으니

莫把襟裾就地拖하라　　옷자락을 쥐고서 땅에 끌지 말라.

又頌하되

萬法歸一一歸何所오　　만법은 하나로 돌아가는데 하나는 어디로
　　　　　　　　　　　　돌아가나?

靑州布衫重七斤이로다　청주의 베옷은 무게가 일곱 근이로다.

一任諸方說道理하니　　제방에서 도리를 말하도록 맡겨두었는데

說道理是不是아　　　　도리를 말하는 것이 옳은가 그른가?

問取毗耶老不語로다　　비야리성의 노인[유마거사]에게 물어도 말이
　　　　　　　　　　　　없음이로다.

咦!　　　　　　　　　　이(咦)!

南明泉이 頌하되

七斤衫子少人知라　　　일곱 근 베옷, 아는 이 적으나

出在靑州更勿疑하라　　청주에서 나왔으니 다시 의심치 말라.

腋下剜襟如不賺이요　　겨드랑이 밑으로 앞섶을 튼 것은 속임이
　　　　　　　　　　　　아니요

袖頭打領恰相宜로다　　소매 끝에 깃을 단 것도 당연한 일이로다.

九夏豈嫌山水重이며　　한여름이 산과 물이 깊은 것을 어찌 싫어하며

三冬寧懼雪霜欺리오　　한겨울이 눈과 서리의 괴롭힘을 어찌
　　　　　　　　　　　　겁내겠는가?

汝今勿討閑針線하라　　그대는 지금 한가하게 바늘과 실 찾지 말라.

直下看來是阿誰오　　　바로 여기서 보는 이가 누구인가?

海印信이 頌하되

放去花爭發이요 　　　놓아버리니 꽃이 다투어 핌이요

收來水逆流로다 　　　거두어들이니 물이 거슬러 흐름이로다.

誰知番虜輩가 　　　누가 알리오? 오랑캐[番虜] 무리가

箇箇着皮裘오 　　　제각각 털가죽 옷을 입은 것을.

仰山偉가 頌하되

趙州布衫重七斤이라 　　　조주의 베옷은 무게가 일곱 근이라.

造次禪和莫亂秤하라 　　　잠깐이라도 선객들은 함부로 저울질 말라!

毫係斷時提不起라 　　　저울 끈[毫]이 끊어지면 들지 못할지니

且須識取定盤星²³³이니라 　　　우선 저울 눈금 보는 법이나 알아두어라.

東林惣이 頌하되

靑州曾製七斤衫하니 　　　청주에서 일찍이 일곱 근 베옷을 지었더니

萬一根源直指南이라 　　　만법과 하나의 근원을 바로 가리킴이로다.

陽氣發時無硬地하니 　　　양기가 필 때는 굳은 땅 없는데

誰云枯木倚寒嵒고 　　　누가 일렀던가? 마른 나무가 찬 바위에
　　　　　　　　　　　　　기댔다고.

天童覺이 頌하되

黃河九曲이요 　　　황하는 아홉 구비요

七斤布衫이로다 　　　일곱 근의 베옷이로다.

---

233 무게가 0이 되는 곳을 표시한 저울의 첫 번째 눈금. 정(定)은 일정하여 움직이지 않는다는 뜻이
다. 반(盤)은 저울판, 성(星)은 저울대의 눈. 저울추를 이 눈에 놓으면 저울은 평균하게 되어 움직
일 줄 모르는 집착상(執着相)을 보이고, 또는 경중(輕重)에 동(動)하지 않아 격외(格外)에 초출(超
出)한 일점성(一點星)을 보이는 두 가지 뜻이 있다. 제8식을 가리키기도 한다.

胡馬嘶北하고   오랑캐 말은 북풍에 울부짖고

越鳥巢南이로다   월나라 새는 남쪽 가지에 깃듦이로다.

衲僧恰到眞常處하면   납승이 바로 참되고 항상한 자리에 이르면

語不欺人面不慙이로다   말로 사람을 속이지 않으니 얼굴에 부끄러움
                           없음이로다.

(此師兼擧러니 僧問文殊하되「萬法歸一이라 一歸何處오」하니 殊云하되
「黃河九曲●이니라」하다)

(이것은 천동각이 겸하여 든 것이다. 어떤 스님이 문수에게 물었다.

「만법은 하나로 돌아가는데, 하나는 어디로 돌아갑니까?」

「황하는 아홉 구비니라.」라고 대답하였다.)

● 黃河九曲

『선문염송』1333칙에 다음과 같다.

鼎州文殊應眞和尙이 因僧問하되「萬法歸一하니 一歸何處오」師云하되「黃河
九曲이니라」

정주의 문수 응진 화상에게 어떤 스님이 물었다.

「만법은 하나로 돌아가는데, 하나는 어디로 돌아갑니까?」

「황하는 아홉 구비니라.」

| 학산 대원 曰 |

하나는 어디로 돌아가는가?

五鳳樓前呈百獻

千株松下鳥歌聲

오봉루 앞에서 백 가지 공물을 바치고

천 그루 소나무 아래 새소리 들리네.

雪竇寧이 頌하되

問一歸源最的談이라	하나가 돌아갈 근원을 물으니 가장 알맞은 말이라
作家親對七斤衫이로다	작가는 친절하게 일곱 근 베옷이라 대답함이로다.
如鹽入水看不見이나	소금은 물에 넣으면 보려 해도 보이지 않으나
喫着方知滋味鹹이로다	마셔보면 비로소 맛이 짬을 알게 됨이로다.

雪溪益이 頌하되

袖頭打領人人會요	소매 끝에 깃을 다는 것을 사람마다 아는 일이요
腋下剜襟箇箇知라	겨드랑이 밑으로 앞섶을 트는 것도 각각이 아는 일인데
恰到七斤提起處하야	마침 일곱 근을 제기한 자리에 이르러서는
定盤星上更狐疑로다	저울눈 위에서 다시 한 번 여우처럼 망설였네.
不作貴不作賤•하니	비싸지도 않고 싸지도 않다고 했던
南泉老子曾相見이로다	남전 노인과 일찍이 서로 만난 적이 있던가.
不是從來慣剪裁라	본래부터 재단에 익숙한 이가 아니라면
誰人有恁閑針線고	누가 부질없이 그러한 바느질을 했겠는고.

● **不作貴不作賤**

『남전보원선사어요(南泉普願禪師語要)』에서 인용된 공안의 일부이다. 다음과 같다.

示衆云하되 「王老師賣身去也라 還有人買麼아」 時有僧出衆云하되 「某甲이 買하리다」 師云하되 「不作貴不作賤하고 你作麼生買오」하니 僧이 無對라.
남전(南泉) 선사가 시중(示衆)하여 말하였다.
「왕노사(王老師, 남전 자신)가 몸을 팔려 한다. 도리어 살 사람이 있느냐?」
이때 한 스님이 대중에서 나와 말했다.
「제가 사겠습니다.」
「비싸지도 않고, 싸지도 않다. 어떻게 사겠느냐?」
그 스님은 말이 없었다.

이것을 듣고 조주 스님이 다음과 같이 말하였다.

趙州云하되 「明年에 與和尙하야 作一領布衫하리다」

「내년에 스님께 베옷 한 벌 지어 드리겠습니다.」

| 학산 대원 曰 |

閉門哭蒼天

塚上生芝草

문을 닫고 푸른 하늘에 곡을 하니

무덤 위에 상서로운 풀이 난다.

佛鑑勤이 頌하되

一領布衫重七斤이라　　　한 벌의 베옷 무게가 일곱 근이라

臘天被得暖如春이로다　　섣달에 입으니 따뜻하기가 봄과 같음이로다.

青州舊有閑針線하야　　　청주에는 옛날부터 한가한 바늘과 실 있어서

度與林間補衲人이로다　　숲속에서 누더기 깁는 납자에게 주었네.

牧庵忠이 頌하되

我愛青州好布衫하니　　　나는 청주의 좋은 베옷을 사랑하니

針線工夫作者諳이로다　　바느질 솜씨를 작가는 알아줌이로다.

秤得七斤何大重고　　　　달아보니 일곱 근이 어찌 그리 무거운지!

不知脫却倩誰擔이로다　　벗은 뒤엔 누구에게 짊어지라 할지 모르겠다.

(用趙州作麼?)

(조주인들 무엇에 쓰겠는가?)

| 학산 대원 曰 |

一歸何處?

(良久曰) 會麼?

(大衆無語 師曰) 兩箇

하나는 어디로 돌아갔을까?

(잠시 침묵한 후) 알겠는가?

(대중이 말이 없자) 두 개[兩箇]니라.

心聞賁이 頌하되

山橫石礙疑無路러니	산이 가리고 바위가 막혀 길이 없는 줄 알았더니
地轉溪斜別有村이로다	길을 돌아 시내를 비껴나니 별다른 마을이 있네.
嶺上一聲橫笛響하니	고개 위의 한 소리 젓대 가락 울리더니
暝煙斜日又黃昏이로다	저녁연기 저무는 해에 또 황혼이로다.

混成子가 頌하되

一歸何處自問着하고	하나는 어디로 돌아가는지 스스로 묻고서
寒松石下長伸脚이로다	찬 솔 바위 밑에 두 다리를 뻗고 쉰다.
無縫布衫趙州被하니	꿰맨 자국 없는 베옷을 조주가 입으니
快鷂不打籬邊雀이로다	날랜 새매는 울타리 밑의 참새를 덮치지 않음이로다.

本然居士가 頌하되

路逢猛虎拶來時에	길에서 사나운 호랑이를 만나 닥쳐올 때에
嵓谷生風草木迷로다	바위 골짜기에 바람이 일고 초목도 혼미함이로다.
幸有爪牙渾不用하니	다행히도 발톱과 어금니를 전혀 쓰지 않으니
箇中消息有誰知오	그 속의 소식을 누가 알 수 있으리오?

하나는 어디로 돌아갔을까?

三更打正午
五九四十五
和尚自喫飯
한밤중에 한낮 종을 치니
5×9는 45요
화상이 스스로 밥을 먹는다.

智海逸이 上堂擧此話에 又擧僧問汾州하되 「如何是祖師西來意닛고」
州云하되 「靑絹扇子足風凉이라」
師云하되 「此二老宿이 一箇는 三冬有功이나 九夏無德하며 一箇는 九夏
有功이나 三冬無德로다 惣說了也에 還有揀辨得麽아 若辨未得이면 莫
道卞璧無瑕하라 相如가 誑於秦主하니라」
지해일이 상당하여 이 이야기를 들고서, 다시 어떤 스님이 분주에게 「어떤
것이 조사가 서쪽에서 오신 뜻입니까?」 하고 묻자 분주가 「푸른 비단부채
에 서늘한 바람이 족하다.」라고 말한 것을 들고는 말하였다.
「이 두 노숙이 하나는 한겨울에 공이 있으나 한여름에는 덕이 없고, 하나는
한여름에 공이 있으나 한겨울에는 덕이 없다. 모조리 다 말해주었으니, 도
리어 가려낼 수 있겠느냐? 만약 가려낼 수 없다면 변화의 옥에 티끌이 없다
고 말하지 말라. 인상여가 진왕을 속였느니라.」

공부를 해서 일상생활하는 속에서 눈앞에 닥친 모든 일을 걸림 없이 척척

해결해나가야 한다. 눈앞에 있는 것뿐이지, 지나가고 나면 자취가 없게 해야 한다.

건성건성 지나가되 확실히 머무를 곳에 가서는 머물러라. 확실하게 하고 지나가고 나면 일체 흔적이 없게 살아라. 그게 인상여와 같이 한다는 거다. 인상여는 어떠한 곳에 가도 고뇌하고 걸리는 것이 없이 척척 해결하였다. 그렇게 되려면 공부해서 나의 문제를 해결해야 한다. 나의 문제를 해결하지 못하면 바깥으로도 닥치는 모든 일을 해결하기 어렵고 힘들다. 그러다가 세월 가고 늙어서 죽고 마는 거다.

雲峯悅이 因僧入室하야 擧僧問趙州하되「萬法이 歸一하니 一歸는 何處오」하니 悅便喝한대 僧茫然이어늘 悅問하되「趙州道什麼오」僧擬議어늘 悅以拂子로 驀口打하다

운봉열에게 스님이 입실하여 어떤 스님이 조주에게 「만법은 하나로 돌아가는데, 하나는 어디로 돌아갑니까?」라고 물은 것을 들자, 운봉열이 바로 할을 하였다. 스님이 멍하니 있거늘, 운봉열이 물었다. 「조주가 무엇이라 하였는가?」 스님이 우물쭈물하자, 운봉열이 불자를 가지고 갑자기 입을 때렸다.

眞淨文이 上堂云하되「人貧智短하고 馬瘦毛長이로다」
遂擧趙州云하되「我在靑州하야 作一領布衫하니 重七斤이니라」
師云하되「有年無德이로다 洞山은 見兎放鷹하니 知生하고 不知其死로다 大衆은 欲出生死인댄 不涉有無하고 大用現前인댄 勿隨言語니라」
(師時住洞山)

진정문이 상당하여 말하였다.
「사람이 가난하면 지혜가 짧고, 말이 야위면 털이 길다.」
이어서 조주가 말한 「내가 청주에 있을 때 한 벌의 베옷을 지었는데 무게가 일곱 근이었다.」 한 것을 들고는 이렇게 말하였다.

「나이를 먹었으나 쌓은 덕(德)이 없도다. 나[洞山]는 토끼를 보자 매를 놓았는데, 살 줄만 알았지 죽은 줄은 몰랐다. 대중이 생사를 벗어나려 할진댄 있음과 없음에 걸리지 말 것이며, 큰 작용[大用]이 나타나게 하려거든 언어를 따르지 말라.」

(선사는 그때 동산(洞山)에 살았다.)

慈受가 上堂擧此話云하되「有般는 聞人伊麼擧하고 便道하되『趙州問東答西하야 不存窠臼라』하니 也是辜負了也로다 且道하라 趙州旨趣가 在什麼處오」

良久云하되「水因有月方知淨이요 天爲無雲始見高로다」

자수가 상당하여 이 이야기를 듣고는 말하였다.

「어떤 사람은 사람들이 이렇게 말하는 것을 듣고는 곧바로 말하되『조주는 동쪽을 묻는데 서쪽을 대답하여 틀에 박힌 형식[窠臼]에 머물지 않았다.』라고 하니, 이야말로 어긋나고 만 것이다. 자, 말해보라. 조주의 뜻이 어디에 있는가?」

양구하고 말하였다.

「물은 달이 있음으로 인하여 맑은 줄 알게 되고, 하늘은 구름이 없어야 비로소 높음을 보게 됨이로다.」

| 학산 대원 曰 |

진흙 속에서 달이 뜨는 것을 볼 줄 알아야 한다.

圜悟勤이 拈하되「摩醯三眼이 一句洞明이로다 四海朝宗이요 千途共轍이로다 雖然如是나 更有一着在하니 忽有問蔣山키를『萬法歸一하니 一歸何處오』하면 只對他道하되『飢來喫飯困來眠이라』하리라」

원오근이 염하였다.

「마혜수라²³⁴의 세 눈에 일구가 환함이로다. 사해가 조공을 바쳐오고, 천 개의 길이 같은 바퀴 자국이로다. 비록 이와 같으나 다시 한 수가 남아있으니, 갑자기 누군가 장산에게 묻기를『만법은 하나로 돌아간다고 하는데, 하나는 어디로 돌아갑니까?』라고 한다면, 다만 그에게 대답하되『배고프면 밥을 먹고 피곤하면 잠을 잔다.』하리라.」

佛眼遠이 上堂擧此話云하되「大衆아 至音은 絶韻하고 妙曲은 非聲이라 通身不掛寸絲하고 赤體全無忌諱로다 諸人은 切莫拈餂舐指하고 直須截斷舌頭하며 放下身心하면 自然快活하리라 眼若不睡하면 諸夢自除요 心若不異하면[●] 復名何物고 快活快活이로다 歸堂喫茶하라」

불안원이 상당하여 이 이야기를 들고는 말하였다.

「대중들이여! 지극한 소리는 울림이 끊어지고, 신묘한 곡조는 소리가 아니니라. 온몸에 실오라기 하나 걸치지 않고, 알몸으로 전혀 꺼릴 것이 없도다. 여러분들은 절대로 떡을 들고서 손가락을 빨지 말며, 당장에 혀를 끊어버리고 몸과 마음을 놓아버린다면 저절로 쾌활해지리라. 눈에 졸음이 없으면 모든 꿈은 저절로 사라질 것이요, 마음이 다르지 않다면 다시 무슨 물건이라 이름하리오? 쾌활 쾌활이로다! 방으로 돌아가 차나 마셔라.」

● **眼若不睡하면 諸夢自除요 心若不異하면**
『신심명』에서 인용한 구절이다.

夢幻空華를	꿈, 허깨비, 헛된 꽃을
何勞把捉고	어찌 애써 잡으려 하는가?

---

234 대자재천(大自在天). 우주의 대주재신(大主宰神). 또는 시바 신의 다른 이름. 대천세계의 주인으로 눈이 세 개, 팔은 여덟 개로 천관(天冠)을 쓰고 흰 소를 타고 세 갈래 창을 잡고 있다. 세 개의 눈 중 가운데 눈은 세로로 길게 박혀 있다.

得失是非를	얻고 잃음과 옳고 그름을
一時放却하라	일시에 놓아버려라.
眼若不睡면	눈에 졸음이 없으면
諸夢自除요	모든 꿈 저절로 사라짐이요
心若不異하면	마음이 다르지 않으면
萬法一如로다	만법이 한결 같음이로다.

| 학산 대원 曰 |

이 도리는 어떤 사량이나 이치로 알 수 없다.

이치나 사량을 박살을 냈기에, '마른 똥막대기라', '판치생모라', '무(無)'라고 한 여기에서 어물어물하고 생각하면 벌써 죽은 목숨이다.

여기는 달리 어물어물 생각할 그런 여지가 없다.

집에 불이 나서 전체가 타는데 이럴까 저럴까 망설이면 벌써 타 죽는다.

'내가 나가다 타지 않을까?', '저 불이 일어나는데 이걸 어떡하나?' 이런 생각 없이 그냥 앞뒤 보지 않고 내달려 나가는 사람은 산다.

그러니 생각하면 틀렸다는 거다. '무(無)!' 했을 때 거기는 달리 다른 변통의 길이 없고, 아주 가깝게 눈에다 갖다 대준 건데 그걸 못 알아듣는 거다. 거기서는 바로 보고 알아차리는 것밖에 달리 길이 없다. 거기서 '이런 건가, 저런 건가?', '무라는 건 없다는 건가, 있다는 건가?', '그것도 저것도 아닌 건가?', '어떤 건가?' 이런 생각을 하면 벌써 틀린 거다. 일체가 박살이 나 버리고 불조도 천 리나 물러난다. 거기서 다 된 건데도 거기에 빠져 있다. '없다' 하면 없다는 거기에 빠져 있고, '있는 것도 없는 것도 아니다' 하면 있는 것도 없는 것도 아니다 하는데 생각이 따라가서 빠져있다. 왜 그러고 있느냐는 거다. 이건 한마디로 간단하게 해결해주는 거다. 아주 쉬운 건데, 바로 척 알아차려야 하는데, 그걸 못하고 끌어안고 있는 거다. 이것을 잘 알아들어야 한다.

雲門杲가 普說에「或者가 見古人公案하고 不可以理路商量處에 便着一轉沒交涉語하고 一應應過하야 謂之『玄妙』라하며 亦謂之『不涉義路』라하고 亦謂之『當機透脫』이로다

운문고가 보설(普說, 대중들에게 설법함)하였다.

「어떤 사람들은 옛사람의 공안을 보고서 이치의 길로는 헤아릴 수 없는 곳에서도 관계도 없는 말을 지껄여서 얼버무리기를『현묘하다.』라고 하며, 또한『뜻의 길에 걸리지 않는다.』라고 하고, 또한『기틀을 당하여 벗어났다.』라고 한다.

如僧問趙州至重七斤之類를 多少人이 錯商量云하되『遮僧이 致得箇問頭가 奇特이로다 不是趙州有出身之路면 便奈何不得이로다』하고 云하되『萬法歸一하니 一更無所歸라 若有所歸하면 卽有實法이니 所以로 趙州識得破하고 當機妙用으로 一應應過云하되〈我在靑州하야 作一領布衫하니 重七斤이라〉하니 多少奇特이라』한다

예를 들자면 어떤 스님이 조주 스님에게 묻고 무게가 일곱 근이라 답한 공안의 유형을 대부분의 사람들이 잘못 헤아리며 말하기를『저 스님이 이런 질문에 도달한 것이 기특하다. 조주에게 몸을 빼낼 길이 있지 않았다면 바로 어찌할 수 없었으리라.』라고 하고 말하되,『만법이 하나로 돌아가나, 하나는 다시 돌아갈 곳이 없다. 만약 돌아갈 곳이 있다면, 곧 실제의 법이 있는 것이다. 때문에 조주가 깨트릴 수 있어서, 기틀을 당하여서 신묘한 작용으로 일체에 응대하며 말하기를〈내가 청주에 있을 때 베옷 한 벌을 지었는데 무게가 일곱 근이었다.〉라고 했으니, 얼마나 기특한가!』라고 말한다.

或者는 商量道하되『萬法歸一하니 一歸何所오 一若無所歸면 卽落空去라 所以로 趙州道하되〈我在靑州하야 作一領布衫하니 重七斤이라〉하니 趙州遮一轉語가 直是奇特이라 不落有無하고 答得甚妙云云이라』

또 어떤 사람은 헤아리며 말하기를『만법이 하나로 돌아가는데, 하나는 어

디로 돌아가는가? 하나가 만약 돌아갈 곳이 없다면 곧 공에 떨어져버릴 것이다. 때문에 조주가 말하기를 〈내가 청주에 있을 때 베옷 한 벌을 지었는데, 무게가 일곱 근이었다.〉 한 것이니, 조주의 이 일전어(一轉語)는 참으로 기특하다. 있음과 없음에 떨어지지 않고서 대답이 참으로 묘함을 얻었도다.』라고 운운하였다.」

竹庵珪가 拈하되 「實語인댄 當懺悔니라」
죽암규가 염하였다.
「실제로 그렇게 말했다면 응당 참회해야 하니라.」

| 학산 대원 曰 |

어떤 선사는 조주 스님이 말씀한 것에 대해서 '조주의 일전어(一轉語)는 참으로 기특하다.'라고 했는데, 죽암규 선사는 반대로 '조주가 실제로 그렇게 말했다면 참회를 해야 하니라.' 하니, 이런 말을 어떻게 알아들어야 하는가?
산승이 송하되,

休於言下覓
莫向句中求
水底黃金鏡
天中素月輪

그 언하에서 찾는 것을 쉬어라.
글귀에서 구하지도 말라.
물밑에는 황금 거울이요,
하늘에는 본래 달이 둥글더라.

다시 말하되,
임제 스님이 하루는 보화 스님과 함께 어느 신도의 점심 공양에 참석했을 때 보화 스님에게 물었다.

"작은 터럭 하나가 큰 바다를 삼키고 겨자씨 한 알에 수미산을 다 담는다는 말이 있습니다. 이것을 신통묘용이라고 해야 할까요, 아니면 근본당체가 그러한 것이라고 해야 할까요?"

그러자 보화 스님이 밥상을 발로 차 엎어버렸다.

임제 스님이 말했다.

"너무 거칠지 않습니까?"

그러자 보화 스님이 말했다.

"이곳이 어떤 곳인데 거칠다 세밀하다 이런 소리를 하는가?"

임제 스님이 다음날 또 보화 스님과 함께 신도의 집에 공양을 하러 가서 물었다.

"오늘 공양은 앞의 것과 비교해서 어떠합니까?"

보화 스님이 전과 같이 밥상을 발로 차 엎어버렸다.

임제 스님이 말했다.

"옳기는 하지만 너무 거칠다."

그러자 보화 스님이 말했다.

"이 눈먼 놈아! 불법에 거칠고 세밀함이 어디 있느냐?"

이에 임제 스님이 혀를 내둘렀다.

한 사람은 조주 스님의 답이 기특하다고 하고, 한 사람은 실제로 그렇게 말했다면 참회를 해야 한다는 두 말을 놓고 왜 이 임제 스님과 보화 스님 일화를 거론했을까? 이것을 알아들어야 한다.

拈頌說話 - 「萬法」

【萬法】

問하되「萬法이 歸一하니 一歸는 何處니잇고」
師云하되「我在青州하야 作一領布衫하니 重七斤이니라」
학인이 물었다.
「만법이 하나로 돌아가는데, 하나는 어디로 돌아갑니까?」
「내가 청주에 있을 때 한 벌의 베옷을 지었는데 무게가 일곱 근이었다.」

《萬法歸一云云者》는 『碧巖』云하되「僧問趙州하되『萬法歸一하니 一歸
何處오』하니 他却答道하되『我在青州하야 作一領布衫하니 重七斤이니
라』하다 若向語句上辨하면 錯認定盤星이요 不向語句上辨하면 爭奈伊
麼道리오 這箇公案은 雖難見이나 却易會하며 雖易會나 却難見이라 難
則如銀山鐵壁이요 易則直下惺惺이라 無你計較是非處也니라」
《我在青州云云者》는 一有所歸耶아? 一無所歸耶아?
《만법이 하나로 돌아가는데 운운》한 것은 『벽암록』 45칙에 다음과 같이 말
하였다. 「어떤 스님이 조주에게 묻기를 『만법은 하나로 돌아가는데, 하나는
어디로 돌아갑니까?』하니, 조주가 물리치며 대답하기를 『내가 청주에 있
을 때 한 벌의 베옷을 지었는데, 무게가 일곱 근이었다.』라고 하였다. 만약
어구 위에서 분별한다면 정반성(定盤星)을 잘못 아는 것이요, 어구 위에서
분별하지 않는다면 어떻게 이와 같이 말하겠는가? 이 공안은 비록 보기는
어려워도 도리어 알기는 쉽고, 비록 알기는 쉬워도 도리어 보기는 어렵다.
어렵기로는 은산철벽이요, 쉽기로는 곧바로 깨칠 수 있어서, 그대가 시비를
따질 자리도 없다.」
《내가 청주에 있을 때 운운》한 것은 하나가 돌아갈 곳이 있다는 뜻인가? 돌
아갈 곳이 없다는 뜻인가?

| 학산 대원 曰 |

대혼란을 일으키는 자는 용서치 않고 모조리 금강보검에 끊어지리라. 북쪽 박씨집에는 북을 치고, 남쪽 김씨집에서는 옥피리를 부네.

【雪竇】

編擗曾挨老古錐가	오래된 송곳에게 편벽된 질문으로 다그쳤으나
七斤衫重幾人知오	일곱 근 옷 무게를 몇 사람이나 알리오?
而今抛向西湖裏하야	지금 서호 속으로 던져버렸으니
下載淸風付與誰오	아래에 실은 맑은 바람, 누구에게 전해주리오?

《編擗者》는 萬法教歸一致니라
《下載淸風者》는 古人云하되「從北來하면 與你裝載云云이라」 此爲「下載」之語也니라
《편벽된 질문》은 만법을 일치하는 데로 돌아가게 하려는 것이다.
《아래에 실은 맑은 바람》은 옛사람이 말하길「북쪽에서 오면 너에게 짐을 실어 주겠다 운운」 했는데, 여기에서는「아래에 싣는다」는 말이 되었다.

【智海】

智海逸이 上堂擧此話에 又擧僧問汾州하되「如何是祖師西來意닛고」
州云하되「靑絹扇子足風凉이라」
師云하되「此二老宿이 一箇는 三冬有功이나 九夏無德하며 一箇는 九夏有功이나 三冬無德로다 惣說了也에 還有揀辨得麽아 若辨未得이면 莫道卞璧無瑕하라 相如가 誑於秦主하니라」
지해일이 상당하여 이 이야기를 듣고서, 다시 어떤 스님이 분주에게「어떤

것이 조사가 서쪽에서 오신 뜻입니까?」하고 묻자 분주가 「푸른 비단부채에 서늘한 바람이 족하다.」라고 말한 것을 듣고는 말하였다.

「이 두 노숙이 하나는 한겨울에 공이 있으나 한여름에는 덕이 없고, 하나는 한여름에 공이 있으나 한겨울에는 덕이 없다. 모조리 다 말해주었으니, 도리어 가려낼 수 있겠느냐? 만약 가려낼 수 없다면 변화의 옥에 티끌이 없다고 말하지 말라. 인상여가 진왕을 속였느니라.」

《三冬有功云云者》는 趙州니라

《九夏云云者》는 汾州也니라 若辨不得이면 或被相如所誑이니라

《한겨울에 공이 있으나 운운》한 것은 조주이다.

《한여름 운운》한 것은 분주이다. 만약 가려낼 줄 모른다면 인상여에게 속임을 당하게 된다는 뜻이다.

【雲峯】

雲峯悅因僧入室하야 舉僧問趙州하되 「萬法이 歸一하니 一歸는 何處오」하니 悅便喝한대 僧茫然이어늘 悅問하되 「趙州道什麼오」 僧擬議어늘 悅以拂子로 驀口打하다

운봉열에게 스님이 입실하여 어떤 스님이 조주에게 「만법은 하나로 돌아가는데, 하나는 어디로 돌아갑니까?」라고 물은 것을 듣자, 운봉열이 바로 할을 하였다. 스님이 멍하니 있거늘, 운봉열이 물었다. 「조주가 무엇이라 하였는가?」스님이 우물쭈물하자, 운봉열이 불자를 가지고 갑자기 입을 때렸다.

《云云便喝者》는 向什麼處摸리오

《趙州道伊麼者》는 又恐這僧向那邊討也니라

《운운하기를 바로 할을 했다》는 것은 「어디에서 찾을 것인가?」라는 의미이다.

《조주가 무엇이라 하였는가?》는 또 이 스님이 저쪽에서 찾을까를 걱정한 것이다.

【眞淨】

眞淨文이 上堂云하되「人貧智短하고 馬瘦毛長이로다」
遂擧趙州云하되「我在靑州하야 作一領布衫하니 重七斤이니라」
師云하되「有年無德이로다 洞山은 見兎放鷹하니 知生하고 不知其死로다 大衆은 欲出生死인댄 不涉有無하고 大用現前인댄 勿隨言語하라」
(師時住洞山)

진정문이 상당하여 말하였다.
「사람이 가난하면 지혜가 짧고, 말이 야위면 털이 길다.」
이어서 조주가 말한「내가 청주에 있을 때 한 벌의 베옷을 지었는데 무게가 일곱 근이었다.」한 것을 들고는 이렇게 말하였다.
「나이를 먹었으나 쌓은 덕이 없도다. 나는 토끼를 보자 매를 놓았는데, 살 줄만 알았지 죽은 줄은 몰랐다. 대중이 생사를 벗어나려 할진댄 있음과 없음에 걸리지 말 것이며, 큰 작용이 나타나게 하려면 언어를 따르지 말라.」
(선사는 그때 동산에 살았다.)

《人貧智短者》는 萬法歸一也니라
《馬瘦毛長者》는 一歸萬法이라
皆言二病也니라 然則下遂擧此話云이라
《有年無德者》는 言趙州一領布衫重七斤이니 未得無過故也니라
《見兎放鷹云云者》는 又欲放趙州之外也니라
《欲出生死云云者》는 似又有指出一著也니라
《大用現前云云者》는 知生不知其死러니 更無第二也니라 然則更要不涉有無作麼리오

《사람이 가난해지면 지혜가 짧아진다》는 것은 만법이 하나로 돌아간다는 것이다.

《말이 야위면 털이 길어진다》는 것은 하나가 만법으로 돌아간다는 것이다.

모두 두 가지 병통을 언급한 것이다. 때문에 아래에서 이 공안을 들어서 말한 것이다.

《나이를 먹었으나 쌓은 덕이 없다》는 것은 조주의 한 벌의 베옷이 일곱 근이라고 한 것은 허물이 없을 수 없기 때문이다.

《토끼를 보자 매를 놓았는데 운운》한 것은 또한 조주의 경지 밖으로 내치고자 하려는 것이다.

《생사를 벗어나려 할진대 운운》한 것은 또 한 수 가르쳐주려고 하는 것과 같다.

《큰 작용이 나타나게 하려면 운운》한 것은 삶은 알아도 죽음은 알지 못함이니, 다시 딴 것이 없다는 뜻이다. 그러한즉 다시 있음과 없음에 걸리지 않으려면 어찌해야 하리오?

【慈受】

慈受가 上堂擧此話云하되「有般은 聞人伊麼擧하고 便道하되『趙州問東答西하야 不存窠臼라』하니 也是辜負了也로다 且道하라 趙州旨趣가 在什麼處오」

良久云하되「水因有月方知淨이요 天爲無雲始見高로다」

자수가 상당하여 이 이야기를 들고는 말하였다.

「어떤 사람은 사람들이 이렇게 말하는 것을 듣고는 곧바로 말하되『조주는 동쪽을 묻는데 서쪽을 대답하여 틀에 박힌 형식에 머물지 않았다.』라고 하니, 이야말로 어긋나고 만 것이다. 자, 말해보라. 조주의 뜻이 어디에 있는가?」

양구하고 말하였다.

「물은 달이 있음으로 인하여 맑은 줄 알게 되고, 하늘은 구름이 없어야 비로소 높음을 보게 됨이로다.」

《問東答西云云者》는 謂趙州意不在這裏也니라
《水因有月云云者》는 趙州道得處에 「一領布衫重七斤」이 更分明也니라
《天爲無雲云云者》는 前意一般耶아 在趙州分上에 萬法歸一이 亦是分明也니라
《동쪽을 묻는데 서쪽을 대답 운운》한 것은 조주의 뜻이 여기에 있지 않음을 말한 것이다.
《물은 달이 있음으로 인하여 운운》한 것은 조주가 말한 자리인 「한 벌 베옷 무게가 일곱 근이다」가 더욱 분명해진 것이다.
《하늘은 구름이 없어야 운운》한 것은 앞의 뜻과 한 가지인가? 조주의 분상에서 만법이 하나로 돌아간다는 것이 또한 분명해졌다.

【圓悟】

圓悟勤이 拈하되 「摩醯三眼이 一句洞明이로다 四海朝宗이요 千途共轍이로다 雖然如是나 更有一着在하니 忽有問蔣山키를 『萬法歸一하니 一歸何處오』하면 只對他道하되 『飢來喫飯困來眠이라』하리라」
원오근이 염하였다.
「마혜수라의 세 눈에 일구가 환함이로다. 사해가 조공을 바쳐 오고, 천 개의 길이 같은 바퀴 자국이로다. 비록 이와 같으나 다시 한 수가 남아 있으니, 갑자기 누군가 장산에게 묻기를 『만법은 하나로 돌아간다고 하는데, 하나는 어디로 돌아갑니까?』라고 한다면, 다만 그에게 대답하되 『배고프면 밥을 먹고 피곤하면 잠을 잔다.』라고 하리라.」

《摩醯三眼至共轍者》는 言趙州道得에 更無餘事니 到頂到底也니라

《飢來云云者》는 這僧問處가 是萬法歸一이요 趙州答處가 是一歸萬法이라 此則不涉於兩頭也니라

《마혜수라의 세 눈 ~ 바퀴자국이로다》는 조주의 말한 것 외에 다시 다른 일이 없으니 저 꼭대기에서 저 밑바닥까지 철저하게 이르렀음을 말한 것이다. 《배고프면 운운》한 것은 저 스님이 물은 자리는 만법이 하나로 돌아간다는 것이요, 조주가 대답한 자리는 하나가 만법으로 돌아간다는 것이다. 이는 곧 양쪽에 걸리지 않는다는 뜻이다.

【佛眼】

佛眼遠이 上堂擧此話云하되「大衆아 至音은 絶韻하고 妙曲은 非聲이라 通身不掛寸絲하고 赤體全無忌諱로다 諸人은 切莫拈餬舐指하고 直須 截斷舌頭하며 放下身心하면 自然快活하리라 眼若不睡하면 諸夢自除요 心若不異하면 復名何物고 快活快活이로다 歸堂喫茶하라」

불안원이 상당하여 이 이야기를 들고는 말하였다.

「대중들이여! 지극한 소리는 울림이 끊어지고, 신묘한 곡조는 소리가 아니니라. 온몸에 실오라기 하나 걸치지 않고, 알몸으로 전혀 꺼릴 것이 없도다. 여러분들은 절대로 떡을 들고서 손가락을 빨지 말며, 당장에 혀를 끊어버리고 몸과 마음을 놓아 버린다면 저절로 쾌활해지리라. 눈에 졸음이 없으면 모든 꿈은 저절로 사라질 것이요, 마음이 다르지 않다면 다시 무슨 물건이라 이름하리오? 쾌활쾌활이로다! 방으로 돌아가 차나 마셔라.」

言趙州道地徹니라 與圓悟勤「摩醯三眼」云云과 言雖似異나 意卽同此니라

조주가 말한 것의 철저함을 말하였다. 원오가 「마혜수라의 세 눈 운운」한 것과는 표현이 비록 다른 것 같지만, 그 뜻은 이와 같다는 뜻이다.

【雲門】

雲門杲가 普說에 「或者가 見古人公案하고 不可以理路商量處에 便着一轉沒交涉語하고 一應應過하야 謂之『玄妙』라하며 亦謂之『不涉義路』라하고 亦謂之『當機透脫』이로다

운문고가 보설하였다.

「어떤 사람들은 옛사람의 공안을 보고서 이치의 길로는 헤아릴 수 없는 곳에서도 관계도 없는 말을 지껄여서 얼버무리길 『현묘하다.』라고 하며, 또한 『뜻의 길에 걸리지 않는다.』라고 하고, 또한 『기틀을 당하여 벗어났다.』라고 한다.

如僧問趙州至重七斤之類를 多少人이 錯商量云하되 『遮僧이 致得箇問頭가 奇特이로다 不是趙州有出身之路면 便奈何不得이로다』하고 云하되 『萬法歸一하니 一更無所歸라 若有所歸하면 即有實法이니 所以로 趙州識得破하고 當機妙用으로 一應應過云하되 〈我在青州하야 作一領布衫하니 重七斤이라〉하니 多少奇特이라』한다

예를 들자면 어떤 스님이 조주 스님에게 묻고 무게가 일곱 근이라 답한 공안의 유형을 대부분의 사람들이 잘못 헤아리며 말하기를 『저 스님이 이런 질문에 도달한 것이 기특하다. 조주에게 몸을 빼낼 길이 있지 않았다면 바로 어찌할 수 없었으리라.』라고 하거나, 『만법이 하나로 돌아가나, 하나는 다시 돌아갈 곳이 없다. 만약 돌아갈 곳이 있다면, 곧 실제의 법이 있는 것이다. 때문에 조주가 깨트릴 수 있어서 기틀을 당하여 신묘한 작용으로 일체에 응대하며 말하기를 〈내가 청주에 있을 때 베옷 한 벌을 지었는데 무게가 일곱 근이었다.〉라고 했으니, 얼마나 기특한가!』라고 말한다.

或者는 商量道하되 『萬法歸一하니 一歸何所오 一若無所歸면 即落空去라 所以로 趙州道하되 〈我在青州하야 作一領布衫하니 重七斤이라〉하니

趙州遮一轉語가 直是奇特이라 不落有無하고 答得甚妙云云이라』」

또 어떤 사람은 헤아리며 말하기를『만법이 하나로 돌아가는데, 하나는 어디로 돌아가는가? 하나가 만약 돌아갈 곳이 없다면 곧 공에 떨어져 버릴 것이다. 때문에 조주가 말하기를 〈내가 청주에 있을 때 베옷 한 벌을 지었는데, 무게가 일곱 근이었다.〉라고 한 것이니, 조주의 이 일전어는 참으로 기특하다. 있음과 없음에 떨어지지 않고서 대답이 참으로 묘함을 얻었도다.』라고 운운하였다.」

《或者見古人公案至透脫者》는 將欲據趙州語하야 斥去諸方異解也니라
《多少人錯商量云云者》는 一無所歸러니 故趙州伊麼道는 是一有所歸也니라
《又或者商量云云者》는 一無所歸면 卽落空去러니 故趙州伊麼道는 是不落有無也니라 此皆未免矛楯也니라 然則會趙州意地商量雲門意는 作麼生고 看取前圓悟佛眼之意也하라

《어떤 사람들은 옛사람의 ~ 벗어났다》는 조주의 말에 근거하여 곳곳에서 보여준 다른 견해들을 물리치려 한 것이다.

《대부분의 사람들이 잘못 헤아리며 운운》한 것은 하나가 돌아갈 곳이 없는 것이니, 때문에 조주의 이와 같은 말은 하나가 돌아갈 곳이 있다는 뜻이다.

《또 어떤 사람은 헤아리며 운운》한 것은 하나가 돌아갈 곳이 없으면 공(空)에 떨어지는 것이니, 때문에 조주의 이와 같은 말은 있음과 없음에 떨어지지 않는다는 것이다. 이는 모두 모순됨을 면치 못한다. 그러한즉 조주의 뜻을 알고 있는 운문의 뜻은 어떤 것인가? 앞의 원오와 불안의 뜻을 살펴보라.

【竹庵】

竹庵珪가 拈하되「實語인댄 當懺悔니라」
죽암규가 염하였다.

「실제로 그렇게 말했다면 응당 참회해야 하니라.」

趙州意가 若實如此인댄 未得無過也니라

조주의 뜻이 실제로 그렇다면 허물이 없을 수 없다는 것이다.

| **학산 대원 曰** |

一歸何處?

定盤一星南斗七

陰地春來百草靑

하나는 어디로 돌아가는가?

정반일성(북두성)에 남두칠성이라.

음지에 봄이 오니 온갖 풀이 푸르다.

222則

問하되「如何是出家兒니잇고」
師云하되「不朝天子하고 父母返拜니라」
학인이 물었다.
「어떤 것이 출가인입니까?」
「천자도 배알하지 않고, 부모가 도리어 절을 한다.」

| 학산 대원 曰 |

부처님의 가사를 입은 제자는 나라의 황제에게도 부모에게도 절을 하지 않는
다고 했다.

과거에 어느 도인에게 국왕이 찾아와도 도인이 일어나서 맞이하지 않았다. 왔
다가 가는데도 배웅을 하려 하지 않자 신하가 불순하다고 목을 쳐야겠다고 생
각하였다. 그러자 그 스님이 일어나서 세 발자국을 걸어 나가서 배웅하면서,
"폐하! 오실 때에 평탄한 길로 오셨으니 가실 때도 평탄한 길로 가십시오." 하
였다. 그런 뒤에 가뭄이 와서 나라에 큰 재앙이 되었다.

그러니 왕이 대신들에게 무슨 대책이 없는가 물으니, 그때 어느 절에 다니는 신
하가 아뢰길, 먼저 찾아갔던 스님에게 다시 찾아가면 좋은 방법이 있을 것 같다
고 하였다. 그래서 찾아가서 스님에게 재앙을 면할 길을 일러주십사 하니,
"그것이 내가 그렇게 한 것이 아니고, 백성이 그렇게 한 것도 아니고, 최고 높은
국왕이 스스로 복을 감해서 나라에 이렇게 한해가 닥치고 재앙을 겪게 된다."
"무엇 때문에 재앙이 왔습니까?"
"내가 세 발자국을 안 나가면 틀림없이 나의 목을 쳐서 더 큰 재앙을 불러일으

킬 것이라서 내가 세 발자국을 걸어갔는데, 한 발자국에 일 년씩의 복을 감해서 삼 년을 가물게 되었다. 그래서 황제가 이 문제를 해결하려면 부처님께 참회를 하고 기우제를 잘 지내면 될 것이다."

그래서 황제가 부처님과 스님께 참회를 하고 기우제를 지내자 비가 쏟아져서 한 해의 재앙을 면하였다고 한다.

스님은 가사를 입은 법왕의 제자이고, 가사에는 안에 삼신불, 팔보살, 십대제 자 등 모든 분이 다 들어있는 복전이다. 몇 생을 닦아야 가사를 입을 수 있다고 한다. 그래서 가사를 수한 부처님의 제자는 부모라도 절을 하지 말라는 것은 절을 하면 부모가 복을 감하기 때문이다. 그래서 도리어 부모가 절을 한다.

가사를 입은 스님은 책임도 막중하기 때문에 일초일각이라도 딴 생각할 여가가 없고 오직 참선에 정진해서 깨달아서 부처님의 은혜, 나라의 은혜, 스승의 은혜, 시주의 은혜를 다 갚아야 한다. 그걸 생각하면 과거에 큰스님들은 잠이 안 온다고 하였다.

일반 사람들은 출가한 분을 하늘같이 존경해야 한다. 잘못하면 업을 짓기 때문이다. 스님을 보고 이러니저러니 욕하고 그러면 큰일난다.

如何是出家?
四海抱擁慈攝受
須彌頂上獨露光
어떤 것이 출가인가?
사해를 다 안아 자비로 섭수하고
수미정상에서 홀로 광명을 놓는다.

223則

問하되 「覿面事如何니잇고」
師云하되 「你是覿面漢이니라」
학인이 물었다.
「당면한 일이란 어떤 것입니까?」
「그대가 바로 당면한 사람이니라.」

| 학산 대원 曰 |

당면한 일[覿面事]이란 머리에 붙은 불을 끄는 것과 같고[如救頭燃], 길을 가는데 갑자기 양쪽에서 차가 들이닥치거나 죽을 때를 당한 것과 같이 다급한 일을 말한다.
조주 스님이 거기에 대해 '그대가 바로 당면한 사람이다.'라고 대답한 의미를 바로 알아들으면 된다.

어떤 것이 당면한 일인가?
兩明鏡當面 無影一圓照
高而不危 滿而不溢 會也麽
一片白雲乘風 過水山無礙行
두 거울이 서로 마주치니, 그림자 없이 한 덩어리로 비춘다.
높지만 위태롭지 않고, 가득 찼지만 넘치지 않는다. 알겠느냐?
한 조각 흰 구름이 바람을 타고 물과 산을 지나감에 걸림이 없다.

학산 대원 대종사

조주록 강설 상

ⓒ 학산 대원, 2023

2023년 8월 25일 초판 1쇄 발행

강설 학산 대원
발행인 박상근(至弘) • 편집인 류지호 • 편집이사 양동민
책임편집 김재호 • 편집 양민호, 김소영, 최호승, 하다해 • 디자인 쿠담디자인
제작 김명환 • 마케팅 김대현, 이선호 • 관리 윤정안
콘텐츠국 유권준, 정승채
펴낸 곳 불광출판사 (03169) 서울시 종로구 사직로10길 17 인왕빌딩 301호
　　　　대표전화 02) 420-3200 편집부 02) 420-3300 팩시밀리 02) 420-3400
　　　　출판등록 제300-2009-130호(1979. 10. 10.)

ISBN 979-11-92997-60-5 (94220)
ISBN 979-11-92997-58-2 (94220) (세트)

값 60,000원